머리말

무가는 무속제전의 언어이다. 이에 대한 연구분야는 종교학·민속학·인류학·언어학·문학 등 다양하다. 이 책에서는 무가를 문학적 관점에서 조명해 보았다. 그래서 책 이름을 『무가문학의 세계』라고 하였다. 무가는 한국 구비문학의 주요한 갈래 중 하나이다. 구비문학을 연구하는 관점에서 설화문학, 민요문학, 판소리문학이란 말이 사용되었다. 그러나 무가문학이라는 말은 별로 쓰이지 않았다. 그만큼 무가는 문학연구자의 관심을 크게 끌지 못한 분야였다. 무가를 문학적 관점에서 처음으로 접근한 분은 장주근 선생이라고 기억한다. 특히 서사무가에 대하여 국문학의 다른 갈래와의 교섭관계를 상정하고 국문학사에서의 중요성을 논급한 것이 필자가 무가에 접근하는 계기가 되었다. 그 이후 임석재 선생을 필두로 현용준 교수, 진성기 선생, 김태곤 교수, 최길성 교수 등이 무가자료를 채록·발굴하면서 무가에 대한 관심이 높아졌다. 그러나 무가를 무속사상을 이해하려는 방편으로 무속학이나 민속학적 관점에서 접근한 연구가 대부분이었고 무가를 문학으로 보고 문학적 관점에서 깊이 있는 논의를 펼친 학자들은 많지 않았다.

필자는 대학원에서 구비문학을 전공하면서 『서사무가연구』로 학문의 첫 삽을 떴다. 그리고 정년을 한 지금까지 무가를 문학적 관점에서 연구하였다. 이 책은 무가자료를 일반에게 소개하면서 무가에 대한 필자 나름의 문학적 해석을 시도한 것이다. 이 책에는 그동안 필자의 무가에 대한 논문이 두루 용해되어 있다. 전반적 골격은 고려대학교 민족문화연구원에서 간행한 『한국민속의 세계』 8에 수록된 〈무가〉이지만 구체적 유형을 논하는 자리에서는 새로운 해석과 논의가 첨가되었다. 특히 서사무가 이외에 서정무가나 교술무가에 대한 논의는 처음으로 시도된 것이 많고 서사무가 중에서 〈일월노리푸념〉에 대한 논의는 최근에 구비문학회에서 발표한 것으로서 아직까지 학계에 널리 알려지지 않은 내용이다.

책을 낸다는 것이 공부하는 사람에게는 가장 큰 보람이고 기쁨이지만 걱정스럽고 귀찮은 일이란 것도 확실하다. 저서는 자식과 같아서 자기에게는 가장 소중하고 애착이 가지만 다른 사람에게는 결점 투성이로 보인다는 사실도 알고 있다. 특히 지금까지 이루어진 학계의 연구성과를 충실하게 반영하지 못하고 자신의 생각만 서술하였다는 비난을 예상하면서도 부족한 대로 출간을 서두르는 것은 학문을 연구하는 삶의 시간이 많지 않다고 생각했기 때문이다.

본서에서는 학문을 연구하는 학자뿐만 아니라 구비문학이나 무속에 관심을 가진 일반 독자에게 무가를 소개한다는 뜻에서 되도록 무가 자료를 많이 인용하였다. 무가에 관심을 가진 분들이 이 책을 통하여 무가의 문학적 세계를 이해하는 데 도움이 된다면 더 바랄 것이 없겠다.

끝으로 많이 팔리지 않는 책인 줄 알면서도 흔쾌하게 출판을 해주신 집문당 임경환 사장을 비롯한 임직원 여러분께 감사의 말씀을 드린다.

2011. 5.

도곡동 우거에서

저자

목 차

제1부 무가의 자료 개관

무가 문학의 세계

제2부 무가의 장르별 검토

무가 문학의 세계

제3부 무가의 전반적 검토

제 1 부

무가의 자료 개관

제1부 무가의 자료 개관

1. 무가의 전반적 특징

무가(巫歌)는 무속인(巫俗人)에 의하여 무속의식에서 구연(口演)되는 노래를 말한다. 따라서 무속신앙을 떠나서 무가는 존재할 수 없다. 무가의 일부가 일반 민중에게 전파되어 굿판이 아닌 유흥 자리에서 불려질 수도 있다. 그러나 이것을 우리는 무가라고 할 수 없다. 무속인이 아닌 일반 사람이 무속의식이 아닌 노는 자리에서 부르는 노래는 설사 그 내용이 무가와 꼭 같다고 해도 무가로서의 기능을 상실한 것이기에 무가로부터 파생된 민요라고는 할 수 있어도 본격적 무가로 인정할 수는 없다. 무가는 신을 섬기는 무속인이 신을 상대로 베푸는 의식에서 신을 부르고, 신에게 인간의 소원을 전달하고 또는 신의 의사를 인간에게 전달하는 언어를 말하며, 제의적 기능을 가지고 있는 특수한 구비문학이다. 이런 점에서 무가는 다른 구비문학 갈래와는 구별되는 몇 가지 특징이 있다.

첫째, 신성성(神聖性)이다. 신성성은 신에 대한 의례(儀禮)를 통하여 구현(具現)되고 유지되는 성스러운 심리상태이다. 무가는 무속의식(巫俗儀式)에서 신(神)이라는 청자(聽者)를 대상으로 구연(口演)되는 것이기에 구연자인 무속인은 신성한 언어라는 의식을 가진다. 뿐만 아니라 무가를 구연하는 무속인은 신성한 의례를 주관하는 사제자(司祭者)로서 무의(巫儀)의 신성성을 지키기 위해서 여러 가지 부정한 요소를 제거하는 금기(禁忌)를 행한다. 무속인뿐만 아니라 무의를 주최하는 기주(祈主) 역시 경건한 자세로 의례에 참여한다. 무가는 기주와 신의 대화를 무속인이라는 특정한 사제자가 중개하고 전달하는 언어이기에 구경꾼인 일반민중의 세속적(世俗的) 언어와는 다른 면이 있다. 이런 점에서 설화·민요·판소리 등 다른 구비문학 갈래에서는 찾아볼 수 없는 신성성이 무가에는 존재한다. 설화나 민요는 그 청자가 인간이고 인간의 흥미에 맞추어 구연된다. 그러나 무가는 신의 언어이며, 신에 대한 인간의 언어이고 신성한 의식에서 구연되는 신성언어라는 특징을 갖는다.

둘째, 주술성(呪術性)이다. 흔히 점복(占卜)·치병(治病)·예언(豫言)을 무속인의 세 가지 기능으로 일컫고 있다. 이러한 무속인의 기능은 무가 내용에 주술적 성격이 있음으로써 수행이 가능하다. 무가의 내용은 인간의 막연한 소망만으로 그치는 것이 아니고 진술된 내용이 실현된다고 믿는다는 점에서 무가는 주가(呪歌)라고 할 수 있다. 즉 신을 부르고 강림하라고 하면 신이 강림하고 좋은 일과 흉한 일을 가려달라면 가려주고, 재수를 빌면 재수가 있고, 저주(咀呪)를 하면 저주를 받는다고 믿고 있는 것이다. 이런 점에서 일상 언어와는 다른 주술성이 무가의 중요한 특징이 된다.

셋째, 유희성(遊戱性)이다. 무가에는 신성성과 주술성을 나타내는 사설도 많으나 동시에 유희적 성격을 갖는 언어도 많다. 놀이는 엄숙하고 진실한 행위가 아니라는 점에서 유희성은 신성성이나 주술성과는 함께 존재할 수 없는 오락적 특성으로 생각하기 쉽다. 그러나 무속의 신들은 현실 인간의 모습을 띠고 있으며 신을 즐겁게 하여야 인간이 기원(祈願)하는 바도 잘 이루어진다고 믿었다. 또한 신을 즐겁게 하기 위해서는 인간이 즐거워하는 노래와 춤, 그리고 익살과 재담이 요구되었기에 무가의 놀이적 성격은 처음부터 신성성・주술성과 함께 배태(胚胎)되어 있었다고 본다. 이와 같은 놀이적 성격은 질병을 다스리거나 재앙을 예방하는 치병(治病)이나 방재(防災)를 목적으로 하는 주술적 무의에서보다도 풍농(豊農)이나 풍어(豊漁)를 기원하는 재수굿 계열의 무속의식에서 더욱 현저한 특징으로 나타난다. 인간이 잘 살기 위해서 무의는 행해졌고 인간이 잘 사는 길은 신과 인간이 화목하고 서로 돕는 것이라고 믿었기 때문에 무의는 신과 인간이 화동(和同)하는 흥겨운 놀이판이기도 했다. 그리하여 신을 즐겁게 하고 흥을 돋우기 위해서, 또한 흥이 난 신을 흥겹게 놀게 하기 위해서 유희는 필요하게 되었고, 이것이 무가의 중요한 내용으로 성장될 수 있었다.

넷째, 전승(傳承)이 제한적이라는 특성이다. 무가는 무속인이라는 특정 계층에 의하여 전승되고 있으며, 무속인의 사제관계나 가족관계 또는 동료들 사이의 교류에서 전승이 이루어진다. 그렇기 때문에 설화・민요와는 달리 무가는 전승 전파의 폭이 제한되어 있다. 또한 인간이 두려워하고 공경하는 신에 대한 의식에서 전승되고 있어서 전승의 기회 역시 제한되고 있다.

무가는 대체로 구연자의 즉흥적 창작부분과 고정전승 부분으로 나눌 수 있다. 즉흥적 창작은 무속인에 따라, 무속의식에 따라, 또는 상황에 따라 각기 다르게 이루어진다. 이것은 특히 축원・공수 등에서 많이 나타난다. 한편 고정전승 부분은 스승 또는 선배로부터 전수받은 것을 그대로 반복하는 부분으로서 전체적인 구조의 계승을 말한다. 굿거리의 순서나 무속신화인 서사무가의 내용은 고정전승 부분이다. 서사무가뿐만 아니라 축원무가의 경우에도 무풍(巫風)에 따른 무가로서의 격식은 쉽게 변하지 않는다. 이런 점에서 무가는 다른 구비문학 갈래보다도 전통적 자료를 오래 보존하고 계승하는 특성이 있다.

다섯째, 포용성(包容性)이다. 무가는 무속신앙의 산물이면서도 다른 종교에 대하여 강한 배타의식을 갖지 않는다. 오히려 다른 고급종교의 경문 구절을 차용하기도 하고 사상적 요소까지도 포용한다. 무가는 오랜 기간을 전승하면서 불경에서 또는 유교나 도교의 경전에서 많은 글귀를 빌어다가 수용(受容)했다. 그리하여 무가 속에는 유교·불교·도교가 섞여 있는 것처럼 보이기도 한다. 그러나 근본이 되는 무속사상은 바뀌지 않았다. 특히 '독경(讀經)'을 주로 하는 무속인들의 경문은 불경이나 도교의 경문을 많이 빌어 왔다. 그러나 이와 같이 하여 이루어진 무경(巫經)은 구비문학으로서 가치가 없을 뿐만 아니라 구비문학의 성격과는 다른 것이기에 무가에서 제외한다. 무가에 삽입된 다른 종교의 경문들은 신비한 주술력이 강한 주문구절로 인식되고 있으며 그 구절이 의미하는 사상적인 면은 거의 무시되고 있다. 이처럼 무가는 포용력이 있으면서도 근본이 되는 사상의 근간구조는 변하지 않고 잘 유지하고 있다는 점이 또 하나의 특징이다.

2. 고시가 속의 무가

대체로 무가 자료의 문헌 정착은 고대까지 소급된다. 『삼국유사』·『삼국사기』 등에 기록되어 있는 국조신화(國祖神話)는 전승 현장에 관한 언급은 없으나 무속신화로서 무속적 의식에서 형성되어 전승되던 것이 문헌에 정착되었을 가능성이 있다. 원시사회의 공동체 제전은 대체로 무속의식이었고 국가가 형성된 이후에도 유교나 불교가 전래되기 이전에 국가에서 행하던 제전은 무속의식이었다고 생각된다. 부여의 영고(迎鼓), 예(濊)의 무천(舞天), 고구려의 동맹(東盟), 마한의 오월제(五月祭)는 집단공동체의 제신행사(祭神行事)로서 오늘날 마을단위로 행하여지는 대동굿이나 서낭굿과 같은 성격의 무속의식이었다고 생각된다. 그런데 이들 제전에 대한 기록에서 공통으로 등장하는 것이 사람들이 모여 노래하고 춤추었다는 것이다. 여기서 사람들이 부른 노랫말은 전하는 것이 없으나 그 노래는 신에게 인간사회의 소망을 기원(祈願)하는 축원이었으리라고 생각한다. 신에게 하는 인간의 축원은 제전의 성격에 따라서 또는 상황이나 삶의 방식에 따라서 달라질 수 있겠으나 그 언어의 형태는 오늘날 무가의 축원과 유사했으리라고 본다.

고구려의 동명제(東明祭)나 신라의 시조제(始祖祭)는 무속제전이라고 볼 수 있는데 〈주몽신화〉나 〈박혁거세신화〉는 이러한 시조를 제향하는 제전에서 형성된 것이고 이들은 오늘날 〈조상본풀이〉와 같은 서사무가(敍事巫歌)의 고대 자료라고 할 수 있다. 그러나 이들 자료는 한문으로 번역된 것이고 왕권의 신성함을 강조하기 위해 수식되고 재편(再編)되었을 것이고 문헌에서 문헌으로 전재(轉載)되면서 역기자(譯記者)의 의식이 가미되어 변모되었으리라 본다. 따라서 구연 그대로의 당대 무가 모습과는 많은 차이가 있을 것이다.

1) 구지가(龜旨歌)와 해가(海歌)

고대사회의 무속제의와 무가의 구체적 모습은 가락국기(駕洛國記)에 기록된 〈수로왕신화〉와 〈구지가(龜旨歌)〉에서 확인된다.

> 후한 세조 광무제의 건무 18년 임인 3월 계욕일(禊浴日)[1]에, 북쪽 구지(龜

1) 除厄의 의미로 목욕하고 물가에서 會飮하는 것. 三月 上巳日에 행한다.

旨)에서 이상한 소리와 기운이 뭇 사람들을 불러 2, 3백 명이 그곳으로 모였다. 마치 사람의 소리와 같은데 형체는 숨기고 소리만 내어 말하기를 "여기에 누가 있는가" 하니 구간(九干)들이 이르기를 "우리들이 여기 있습니다." 하였다. 또 말하기를 "내가 있는 곳이 어디냐" 하니 "구지입니다"라고 대답하였다. 또 말하기를 "하늘이 나에게 명하시기를 이곳에 나라를 새로 세워 임금이 되라 하셨다. 이런 연유로 내려온 것이다. 너희들은 이 산꼭대기를 파고 흙을 집으면서 '거북아 거북아 머리를 내놓아라. 내놓지 않으면 잡아서 구워 먹으리'[2] 하고 노래하면서 춤을 추어라. 즉 이는 대왕을 맞이하여 매우 기뻐서 뛰는 것이니라." 구간들은 그 말을 따라 함께 즐거워하고 노래 부르며 춤추다가 얼마 후에 우러러보니 자줏빛 줄이 하늘에서 드리워져 땅에 닿았다. 줄 아래를 살펴보니 붉은 보자기에 싸인 금합(金盒[3])이 있어 열어 보니 황금알 6개가 있었는데 마치 해처럼 둥글었다. 뭇사람들이 모두 놀라고 기뻐하며 더불어 백배(百拜)를 올렸다. 곧 다시 싸서 들고 아도간(我刀干)의 집으로 돌아와 탁자 위에 놓아두고 뭇사람들은 모두 흩어져 돌아갔다(필자번역).

위의 기록은 시조왕을 맞이하는 대왕맞이굿의 모습을 보여주는데 제주(祭主)는 구간이고 구간에게 신의 명령을 전하는 무속인과 그 명령을 따라서 구지봉에서 새 나라의 군장(君長)을 맞이하기 위해 땅을 파서 모으며 춤추고 노래하는 구간을 비롯한 수백 명의 사람들의 모습을 볼 수 있다. 이것은 바로 가락국 지역에서 전통적으로 행하여진 신맞이굿의 모습이라고 본다. 그리고 그들이 부른 〈구지가〉는 무속의 주술적 신가임에 틀림없다.

---

2) 노래의 형식이 '주술 호칭－주술 명령－가정－위협'으로 되어 있는데, 이는 고대 주술요의 보편적인 양상이다.

3) 금합의 등장은 농경 생산물의 貯藏 意識과 깊은 관련이 있다. 생산한 곡물을 다음 수확기까지 보관하여 식량으로 이용하기 위해서는 곡식을 저장하는 궤가 반드시 필요하기 때문이다.

거북아 거북아 수로를 내놓아라 만약 내어놓지 않으면 구워 먹고 말 테다(龜何龜何 首其現也 若不現也 燔灼而喫也).

위의 노래는 한문으로 번역된 것으로 당시의 전형적인 주술무가의 형태를 보여준다. 첫 구는 주술 호격이다. 주술 명령을 내리려면 명령을 받는 자를 지정하여야 하고 이러한 지정은 호격으로 이루어진다. 명령을 받는 자는 거북이다. 거북은 구간 등 가락국인의 요청으로 수로왕이 있는 곳을 지시하는 것으로 되어 있다. 즉 거북은 수로왕의 탄강을 지역 주민에게 알려주는 역할을 하는 동물로서 박혁거세의 탄강을 알리는 백마와 같은 기능을 가진다. 이렇게 보면 그 다음의 두 번째 구절의 의미는 명백해진다. 즉 두 번째 구절은 주술 명령이다. 명령의 내용은 이후에 실현되는 수로 출현과 일치해야 한다. 따라서 수로를 내어 놓아라로 해석하는 것이 옳다. 이것을 거북의 머리로 해석하기도 하였는데 이는 전체적 문맥이나 주술노래의 성격을 고려하지 않고 엉뚱한 선입견이 작용하여 낳은 잘못된 해석이다.

세 번째 구절은 주술 명령의 시행을 촉구하기 위한 위협이다. 명령을 수행하지 않으면 징치를 하겠다는 것이다. 즉 수로를 내어놓지 않으면 구워서 먹겠다는 것이다. 구워 먹는다는 것으로 위협하는 것은 거북이 물과 친연성이 강한 존재이기에 불로 위협을 가한 것이다. 이처럼 구지가는 주술 호격－주술 명령－위협으로 전개되는 주술시가로서 무속제전에서 불려지던 무가임에 틀림없다.

〈구지가〉와 같은 성격의 주술무가가 〈해가(海歌)〉이다. 〈해가〉는 순정공(純貞公)이 해룡에게 납치되어 간 수로부인을 구출하기 위해서 부른 노래이다. 『삼국유사』 권2, 〈수로부인(水路夫人)〉조에는 〈해가〉를 부르게 된 사연을 다음과 같이 적고 있다.

> 순정공(純貞公)이 강릉태수로 부임하는 길에 임해정(臨海亭)에 이르러 점심을 먹을 때 해룡이 홀연 부인을 납치하여 바다로 들어갔다. 공이 어찌할 바를 모르고 땅바닥에 뒹굴 때 한 노인이 나타나서 말하기를 '옛사람 말에 많은 사람들의 입은 금도 녹인다고 하였으니 바다 속에 생물이라도 어찌 여러 사람들의 입을 두려워하지 않겠는가. 마땅히 이 지역의 백성들을 불러내어 노래를 지어 부르고 작대기로 해안을 두드리면 부인을 만나볼 수 있을 것이다'라고 하였다. 순정공이 이 말대로 하자 용이 부인을 받들고 바다로부터 나와 바치었다.

여러 사람이 부른 〈해가〉는 다음과 같다.

> 거북아 거북아 수로를 내놓아라. 남의 부인을 빼앗는 죄가 얼마나 크냐. 네가 만약 거스리고 내어놓지 않으면 그물을 던져 잡아다가 구워서 먹겠다(龜乎龜乎出水路 掠人婦女罪何極 汝若悖逆不出獻 入網捕掠燔之喫).

여기서 여러 사람들이 수로부인을 구출하기 위해 불렀다는 〈해가〉가 〈구지가〉와 같은 주술가요임을 본다. 첫 구는 주술 명령이다. 여기서 명령을 받는 대상은 거북인데 바로 수로부인을 잡아간 해룡이다. 즉 거북과 해룡이 같은 대상으로 지정되고 있다. 둘째 구는 잘못한 행위에 대한 질책이다. 무엇이 잘못인가? 남의 아내를 잡아간 행위이다. 이는 남의 아내는 빼앗을 수 없다는 사회 윤리가 확립되어 있었음을 말해준다. 그리고 당시의 신라인들은 인간사회의 윤리규범은 해룡이라도 지켜야 하고 이를 어기면 벌을 받아야 한다고 인식하고 있음을 알 수 있다. 세 번째와 네 번째 구는 〈구지가〉와 마찬가지로 주술 명령을 어겼을 때 벌칙을 제시하여 위협하는 내용을 담고 있다. 이처럼 〈해가〉도 〈구지가〉와 같이 주술 호격과 주술 명령, 그리고 질책과 위협으로 전개되고 있음을 본다. 다만 〈해가〉에서는 주술 호격과 주술 명령이 첫 구에 합쳐져 있고 두 번째 구에는 〈구지가〉에 없는 질책이 들어 있다.

이러한 〈해가〉를 순정공에게 가르쳐 준 노인이 누구인지는 알 수 없다. 그러나 노인은 해룡의 장난에 대해 대처하는 방법을 알고 있었다는 점에서 신과 인간의 교섭에 관여하는 존재가 분명하고 무속인 범주에 속하는 존재로 볼 수 있다. 또한 여러 사람이 모여 막대기로 해안을 두드리며 노래를 합창하는 것은 바로 남녀가 떼로 모여 춤을 추었던(群聚歌舞) 고대 제천의식과 같은 모습이다. 이런 점에서 〈해가〉 역시 고대 한국의 주술무가임이 분명하다.

향가에도 주술시가가 많이 있다. 그러나 주술적 성격이 있다고 해서 모두 무가라고 단정하기는 어렵다. 적어도 노래를 부른 사람이 무속인이거나 노래하는 상황이 무속의식의 성격을 띠어야 무가라고 할 수 있다. 이런 점을 고려하면 〈도솔가〉와 〈처용가〉는 무가로 볼 수 있는 여지가 충분하다.

2) 도솔가

『삼국유사』 권5 〈월명사 도솔가〉조에는 다음과 같은 기록이 있다.

> 경덕왕 19년 경자 4월 1일에 해가 둘이나 나란히 나타나서 십여 일이 지나도록 없어지지 아니하였다. 일관이 아뢰기를 인연이 있는 중을 청하여 꽃을 뿌리며 정성을 드리면 재앙을 물리칠 수 있다고 하였다. 이에 조원전(朝元殿)에 깨끗한 제단을 만들고 왕이 청양루(靑陽樓)에 나가서 연승(緣僧)을 기다리고 있었다. 그 때 월명사가 남쪽의 밭둑길을 가고 있었다. 왕이 사자를 보내 그를 불러다가 제단을 열고 기도문을 지으라고 하였다. 월명사가 아뢰기를,
>
> "신승은 다만 국선(國仙)의 무리에 속해 있어 단지 향가를 알 뿐이고 범성(梵聲)에는 익숙하지 않습니다"

라고 하였다. 왕은

"이미 인연 있는 승려로 뽑혔으니 비록 향가를 사용해도 좋다"

고 하였다.

월명사는 이에 도솔가를 지어 바쳤다. 그 노랫말에 가로되,

오늘 여기에 산화가를 불러 뿌린 꽃아

너는 곧은 마음에 명을 심부름함이니 미륵좌주를 모셔라.

풀이해 말하되,

용루에서 오늘 산화가를 불러 청운에 한 조각 꽃을 뿌려 보낸다.

은근하고 정중한 곧은 마음이 시킴이니

멀리 도솔의 부처님을 맞이하노라.

오늘날 세상에서 이것을 산화가라고 하는데 잘못이다. 마땅히 도솔가라고 해야 한다. 별도의 산화가가 있으나 글이 번다하여 싣지 않는다. 얼마 뒤에 해의 변괴가 사라졌다.[4]

여기서 월명사가 지어 부른 〈도솔가〉가 무가의 조건을 갖추려면 월명사가 무속인이어야 하고 해의 변괴를 없애기 위한 의식이 무속제전이어야 하며 〈도솔가〉가 무가의 모습을 띠고 있어야 한다. 그러면 이런 점을 하나씩 짚어보기로 하자.

월명사는 승려로 되어 있으나 본인의 말처럼 국선(國仙)의 무리에 속해 있으면서 염불은 못하고 향가만 안다고 하였다. 국선의 무리는 승려와 다른 토속신앙단체를 말하는 화랑과 같은 단체로서 무속사상과 친연성이 강한 집단이라고 생각된다. 월명사가 승려가 아니면서도 국가적 제전에 주제자로 뽑혔다는 것은 그 당시까지 무속의례가 재앙을 물리치는 국가적 행사로 종종 행하여지고 있었음을 말해준다.

다음 두 해가 나타났다는 것은 무엇인가? 만약 두 해의 출현이 사실이

4) 李丙燾 譯, 『삼국유사』, 대양서적, 1972, 401면.

라면 세계의 천문 관측 기록에 이런 사실이 등재되었을 것이다. 그러나 동서양 기록에 서기 660년경에 열흘 동안 해가 둘이 나타나 있었다는 기록은 없는 것으로 알고 있다. 그렇다면 이는 사실이라기보다 상징적 의미가 있는 기술이라고 보아야 한다. 해는 광명과 열기로서 과도한 해의 등장은 가뭄과 더위를 의미한다. 일 년 중 음력 4월 초하루는 입하(立夏) 절기로서 볍씨를 뿌려 모판을 만들고 본격적 벼농사를 시작하는 시기이다. 이 시기에 풍년을 기원하는 기풍행사로서 천후를 조절하여 가뭄을 방지하는 의례를 국가적으로 하였으리라고 본다. 그렇다면 이러한 기풍의례(祈豊儀禮)나 천후조절제(天候調節祭)는 불교의식이라기보다는 무속의식이었을 가능성이 크다. 두 해가 나타났다는 것은 가뭄이 든다는 표징(標徵)이고 이를 제거하였다는 것은 가뭄을 방지하는 데 성공했다는 의미라고 해석할 수 있다.

그러면 〈도솔가〉는 어떤 성격의 노래인가?

〈도솔가〉는 주술시가의 형태를 갖추고 있다. 〈구지가〉나 〈해가〉에서

▌동해안 풍어굿의 한 장면

보여주던 주술 호격에서 주술 명령으로 전개되는 주술가요의 형식에 그대로 들어맞는다. 첫 번째 구절에는 꽃이 주술매체로 등장한다. 즉 명령을 받아 수행하는 대상이 꽃으로 설정되어 있다. 거북이 대신 꽃이 등장하는 것은 봄철이 꽃이 피는 시기이므로 이 시기에 행하는 기풍굿은 꽃을 뿌리며 하였던 것으로 생각된다. 꽃은 생명의 정수(精髓)이자 열매를 맺는 단초(端初)이기에 봄철의 정기적 무속의식으로 〈꽃맞이굿〉을 행한다.

다음 주술 명령은 미륵좌주(彌勒座主)를 뫼시는 것이다. 미륵이라는 말이 불교의 미륵불을 의미하는 것으로 보고 이병도 선생은 '대선가(大僊家)'를 부처로 해석하였으나 이것은 무속적 시각으로 보면 수신(水神)으로 풀이하는 것이 문맥에 합치된다. 의례의 목적이 두 해가 나타났기 때문에 하나의 해를 없애려는 것이다. 해는 열기와 빛으로 불을 상징한다. 불을 제거하려면 물이 필요하기에 물을 관장하는 수신의 도움이 필요하다. 미륵은 수신을 말한다. 용을 고어로 '미르'라고 하였고 물을 '밀'이라고 하였기에 불교의 '미륵'과 섞여서 의미가 혼동되어 수신을 미륵이라고 하였다고 생각된다. 그렇다면 월명사는 수신을 모시는 의례를 함으로써 해의 재앙을 없앤 것이다. 이렇게 해석해 보면 〈도솔가〉는 천후조절굿에서 가뭄을 방지하려는 목적으로 부른 주술무가라고 생각된다.

3) 신라 처용가

다음으로 〈처용가〉의 무가적 성격을 검토하기로 한다.

『삼국유사』 권2 〈처용랑 망해사(處容郎 望海寺)〉조에 수록된 〈처용가〉는 당대의 무가의 모습을 잘 보여주는 자료라고 생각한다. 지금까지 〈처용가〉에 대해서는 학자에 따라 다양한 해석이 시도되었다. 무속인의 역신구축의 노래, 불교적 깨달음의 경지를 설파한 노래, 화랑의 노래, 중앙귀족을 질타한 지방 호족의 노래 등의 해석이 그것이다. 〈처용가〉를 어떻게 해석할 것인가는 처용의 신분, 역신의 성격 그리고 노랫말의 성격 등이 고려되어야 한다.

처용은 설화의 문맥을 보면 동해용왕의 아들로서 헌강왕(憲康王)을 따라 신라 조정에 편입되어 왕정을 보좌한 존재이고 미녀를 아내로 맞이하고 아내와 동침한 역신(疫神)을 노래와 춤으로 물리쳤으며, 이러한 행위가 경주 지역 사람들에게 널리 인지되어 그 화상이 역신의 침범을 막는 주부(呪符)로 사용된 인물로 나타난다.

그렇다면 처용의 정체를 어떻게 해석하는 것이 가장 설화 내용과 부합하는가를 생각해 보아야 한다. 동해용은 인간이 아니고 용신이다. 따라서 동해용자인 처용 또한 용종(龍種)으로서 인간이 아니라고 보아야 한다. 그런데 처용은 미녀를 아내로 삼았고 왕을 보좌하는 일을 하는 등 인간의 행태를 보여준다. 이런 점에서 처용은 용이면서 인간 남성이라는 양면성을 지닌 존재이다. 그렇다면 이러한 양면성을 어떻게 보아야 하는가? 이는 동해용신을 몸주신으로 모신 무속인으로 보는 것이 합리적 해석이다. 처용은 춤과 노래를 지어 역신을 퇴치하였다. 역신은 역병을 주는 귀신이다. 병을 주는 귀신을 춤을 추고 노래를 지어 불러 물러가게 한 것은 무속인의 악귀구축행위라고 볼 수 있다. 이런 점에서 처용은 동해용신을 모신 무속인이고 〈처용가〉는 역신을 퇴치하기 위해 부른 악령구축(惡靈驅逐)의 주술적 무가라고 본다.

〈처용가〉의 노랫말을 검토하여 당대 무가의 편모를 보기로 하자.

> 동경 밝은 달 아래 밤늦게 노닐다가
> 들어가 자리를 보니 가랑이가 넷이로구나
> 둘은 내 것이지만 둘은 누구의 것인가
> 본래 내 것인데 빼앗음을 어떻게 할 것인가[5]

---

5) 이 해석은 필자가 지금까지 이루어진 〈처용가〉 해석을 참조하여 쉽게 의미를 알 수

> (東京明期月良 夜入伊遊行如可 入良沙寢矣見 昆脚烏伊四是良 二兮隱吾下於叱古 二兮隱誰支下焉古 本矣吾下是如馬於隱 奪叱良乙何如爲理古)

이 노래는 4부분으로 나누어진다. 첫째 구절은 처용이 자기 신분을 과시한 것이다. '동경 밝은 달 아래'는 신라의 서울 경주의 달이 떠 있는 밤의 공간을 의미한다. 달이 비치는 세계는 세속에서 인간이 활동하는 곳이면서 악귀에게 인간이 시달리며 고통을 받는 세계이기도 하다. 이런 세계에서 처용은 밤늦도록 놀며 다닌다. '노닐다'는 일하지 않는 유흥적 움직임을 뜻하는 말이 아니다. 제 몫을 하면서 맡은 바 임무를 수행한다라는 의미이다. 기계의 부속품이 고장이 났을 때 '놀지 않는다'고 하고 자기가 관장하는 영역에서 활동하는 것을 '논다'고 한다. 또한 무녀가 굿을 하거나 신이 굿청에 강림하여 신으로서 책무를 수행하는 것을 '논다'고 한다.

> 영정가망이 놀아나오 부정가망이 놀아나오 들니부졍이 놀아나오 날니부졍이 놀아나오
>
> —서울 열두거리 〈부정〉[6]

> 상문걸립 동법걸립 화의바다 놀으소사
> 션왕님네 놀으신 자최에는
>
> —서울 열두거리 〈뒷전〉[7]

> 텬상옥경요대상 오만신선이 놀아잇고 악양루 놉흔집에 리뎍선이 놀아잇고 룡궁에 문안갔다가 약주를 취케먹고 석교상 봄바람에 성진화상이 놀아있고

있도록 의역한 것이다.

6) 赤松智城・秋葉隆, 『朝鮮巫俗の研究』 上, 大阪屋號書店, 1937, 70면.

7) 앞 책, 118면.

남악산 위부인은 팔선녀와 놀아있고 반야산 바위밋헤 숙낭자 놀아있고 텬태산 마고선녀 채약화초 놀았구나

—오산 열두거리 〈성쥬푸리〉[8]

청류리라 황류리 화쟝청내 서계신데 무진각시가 대활레로 놀으소사

—〈황제푸리〉[9]

여기서 처용이 밤늦게 놀러 다녔다는 것은 신으로서 또는 신을 모신 무속인으로서 인세의 질병이나 재액을 퇴치하는 행위를 하였다는 의미로 풀이된다. 이는 한마디로 말해서 처용은 신을 모시고 신을 부리는 존재임을 역신에게 밝힌 것이고 이는 역신에게 자기 신분과 책무를 알림으로써 역신을 겁박하는 기능을 가진다고 본다.

두 번째 구절은 처용 자신의 영검함을 제시한 것이다. 역신은 신이기에 보통사람의 눈에는 그 실체가 드러나지 않는다. 신을 모신 무속인만이 귀신의 정체를 감지하는 영능(靈能)이 있다. 이러한 영능이 역신의 다리를 지적하는 것으로 표현된 것이다. 역신이 처용 아내와 동침한다는 것은 처용의 아내가 역병을 앓고 있다는 것이다. 보통사람은 처용 아내의 다리만 볼 수 있으나 처용은 역신의 신체의 일부인 다리를 볼 수 있었던 것이다. 이것은 첫 번째 구절에 이어지는 무속인의 영능 과시로서 퇴치대상인 역신에게 겁을 주는 기능을 가진다.

세 번째 구절은 역신에게 정체를 밝히라는 주술 명령이다. 역신이 정체를 숨기고 다리만 드러내고 있었으나 처용은 신통력으로 정체를 이미 알고 있으니 다리의 주체인 역신의 정체를 스스로 드러내라는 명령이다. 주술 노래는 주술 명령으로 이루어져 있고 명령이 실현되는 것으로 주술

8) 앞 책, 172면.
9) 앞 책, 225면.

효과가 입증된다. 처용이 춤과 노래를 마쳤을 때 역신이 형체를 드러내고 처용 앞에 꿇어앉아 사죄한 것으로 보아 세 번째 구절의 의미는 자명해진다고 본다.

마지막 구절은 역신의 잘못을 꾸짖는 말이다. 이미 나의 아내인데 네가 어찌 감히 빼앗을 수 있느냐 하는 호통과 질책이다. 남의 아내는 인간뿐만 아니라 신물(神物)이나 귀물(鬼物)까지도 넘보아서는 안 된다는 것이다. 이러한 신물이나 귀물에 대한 질책은 이미 〈해가〉에서 확인한 바 있다.

여기서 신라시대의 축귀무가(逐鬼巫歌)의 일면을 생생하게 접하게 된다. 이러한 축귀무가는 고려시대까지 그대로 지속되어 고려 〈처용가〉로 계승되었다.

4) 고려 처용가

고려가요 〈처용가〉는 『악장가사(樂章歌詞)』에 수록되어 전하는데 고려시대 궁중에서 행하여진 구나의식(驅儺儀式)에서 가창된 노래였다. 노랫말을 검토하기 전에 먼저 〈처용가〉가 불리는 상황에 대하여 알아보기로 하겠다.

『악학궤범(樂學軌範)』 〈학연화대처용무합설(鶴蓮花臺處容舞合設)〉 조에는 다음과 같은 기록이 있다.

> 십이월 그믐 하루 전날 오경초에 악사(樂師), 여기(女妓), 악공(樂工) 등이 궁궐에 나가 이 날 나례(儺禮)를 할 때 악사가 기녀와 악공을 거느리고 음악을 연주한다. 구나의식(驅儺儀式)이 끝나면 내정(內庭)에 지당(池塘)을 갖추어 베풀고 악사가 두 명의 동녀(童女)를 거느리고 들어와서 연화 한 가운데 앉아서 절차를 기다린다. 처용무는 두 번을 추는데 첫 번에는 학연화대회무(鶴蓮花臺

回舞) 등이 없었다. 악사가 동발(銅鈸)을 잡고 청, 홍, 황, 흑, 백의 오방처용과 박판을 잡은 여기(女妓)를 인도하는데 악사와 악공은 〈처용만기(處容慢機)〉를 연주하고 여기는 〈처용가〉를 부른다.

이 기록에서 〈처용가〉는 섣달 그믐께 궁중에서 행하여지던 구나의식 뒤에 처용무를 출 때 기녀들이 악공이 연주하는 〈처용만기〉라는 곡에 맞추어 부른 노래임을 알 수 있다. 이 기록에서는 〈처용가〉가 기녀들이 부른 노래로 나타나나 민간에서 역신을 구축하기 위해 가창되던 무가가 궁중의식에 이입(移入)되어 변용된 것으로 보인다. 구나의식이란 본래 악귀를 쫓아내는 굿이기에 귀신을 쫓는 무가가 수용되었던 것이고 기녀는 본래 무녀출신이 많았기에 무녀와 기녀는 신분적으로 엄격한 구분이 있는 관계가 아니었다.

고려 〈처용가〉는 연희에서 불린 노래이기는 하나 무가의 모습을 거의 그대로 간직하고 있다. 사실 무속의례는 종교적 기능이 중심이 되지만 유흥적 기능도 함께 가지고 있었다. 신을 즐겁게 하기 위해 인간이 즐거워하는 춤과 노래, 재담이 굿판에 끼어들어 연희적 성격을 띠었던 것이다.

〈처용가〉의 노랫말은 일상적 언어와 달라서 문맥의 의미파악이 쉽지 않다. 이런 점에서 〈처용가〉를 몇 개의 단락으로 나누어 문제되는 어휘 해석을 통해 의미를 파악하고 무가로서의 성격을 검토하기로 하겠다.

〈가〉

신라성대(新羅聖代) 소성대(昭聖代)
천하태평(天下太平) 라후덕(羅侯德)
처용(處容)아바
이시인생(以是人生)에 상불어(相不語)ᄒᆞ시란ᄃᆡ
이시인생(以是人生)에 상불어(相不語)ᄒᆞ시란ᄃᆡ
삼재팔난(三災八難)이 일시소멸(一時消滅)ᄒᆞ샷다.

이 부분은 작품의 서사에 해당한다. 첫 구는 '신라시대는 성인 다스리는 밝고 성스러운 시대, 천하가 태평하니 이는 라후의 은덕이라'는 의미이다. '라후'에 대해 양주동은 범어 '라후'의 한자 번역으로서 구요성(九曜星) 중에 제팔성(第八星)인데 일월(日月)을 만나면 숨으므로 일식(日蝕)의 신이라고도 하는 별이름에서 왔다고 하였다. 또한 석가의 적자로 잉태된 지 6년 만에 출생한 '라후라(羅侯羅)'와 관련이 있다고 보고 신라 처용의 참을성 있는 행위와 연결시킨 바 있다.[10] 이러한 해석은 신라 처용설화에서 동해용이 운무로 일광을 가려서 헌강왕 일행이 길을 잃었다는 것을 일식현상의 기술로 보고 처용이 아내와 동침하는 역신을 보고 분노하지 않고 참은 행위를 인욕행(忍辱行)으로 해석한 데서 비롯된 견해였다. 그러나 구요성의 하나인 라후성과 아라한과(阿羅漢果)를 얻은 라후라 아수라왕은 별개의 존재로서 통합할 대상은 아니라고 본다.

한편 김동욱은 라후는 신라의 군후 즉 라왕(羅王)이고 '라후덕(羅侯德)'은 '나왕덕(羅王德)'으로 보아진다고 하였다.[11] 이러한 해석은 천하가 태평한 이유가 처용의 공덕보다는 신라왕의 공덕으로 보는 것이 합리적이라는 판단에 기인한 것이다. 그런데 신라왕을 '라후(羅侯)'라고 하는 것은 중국과 같은 외국에서 일컬을 수 있는 객관적인 폄칭(貶稱)이기에 자국의 임금을 백성들이 일컫는 호칭으로 보기는 어렵다.

'라후'는 구요성 중 여덟 번째 별이름에서 유래한 것인데 이 직성이 든 사람은 구설수가 있고 재수가 없어 불길한 직성으로 여겨져 왔다. 『동국세시기』에는 라후직성에 이른 자가 처용이라는 인형을 만들어 액을 방지하는 습속이 있다고 하였다.

남자의 나이가 라후직성에 이르면 추영(芻靈)을 만드는데 방언에서는 이를

10) 梁柱東, 『麗謠箋注』, 을유문화사, 1950, 150면.
11) 金東旭, 『韓國歌謠의 硏究』, 을유문화사, 1961, 219면.

처용(處容)이라고 한다. 그 머리에 동전을 넣고 정월 열나흗날 밤 초저녁에 길거리에 버리어 액을 소멸했다. 여러 아이들이 문 밖에 몰려와서 처용(處容)을 달라고 부르고 얻으면 머리를 파헤쳐 돈을 꺼내고 길에 동댕이를 치는데 이것을 '타추희(打芻戲)'라고 한다.[12)]

이러한 추영(처용) 습속과 관련시켜 본다면 라후직성에게 천하태평의 공덕을 돌림으로써 불길한 재난을 방지하려는 의도에서 지어진 축원구절이라고 생각된다.

다음 '이시인생(以是人生)애 상불어(相不語)하시란대 삼재팔난(三災八難)이 일시소멸(一時消滅)하샷다'는 처용인형을 통한 방액(防厄) 습속과 연계된 축원의 말이라고 해석된다. 즉 라후직성이 들면 구설수가 따른다고 하였으니 구설수를 방지하려면 서로 말하지 않아야 하고 구설수가 없어지면 삼재와 팔난과 같은 모든 재액이 일시에 소멸한다라는 의미라고 생각된다.

〈나〉

어와 아비즈이여 처용(處容)아비즈이여
만두삽화(滿頭揷花)계오샤 기울어신 머리예
아으 수명장원(壽命長遠)ᄒᆞ샤 넙거신 니마해
산상(山象)이슷 깅어신 눈썹에
애인상견(愛人相見)ᄒᆞ샤 오올어신 누네
풍입영정(風入盈庭)ᄒᆞ샤 우글어신 귀예
홍도화(紅桃花)ᄀᆞ티 븕거신 모야해
오향(五香)마ᄐᆞ샤 옹긔어신 고해
아으 천금(千金) 머그샤 어위어신 이베
백옥유리(白玉琉璃)ᄀᆞ티 히어신 닛바래
인찬복성(人讚福盛)ᄒᆞ샤 미나거신 틱애

12) 洪錫謨, 『東國歲時記』〈上元〉條(필자 번역).

칠보(七寶)게우샤 숙거신 엇게에
길경(吉慶) 게우샤 늘의어신 ᄉᆞ맷길헤
설믜 모도와 유덕하신 가ᄉᆞ매
복지구족(福智俱足)ᄒᆞ샤 브르거신 ᄇᆡ예
홍정(紅鞓) 게우샤 굽거신 허리예
동락태평(同樂太平)ᄒᆞ샤 길어신 허튀예
아으 계면(界面) 도ᄅᆞ샤 넙거신 바래

이 부분은 처용의 모습을 예찬한 것으로 〈찬신무가(讚神巫歌)〉에 해당한다. 신을 찬양하는 방법으로서 신의 외모나 신이 입고 있는 의복 등 치례치장을 묘사하는 사설을 열거하는 것은 오늘날 무가에서도 쉽게 찾아볼 수 있다.

팔대장삼을 입으시고 세모시 곡갈을 쓰시고
금란가사 미우시고 일천염주 팔에 걸고
백팔염주 목에 걸고 시는 염주는 단신하고
길너문 육환장은 백운간에 집흐시고

—〈제석청배〉13)

광대치장이 업슬손야
절구통바지 골통행전 고양나이 속버선에
몽기삼성 것버선에 아미탑골 밋투리에
장창밧고 굽창밧고 메부리징에 잣징박고
얼망건 당사끈에 엽낭차고 상낭차고
메고나니 검낭이요 차고나니 상낭이라

—〈창부타령〉14)

13) 赤松智城·秋葉隆, 앞 책, 88면.
14) 앞 책, 111-112면.

〈제석청배〉에서는 스님의 치례사설이 등장하고 〈창부타령〉에서도 광대의 치례사설이 등장하는데 이는 모두 신을 찬양하는 기능을 가지는 무가로 옷차림을 한 외모를 묘사하는 사설단위로서 〈처용가〉의 〈나〉 대목과 같은 성격을 가진다.

〈처용가〉에서는 처용신의 모습을 머리에서부터 발끝까지 차례대로 묘사하고 있다. 머리, 이마, 눈썹, 눈, 귀, 얼굴, 코, 입, 이빨, 턱, 어깨, 소매자락, 가슴, 배, 허리, 다리, 발의 모습을 순서대로 거룩하게 기술하고 있다.

'만두삽화 계오샤 기울어신 머리예'는 '머리 위에 가득히 꽂힌 꽃을 이기지 못하여 기울어진 머리'라는 뜻이다. 이것은 많은 꽃으로 장식한 처용가면의 머리 모양을 예찬한 것인데 목은(牧隱) 이색(李穡, 1328-1396)이 지은 〈구나행(驅儺行)〉에도 '꽃가지 머리를 누르는데 향기로운 이슬이 떨어지네(花枝壓頭香露零)'라는 구절이 있는 것으로 보아 고려시대 처용가면은 꽃으로 장식되었음을 알 수 있다.

'아으 수명장원ᄒᆞ샤 넙거신 니마해'는 '수명이 길고 멀어 넓어진 이마'라는 뜻이다. 이에 대해서는 '처용신의 나이가 많다'는 의미와 '처용신이 수명이 장원하여 앞으로 오래도록 살라'는 의미의 두 가지 해석이 가능하다. 그러나 관상학에서 이마가 넓은 사람이 오래 산다는 이론은 찾아지지 않는 데 비하여 나이가 많아지면 머리가 벗겨져 넓어지는 경우는 흔하고 처용신의 유래는 신라시대로 소급하기에 오랜 기간 모셔지던 신이라는 의미가 적절하다고 본다.

'산상이슷 깅어신 눈썹에'는 '산의 형상처럼 긴 눈썹에'라는 의미이고 '애인 상견ᄒᆞ샤 오올어신 누네'는 '사랑하는 사람과 서로 만나 바라보는 빛나는 눈에'라는 뜻이다. '오올어신'은 온전하신, 또는 '원만하신'의 의미이나 여기서의 문맥상 의미는 반갑고 정겨운 눈빛의 옹골찬 눈을 말한다. 이 부분의 비유와 묘사가 매우 참신하다.

> 동 심어드니 그 남기 점점잘아 소부동이 되엿구나 대부동이 되엿구나 그 나무를 비여내어 북장고 맨들어 놋코 벽상에 심은 록죽 비어 피리 젓대 해금 만들어 풍류를 갖추어 가지고 어신 젓대를 둘러메고 경상도 칠십일조 가중마다 계면 돌고 전라도 오십삼관 가중마다 계면 돌고[15)]

동해안 별신굿 중 계면굿에서도 지민 할머니가 당골네 집을 찾아다니며 걸립한다는 내용을 담고 있다. 여기서 계면은 무속인이 관할하는 신도들의 거주구역을 말하고 계면을 돈다는 것은 신도들 집을 찾아다니며 굿을 해주고 돈이나 포곡 등을 걷는 행위를 의미한다. 무속의 계면신은 무속인의 몸주신이고 걸립신의 성격을 가진다.

이상에서 검토한 〈처용가〉 사설은 찬신무가로서 일종의 〈치례사설〉인데 꽃과 보패로 장식한 화려한 외모의 묘사와 내면의 복과 덕성을 아울러 찬양한 시가이다.

> 〈다〉
> 누고 지어세니오 누고 지어세니오
> 바늘(바ᄅᆞᆯ)도 실도 어찌(업시) 바늘(바ᄅᆞᆯ)도 실도 어찌(업시)
> 처용(處容)(제용) 아비ᄅᆞᆯ 누고 지어셰니오
> 마아만 마아만 ᄒᆞ니여
> 십이제국(十二諸國)이 모다 지어셰온
> 아으 처용(處容) (제용)아비ᄅᆞᆯ 마아만ᄒᆞ니여

이 부분은 처용신상(處容神像)의 위엄을 칭송한 부분이다. '누가 만들어 세웠습니까 바늘도 실도 없이 처용아비를 누가 만들어 세웠습니까 위대하고 위대합니다. 십이 제국이 모두 지어 세운 처용아비를 위대하게 생

15) 赤松智城·秋葉隆, 앞 책, 180면.

각합니다'라는 의미이다. 여기서 해독상의 문제가 되는 어휘는 '마아만ᄒᆞ니여'인데 양주동과 박병채는 많다고 해석하였으나 앞 구절인 '처용아비ᄅᆞᆯ'이 목적격 조사를 취하고 있어 많다란 해석보다는 '위대하게 여긴다'는 의미가 적절하다고 생각된다. '마아만하다'는 '어마어마하다' '매우 크다'의 의미로서 처용신상이 위엄이 있고 거룩하게 보여 숭엄함을 느끼는 감정을 감탄구로 나타낸 것이다.

〈라〉

머자 외야자 녹이(綠李)야 섈리나 내신(싮)고홀 ᄆᆡ야라
아니옷 ᄆᆡ시면 나리어다 머즌말
동경(東京) ᄇᆞᆯᄀᆞᆫ ᄃᆞ래 새도록 노니다가
드러 내자리ᄅᆞᆯ 보니 가ᄅᆞ리 네히로새라
아으 둘흔 내해어니와 둘흔 뉘해어니오
이런저긔 처용(處容)아비옷 보시면
열병신(熱病神)이아 회(膾)ㅅ가시로다.

이 부분은 공수의 성격을 가지는 말이다. 첫 줄은 명령문으로 되어 있다. '머자 외야자 녹이야'는 '버찌야 오얏아 푸른 오얏아'라는 뜻인데 주술 호격에 해당하는 말이다. 명령을 하려면 명령을 받을 대상을 지정해서 불러야 한다. '빨리 내 신고홀 ᄆᆡ야라'는 '빨리 나의 신코를 매어라'라는 말이다. 이 부분의 의미는 지금까지 명확히 밝혀지지 않았다. 벗, 오얏, 푸른 오얏은 마마나 홍역을 앓을 때 나타나는 반점을 가리킨다고 볼 수 있다. 천연두에서 부풀어진 멍울은 벗열매가 붉게 또는 까맣게 익었을 때 모습과 유사하다. 오얏이나 푸른 오얏도 역병을 앓을 때 생기는 반점이나 멍울을 가리킨 것으로 볼 수 있다. 홍역이나 마마를 앓을 때 반점이 나타나는 것을 '꽃이 핀다'고 한다. 신코를 매라는 말은 신의 터진 곳을 꿰맨다는 뜻이고 이는 멍울이 맺힌 헐은 곳을 흉터가 크게 생기

지 않게 잘 아물도록 곱게 다스려 달라는 말이라고 해석할 수 있다. 마마신인 손님신에 대한 축원 중에 곱게 앓게 해달라는 말이 있는데 이는 멍울이 아물었을 때 곰보자국인 '우물'이 얕고 작게 해 달라는 것이다. 그렇다면 이 부분은 열병신이 만든 멍울을 열병신 자체로 보고 빨리 병세를 거두고 물러나라는 처용신의 명령이라고 생각된다.

'아니옷 믹시면 나리어다 머즌말'은 주술시가에서 내린 명령 수행을 촉구하는 기능을 가진 말로서 가정법과 위협으로 이루어져 있다. '만약 치료를 하지 않는다면 무서운 말이 내려지리라' 하는 의미이다. 이는 〈구지가〉에서 '만약 드러내지 않는다면 구워서 먹겠다'라고 한 것이나 〈해가〉에서 '네가 수로를 내어 바치지 않으면 그물을 던져 잡아 구워 먹겠다'고 한 것과 주술적 기능이 같은 구절이다.

'동경~둘흔 뉘해어니오'까지는 향가 〈처용가〉의 일부가 수용된 것으로서 역신에게 처용신의 신분을 밝히고 역신의 정체를 드러내라는 질책이다.[16)]

〈마〉

천금(千金)을 주리여 처용(處容)아바
칠보(七寶)를 주리여 처용(處容)아바
천금(千金) 칠보(七寶)도 마오
열병신(熱病神)을날 자바주쇼셔
산(山)이여 믹히여 천리외(千里外)에
처용(處容)아비를 어여려거져
아으 열병대신(熱病大神)의 발원(發願)이샷다

16) 이 부분에 대한 자세한 해석은 앞에 신라 〈처용가〉를 논의하면서 상술하였기에 여기서는 생략하기로 한다.

이 대목의 앞부분은 처용신에게 제주(祭主)가 기원하는 말로 이루어져 있다. 인간 제주는 처용신에게 '천금을 (인간에게) 주시겠소 처용아비여 칠보를 (인간에게) 주시겠소 처용아비여'라는 말이다. 다음은 '천금 칠보는 그만두고 열병신이나 잡아주소서'라는 의미이다. 인간에게 지금 절실하게 필요한 것은 천금 칠보와 같은 재화나 보패가 아니라 질병을 없애는 일이기 때문이다.

다음에 이어지는 말은 열병대신의 발원으로 되어 있는데 '산이여 들이여 천리 밖에 처용아비를 피해가고저 합니다'라는 뜻이다. 이것은 열병신이 처용신에게 사죄하고 맹세하는 말이다. 향가 〈처용가〉의 배경설화에서 역신이 처용 앞에 꿇어앉아 '지금부터는 공의 화상만 보아도 그 문에는 들어가지 않겠다'고 맹세한 것과 같은 맥락이다.

이상에서 고려 〈처용가〉의 무가적 성격을 검토하였다. 처용가는 궁중나례에서 연못과 연꽃이 설치된 무대에서 기녀들에 의하여 가창된 노래였다. 따라서 치병굿에서 무녀가 악귀구축을 하는 과정에서 가창된 무가와는 차이가 있을 것으로 보인다. 그러나 궁중나례는 국가의 병마와 재난을 없애고 길하고 경사로운 복을 맞이하는 의식이기에 무의와 상통하는 성격을 가지는 것이고 〈처용무〉나 〈처용가〉도 예술성을 의식한 가무이면서 동시에 제해초복(除害招福)의 기능을 가지기에 〈처용가〉의 무가적 속성은 그대로 유지되었던 것으로 판단된다.

5) 『시용향악보』 소재 무가 자료

고려조에 비교적 무가의 분명한 모습을 보여 주는 자료는 〈처용가(處容歌)〉 이외에 『시용향악보(時用鄕樂譜)』 소재 〈나례가(儺禮歌)〉, 〈성황반(城皇飯)〉, 〈대왕반(大王飯)〉, 〈내당(內堂)〉, 〈잡처용(雜處容)〉, 〈삼성대왕(三城大

王)〉, 〈대국(大國)〉, 〈별대왕(別大王)〉, 〈군마대왕(軍馬大王)〉, 〈구천(九天)〉 등이 있다.[17] 이들 자료는 단편적인 것이고 구연상황에 대한 언급이 전혀 없어서 당시의 무가 전모를 보여주는 것은 아니나 구연 그대로의 정착이며 최초의 한글 무가라는 점에서 의의가 있다. 무가의 모습이 드러나는 몇 편의 자료를 검토하기로 하겠다.

① 나례가(儺禮歌)

나령공택(羅令公宅) 나례일(儺禮日)이
광대(廣大)도 금선(金線)이샤ᄉᆞ이다
궁에사 산(山)굿 붓겻더신든
귀의(鬼衣)도 금선(金線)이리라
리라리러 나리라 리라리

〈나례가〉는 고려조 궁중 나례 시에 재인이나 현수인 무녀들에 의하여 불린 무가였다고 생각한다. 노랫말의 정확한 의미는 알기 어려우나 나례 시에 놀이에 참여했던 광대가 입은 금실로 지은 옷과 궁중에서 설치한 무대에서 행해진 굿에 등장하는 귀신의 옷도 금실로 장식한 정황을 찬미한 것으로 보인다.

② 성황반(城皇飯)

동방(東方)애 지국천왕(持國天王)님하
남방(南方)애 광목천자천왕(廣目天子天王)님하
남무서방(南無西方)애 증장천왕(增長天王)님하
북방산(北方山)의아 비사문천왕(毗沙門天王)님하
다리러 다로리 로마하

17) 金東旭, 「時用鄕樂譜 歌詞의 背景的 硏究」(『韓國歌謠의 硏究』, 을유문화사, 1961) 참조.

디렁디리 대리러 로마하
도람다리러 다로링디러리
다리렁 디러리
내외(內外)에 황사목천왕(黃四目天王)님하

〈성황반〉은 성황신에게 올리는 무가다. 여기에는 오방천왕(五方天王)의 명호를 나열하고 있는데 불교의 수호신(守護神)인 사천왕에 중앙의 황사목천왕이 추가되어 있다. 성황은 중국의 성지(城池)신앙과 우리의 서낭신앙이 혼합되어 형성된 마을이나 고을의 수호신 신앙인데 여기에 불교의 수호신인 사천왕과 습합되어 오방천왕이 등장하고 있음을 본다. 불교의 사천왕은 사방을 진호하며 위로는 제석천(帝釋天)을 섬기고 아래로는 팔부중(八部衆)을 지배하여 불법에 귀의한 중생을 보호하는 신으로서 동방의 지국천왕(持國天王), 남방에 증장천왕(增長天王), 서방에 광목천왕(廣目天王), 북방에 다문천왕(多聞天王)을 말한다. 그런데 중앙의 '황사목천왕'은 불교 사천왕에 없는 중앙신으로서 공간의 방위가 오방으로 바뀌면서 추가된 신이다.

오방의 관념은 오행사상(五行思想)과 밀접한 관련이 있다. 따라서 오행사상의 연원을 검토하면 사방천왕이 오방천왕으로 바뀌어진 까닭을 이해할 수 있으리라 본다. 오행에 관한 기록은 『서경(書經)』 주서(周書) 〈홍범(洪範)〉 장에 보이는데 이는 은대(殷代)의 현자(賢者)인 기자(箕子)가 주무왕(周武王)에게 나라를 다스리는 원리를 교설(敎說)한 것이다.

> 오행은 일은 수(水)요 이는 화(火)요 삼은 목(木)이요 사는 금(金)이요 오는 토(土斎)이니라. 수는 불으며 내리고 화는 불꽃하며 오르고 목은 굽고 곧으며 금은 좇으며 변하고 토는 심고 거두나니 불으며 내림은 짠 것을 짓고, 불꽃하고 오름은 쓴 것을 짓고, 굽으며 곧음은 신 것을 짓고, 좇으며 변함은 매운 걸 짓고, 심으며 걷음은 단 걸 짓나니라.

(五行 一曰水 二曰火 三曰木 四曰金 五曰土 水曰潤下 火曰炎上 木曰曲直 金曰從革 土爰稼穡 潤下作鹹 炎上作苦 曲直作酸 從革作辛 稼穡作甘)[18]

기자가 오행의 성질을 정치에 응용할 것을 말했다면 기자가 조선으로 와서 왕이 되어 기자조선이 되었으니 조선에는 일찍이 오행사상이 자리 잡았다고 할 수 있다.

그러나 오행설은 중국 전국시대 추연(鄒衍)이 주창하면서 구체화되었다고 본다. 추연의 오행설은 『여씨춘추(呂氏春秋)』 〈응동편(應同篇)〉에 남아 있다.

무릇 제왕이 장차 홍기하려 할 때에는 하늘이 먼저 백성들에게 상서로운 징조를 드러낸다. 황제 때에 하늘은 큰 지렁이와 땅강아지를 나타나게 하였다. 황제께서 '이것은 토기가 승함을 표시한다'고 하였다. 토기가 승함으로 그 색은 황색을 숭상하고 흙을 섬긴다. 하우(夏禹) 때에 이르자 하늘은 초목에 징조를 표시하여 가을에도 시들지 않았다. 우께서 '이것은 목기가 승함을 표시한다'고 하였다. 목기가 승하니 그 색은 청색을 숭상하고 목을 섬긴다. 상탕(商湯) 때에 이르자 하늘은 먼저 금인(金刃)이 물에서 나오게 하였다. 왕께서 '이는 금기가 승함을 표시한다'고 하였다. 금기가 승하니 백색을 숭상하고 금을 섬긴다. 문왕(文王) 때에 이르자 하늘은 불처럼 붉은 새가 단서(丹書)를 물고 주의 사직 처마 위에 내려 앉도록 하였다. 문왕께서 '이는 화기가 승함을 표시한다'고 하였다. 화기가 승하니 적색을 숭상하고 불을 섬긴다.[19]

여기서 추연은 오행의 덕을 오방색과 관련지어 우(禹), 하(夏), 은(殷), 주(周)에 배당시켰다. 그런데 중국학자 하신(何新)에 의하면 추연은 전국시대 연(燕) 제(齊)의 해변가에 있던 방선도(方仙徒) 중에서 역사상 탁월한 영

18) 金冠植 譯解, 『書經』, 成均書館, 1979, 239면.
19) 何新著, 洪熹譯, 『神의 起源』, 東文選, 1978, 373-374면 중 인용.

향을 끼친 술사이며 본래는 대무(大巫)였다고 한다.[20] 그리고 그의 사상은 중국 동해 해변가인 동이(東夷) 땅에서 숭배한 원시종교의 영향을 받았다는 것이다. 그렇다면 추연이 주창한 오행설은 우리 민족의 무속사상에서 유래했다고 볼 수 있다.

방위를 오방으로 인식한 것은 민족의 성수사상(聖數思想)과 관련이 있다. 중국의 한족(漢族)은 주나라 이전에는 사방(四方), 팔방(八方)으로 공간을 인식하다가 북극의 상방개념이 도입되면서 오방관념이 성립되었다. 그 후 한 대에 이르러 동중서(董仲舒)의 음양오행사상이 자리를 잡으면서 오방사상이 확산되었다. 한국에서도 고구려에서는 5를 성수로 인식하였는데 방위도 오방으로 인식하였을 가능성이 있다. 오방은 사방과 달리 중앙의 상하방위를 추가한 것으로서 우주를 입체적으로 파악한 공간관이다. 이런 점에서 오행이나 오방에 대한 관념은 고대에 형성된 것이고 우리 민족의 고유한 공간관이었다고 말할 수 있다.

한국 사찰 문에 세워진 사천왕의 신상(神像)이 악귀를 구축하고 제압하는 무서운 형상으로 되어 있고 절문을 지키는 수문신(守門神)으로 되어 있는 점을 보아 중앙을 지키는 신은 황금사목(黃金四目)의 무서운 형상을 한 방상씨(方廂氏)가 수용되었을 가능성이 있다. 방상씨는 나례에서 악귀를 구축하는 신이고 장례 행렬에서 선두에 서서 망자(亡者)가 편히 저승으로 갈 수 있게 여러 잡신을 물리치고 길을 여는 기능을 하는 신이다. 성황신앙 자체가 한국의 토속신앙과 중국 도교의 성지신앙이 습합되어 이루어진 것이기에 여기에 불교나 도교의 신격이 습합되기는 용이하였으리라 생각된다. 노랫말의 형식은 신의 명호를 나열하는 것으로 되어 있는데 이는 한국 무가에서 신의 내림을 비는 기본 형식이다.

---

20) 앞 책, 378면.

③ 대왕반(大王飯)

팔위성황(八位城隍) 여듧위(位)런 놀오쉬오
믓굿가ᄌᆞ리 장화새리
당시(當時)예 흑목단(黑牧丹)고리
방상(坊廂)애 ᄀᆞ드가리
노니실 대왕(大王)하
디러렁다리 다리러디러리

이 노래는 김동욱이 지적한 대로 여덟 성황신에 대한 찬신무가라고 생각된다. 무속에서는 국사(國師), 산신(山神), 성황(城隍), 용왕(龍王) 등이 모두 대왕으로 불린다. '산신대왕', '용궁대왕', '국사대왕'이 무가에 등장한다. 팔위성황은 팔도산신 선왕이라고 생각된다. 경기도 오산의 열두거리 굿 중에 〈선왕굿〉에서는 팔도 선왕이 다음과 같이 나타난다.

'경상도 태백산 선왕님, 전라도 지리산 선왕님, 충청도 계룡산 선왕님, 강원도 금강산 선왕님, 경기도 삼각산 선왕님, 함경도 백두산 선왕님, 평안도 쟈모산 선왕님, 황해도 구월산 선왕님'[21]

선왕은 '산왕(山王)' '서낭' '성황(城隍)'과 신의 직능이 상통하는데 팔위성황은 한반도의 공간을 지켜주는 국토수호신이라고 본다. 구체적 노랫말의 뜻은 알기 어려우나 흑모란 꽃으로 장식한 각 지역 성황당에서 노니는 성황신을 예찬하고 있는 내용이라고 생각된다.

그 밖에 무속이나 무가의 내용을 엿볼 수 있는 한시로서 이규보(李奎報)의 〈노무편(老巫篇)〉[22]과 허균(許筠)의 〈견가임신(譴嘉林神)〉[23] 등이 있

21) 赤松智城・秋葉隆, 앞 책, 172-173면.
22) 李能和, 「朝鮮巫俗考」(『啓明』 19號, 啓明俱樂部, 1927), 8-9면.
23) 앞 책, 51면, 「咸山城隍祠」 참조.

다. 또한 고전소설에 삽입된 〈복사(卜辭)〉, 〈축원(祝願)〉, 〈고사(告祀)〉 등도 무가의 편린을 보여 주는 자료들이다.

3. 구비무가 채록자료

1) 일제 강점기

무가가 민족문학의 시원(始源)을 탐구하거나, 민족 사상의 뿌리를 밝히는 데 귀중한 학술 자료가 된다는 의식에서 본격적으로 조사되기 시작한 것은 1920년대에 들어와서 손진태(孫晋泰)로부터 비롯되었다. 그는 한국 민족문화의 원류를 탐구하는 데 있어서 민속자료나 구비문학 자료가 문헌자료 못지않은 중요성이 있음을 깨닫고 현지조사에 착수하여 설화·무가 등을 수집하였다.

한편 손진태와 병행해서 무가조사를 한 사람은 일본인 학자 아키바 다카시(秋葉隆)와 아카마쓰 지조(赤松智城)였다. 이들은 경성제국대학에 재직하면서 일본의 식민정책을 돕기 위해 한국의 민속자료를 수집했고 국가의 지원을 받아 전국적인 조사활동을 전개했다. 이들이 조사한 무가 자료는 1937년에 공간되었고 이 자료를 통해 한국무가의 개략적 면모가 드러나게 되었다. 이 시기에 출간된 무가 자료를 간단히 해설하면 다음과 같다.

(1) 손진태, 『조선신가유편(朝鮮神歌遺篇)』, 동경: 향토문화사, 1930

이 책은 한국 최초의 무가집으로 여기에 수록된 자료는 함남 함흥군 운전면의 〈창세가(創世歌)〉, 〈회생곡(回生曲)〉, 〈황천혼시〉, 〈숙영랑 앵련랑 신가(淑英娘 鶯蓮娘 神歌)〉, 함남 홍원군 주익면의 〈도랑선배·청정각씨 노래〉, 그리고 경남 동래군 구포리의 〈성조푸리〉, 〈계책가(戒責歌)〉, 〈무녀기도사〉 등이다. 이들 자료의 채록일시는 1922년 8월부터 1926년 3월까지로 되어 있다. 이들 자료 중 〈계책가〉는 책에서 전사한 것이고, 창작가사의 성격을 띠는 것으로 고유무가로 보기는 어려우며, 그 밖에 〈무녀기도사〉를 제외한 6편이 모두 서사무가로서 귀중한 가치를 지닌다. 무가가 구연되는 상황이나 무의에서의 기능에 관한 설명이 누락되어 있으나 조사일시와 제보자의 인적 사항이 갖추어 기록되어 있다.

(2) 손진태, 〈조선무격의 신가(朝鮮巫覡の 神歌)〉 기일(其一)~기사(其四), 『청구학총(青丘學叢)』 20, 22, 23, 28

1933년 여름에 평북 강계읍 서부동에 사는 전명수(田明守)의 보유 자료를 조사하여 『청구학총』에 4회에 걸쳐 발표한 자료인데 발표된 자료는 다음과 같다.

〈조선무격의 신가(朝鮮巫覡の 神歌)〉 (1), 『청구학총』 20호: 〈각거리 푸념초두〉 (1~3) 〈존신문여리푸념〉

〈조선무격의 신가(朝鮮巫覡の 神歌)〉 (2), 『청구학총』 22호: 〈도청배푸념 1〉 (1) 마우님청배, (2) 성조님청배, (3) 성인님청배, (4) 신선세턴님청배, (5) 원구님청배

〈조선무격의 신가(朝鮮巫覡の 神歌)〉 (3), 『청구학총』 30호: (6) 데석님청배 (7) 영정님청배, (8) 선생님청배, (9) 조상님청배, (10) 대감님청배, (11)

감성님청배, (12) 허튼거리

〈조선무격의 신가(朝鮮巫覡の 神歌)〉 (4), 『청구학총』 28호: 권선굿푸념 · 각마을 청배 · 일월노리 푸념

(3) 아카마쓰 지조(赤松智城) · 아키바 다카시(秋葉隆), 『조선무속의 연구(朝鮮巫俗の研究)』 上, 대판옥호서점(大阪屋號書店), 1937

이 책은 당시까지 출간된 무가집 중에서 가장 방대한 것이다. 그러나 전국의 무가가 두루 수록되지 않았고 중부지역과 제주도의 대표적인 자료만을 수록하였다. 또한 제보자의 이름만 밝혀져 있을 뿐 채록일시나 구연상황에 대한 언급이 없다. 여기에 수록된 무가는 서울 지역 〈무조전설〉(바리공주) 1편, 서울과 오산의 〈열두거리(十二祭次)〉, 서울 지역의 〈고사축원〉, 경기도 고양군의 〈성주본가〉, 서울의 〈황제푸리〉, 논산의 〈성주축원〉, 서울과 오산의 〈지두서(指頭書)〉, 경기도 시흥의 〈축엄의 말〉 그리고 제주도의 서사무가 16편 및 서울과 오산의 〈잡편(雜篇)〉들이다. 이 자료들은 주로 서울 · 시흥 · 오산 등 경기지역과 제주도 지역에서 조사된 것이고 다른 지역의 자료는 수록되지 않았다. 그러나 이 무가집이 간행되어 주요 서사무가의 면모가 드러났고 무가에 대한 인식이 부각되는 계기가 되었다.

(4) 아카마쓰 지조(赤松智城) · 아키바 다카시(秋葉隆), 『조선무속의 연구(朝鮮巫俗の研究)』 下, 대판옥호서점(大阪屋號書店), 1938

이 책 부록에 무경(巫經)이 82면에 걸쳐 88편이 수록되어 있는데 이 중에서 축원문(祝願文), 해원사(解寃辭) 등 무가로 생각되는 자료가 있다. 〈부부화합경(夫婦和合經)〉, 〈해로축언(偕老祝言)〉, 〈축원문(祝願文)〉, 〈선약선초구병축언(仙藥仙草救病祝言)〉, 〈조상해원경(祖上解寃經)〉, 〈시황해송해원사제

일－제사(尸瘟解送解寃辭第一～第四)〉, 〈입문망자경(入門亡者經)〉, 〈해원사(解寃辭)〉, 〈성조축원문(成造祝願文)〉 등은 한글로 된 무가 자료다.

2) 광복 이후

해방 이후 무가에 관한 관심이 퇴조된 것은 아니었으나 사회변동과 6·25전쟁, 그리고 전란 후에 밀려온 서구문화의 수용에 급급하여 본격적인 무가 자료의 조사·수집은 지연되었고 1960년대에 이르러서 전통문화 발굴 작업의 일환으로 문화공보부나 문화재관리국의 후원으로 무가의 조사 채록이 이루어졌으며, 그 후 전통문화의 가치를 의식한 민속학자와 국문학자들에 의하여 개인적인 조사 활동으로 무가집들이 다수 출판되기에 이르렀다. 이들 자료집을 소개하면 다음과 같다.

(1) 임석재·장주근, 『관북지방무가(關北地方巫歌)』, 문화재관리국, 1965

이 책은 함흥·홍원 등지에서 월남하여 서울과 부산 등지에서 살고 있는 강춘옥, 지금섬 등 8명의 무속인들이 보유한 자료를 녹음하여 정리한 자료집이다. 구연자의 인적 사항 및 경력, 그리고 무의(巫儀)의 특성 및 구연 상황까지 조사되어 있으며, 독창·합창·말·노래 등 구연형태의 변화까지 기록되어 있다. 다만 조사자 주문에 응한 구연이기에 자연조건에서의 무의현장의 분위기나 기주나 청중의 개입상황은 알 수 없는 것이 결함이다. 수록된 자료는 〈토세굿〉, 〈안택굿〉, 〈문열이천수〉, 〈동갑젯기〉, 〈오기풀이〉, 〈문굿〉, 〈돈전풀이〉, 〈천디굿〉, 〈신선굿〉, 〈신선천수〉, 〈대감굿〉 등이다. 이 책은 문화재관리국에서 무형문화재 지정을 위한 보고서로서 한정된 부수만을 공판타자로 간행했기에 시중에서 공간된 자료와 달리 널리 보급되지 못하였다.

(2) 현용준 · 김영돈, 『제주도무당굿놀이』, 문교부, 1965

이 자료집은 제주도의 무극(巫劇)이라 할 수 있는 굿놀이 무가 〈시왕맞이〉, 〈삼공맞이〉, 〈세경놀이〉, 〈영감놀이〉 등을 채록한 것이다. 굿놀이의 기회 및 목적, 준비자료 특징, 유래 등에 대한 조사자의 해설과 제보자 안사인(安仕仁) 외 6인의 인적 사항이 상술되어 있다.

(3) 임석재 · 장주근, 『관서지방무가』, 문화재관리국, 1966

이 무가집은 평양에서 월남하여 강원도 영월에서 무업을 하는 정운학(鄭雲鶴) · 임학숙(林學淑) 부부의 보유 자료를 채록한 것이다. 제보자의 경력 · 무구(巫具) · 무기(巫技), 춤 · 음악 및 구연상황까지 비교적 상세히 보고된 자료집이다. 수록된 무가는 〈수왕굿〉, 〈요왕굿〉, 〈당굿〉, 〈재수굿〉 등이다.

▌동해안 별신굿의 한 장면

(4) 임석재 · 장주근, 『관북지방무가』(추가), 문교부, 1966

이 자료집은 『관북지방무가』의 속편으로서 제보자도 같고 자료 정리 방식도 동일하다. 수록된 무가는 〈셍굿〉, 〈화청〉, 〈요사굿〉, 〈살풀이〉, 〈혼쉬굿〉, 〈타성풀이〉, 〈짐가제굿〉, 〈산천굿〉 등이다.

(5) 장주근 · 최길성, 『경기도지역무속』, 문화재관리국, 1967

경기도 양주의 무녀 조영자(趙英子)의 보유무가를 집중 조사한 보고서이다. 조영자의 삶의 환경과 유형 무형의 보유자료가 두루 조사되어 있다. 신당, 무신도(巫神圖), 무복(巫服), 무악기, 기타 무구(巫具) 등의 유형자료와 강신과정, 무업활동, 무의(巫儀), 무무(巫舞) 무악(巫樂), 무가 등 무형자료가 모두 조사되었다. 수록무가는 〈바리공주〉, 〈장님타령〉, 〈축원〉, 〈공수〉, 〈타령〉 등 보유 무가 20여 편이다.

(6) 진성기, 『남국의 무가』, 제주민속연구소, 1968

이 자료집은 프린트판으로 간행한 것인데 제주도의 무가를 집성한 방대한 무가집으로서 저자가 이미 간행한 『제주도 무가집』 1, 2, 3집을 종합하고 보충한 것이다. 제주도 방언 그대로 자료를 수록하면서 주석을 달지 않아 이용하기가 불편하다. 수록된 자료는 〈일반본풀이〉 12편, 〈특수본풀이〉 12편, 〈당본풀이〉 131종, 기타 〈비념〉 24편 등이다.

(7) 『전국민속종합조사보고서』 〈전남편〉, 문화공보부 문화재관리국, 1969

문화공보부와 한국문화인류학회가 공동으로 주관한 전국 민속조사 보고서로서 구례의 〈점복축원〉, 거문도의 〈점복축원〉, 나로도의 〈오구물림〉, 진도 당골무의 무가 등이 최길성 채록으로 수록되어 있다.

(8) 임석재, 『줄포무악(茁浦巫樂)』, 문화재관리국, 1970

전북 부안군 줄포의 세습무녀 박소녀(朴少女)와 성씨(成氏)가 보유한 〈시끔굿〉과 〈도신굿〉 계열의 무가를 임석재가 채록하여 정리한 무가집으로 제보자의 인적사항과 무의 및 무악에 관한 해설이 곁들여져 있다. 〈칠성풀이〉, 〈장자풀이〉, 〈제석굿〉 등의 서사무가가 있다.

(9) 김태곤, 『한국무가집』 I, 원광대학 민속학연구소, 1971

이 책은 서울, 부여, 고성, 강릉, 울진, 영덕 등지의 무가를 채록하여 정리한 무가집이다. 한 지역에서 무녀 한 명씩을 선정하여 그들의 보유 무가를 채록하여 정리하고 제보자 및 무의에 대한 해설을 붙였다. 수록된 무가는 서울의 〈재수굿〉, 〈용신굿〉, 〈오기굿〉, 강원도 고성의 〈재수굿〉, 〈용신굿〉, 〈초망자굿〉, 강릉의 〈시준굿〉, 〈손님굿〉, 경북 울진의 〈풍어제굿〉, 영덕의 〈오구굿〉 등이다. 광복 이후 처음으로 공간된 본격

▌김금화의 서해안 풍어제

적 무가집이다.

(10) 『전국민속종합조사보고서』 〈전북편〉, 문화공보부 문화재관리국, 1971

최길성이 채록하여 정리한 자료로서 전주시 최문순 무녀의 보유 무가 〈조왕풀이〉, 〈성주풀이〉, 〈칠성풀이〉, 〈장자풀이〉, 〈퇴성물림〉과 성화춘 무녀의 무경, 그리고 순창군 김야무 무녀의 〈제석굿〉, 〈성주굿〉 등의 보유무가 등이 수록되었다.

(11) 『전국민속종합조사보고서』 〈경남편〉, 문화공보부 문화재관리국, 1972

동래지방의 세습무 김석출, 김유선 부부가 구술한 산오구굿의 무가를 최길성이 채록하여 정리한 것이다. 김석출이 구연한 서사무가 〈바리데기〉가 있다.

(12) 최정여 · 서대석, 『동해안 무가』, 형설출판사, 1974

경북 동해안 지역인 울진, 영해, 포항 등지에서 세습무들이 행하는 별신굿과 오구굿에서 구연되는 무가를 채록하여 정리한 무가집이다. 조사자의 요청으로 제공한 자료가 아니라 굿하는 현장에서 녹음한 자료이기에 현장감이 생생하게 느껴진다. 동해안 지역 무속에 대한 자세한 해설과 〈세존굿〉, 〈성주굿〉, 〈지신굿〉, 〈심청굿〉, 〈손님굿〉, 〈계면굿〉, 〈거리굿〉, 〈오구굿〉 등의 무가가 수록되어 있다. 송동숙이 연행한 〈거리굿〉은 자연조건에서 처음으로 채록된 동해안 희곡무가이다.

(13) 『전국민속종합조사보고서』 〈경북편〉, 문화공보부 문화재관리국, 1974

최길성이 수집한 자료로서 울진군 기성면의 세습무녀 김영희가 구연한 초망자굿 무가와 김재출, 이차순, 정종건, 박씨 등이 보유한 무가책에서 전사한 무가 자료를 수록하고 있다.

(14) 『전국민속종합조사보고서』 〈제주도편〉, 문화공보부 문화재관리국, 1974

〈금녕 괴내기또 본풀이〉 한 편이 현용준, 최길성, 장주근의 공동 채록으로 수록되어 있다.

(15) 김영진, 『충청도무가』, 형설출판사, 1976

이 책은 충북 청주, 진천, 괴산에 거주하는 독경무(讀經巫)들을 대상으로 앉은 굿의 무가를 채록한 것이다. 자료의 대부분이 무경(巫經)이며 표준어로 재정리하고 한자로 주석을 붙이고 있어 경문의 교과서와 같은 자료집이다. 경문 이외에 〈축원문〉 6편, 〈가신풀이〉 7편, 〈해원풀이〉 8편 등의 무가가 수록되어 있다. 〈가신풀이〉 중에 2편의 서사무가 〈제석푸리(一)〉, 〈제석푸리(二)〉가 있다.

(16) 김태곤, 『한국무가집』 II, 원광대학교 민속학연구소, 1976

『한국무가집』 I의 속편으로서 전남의 광주, 순창, 목포, 해남, 고흥, 안동, 인천, 해주 등지의 무가를 수집 정리한 무가집이다. 각 지역의 대표적인 무녀를 한 사람씩 선정하여 그들의 보유무가를 조사자의 요청에 의해 무의 진행과정에 따라 구연한 것을 채록한 것으로서 간단한 해설과 주석을 곁들이고 있다. 수록된 자료는 〈오구굿〉 무가 4종, 〈축원굿〉 무가 4종, 〈씨끔굿〉 무가 3종이며 이 가운데 서사무가는 광주의 〈제석굿〉, 〈오구물림〉, 순창의 〈제석굿〉, 〈지신굿〉, 〈칠성굿〉, 목포의 〈제석굿〉, 해남의 〈바리데기굿〉, 〈손굿〉, 〈중굿〉, 고흥의 〈오구굿〉, 〈손굿〉, 〈명두굿〉 안동의 〈바리데기〉 등이다. 이 무가집이 간행됨에 따라 호남지역 무가의 전반적 윤곽이 드러나게 되었다.

(17) 김태곤, 『한국무가집』 III, 원광대학교 민속학연구소, 1976

평양, 함흥, 화성, 고창, 광양 지역에서 행해지는 〈재수굿〉, 〈망묵이굿〉, 〈씨끔굿〉, 〈집가심〉 등의 무의에서 구연되는 무가를 채록하여 정리한 무가집이다. 평양과 함흥 지역의 무가는 월남해서 서울에 살고 있는 무녀들을 대상으로 조사한 것이다. 제보자의 입무과정 및 성격적 특징, 보유무가 등이 기술되고 자료의 주석과 용어색인을 붙이고 있다. 함흥의 〈도랑선비〉, 〈궁산이굿〉, 〈진가장굿〉, 〈치원대 양산복〉, 〈충열굿〉, 〈타승〉, 〈성주〉, 〈칠공주〉, 화성의 〈제석굿〉, 〈성주굿〉, 고창의 〈오구물림〉, 〈장자풀이〉, 〈손님풀이〉, 〈칠성풀이〉, 광양의 〈오구굿〉 등 서사무가 16편이 수록되어 있다. 이 무가집의 간행으로 북한 지역을 포함하여 전국에서 전승되는 무가자료의 윤곽이 드러나게 되었다.

(18) 김선풍, 『한국시가의 민속학적연구』 자료편, 형설출판사, 1977

여기에 수록된 자료는 주로 강릉단오제에서 구연된 무가로서 〈당고마기〉, 〈심청〉, 〈손님〉 등의 서사무가를 비롯하여 동해안 지역 무가 17편이 채록 정리되어 있다.

(19) 김태곤, 『한국무가집』 IV, 경희대학교 민속학연구소, 1979

연일(延日) 지역 무가 15편을 채록하여 주해하여 정리한 무가집이다. 무가와 무의의 상관성을 자세하게 설명하였으며 전국 각지의 무가 악보를 수록하고 이미 간행한 저자의 『한국무가집』 I 권에서 IV권까지 총 색인이 있다.

(20) 현용준, 『제주도무속자료사전』, 신구문화사, 1980

이 책은 제주시 용담동의 대심방인 안사인(安仕仁)의 보유무가를 모두

강릉단오제에서 소지 올리는 장면

채록하여 큰굿, 작은굿의 각 굿거리별로 정리 수록하고 각 마을에서 전승되는 당굿의 무가를 그 마을에 거주하는 심방이 구송하도록 하여 채록 정리한 무가집이다. 제주도의 무가 전모를 파악할 수 있는 무가집으로서 큰굿의 31개 굿거리와 작은굿의 18개 굿거리에서 구연되는 무가, 그리고 13개 면별로 각 마을의 당일람(堂一覽)과 〈당본풀이〉가 정리되어 있고 15편의 〈조상본풀이〉를 정리하여 수록하고 있다. 무의에 대한 자세한 해설과 무가의 상세한 주석을 겸하고 있어 이용하기에 편리하다.

(21) 한국정신문화연구원, 『한국구비문학대계』 전 82권, 1980-1988

『한국구비문학대계』에는 392편의 무가가 채록되어 정리되어 있다. 이들 자료는 대체로 조사자의 요구에 의하여 무가의 사설만을 구연하도록 하고 녹음한 것이어서 굿판의 현장에서 채록한 자료처럼 현장감이 나타나 있지는 않다. 그러나 전국 각 지역에서 고르게 채록된 자료라는 점에서 한국의 무가 전반의 실상을 이해할 수 있는 자료라고 생각한다. 채록된 자료를 각 도별로 통계를 내면 다음과 같다. 서울·경기; 63편, 강원; 114편, 충북; 28편, 충남; 15편, 전북; 17편, 전남; 85편, 경북; 39편, 경남; 18편, 제주; 13편.

『한국구비문학대계』에 수록된 자료 중에는 무경이 많은 비중을 차지하고 있다. 수록된 무가의 장르별 통계를 제시하면 다음과 같다. 서정무가; 9편, 교술무가; 169편, 서사무가; 52편, 희곡무가; 14편, 교술무경; 148편, 서사무경; 7편.

(22) 이선주, 『인천지역무속 Ⅰ』, -곶창굿, 연신굿-, 동아사, 1987

인천 지역 해변의 어촌에서 행하는 마을굿 무가를 채록하여 정리한 무가집이다. 인천 지역 어촌에서는 임경업 장군을 모시고 풍어(豊漁)와 제해초복(除害招福)을 기원하는 마을굿을 행하는데 이 굿을 하는 무녀 김황룡, 유옥선, 박선옥, 김매물, 박인겸, 김정숙 등을 초청하여 인천시 노인회관에서 굿판을 벌이고 무가를 채록하여 정리한 자료집이다. 제보자별로 자료를 정리한 것인데 중부지방 굿거리의 축원무가가 자세히 조사되었고, 〈당금아기〉, 〈성주풀이〉 등 서사무가와 사냥거리, 말명거리, 대감거리, 뒷전 등에서 무녀와 장고 치는 반주무 사이에 재담으로 엮어지는 희곡무가가 채록되었다.

(23) 이선주, 『인천지역무속 Ⅱ』, -내림굿, 고창굿, 진오귀굿, 병굿-, 미문출판사, 1988

김매물, 유옥선의 내림굿 무가, 김황룡의 병굿 무가, 김매물, 박선옥의 진오귀굿 무가, 정정여, 조화순, 고순녀, 권재순, 정윤자 등의 외포리 고창굿 무가가 채록 정리되어 있다. 실제 굿을 진행하는 대로 구연한 무가가 제보자별로, 굿거리별로 잘 정리되어 있어서 굿판의 현장감을 알 수 있게 정리한 무가집이다.

(24) 이선주, 『인천지역무속 Ⅲ』, -재수굿, 진굿-, 미문출판사, 1989

인천 지역에서 재수굿으로 행하여지는 성주굿과 꽃맞이굿에서 구연된 무가를 진행된 각 굿거리별로 채록하여 정리하였고, 진굿으로 행해지는 자리걷음, 새남, 묵은새남에서 구연된 무가를 역시 각 굿거리 순으로 채록 정리한 무가집이다.

(25) 서대석 · 박경신, 『안성무가』, 집문당, 1990

경기도 안성에서 무업에 종사하는 조기철의 보유무가를 채록하여 정리한 무가집이다. 굿의 각 제차나 무가에 관한 무속인 자신의 설명을 그대로 채록하여 함께 수록하였으며 자세한 주해를 붙이고 있다. 〈재수굿〉 각 굿거리에서 구연되는 무가와 〈망자굿〉과 〈치병굿〉에서 구연되는 무가 일부가 수록되어 있다.

(26) 진성기, 『제주도 무가본풀이사전』, 민속원, 1991

이 책에는 저자가 수집한 제주도 무가가 집대성되어 있다. 자료는 일반본풀이편, 신당본풀이편, 특수본풀이편, 초감제, 하청, 푸다시편, 기타편으로 나누어져 수록되어 있다. 일반본풀이편에는 〈초공본〉 2편, 〈이공본〉 2편, 〈삼공본〉 1편, 〈문전본〉 3편, 〈할망본〉 3편, 〈칠성본〉 2편, 〈지장본〉 2편, 〈저승본〉 1편, 〈맹감본〉 3편, 〈차사본〉 2편, 〈천지왕본〉 1편, 〈세경본〉 2편의 12종 24편의 서사무가가 채록되어 있다. 신당본풀이편에는 제주시 서귀읍을 포함하여 13개 면 143개 리(里)와 동(洞)에서 수백 편의 당본풀이가 채록되어 정리되어 있다. 특수본풀이편에는 〈세민황제본〉, 〈동방세기본〉, 〈원천강본〉, 〈허궁애기본〉, 〈영감본〉, 〈웃당본〉, 〈알당본〉, 〈삼두구미본〉, 〈산신본〉, 〈조왕본〉, 〈용왕본〉, 〈열두선앙본〉, 〈십이대왕본〉 등 12종의 서사무가가 수록되어 있다. 기타편에는 12종의 〈조상본풀이〉와 14종의 〈비념〉 그리고 〈군웅무가〉 5종이 채록 정리되어 있다. 저자는 제보자의 주소, 성명, 성별, 나이를 밝히고 방언 자료를 자세하게 주해하고 있으며 6부 개설편에서 제주도 특유의 무속용어를 해설하고 있다. 이 책의 출간으로 제주도 무가의 전모를 파악할 수 있게 되었다.

(27) 최길성, 『한국무속지 1』, 아세아문화사, 1992

이 책은 최길성이 1968년 이래 전국 민속 종합조사에 참여하여 조사한 자료 중에서 전남, 전북 경남의 것을 모은 것이다. 전남의 점쟁이, 보살, 당골, 독경쟁이, 전북의 당골과 독경쟁이, 그리고 경남의 세습무 김경남 일가의 가계, 입무과정, 생업 등 무속인들의 인적사항과 그들이 행하는 무의의 절차와 특징이 조사 기술되었고 보유무가 중 대표적 자료가 채록되어 정리되어 있다.

(28) 최길성, 『한국무속지 2』, 아세아문화사, 1992

이 책은 『한국무속지 1』의 속편으로서 경북 및 강원도의 무속과 무가, 제주도의 무속과 무가, 그리고 서울과 황해도의 무속과 무가가 조사 수록되어 있다. 무속인과 무의에 대한 관찰조사와 면접조사를 통한 상세한 보고 및 구술한 무가와 무책(巫冊)의 무가 자료가 함께 수록되어 있다.

(29) 강동원, 『화순무가사설집 굿소리』, 도서출판 民, 1992

이 무가집은 강동원이 화순의 세습무 조도화의 씻김굿 사설을 채록 정리한 것이다. 수록무가는 〈혼맞이〉, 〈조왕굿〉, 〈안당〉, 〈문전굿〉, 〈선부리〉, 〈제석굿〉, 〈오구굿〉, 〈고풀이〉, 〈씻김굿〉, 〈길닦음〉, 〈대신거리〉, 〈사신거리〉의 12거리이다. 무가 채록일시, 채록장소, 제보자 인적사항,

구연상황 등에 대한 기록이 없다.

(30) 박경신, 『울산지방 무가자료집 1-5』, 울산대 인문과학연구소, 1993

이 책은 1987년 11월 21일부터 24일까지 경남 울산시 동구 일산동에서 행하여진 동해안 별신굿의 전 과정을 채록하여 정리하고 주해한 것이다. 구연자는 무형문화재로 지정받은 김석출, 김유선 부부, 심청굿의 일인자로 알려진 이금옥, 그리고 송동숙, 김미향, 제갈태오, 김정렬, 김동연, 송경숙 등 세습무들이다. 굿의 현장을 생동감 있게 기록하고 자연조건에서 무가 구연을 생생하게 채록하여 정리하고 주석을 붙였다. 수록된 자료는 〈일월거리〉, 〈가망거리〉, 〈세존거리〉, 〈군웅거리〉, 〈제석거리〉, 〈내천황거리〉, 〈산신거리〉, 〈조상거리〉, 〈손님거리〉, 〈손님네 말치레놀이〉, 〈대왕거리〉, 〈부인거리〉, 〈소가망거리〉, 〈성조거리〉, 〈황제거리〉, 〈내삼황 세존거리〉, 〈맹인거리〉, 〈용왕거리〉, 〈우천황거리〉, 〈도리강관놀이〉, 〈장수거리〉, 〈걸립거리〉, 〈월래거리〉, 〈뱃놀이〉, 〈대거리〉 등이다.

(31) 김헌선, 『경기도 도당굿 무가의 현지연구』, 집문당, 1995

이 책에서는 저자가 1984년과 1986년 인천 동막 도당굿을 조사하여 굿의 순서와 내용, 연행방식, 작시방식, 변형양상, 연행문학으로서 특징 등을 제1부에서 논하고, 제2부에서는 저자가 채록한 도당굿 자료를 정리하여 수록하고 있다. 수록무가는 인천 동막 도당굿의 〈군웅노정기〉(1984), 〈뒷전〉, 〈군웅노정기〉(1986)와 무속인 조한춘의 필사본 〈구능(軍雄)굿에 노정기(路程記)라〉와 〈도당축제(都堂祝祭) 뒤전말〉이다. 이들 자료는 지금은 고인이 된 경기지역 세습무 이용우, 서간난, 조한춘 등이 구연한 것

▌군포 당말 도당굿(2003. 10. 24)

으로서 학술적 가치가 크며 경기지역 도당굿의 연행상황이 그대로 채록되어 있어 굿의 현장을 이해하는 데 도움이 된다.

(32) 김금화, 『김금화의 무가집』, 문음사, 1995

이 책은 황해도 만신 김금화가 자기가 보유한 모든 굿거리의 사설과 재담사설 그리고 춤과 노래와 무의 진행방식을 모두 정리하여 펴낸 자료집으로서 무속인이 자신의 보유자료를 스스로 정리한 최초의 무가집이다. 수록된 무가는 〈철무리굿〉, 〈배연신굿〉, 〈대동굿〉, 〈내림굿〉, 〈만수대탁굿〉, 〈진오기굿〉으로 나누어 굿의 개관, 굿의 준비, 굿의 순서, 굿의 내용순으로 서술되어 있다. 이 자료집에서 특히 주목할 무가는 굿놀이의 재담부분인데 철물이굿 중 〈소놀음굿〉, 〈도산말명 방아짐굿〉, 〈걸립 대감놀이〉, 배연신굿의 〈영산대감, 영산할아뱜, 영산할먐굿〉 등이 희곡무가로서 풍부한 재담자료를 담고 있다.

▌김금화의 서해안 풍어제(2004. 5. 31)

(33) 박경신, 『한국의 별신굿 무가 1-12』, 국학자료원, 1999

이 책은 1991년 11월 6일부터 11월 8일까지 경남 울산시 동구 일산동에서 진행된 별신굿의 전 과정을 자연조건에서 그대로 채록 정리하고 주석한 자료집이다. 해설편에서는 일산동 동제의 개황과 제보자 인적사항 및 자료정리 방법이 상세히 기술되었고 자료편에서는 1. 부정거리부터 26. 대거리까지의 무가가 시나리오 대본처럼 현장감 있게 정리되어 있다. 12권에서는 통권색인을 통하여 무가에 등장하는 주요 어휘를 정리하고 있다.

별신굿 각 거리 무가와 제보자는 다음과 같다.

1. 부정거리: 김영희, 2. 상하당맞이: 김영희 외, 3. 가망거리: 김미향, 4. 세존거리: 김영숙, 5. 성조거리: 김동언, 6. 군웅거리: 김유선, 7. 제석거리: 김동연, 8. 내천왕거리: 김영희, 9. 일월맞이: 김영희, 10. 산신거리: 김영희, 11. 조상거리: 김동연, 12. 손님거리: 김유선, 13. 대왕거리: 김영

동해안 별신굿(1972) 중 거리굿을 연행하는 송동숙과 김장길

숙, 14. 외성조거리: 김정숙, 15. 일월맞이: 김영희, 16. 외세존거리: 김유선, 17. 우천왕거리: 김동연, 18. 용왕거리: 김동언, 19. 걸립거리: 김영숙, 20. 장수거리: 김영희, 21. 월래거리: 김미향, 22. 대거리: 김용업, 23. 맹인거리: 김동언, 24. 부인거리: 김미향, 25. 소가망거리: 김동언, 26. 황제거리: 김동연.

이 무가집은 동해안에서 활약하는 대표적 두 화랭이 집안인 김석출가와 송동숙가의 보유자료를 망라하여 채록하였다는 점에서 동해안 별신굿 무가를 완벽하게 채록 정리한 자료집이다.

(34) 이경엽, 『씻김굿 무가』, 도서출판 박이정, 2000

이 책은 1부 씻김굿의 이해와 2부 씻김굿 무가로 되어 있다. 1부는 해설편으로 순천의 세습무의 현황과 단골사회의 특징, 순천 씻김굿의 구성과 특징, 씻김굿의 제의적 기능과 현세주의적 태도, 순천 〈삼설양굿〉의 연극적 전개와 연희성에 대해 저자가 조사한 바를 토대로 논술하였다.

2부는 자료편으로 구연자별로 무가를 정리하고 있는데 무가 구연자와 구연한 굿거리는 다음과 같다.

1. 박경자 창본 〈씻김굿〉, 2. 박경자 김수정 창본 〈씻김굿〉, 3. 김수정 창본 〈조상굿〉, 〈제석굿〉, 4. 이임순 창본 〈오구굿 사설〉, 5. 박경자 창본 〈손님굿〉, 6. 한생심 창본 〈제석굿〉, 〈오구굿〉, 〈손님굿〉, 〈명두굿〉, 7. 박경자 소장 필사본 무가, 8. 박영순 소장 필사본 무가

이들 자료는 순천 지역 씻김굿 무가를 자연조건에서 채록 정리한 무가집이면서 무속인이 학습교재로 간직한 필사본 무책의 자료가 함께 수록되어 있어 특정 지역 무가의 전승 상황을 연구하는 데 큰 도움이 되리라고 본다.

(35) 박관수, 『강원도 송경연구 1』, 민속원, 2005

이 책은 저자가 강원도 횡성군 둔내면 석문2리에 사는 오복환(81) 경객(經客)을 2001년 7월 23일 민족사관고등학교 저자의 연구실에서 접견하면서 송경(誦經)에 관해 나눈 대담과 구술한 경문을 그대로 채록하여 정리한 것이다. 송경에 관한 대담이 주를 이루고 있으나 각 대목마다 낭송한 경문자료가 다수 들어 있다.

(36) 박관수, 『강원도 송경연구 2』, 민속원, 2006

저자가 강원도 횡성군에 거주하는 무속인 김응삼, 박영식, 허남축, 이영환의 생애 및 송경방식과 특징을 조사하여 약술하고 보유 경문을 채록하여 정리한 자료집이다. 수록자료는 1. 점해는 법, 2. 대군 들여 조목을 받는 경, 3. 귀신 잡는 경, 4. 안택고사 등으로 분류하여 기록하고 있으

나 독경에서 낭송되는 〈신장편〉, 〈옥추경〉, 〈옥갑경〉, 〈행마경〉, 〈철망경〉, 〈착수조목〉, 〈해원경〉 등의 축사(逐邪) 경문과 〈부정경〉, 〈명당경〉, 〈성주경〉, 〈조상경〉, 〈지신경〉, 〈조왕경〉, 〈산왕경〉, 〈당산경〉, 〈삼신경〉, 〈보신경〉, 〈축원문〉 등의 가신봉안경(家神奉安經)이 두루 정리되어 있다. 특히 귀신잡이 과정과 귀신을 다루는 경문이 송경자(誦經者)의 구술대로 정리되어 있는 것이 주목된다.

(37) 김헌선 · 현용준 · 강정식, 『제주도 조상본풀이 연구』, 보고사, 2006

이 책은 연구편과 자료편으로 구성되어 있는데 자료편에 김헌선이 채록한 제주도의 〈조상본풀이〉와 〈당본본풀이〉 자료 30편이 수록되어 있다. 자료목록은 다음과 같다.

1. 〈나주 기민창 조상본풀이〉 2. 〈구실할망본풀이〉 3. 〈광청아기본풀이〉 4. 〈고대장본풀이〉 5. 〈양이목사본풀이〉 6. 〈양씨아미본풀이〉 7. 〈고전적(高典籍)본풀이〉 8. 〈선씨일월(玄氏日月)본풀이〉 9. 〈윤대장본풀이〉 10. 〈이만경본풀이〉 11. 〈안판관본풀이〉 12. 〈홍부일월(紅牌日月)본풀이〉 13. 〈책불일월본풀이〉 14. 〈산신일월(山神日月)본풀이〉 15. 〈불도일월(佛道日月)본풀이〉 16. 〈광청아기본풀이(이중춘본)〉 17. 〈양씨아미본풀이〉 18. 〈고전적따님아기본〉 19. 〈부대각본〉 20. 〈광청아기본풀이(양창보본)〉 21. 〈눈미양씨아미본풀이〉 22. 〈구실할망본풀이〉 23. 〈우렝이 김씨조상본풀이〉 24. 〈우렝이 신씨조상본풀이〉 25. 〈눈미와산 본주집 삼당클굿 조상신본풀이〉 26. 〈호근이므루 ᄋᆞ드렛당본풀이〉 27. 〈토산ᄋᆞ드렛당본풀이〉 28. 〈칠성본풀이〉 29. 〈선흘 안댁〉 30. 〈뱀 이야기〉

(38) 김헌선, 『동해안 화랭이 김석출 오구굿 무가 사설집』, 월인, 2006

동해안 별신굿 중 거리굿을 연행하는 김석출

이 책은 김석출이 사망한 뒤 동해안 일대에서 무업을 하는 김석출의 직계 및 방계의 무속인들이 모여 2005년 10월 1일부터 10월 2일까지 부산시 기장군 일광해수욕장에서 행한 김석출 오구굿을 김헌선이 채록하여 자세한 해설과 함께 무가사설을 정리한 것이다. 참여 무속인은 송동숙, 김미향, 김영희, 김용택, 김동연, 빈순애, 송정환, 김영숙 등이며 동해안 오구굿의 전 굿거리에서 구연한 무가 사설이 빠짐없이 정리되었다. 동해안 지역 원로 세습무이면서 무형문화재 지정을 받았던 김석출의 오구굿을 채록한 자료라는 점에서 중요한 의의를 가지는 무가자료라고 생각한다.

(39) 나경수 외, 『호남의 몸주천도굿』, 민속원, 2006

이 책은 호남 광주의 강신무 유현정(가명)이 무업을 그만두기 위해 몸주신을 천도하는 굿을 세습무인 이장단에게 의뢰하여 자기 집에서 행한 굿을 나경수 등이 채록하여 정리한 자료집이다. 굿을 하게 된 동기, 이장단의 생애와 무속인으로서의 경력, 굿의 준비상황을 상세하게 기록하고 굿의 진행에 따라 무가 사설과 굿하는 사진, 그리고 무악의 악보까지 수록하고 있어 현장감이 살아 있는 보고서이다. 그런데 굿을 한 시간만 밝히고 이장단을 면접한 일시나 굿을 한 연월일이 밝혀져 있지 않다. 〈몸주천도굿〉은 흔하지 않은 굿으로서 주목되는데 조사된 굿거리는 다음과 같다.

1. 안당, 2. 손님굿, 3. 선부리, 4. 제석굿, 5. 오구굿, 6. 넋올리기, 7. 씻김, 8. 고풀이, 9. 길닦음, 10. 오방돌기, 11. 종천

(40) 강정식 · 강소진 · 송정희, 『동복 정병춘댁 시왕맞이』, 제주대학교 탐라문화연구소, 2008

이 책은 제주도 구좌면 동복리 출신 정병춘 씨가 2006년 4월 18일부터 4월 21일까지 나흘간 조천읍 굿당에서 행하여진 굿을 강정식 등이 채록하여 정리한 자료집이다. 채록한 무가는 진행된 굿거리 순서로 정리되었는데 다음과 같다. 〈초감제〉, 〈초상게〉, 〈추물공연〉, 〈석살림〉, 〈시왕맞이〉, 〈세경본풀이〉, 〈넉들임〉, 〈액맥이〉, 〈칠성본풀이〉, 〈공시풀이〉, 〈영게 돌려세움〉, 〈상당숙임〉, 〈군졸지사귐〉, 〈영게 돌려세움〉, 〈막방광침〉, 〈영게 돌려세움〉, 〈군웅판관〉, 〈선앙풀리〉.

굿에 참여한 심방은 서순실을 비롯하여 이중춘, 고복자, 강순선 등인데 굿의 진행상황이 시간대별로 빠짐없이 기록되어 있어 자연조건에서 채록한 현장감 있는 제주도 무가집으로서 중요한 의의가 있다.

(41) 박경신 지음, 『한국의 오구굿무가』, 국학자료원, 2009

이 책은 1997년 11월 18일부터 20일까지 3일간 부산시 기장군 일광면 삼성리 해수욕장에서 행하여진 동해안 세습무 제갈태오의 오구굿 전 과정을 자연조건에서 채록하여 정리한 무가집이다. 채록 정리된 무가와 구

연자는 다음과 같다. 1. 골매기굿－김유선, 2. 문굿－김영숙, 3. 조상굿－김미향, 4. 초망자굿－김영숙, 5. 신무염불－김석출, 6. 바리데기－김동언, 7. 길닦음－무녀일동, 8. 수리굿－김동연, 9. 하직굿－김유선, 10. 조상굿－김영숙, 11. 염불－김석출, 12. 등노래 꽃노래－무녀일동

망자 제갈태오는 동해안 세습무 집단의 수장인 김석출의 맏사위로서 굿 잘하기로 소문난 김영희의 남편이다. 이 책에서 정리한 동해안 오구굿의 굿거리는 대부분 망인의 장인, 장모, 처제 등 김석출의 가족들이 맡아 진행하였으며 굿에 참여한 무속인은 동해안 세습무를 대표할 만한 사람들이었다는 점에서 모범적인 오구굿 자료집이라고 생각한다. 저자는 굿의 전 과정을 녹화하여 채록하고 잡소리까지도 빠짐없이 기록하여 현장감을 살렸고 자세한 주해를 곁들이고 있기에 후대에 길이 참고할 만한 귀중한 자료집이다. 이 책이 출간됨으로써 동해안 지역의 무가는 자연조건 아래서 행하여진 굿의 진행과정과 구연한 그대로의 모습이 완벽하게 채록 정리되었다고 할 수 있다.

▌동해안 별신굿에서 악기를 연주하는 화랭이들

이상의 무가의 자료 조사 현황을 정리해 보았다. 비록 조사의 관점이나 자료 정리 방법이 통일되지 못하고 인공조건에서 조사된 자료가 많이 있기는 하나 남한 전 지역에 걸쳐 세습무와 강신무, 그리고 굿과 독경의 자료가 고르게 조사되었다. 따라서 한국에서 전승되는 무가

의 유형은 거의 조사 소개되었다고 본다. 그러나 초기의 자료집은 채록기기가 제대로 갖추어져 있지 않아 사설만 녹음하여 정리한 것이 대부분이다. 최근에 조사된 자료는 비교적 굿의 진행상황과 사설과 음악이 함께 채록되어 있다. 무가는 굿, 또는 독경에서 춤과 음악과 더불어 구연되는 것이기에 제의에서의 기능과 음악, 무용과 함께 무가 사설이 입체적으로 조사 정리되어야 보다 완벽한 자료라고 할 수 있다. 앞으로는 굿의 현장을 동영상으로 녹화하고 이를 희곡과 같이 정리하는 자료집이 출간되어야 하리라고 본다.

이상이 대체로 지금까지 조사 발표된 무가 자료들이다. 이들 자료에서 조사 지역, 무가를 구연한 무속인의 입무과정과 조사된 굿의 종류를 종합 정리하면 다음과 같다.

조사지역		무속인 입무과정	굿의 종류
함남	함흥	강신무	망묵이굿
	홍원	강신무	망묵이굿
평북	강계	미상(巫覡)	도청배, 권선굿
평남	평양	강신무	재수굿, 수왕굿
서울		강신무	열두거리, 재수굿, 진오귀
황해도	해주 연백	강신무	재수굿, 진오귀, 철물이굿, 배연신굿, 대동굿, 내림굿, 만수대탁굿, 진오기굿
경기도	오산	세습무	열두거리
	양주	강신무	바리공주, 축원
	수원	세습무	재수굿, 집가심
	화성	강신무	재수굿
	시흥	미상	진오귀
	양주	강신무	재수굿, 진오귀
	가평	학습무(독경)	안택
	인천	강신무 세습무	풍어굿, 내림굿, 병굿, 진오귀굿, 도당굿
	안성	강신무	재수굿, 망자굿, 치병굿, 행채물림
강원도	고성	강신무	재수굿, 오귀굿
	횡성	독경무	독경
	강릉	세습무, 강신무	별신굿
충북	청주	강신무(독경)	안택, 병굿
	괴산	강신무(독경)	안택, 병굿

충북	진천	강신무(독경)	안택, 병굿
	영동	강신무(독경)	안택, 병굿
충남	부여	세습무	재수굿, 집가심
	논산	미상	재수굿
전북	전주	세습무(당골)	경사굿, 독경
	군산	세습무(당골)	씻김굿
	줄포	세습무(당골)	축원굿
	순창	세습무(당골)	축원굿, 오구굿
	고창	세습무(당골)	씻김굿
전남	광주	세습무(당골)	오구굿, 몸주천도굿
	목포	세습무(당골)	씻김굿, 삼신굿
	광양	세습무(당골)	씻김굿, 삼신굿
	진도	세습무(당골)	씻김굿
	순천	세습무	씻김굿, 삼설양굿
경북	울진	세습무	풍어굿(별신굿)
	영덕	세습무	오구굿
	안동	세습무	오구굿
경남	울산	세습무	산오구굿, 별신굿
	부산	세습무, 장님	오구굿, 성주푸리
제주도	전 지역	심방	큰굿, 작은굿, 당굿, 넋들임, 시왕맞이

제 2 부

무가의 장르별 검토

제2부 무가의 장르별 검토

1. 무가의 분류

무가의 분류는 분류 기준에 따라서 여러 가지 분류가 가능하다. 지금까지 출간된 자료집의 분류 방법은 비록 분류에 대한 깊이 있는 논의를 동반하고 있지는 않으나 그 수록 순서를 검토하면 무가가 구연되었던 상황, 즉 무가의 전승 지역과 무의의 종류에 따라서 무가를 분류한 것이 대부분이다. 무가를 채록한 지역별로 정리하는 것은 모든 민속자료의 조사보고가 전승 지역별로 작성되는 것과 같은 관행으로서 연구목적이나 학문적 관점에 따른 분류라고 보기는 어렵다. 또한 무가는 무의에서 구연된 언어자료이기에 굿거리별로 정리할 수밖에 없다. 무가를 무의의 성격이나 굿거리별로 분류하는 것은 무가의 기능별 분류라고 할 수 있다.

무가를 기능별로 분류하려면 먼저 무의(巫儀)를 분류해야 한다. 대체로 무의는 행하는 목적에 따라 1. 기복(祈福)의례, 2. 치병(治病)의례, 3. 사령(死靈)의례, 4. 무신(巫神)의례로 나눌 수 있다. 기복의례는 재수굿, 경사굿, 축원굿, 성주굿, 풍어굿, 풍농굿 등으로 불리는 재수와 복을 비는 무속의례를 말한다. 마을 단위로 정기적으로 행해지는 별신굿, 풍어굿, 대동굿,

서낭굿, 당산굿, 당굿 등 마을굿이나 가정에서 행하여지는 성주굿, 안택, 고사가 모두 기복의례에 포함된다. 기존 무가집에는 이 계열의 무가가 가장 많이 수록되어 있는데 대체로 지역별로 재수굿 무가로 정리되어 있다. 치병의례는 병굿, 우환굿, 푸닥거리, 독경 등이 포함되는데 병을 치료하기 위해서 또는 우환을 제거하기 위하여 행해지는 무의로서 채록된 무가가 많지 않다. 병굿이나 우환굿은 주제자가 절박한 심정으로 굿덕을 갈망하는 상황에서 행해지기에 연구를 위한 조사를 좀처럼 허용하지 않으며 부정기적으로 행하기 때문에 굿을 하는 정보도 얻기가 어렵다. 사령의례는 사람이 죽었을 때 죽은 사람의 혼령을 위무하고 좋은 곳으로 천도한다는 목적에서 행하는 진오귀굿, 오구굿, 씻김굿, 망묵이굿 등의 무의를 말한다. 초상 때 행하는 방가심, 집가심, 자리걷이 등도 사령의례에 포함된다. 사령의례에서 구연되는 무가는 많이 채록되었다. 서울·경기지역에 진오귀굿, 영남지방에 오구굿, 호남지역의 씻김굿, 관북지역의 망묵이굿 등이 두루 조사되었다. 무신의례는 무속인이 모시는 몸주신에 대한 의례를 말하는데 강신무의 입무(入巫)의례인 내림굿, 무속인과 그의 신도들이 모여 정기적으로 몸주신에게 행하는 진적굿, 3월 3일에 행하는 꽃맞이굿, 칠월칠석에 행하는 칠석굿, 9월 9일에 행하는 단풍맞이굿 등이 여기에 속한다. 무의 진행과정이 박진감이 적고 굿하는 무속인도 열성이나 긴장감이 없으며 채록되어 정리된 무가 자료도 많지 않다.

그러나 무가를 문학적인 관점에서 연구하고자 할 때, 무가는 무속이라는 전승배경을 떠나서 독자적 분류가 바람직하며 따라서 문학 장르별 분류가 요구된다고 본다. 무가는 엄격한 의미에서 문학 장르의 명칭은 아니다. 장르의 명칭이라고 하더라도 관습적으로 붙여진 것이지 언어의 양식을 고려한 장르상의 이름이 아니라는 말이다. 무가 속에는 서사장르도 있고 희곡장르도 있으며 서정장르도 있고 교술장르도 있다. 하나의 무의를 진행하는 데 구연되는 무가는 문학적 장르로 볼 때 위와 같은 4가지

장르의 복합으로 이루어져 있는 것이다. 따라서 무의의 종류에 따른 무가의 분류는 문학 장르의 기준에서 무가를 분류하는 것과 다르다. 예를 들어서 서울 굿에서 〈제석거리〉를 검토한다면, 〈제석청배〉는 서사무가이고 〈제석노래가락〉은 서정무가이며 〈제석축원〉은 교술무가이다.

서정무가는 신이나 인간의 주관적 정감을 표현한 무가로서 신과 인간이 화동하여 홍을 돋우는 굿거리에서 불리는 무가를 말한다. 〈노래가락〉, 〈대감타령〉, 〈창부타령〉 등의 무가가 서정무가에 속한다. 그러나 무가는 굿거리 단위로 채록되기에 하나의 굿거리를 진행하면서 서정무가만을 부를 수는 없는 것이어서 서정무가를 찾아내려면 굿거리 단위를 해체하여야 한다. 〈노래가락〉이나 〈창부타령〉과 같은 서정무가는 신이나 인간의 홍취를 돋우는 기능을 하는데 굿판에서는 고유무가가 아닌 민요나 유행가도 가창된다. 이런 점에서 서정무가는 무가로서 고유한 자료가 많지 않다.

교술무가는 서사무가와 희곡무가를 제외한 대부분의 무가를 말한다. 교술무가는 인간이 신에게 알리는 사실이나 축원, 그리고 신이 인간에게 알려 주는 정보나 명령인 공수, 그리고 신을 찬양하거나 신의 모습을 묘사하는 사설들로 이루어진 무가를 말한다. 교술무가는 축원무가라고 할 수 있는데 대부분의 교술무가는 인간이 원하는 바를 신에게 알려 주고 부탁하는 언어로 되어 있다. 그 밖에 신을 청하기 위하여 신의 이름을 열거하는 청배무가, 신을 찬양하는 찬신, 덕담, 신의 내림을 묘사하는 노정기(路程記) 등도 교술무가에 포함된다. 교술무가의 대표적 자료로는 〈성주축원〉, 〈망자축원〉, 〈손님노정기〉 등이 있다.

서사무가는 무속신화이면서 무속서사시로서 주인공이 신으로 좌정되어 제향을 받게 되는 과정을 서술한다. 따라서 개성적인 주인공이 등장해야 하고 그 주인공의 행적을 중심으로 사건이 전개되며, 결말에 가서 주인공은 신으로 정립된다는 공통된 서사적 특성을 가지고 있다. 서사무가는

'무속신화', 또는 '본풀이'라고도 하고 '신가(神歌)'라는 말도 쓰였다. 그러나 신화라는 용어는 상위개념에서 문학을 분류하는 장르 명칭이 아니며 신화 중에는 무속신화 이외에 다른 신화도 있기에 무가의 장르 명칭이 되지 못한다. '본풀이'라는 말 역시 '신의 근본을 이야기한다'는 의미로서 신화와 같은 의미를 가지나 보편적인 말이 아니며 학술용어라기보다는 제주도의 무속인들이 사용하는 관습적 용어이기에 무가 분류의 명칭으로 쓰기에는 곤란한 점이 있다. '신가'라는 말은 무가라는 말과 혼동되기 쉬워 애매하기에 채택하지 않는다.

서사무가는 무의에서 신을 청배(請拜)하는 기능을 갖는다. 청배무가가 모두 서사무가는 아니나 서사무가는 모두 청배무가이다. 따라서 서사무가는 굿거리의 제일 처음에 구연되는 것이 보통이다. 서사무가의 제의적 기능은 신을 청배하는 것이나 종교적인 기능이나 문학적인 기능은 신을 불러오는 것에 한정되지 않는다. 신의 위대한 행적을 청중에게 들려줌으로써 인간으로 하여금 감동하여 신에 대한 숭앙감을 가지도록 한다는 포교적 기능을 찾을 수 있다. 또한 하나의 흥미 있는 이야기라는 점에서 공연서사시적 기능도 가진다. 특히 오늘날 구연되는 서사무가는 청배라는 제의적 기능은 형식적인 것이 되고 실질적인 기능은 공연서사시로서 청중에게 흥미를 준다는 데로 기울고 있다.

서사무가는 제향을 받는 신에 대한 이야기이기 때문에 대상신에 따라 많은 종류의 서사무가가 전승된다. 그러나 같은 무속의 신이면서도 지역에 따라, 또는 무풍에 따라 상이한 서사무가가 전승되기도 한다. 예를 들면 가신(家神)인 성조신에 대한 서사무가는 경기지역[1]과 동래 지역[2]에서 각각

1) 京畿道 高陽郡 龍仁面 阿峴里 李姓女 口演의 「성주본가」를 말한다. 赤松智城・秋葉隆 共編, 『朝鮮巫俗の研究』 上(大阪屋號書店, 1937), 205-222면.

2) 慶尙南道 東萊郡 龜浦面 龜浦里 崔順道 제공 「成造푸리」〔家神由來歌〕. 孫晋泰 編, 『朝鮮神歌遺篇』(東京 鄕土文化社, 1930), 79-172면.

채록되었는데 그 제의적 기능은 같으면서도 자료의 문학적 내용은 전혀 다르다. 반면에 문학적 내용은 같으면서도 제의적 기능이 다른 경우도 있다. 제주도의 〈초공본풀이〉와 본토의 〈제석본풀이〉는 문학적 내용은 같으나 대상신이 다르기에 제의적 기능은 동일하다고 할 수 없다.3) 지금까지 채록된 우리나라의 서사무가는 약 100여 종이 되는데 제주도의 서사무가가 60여 종으로 가장 많은 서사무가가 제주도에서 전승되고 있다.

희곡무가는 '굿놀이'라고 하는 무극(巫劇)에서 구연되는 무가를 말한다. 희곡무가는 서사적 내용을 행위와 대화로 표현한다는 특징을 갖는다. 일인다역(一人多役)으로 진행되는 경우가 많으나 각 등장인물의 개성을 살려서 행위로 보여 주기에 간단한 몸짓을 동반해서 구연하는 서사무가와는 성격이 다르다. 또한 2인 이상이 등장하여 분장을 갖추고 연극과 같이 진행되는 경우도 있다. 이러한 자료는 일명 '무당굿놀이' 또는 '무극' 등으로 불리기도 하나 그 구연본을 지칭하는 장르상의 명칭으로는 희곡무가가 타당하다고 생각된다.

희곡무가의 자료로는 동해안 지역의 〈거리굿〉, 〈도리강관원놀이〉, 〈중잡이〉, 〈범굿〉, 중부지역의 〈장님놀이〉, 〈소놀이굿〉, 〈어둥이놀이〉, 황해도 지역의 〈도산말명방아찜굿〉, 〈영산대감, 영산할야뱜, 영산할맘굿〉 그리고 제주도의 〈삼공맞이〉, 〈세경놀이〉, 〈영감놀이〉 등이 있다.

이상이 장르적 성격을 따져서 나누어 본 무가의 종류이다. 그러나 작중화자의 성격을 따져서 무가를 나눈다면 다음과 같은 분류도 가능하다.

① 사제자가 기주를 대신하여 신에게 하는 말: 청배무가, 축원무가

② 신이 내린 사제자가 기주(祈主)에게 하는 말: 공수

③ 기주와 신이 내린 사제자가 함께 어울려서 부르는 노래: 유흥무가

---

3) 「초공본풀이」는 저승차지신의 由來를 이야기한 서사무가이고 「제석본풀이」는 生産神의 由來를 이야기한 무가이다.

무의는 어떠한 것이든지 신을 청하여 오게 하고 다음에 인간의 요구사항을 신에게 전달하고 신의 의사를 전달받고 신과 인간이 함께 즐기는 순서로 진행된다. 따라서 무가는 굿에서 구연되는 언어이기에 화자의 성격에 따라서 앞에서와 같이 나눌 수 있다고 본다.

그 밖에 무속인의 종류에 따라서, 무의의 종류에 따라서, 또는 지역에 따라서 여러 가지 분류가 가능할 것이라 본다. 무속인은 입무과정(入巫過程)에 따라 강신무(降神巫)와 세습무(世襲巫)로 나누어진다. 따라서 무가도 〈강신무 무가〉와 〈세습무 무가〉로 나눌 수 있다. 그러나 강신무나 세습무나 무가를 배워서 구연하기에 무가의 특성이 무속인의 종류에 따라 다르게 나타난다고 보기는 어렵다. 강신무의 무가는 공수의 비중이 크고 주술적 성격이 강한 반면 세습무의 무가는 축원이 문학적으로 세련되고 재담이 많이 삽입되어 유흥적 성격이 강하다고 할 수 있다. 그러나 이러한 특성은 무속인의 성격에 따라 결정된다기보다 무의의 속성과 더욱 관련이 깊다.

무의는 기능과 목적을 기준으로 기복(祈福)의례, 치병(治病)의례, 사령(死靈)의례, 무신(巫神)의례로 나눌 수 있는데 의례성격에 따라 무가도 차이를 보인다. 기복의례인 재수굿 무가는 생산신인 제석신, 가정신인 성주신에 대한 축원이나 서사무가의 비중이 크다. 치병굿은 병의 원인에 따라 굿거리가 일정하지 않으나 악귀구축이나 신의 노염을 푸는 주술성이 강한 무가가 많다. 사령의례에서 불리는 무가는 망자의 넋을 불러오고 위무하는 〈망자축원〉과 저승신 본풀이인 〈바리공주〉가 큰 비중을 차지한다.

무의의 종류에 따른 무가의 분류는 기능별 분류라고도 할 수 있는데 채록된 무가가 굿거리별로 정리되어 있기에 모든 무가집이 무의에 따른 분류를 하고 있다고 볼 수 있다. 이런 점에서 학자의 학문적 관점에 따른 분류를 새롭게 시도할 필요가 있다고 판단된다. 여기에서는 무가를 문학적 관점에서 검토하기 위하여 장르적 분류를 따르기로 하겠다.

2. 서정무가

서정무가는 무의에서 유흥으로 불리는 〈노랫가락〉, 〈대감타령〉, 〈창부타령〉 등을 말한다. 무가 중에는 서정성이 나타나는 구절이 있으나 무가 전편이 서정 장르에 해당되는 것은 드물다. 교술무가나 서사무가 속에 삽입된 독립된 노래를 서정무가로 분류하여 그 문학성을 논의하기로 하겠다.

1) 노랫가락

서울 지역에서는 각 굿거리에서 인간과 신이 화합하고 협동하여 노는 부분에 '기대'라는 악무(樂巫)가 〈노랫가락〉을 부른다. 〈노랫가락〉은 인간이 신을 즐겁게 하기 위하여 부르는 오신(娛神)의 기능도 있고 신이 흥겹다는 표시로 부르는 경우도 있다. 〈가망노래가락〉, 〈산마누라 노래가락〉, 〈별성노래가락〉, 〈제석노래가락〉, 〈군웅노래가락〉 등이 있다.

> 본향양산 뵈오련하고 경막허니 산에 올나
> 호렴 단신에 구비마다 돌아든이
> 설상에 매화진 꽃이 나뷔 본 듯
>
> —가망노래가락(서울)[4]

본향양산은 본향신(本鄕神)이다. 여기서 가망신은 조상신이면서 본향신임을 알 수 있다. 본향신은 인간이 거주하는 마을이나 고을의 신이다. 신

---

4) 赤松智城 · 秋葉隆, 앞 책, 74면.

이 관장하는 공간의 범위는 가정에서 마을, 마을에서 고을로, 고을에서 다시 국가나 인세(人世)로 확대되며 넓은 범위를 관장하는 신일수록 위계가 높은 신격이라고 할 수 있다. 그러나 무속의 신들은 위계나 배분(配分)이 명확하지 않으며 위계가 높다고 해서 숭앙감이 높아지는 것은 아니다. 오히려 인간과 친근감이 있고 기능이 분명한 신이 극진한 제향을 받는다. 인세 전체를 관장하는 창세신에 대한 굿거리는 적은 반면 성주나 조상과 같은 가정을 관장하는 신들이 지극한 정성을 받는다.

가망거리에서 주무는 백지 3장을 양손에 들고 굿청의 안마당으로 내려가 동, 서, 남, 북 사방을 향하여 절을 올린다. 이는 가망신이 인간이 삶을 영위하는 넓은 공간의 신임을 말해주는 증표이다. 열두거리 굿에서 제향을 받는 신들 중에 가장 먼저 제향을 받으면서 공간의 관장 범위가 가장 큰 신이 가망신이다. 따라서 가망신은 마을이나 가정의 신으로 제향되고 있으나 가장 배분이 높은 신으로서 인간의 삶의 공간을 창조하고 관장하는 창세신의 후대적 변모가 아닌가 생각된다.

▌경기 도당굿 군웅거리

본향신을 만나보려고 적막하니 산에 올랐다는 것은 본향신의 거주처인 산 위로 혼자 올라간다는 뜻이다. 인간은 산곡간(山谷間)에서 삶을 시작하였다. 산곡간에서 신이 머무는 장소는 높은 곳인 산등성이나 산봉(山峰)이다. 그래서 신을 모시려고 사제자인 무녀가 혼자 산으로 올라간다. 호렴단신은 주석에 고

영단신(孤影單身)으로 되어 있다.[5] 혼자이기에 외로운 그림자만 동행한다는 것이다. 아직 신을 만나기 이전이기에 사제자인 무속인의 외로운 모습과 슬쓸한 심회가 나타나 있다. '설상에 매화진 꽃이 나비 본 듯'은 '눈 위에 여기저기 흩어져 피어 있는 매화가 나비를 만난 듯'이란 의미다. 매화는 나비가 나오기 전에 이른 봄에 눈 위에서 피는 꽃이다. 그렇기 때문에 나비를 만나기가 어렵고 만약 나비를 만난다면 봄철에 나비가 많을 때 피는 꽃과 달리 무척이나 반가울 것이다. 이 구절은 본향신에 대한 주제자 무녀의 간절한 그리움을 매화와 나비의 관계에 빗대어 표출한 것으로 한편의 서정시로서 문학성을 획득하고 있다고 보겠다.

본향양산 오시는 길에 가야고로 다리놓소
가야고 열두줄에 어느줄마당 서게우셔
줄아래 덩기덩 소리 논이라고[6]

본향신이 오는 길에 가야금으로 다리를 놓는다는 것은 가야금의 반주소리를 따라서 신이 내림(來臨)한다는 것이다. 무속의례에는 음악이 필수적으로 수반된다. 현재 무악기 중에는 북, 장고, 징, 꽹과리 등 타악기와 피리, 젓대 등 관악기가 사용되고 현악기는 별로 쓰이지 않는다. 그런데 가야금이나 거문고와 같은 현악기는 고급스런 풍류악기로서 알려져 있다. 이런 점에서 가야금 반주에 맞추어 굿을 하였을 가능성도 생각할 수 있다. 실제 가야금이 굿에서 쓰이지 않았던 것은 악기를 다루기가 어렵고 무속인 중에서 이를 연주하는 사람이 없었기 때문일 것이다. 그러나 노랫가락을 부르는 '기대'는 굿에 관한 모든 예능을 수련한 예인으로서

5) 앞 책, 74면.
6) 앞 주와 같음.

특히 노래와 무악반주를 담당하는 사람이다. 따라서 '기대' 중에는 가야금 연주를 할 수 있는 사람도 있었을 것이라고 본다. 이런 점에서 가야금이 고급스런 훌륭한 악기이고 그 소리가 은은하여 좋다는 것을 무속인들도 알고 있었기에 신에 대한 최고의 예우로서 가야금을 연주하여 신을 맞이하겠다고 한 것이다.

가야금 열두 줄은 줄마다 소리 나는 음계가 다르다. 어느 줄마다 서계신다는 것은 신이 열두 줄 음을 모두 다 좋아한다는 뜻이다. 열두 줄의 음계가 변화 있게 조화를 이루어야 음악이 이루어지기 때문이다. 줄 아래 덩기덩 소리에 논다는 것은 가야금 소리에 맞추어 춤도 추고 노래도 부르며 논다는 것이다. 이 〈노랫가락〉 역시 가야금 소리로 신을 내림(來臨)하게 하고 소리에 맞추어 놀게 한다는 의미의 언어들이 정겹고도 간절하게 진술되어 서정시로서 예술성을 획득하고 있다고 본다.

> 본향양산 잡우신 잔에 잔마다에 이슬이 맺어
> 인(人)의 화의 하사이다.
> 허씨양위가 본향화의(本鄕和議) 인(人)에도 화의오나
> 만인(萬人)의 양산본향(兩山本鄕)이 화의라고

본향양산이 잡으신 잔에 이슬이 맺혔다는 것을 인간과 신이 화합한 징표로 보고 있다. 술은 관계를 돈독히 하는 식품이다. 인간관계도 술로서 한층 가까워지고 인간과 신의 관계도 술로써 더욱 친근해진다. 이슬은 눈물이나 땀과 관련이 있다. 잔마다 이슬이 맺혔다는 것은 인간의 비애나 정성과 노력이 맺혀 있다는 의미라고 본다. 이러한 인간사회의 여러 가지 문제를 신과의 화의(和議)로서 풀어보자는 의미다.

다음은 치성을 드리는 제주인 허씨양위와 가망신인 본향양산과의 화의가 제일차적인 것이지만 이는 결국 모든 인간과 본향신의 화합을 의미하

는 것으로 말하고 있다. 즉 치성을 드린 제주만 돌보지 말고 만인의 우환질고(憂患疾苦)를 두루 돌보아 달라는 의미라고 본다. 이는 가망신이 가정의 주재신이 아니고 인세의 주재신이었음을 함축하고 있는 구절이라고 볼 수 있다.

다음 산마누라 〈노랫가락〉을 검토해 보자.

> 남산에 달내를 캐여 한강수에 홀니씨서
> 쏫거린 화류장반에 어리서리 괴여들고
> 그 달내 맛이 좃소와 진상갈가
>
> —산마누라 노래가락[7)]

산마누라거리에서 주무(主巫)의 복장은 머리에 가발을 얹고 그 위에 적색의 호수립(虎鬚笠)을 쓰고 몸에는 남색 치마저고리를 입고 그 위에 구군복(具軍服)과 남철릭을 입고 홍띠를 매고 부채를 든다고 하였다.[8)] 이러한 복장은 조선시대 무장(武將)의 모습으로서 산마누라신이 장군신이라는 증표가 된다. 점을 칠 때에도 삼지창과 언월도(偃月刀)를 세워 길흉을 알아보는데 이를 보아도 산마누라신은 장군신임을 알 수 있다.

노랫말 사설은 장군신으로서 성격보다는 서민적이고 향토적 정서를 드러내고 있다. 달내는 봄철에 논두덕이나 밭두덕에서 나는 나물이다. 마늘보다 향기가 강하고 맛이 매콤하면서도 자극적이어서 입맛을 돋우는 식품으로 인기가 있다. 남산에서 캐어 낸 달내를 한강물에 씻는다고 한 것은 서울이라는 자연공간에서 자란 자연식품을 채취한다는 의미를 시적으로 형상화한 것이다. 남산은 서울의 상징적 산이고 한강수는 서울을 관

---

7) 앞 책, 81면.
8) 赤松智城・秋葉隆, 『朝鮮巫俗の 硏究』, 沈雨成 옮김, 『朝鮮巫俗의 硏究』, 동문선, 1991, 137면.

통하여 흐르는 강이며 서울은 조선조부터 도읍지로서 조선왕조의 상징이면서 한국의 정치권력의 중심지이다. 진상(進上)은 임금께 어떤 선물을 올리는 것이다. 그런데 여기서 달내를 받는 존재는 임금이 아니라 산마누라신이다. 즉 서울 공간을 관장하는 산마누라신에게 향기 나는 달내를 진상한다는 것이다. 아주 작은 정성이지만 그 정성이 깨끗하고 순수하다는 것에 신이 감동하리라 생각된다. 산마누라거리는 서울 굿에만 있는데 이는 산마누라신이 서울 도성을 관장하는 신이기 때문이다.

> 남산은 천년산이요 한강수는 만년수라
> 봉학은 억만봉인데 우리 검주님 만만세
> 우리도 금주님 모시고 동락태평[9)]

남산과 한강으로 대표되는 서울 도성은 나라를 다스리는 임금이 있는 곳이기도 하다. 우리 금주님은 임금을 말한다. 이 노랫말에는 서울 도성을 중심으로 온 나라가 평안하고 백성들이 함께 즐기는 태평성세를 기원하는 의미가 담겨 있다.

> 동월에 눈이 오시고 해와 철철 비가 젖소
> 청용에 술을 실고 명월산중 돌아드니
> 마누라 영검술을 깁히 몰라[10)]

동월(冬月)은 겨울철이나 겨울에 뜨는 달을 말한다. 첫 행은 겨울철 달이 뜬 밤에 눈이 오고 눈이 녹아 비가 되어 만물이 젖는다는 것이다. 이처럼 첫 행은 춥고 음습한 분위기를 나타낸다. 그런데 둘째 행에서는 청용에 술을 싣고서 밝은 달이 비취는 산 속으로 돌아 들어간다고 하였다.

---

9) 赤松智城・秋葉隆, 『朝鮮巫俗の 硏究』 上, 81면.
10) 赤松智城・秋葉隆, 『朝鮮巫俗の硏究』 上, 81-82면.

청용은 동방을 지키는 용신이면서 눈이나 비를 관장하는 신이기도 하다. 또한 봄철의 신이고 봄바람을 일게 하는 신이면서 생명을 불어넣는 신이기도 하다. 술은 화락한 기운을 일으키는 음료이다. 비에 젖은 산중을 명월로 비추어 밝게 하고 술기운으로 데워 화락하게 하겠다는 말이다. 셋째 행은 마누라신의 영검한 신통력의 깊이를 모르겠다는 것이다. 이 노래는 산마누라신을 찬양하는 찬신무가의 성격을 가진다.

산마누라 〈노랫가락〉 중에는 평시조의 노랫말이 수용된 것도 있다.

> 적토마 살지게 먹여 두만강에 굽씨쳐 매고
> 용천금 드는 칼을 연열석에 들게 갈아
> 장부의 입신양명이 이 안이 조흘손야[11)]

이 노랫말은 남이(南怡, 1441－1468) 장군이 지은 것으로 전해지는 시조와 거의 같다.

> 적토마(赤兎馬) 살지게 먹여 두만강(頭滿江)에 싯겨세고
> 룡천검(龍泉劍) 드는 칼 선 듯 빼쳐 들어메고
> 장부(丈夫)의 립신양명(立身揚名)을 시험 할가 하노라.
>
> －가곡원류[12)]

산마누라 신이 무신(武神)이고 장군신이기에 남이 장군의 시조가 차용되었다고 생각한다. 전승과정에서 여러 곳에서 변이가 나타나고 있으나 전체적 시상이나 노랫말에 담겨진 무인(武人)의 기개는 변함없이 유지되고 있음을 알 수 있다.

---

11) 赤松智城・秋葉隆, 『朝鮮巫俗の硏究』 上, 83면.
12) 김하명 편주, 『시조선집』, 조선문학예술 총동맹출판사, 1963, 518면.

간밤에 부든바람 만정도화 다지겠다
아해는 비를들고 쓸으려고 하는고나
락화는 쏫안이랴 쓸어모와

—산마누라 노래가락[13)]

이 노랫가락도 『남훈태평가』와 『가곡원류』에 수록된 시조와 노랫말이 거의 같다.

간밤에 부던 바람에 만정도화(滿庭桃花)ㅣ 다 지거다
아희는 뷔를 들고 쓰르려 하는고나
락화(落花)인들 곶이 아니랴 쓸어 무삼 하리요

—남훈태평가, 가곡원류[14)]

다음 〈제석노랫가락〉을 검토하기로 한다.

뎨석삼불 오시는 길에 층암절벽에 올베 갈고
상이삭 씃을 골라 증편삼자를 괴엿든이
뎨석님 감하신 후에 칠성마지[15)]

무속에서 제석신은 농경생산신으로 나타난다. 제석삼불은 삼불제석으로서 당금아기가 낳은 3형제 신이다. '삼불'이란 말은 세 부처라는 말과 생명이라는 우리의 옛말이 합쳐진 것이라고 생각된다. 포태를 의미하는 '삼'이란 고어와 생명을 의미하는 '불'이란 고어가 합쳐져 생명창조의 신에 대한 신앙이 있었는데 불교가 전래되어 현세의 석가모니불, 과거의

13) 赤松智城·秋葉隆, 앞 책, 85면.
14) 김하명, 앞 책, 289-290면.
15) 赤松智城·秋葉隆, 앞 책, 90면.

아미타불, 미래의 미륵불을 지칭하는 삼불(三佛)이라는 말과 혼합되면서 무속의 삼불제석이란 생산신이 나타난 것이 아닐까 생각해 본다.

제석삼불이 오시는 길에 층암절벽에 올베를 간다는 것은 무슨 뜻인가? 올베는 일찍 수확하는 벼이다. 벼는 물이 흔한 논에 심어야 한다. 그런데 층암절벽에 벼를 심어 가꾼다고 했다. 이는 부처의 상을 바위나 돌에 새겨놓는 것과 관련이 있다고 본다. 즉 올벼를 가꾸어 거두는 것을 관장하는 신의 화상을 층암절벽에 새긴다는 것이다. 신은 인간이 하지 못하는 일도 할 수 있는 존재이다. 그렇기에 층암절벽에 벼를 경작할 수도 있을 것이다. 층암절벽에도 벼가 잘 자라게 할 수 있다면 지상에 어느 곳엔들 벼가 잘되지 않겠는가? 다시 말해 제석님의 도움만 있다면 벼농사 걱정은 하지 않아도 된다는 의미가 함축되어 있는 구절이다. 또한 바위에 불상을 조각하는 관습에서 삼불의 상을 바위에 새기는 것을 삼불신에게 제향하는 떡을 만들기 위해 벼를 경작하는 것으로 표현했다고 볼 수도 있다. 이 구절은 무속과 불교의 습합양상을 보여주는 좋은 예가 된다.

두 번째 중장은 층암절벽에서 수확한 벼 가운데 가장 먼저 패어 익은 이삭을 골라 증편을 만들어 석자를 고여 놓았다는 것이다. 벼농사의 첫 수확물로 떡을 만들어 제석신에게 바쳤다는 것이다. 종장은 제석님이 먼저 흠향하신 뒤에 칠성신에게 제향을 하겠다는 것이다. 제석신은 복을 관장하는 신이고 칠성신은 수명을 관장하는 신이다. 그러나 제석신은 불교와 관련이 있고 칠성신은 도교에서 유래한 신이다. 제석신이 칠성신보다 상위신격임을 드러낸 이 구절은 불교신이 도교신보다 우위라는 의식의 반영으로 볼 수 있다.

> 뎨석삼불 여시는 길에 은하수로 다리놓소
> 바람과 구름간데 안기 순풍에 나리시오
> 뎨석님 나려오시면 인간긔도[16]

이 노래에서도 제석신은 구름과 안개, 그리고 바람을 주재하는 면모를 보인다. 농사가 잘되려면 비와 바람이 순조로워야 한다. 그래서 제석신의 권능으로서 구름과 안개 바람을 조절하는 내용이 담기게 되었다. 이는 〈단군신화〉에서 단군의 선대 조상신인 환인과 환웅이 제석으로 나타나고 환웅이 바람의 신인 풍백(風伯)과 비의 신인 우사(雨師)를 거느리고 인세를 다스렸다는 내용과도 접맥될 수 있다고 본다.

> 금강산 좇타는 말듯고 팔만대중생 구경가오
> 방방은 구비마다 념불소리가 순재로다
> 동자야 시왕이 어대이냐[17)]

금강산은 불교의 성산이다. '금강'이라는 명칭이 불교에서 유래한 것이고 불교사찰이 가장 많은 곳이 금강산이다. '일만 이천봉에 팔만 구암자'라고 하고 유점사, 장안사, 표훈사, 묘길상, 보덕암 등 유명한 사찰과 암자가 많다. 또한 금강산에는 삼불암(三佛岩)이란 부처상이 있다. 장안사에서 표훈사로 가는 길가에 나옹의 조각으로 알려진 세 부처를 새긴 바위가 바로 삼불암이다. 무속에서 제석과 삼불이 같은 신으로 의식되어 있기에 제석신의 좌정처로 금강산을 의식해 지은 노랫말이라고 생각된다.

> 세미산 안두리바위 가사삼불 서게시오
> 육지는 어듸다 두고 층암절벽에 서게신가
> 우리도 설 쩨가 달너서 층암절벽에 섯네[18)]

세미산은 인도에 있는 불교의 성산 수미산(須彌山)이다. 수미산 층암절

---

16) 赤松智城・秋葉隆, 앞 책, 93면.
17) 앞 책, 91면.
18) 앞 책, 91면.

벽에 삼불상이 조각되었다는 말이다. 산중 암벽에 불상을 새기는 것은 불교도의 지극한 신앙심을 나타내는 방식이었다. 수미산보다도 경주 금오산에 수많은 불상이 새겨져 있고 금강산 바위에도 불상과 불호(佛號)가 새겨져 있다. 세속적 삶에서 일어나는 번뇌를 잊고자 층암절벽에 서서 불상을 조각하는 모습이 담겨진 노랫말이다.

〈노랫가락〉은 민요에도 있으며, 무가의 〈노랫가락〉과 민요의 〈노랫가락〉은 악곡도 같고 가사도 공통된 것이 있다. 중부지역에서 사람들이 즐겨 부르는 〈노랫가락〉은 평시조의 창곡의 변모와 관련이 있다. 시조창과 무가의 〈노랫가락〉, 민요의 〈노랫가락〉의 관계는 아직까지 명쾌하게 해명되지 않았다. 다만 무가의 〈노랫가락〉이 서울·경기지역에서만 불린다는 점에서 고유한 무가로 가장 먼저 형성된 것으로 보기는 어렵다. 무가의 〈노랫가락〉은 중부지역의 분장체 민요의 형식과 악곡을 빌려다가 신을 찬양하는 내용의 가사를 담은 것에서 시작된 것이 아닐까 추측해볼 뿐이다.

2) 대감타령

〈대감타령〉은 대감거리에서 구연되는 무가로서 "얼씨구 좋구나 정말 좋구나 얼마나 좋은지 모르겠네" 또는 "얼시구 절시구 닐닐닐닐 닐늬리" 등의 후렴이 들어가고 정형화된 악곡으로 불린다는 점에서 서정무가라고 본다. 그러나 구체적인 노랫말은 〈축원무가〉나 〈공수〉와 중복되는 것이 많아서 교술적 성격을 띠고 있는 것이 있다.

대감거리는 서울과 화성의 재수굿의 굿거리로서 다른 지역에는 없다. 중부지역의 재수굿에도 무녀에 따라 대감거리가 없는 경우도 있다. 먼저 서울 지역의 〈대감타령〉을 검토해보기로 한다.

▌김금화의 서해안 풍어제(2004. 5. 31)

닐닐닐닐 닐늬리요
덩기덩 덩기덩 덩덕궁
일상 조흔게 닐닐이요
사쳘 조흔게 덩덕궁이라
얼시고 좃타 절시구

삼각산 대감이 내안이냐
인왕산 대감이 내안이냐
부악산 대감이 내안이냐
얼시구 얼시구 절시구

우리 대감이 엇쩐 술을 잡을손야
일년을 비져 일년주요 석달 열흘은 백일쥬라
마고선녀 쳔일쥬 산중쳐사 송엽주 리태백의 포도쥬,
혼자 비지면 걱정쥬요 둘이 비지면 근연쥬요 셋이 비지면 공론쥬라

쑥 써러젓다 락화쥬요 삼월화류는 두견쥬요 구시월 단풍은 국화쥬로다
얼시구 절시구

술이라고 잡수실제 안쥬가 업슬손야
대양푼에는 갈빗짐 소양푼이는 연계찜
펄펄 쒸는 숭어찜 썩썩푸드덕 생치다리
만반안쥬를 다 노왓다
얼시구나 절시구 지아쟈 절시구

—대감타령(서울)[19]

위의 자료는 서울무녀 배경재가 열두거리굿에서 구연한 것이다. 여기에 보이는 대감신의 면모는 술과 안주를 잘 차려놓고 흥에 겨워 노는 모습이다. 대감신이 변함없이 좋아하는 것이 늴리리와 덩덕궁이라고 했다. 늴리리는 소리이고 덩덕궁은 장단이다. 즉 풍류음악을 말한다.

다음은 대감신의 산신으로서 성격을 보여준다. 삼각산, 인왕산, 부악산은 모두 서울 근교의 산들이다. 이러한 산의 대감은 서울이라는 국가통치권을 상징하는 공간을 수호하는 신들이다. 산신은 지상의 공간을 관장하는 신이면서 높은 곳을 차지하고 있다는 점에서 천신과 교통하는 신이다. 다음은 술타령이라고 할 만한 술과 안주를 열거하는 사설이 이어지는데 이는 대감신이 술을 즐기는 신임을 말해주는 것이다. 이처럼 〈대감타령〉에 나타난 대감신은 술을 좋아하고 풍류를 즐기면서 흥을 돋우는 모습을 보여준다.

얼시구 좋다 절시구
어떤 대감이 내 대감이냐
욕심이 많은 내 대감님에 탐심이 많은 내 대감

19) 앞 책, 104-106면.

마 머리(馬頭)루 서낭대감
이 산 저 산은 안개 주산 놀구 댕기던 내 대감
화살전통을 높이 허시구 술역을 돌구
안개 주산에 넘든 대감 어연 군웅대감
얼시구나 좋다 절씨구
대주님에는 몸주대감요
기주님에는 직성대감
선대적에는 제장대감
뒤루나 돌며는 술역대감 앞으루 돌면 으사대감
얼씨구 좋다 절씨구
가는 사망두 손을 치구 오는 사망을 휘디려서
억수나 장마 비퍼붓듯
대천바대서 물니밀듯 영창 모에는 배닫듯이 재수사망을 셈겨주자 얼씨구 좋다 절씨구

내대감님의 거동을 바라
한 나래를 툭탁치면 일이(一二)나 만석이 쏟아지구
또 한 나래를 툭탁치면 억조나 만석이 쏟아진다.
밑에 노적은 싹시나구
우에 노적은 꽃이 피구
부엉덕새 새끼를 친다.
금구렝이는 구불치구
업족짜비는 고리를 물구
도와를 주던 내 대감님에 으사를 도시던 내대감
술역을 도시던 내 대감은 청사초롱에 불을 밝히구
계수나무 능장 짚구 으사를 도시던 개비대감
얼시구나 좋다 절씨구나[20]

20) 김태곤, 『韓國巫歌集』 I, 원광대학 민속학연구소, 1971, 34-35면.

여기서의 〈대감타령〉은 신을 즐겁게 하는 찬신무가의 전형적 모습을 보여주는데 〈창부타령〉과 유사한 가락으로 무녀는 서서 천천히 움직이면서 부른다. 반주는 젓대, 피리 등 관악기를 사용하는데 '잽이'라고 하는 남자 조무가 맡는다.

위의 자료는 서울 용산구 도원동에 거주하는 문덕순(文德順)의 보유자료를 1966년 1월 29일 김태곤이 채록한 것이다. 배경재의 자료와 채록 연도는 30여 년 간극이 있으나 노래에 담겨 있는 재복신으로서 대감신의 면모는 변함이 없다. 여기에서 대감신은 상산신, 별상신, 군웅신, 어사신 등 국가의 중요한 업무를 수행하던 벼슬아치로 나타나고 있고 재물과 곡식을 불리어 주는 재복의 신으로 술을 잘 먹고 놀기를 좋아하는 신으로 나타남을 볼 수 있다. 이러한 대감신의 모습은 바로 무속신의 전형적 성격을 드러낸 것으로서 세속적인 부귀를 누리고 탐하는 인간의 모습이 투영된 것이라고 생각된다.

얼마나 좋은지 모르겠네
어떤 대감 내 대감이냐 어떠한 대감은 내 대감야
탐심이 많던 내 대감이야 욕심도 많으신 내 대감야
산신대감 도당대감에 본향대감은 군웅대감
만조상으로 제장대감 대주루는 몸주대감
기주루는 직성대감 대청으루다 성주대감
앞뜰 안에서 노던 대감야 뒤뜰 안에서 노던대감
돌두 집어서 동전을 보고 낭구두 꺾어서 오렬보구
인정을 펴시던 내 대감야
이터전 이마전에 남 터주 대감은 여터주야
살융대감에 어사를 도시던 개비대감
살융 도시던 대비대감 업대감님에 거동을 봐라
쪽재비 대감은 면을 내시고 대지업 대감은 지구 들구

긴업대감은 서려를 들구 인업대감은 기어들어
송씨녁하구두 내 대주야 두와를 주시구 셈겨주마
얼씨구 절씨구 정말 좋시다 얼마나 좋은지 모르겠네
탐심이 많던 내 대감님아 욕심도 많으신 내 대감아
왼시루 떡반은 어데다 뒀나
차시루 떡반을 었다 뒀나
왼손(牛)을 잡아 허릴 찍구여 중손(牛)을 잡아서 꽁지 찍구
대양푼에는 갈비찜 소양푼에 전육찜
왼 돼지 잡어서 식칼을 꽂구 앞다리 선각은 뒷다리 후각
뿌연 막걸리 원산 말둑은 었다 뒀니

얼씨구 절씨구 정말 좋다
사철을 놀아두 내가 좋구 평상을 놀아두 내가 좋아
우리 대감님 거둥을 봐라 이정성을 받으시자
우매 하두 느어놓구 몽중에두 일렀건만
신문 닫어서 걸어를 놓고 구문 닫아서 걸어놓구
예수나 전작을 허나 이렇게 존 것을 왜 하느냐
얼씨구 좋구나 정말 좋으시다 얼매나 좋은지 모르겠네

—재수굿 사설(화성)[21]

이 자료는 경기도 화성군 향남면 평리에 사는 김수희(金壽姬) 무녀의 재수굿 사설을 1973년 1월 10일에 김태곤이 채록한 것이다. 여기서 대감신은 무장(武裝)을 하고 순력(巡歷)을 도는 장군이나 군왕의 밀명을 수행하는 어사(御使) 등 권력을 행사하는 벼슬아치로 나타난다. 세상에서 가장 큰 힘은 공권력이다. 사람들은 공권력의 보호를 받으면서 살기에 공권력을 행사하는 존재는 바로 인간의 삶을 보호하는 신이나 다름없는 것으로

21) 김태곤, 『韓國巫歌集』 III, 288면.

인식된 것이다. 다음으로 대감신은 욕심 많고 탐심이 많은 재복신으로 나타난다. 떡도 통시루로 받고 희생(犧牲)도 왼소나 중소를 통째로 받는 통이 큰 대감의 모습이 강조된다. 무속의 신들은 인색한 것을 제일 싫어한다. 많이 받아야 더 많이 도와준다는 것이다.

3) 창부타령

〈창부타령〉은 창부거리에서 구연된다. 민요의 〈창부타령〉과도 그 악곡과 가사가 유사하다. 〈창부타령〉도 〈대감타령〉과 같이 구체적 사설은 교술적 성격이 강한 자료도 있다. 그러나 대부분의 자료는 "얼시구나 절시구 지화자 좋을시구" 등의 후렴이 있고 특정 악곡으로 불리는 분련체 노래로서 주관적 정서를 표현하고 있다.

얼시고나 절시구 지아자 절시구
이 때가 어는 때냐 춘삼월 호시절
꼿이 피면 화산이요 입이 피면 청산이요
구월은 황산이요 봉봉이 단풍이요 골골마다 산국화라
삼월이 좃타해도 구시월만 못할이라
얼시구나 절시구 지야자 절시구

산지쇼종은 곤륜산이요 수지조종은 황하수라
능지쇼종은 건원능이요 문지쇼종은 숭례문이요
무당쇼종은 아황여영 광대쇼종은 문흥갑이요 나라광대는 박광대요
양반쇼종은 금상마마 어룬쇼종은 태상노군
아희쇼종은 강님도령 사령쇼종은 형한양사 군사쇼종은 검경군사
요지일월이요 순지건곤이라

남산은 천년산이요 한강수는 만년수라
부악은 억만봉인데 허씨양위가 만만세
얼시구나 절시구 지야자 절시구

팔도광대가 올나온다
전라도 남원광대 아희광대 어룬광대
아희광대는 옥저불고 어룬광대는 단소불고
로광대는 호적불고 한양성닉 올라올 때
광대치장이 업슬손야
절구통바지 골통행전 고양나이 속버선에
몽기삼성 겻버선에 아미탑골 미투리에
장창밧고 굽창밧고 매부리징에 잣징박고
어－ㄹ 망건 당사끈에 엽낭차고 상낭차고
메고나니 걸낭이요 차고나니 상낭이라
한양성내 올아올 때
나무썩거 다리놋코 돌도굴려 구렁막고
산쳔경기를 돌아보니 각식초목이 무성허다
십리안 오리장송 오리밖에 십리장송
곳곳이 다－섯고나
량반남근 참나무요 조상남근 밤나무요
귀신남근 사시나무 무당남근 신남기요
주러진 장목 늘어진 가지 넙적 썩갈 능수버들
고루수 백달이 늘어섯네
만산홍록은 봄을 만나 다－ 피엿네
한양성내를 들어와서 엇쩐 선달을 만낫든야
김선달을 만나든야 리선달을 만낫든야 박선달을 만낫든야
김선달 박선달 다바리고 리선달님을 만낫고나
알성장원의 경상감사 도장원을 다하야고나
삼일유과를 돌으신 후에

선산에 소분하고 구산에 소분하고
본턱으로 돌아가서 부못게 현알하고 도문잔치
나라에 충신되고 부모께 효자되고
동생에 우익잇고 일가에 빗나고
빗난 일홈을 천추에 유전하고
백대쳔손 만대유련

―창부타령(서울)[22]

이 자료는 1930년대 경성에서 활동하던 배경재 무녀가 구송한 〈창부타령〉이다. 〈창부타령〉의 가사는 세속에서 불리는 노랫말들이 두루 수용되어 이루어지는데 첫 대목은 〈사시풍경가〉의 한 구절이고 두 번째 대목은 〈조종타령〉으로서 각설이패들이 부르고 다니는 사설들이다. 셋째 대목은 〈광대타령〉이라고 할 수 있는데 여기에서 창부신은 광대의 신임이 드러난다. 〈광대타령〉에 뒤이어 〈나무타령〉이 이어진다. 광대는 전라도 남원광대를 내세웠는데 이는 남원을 중심으로 판소리를 부르던 소리광대를 말하는 것으로 판소리 광대가 어떤 활동을 하였는가를 말해준다. 광대들이 과거보러 오는 선달을 따라다니다가 급제를 하면 삼일유가(三日遊街)를 하고 고향에 돌아가 선산(先山)에 소분(掃墳)하고 도문(到門)잔치에 참여한다는 내용이 기술되어 있다. 그 다음 사설은 〈홍수맥이〉로 이어지는데 이는 안택이나 고사를 할 때 불리던 무가 사설이다.

광대들은 과거를 보는 양반자제를 따라다니며 시중을 들었다. 대과 급제자는 과거에 급제하면 일종의 합격증서라고 할 수 있는 홍패(紅牌)를 받았는데 고향으로 돌아와서 홍패를 사당(祠堂)에 받쳐놓고 고사를 지냈다. 즉 이번에 아무개 자손이 과거합격의 영예를 얻은 것은 조상님들이 돌보아준 은덕이라는 의미에서 광대를 불러다가 덕담과 축원을 하도록

22) 赤松智城·秋葉隆, 앞 책, 109-113면.

▌동해안 별신굿 송명희 무녀

한 것이다. 그리고 근린의 사람들을 초청하여 잔치를 벌였다. 이러한 잔치에서 소리판이 벌어졌고 과거보는 시중을 들던 광대가 홍패고사도 담당하고 급제를 축하하는 잔치에 소리판도 도맡아 진행하였다. 이러한 상황이 〈창부타령〉에 반영되어 있다.

그런데 창부거리는 18세기경 광대들이 서울에서 활동하던 시기에 형성된 굿거리로서 다른 지역에는 없는 서울 지역 굿에만 있는 굿거리이다. 따라서 무가 〈창부타령〉도 서울·경기지역의 무가로서 다른 지역 굿에서는 불리지 않았다. 그런데 중부지역의 민요 〈창부타령〉이 전국으로 전파되어 불리면서 다른 지역 굿에서도 유흥부분에 〈창부타령〉이 불리는 경우가 있게 되었다. 그러나 동해안 별신굿 여흥거리인 〈놀음굿〉에서 불리는 〈창부타령〉은 창부거리에서 불린 〈창부타령〉과 기능이 다르다.

이상은 주로 서울·화성 등 중부지역에서 가창되는 서정무가들이다. 오늘날에는 굿의 유흥거리에서 온갖 민요·유행가가 불리기도 한다. 그러나 이것이 모두 무가의 고유한 모습이라고는 볼 수 없기에 검토에서 제외하기로 한다. 참고로 동해안 지역에서는 〈성주거리〉에서 〈아리랑〉이 많이 불린다. 또한 전라도에서는 〈농부가〉도 굿에서 불린다. 이러한 사실은 서정무가가 각 지역에서 전승하는 민요에 기반을 두고 있음을 말해주는 점이라고 하겠다.

3. 교술무가

서사무가와 희곡무가를 제외한 무가는 대부분 교술무가에 속한다. 뿐만 아니라 서사무가 속에도 부분적으로는 교술무가가 삽입되어 있다. 굿에는 어떤 거리라도 반드시 축원이 들어가게 마련인데 이것이 바로 교술무가이기 때문이다.

교술무가 중에는 서사무가와 혼동될 수 있는 자료가 있다. 〈망자풀이〉나 〈성주풀이〉가 그것이다. 〈망자풀이〉는 망자가 사자에게 압령(押領)되어 저승으로 가고 저승왕에게 심판을 받는 내용을 담고 있고 〈성주풀이〉는 집을 짓고 농사를 짓고 자손을 낳아 키우는 내용을 담고 있다. 그러나 이러한 서술은 개성적 주인공의 활동을 통해 특정한 인물이 겪는 사연을 드러내는 것이 아니고 모든 인간에게 해당되는 관념을 서술한 것이기에 서사무가라 할 수 없다. 개성적 주인공의 움직임으로 전개되는 인물의 행위나 사건이 아닌 어떤 사실이나 관념의 서술은 서사가 아니고 교술이다.

교술무가는 축원무가라고도 할 수 있는데 무의의 성격이나 상황에 따라서 또는 무속인의 개성에 따라서 여러 가지로 달라진다. 열두거리굿에서 가창하는 각 거리 무가나 지노귀굿에서 구연하는 〈망자풀이〉 및 성주굿에서 구연되는 〈성주축원〉 등에서는 인간의 여러 가지 기원을 다양한 수사(修辭)로 담아내고 있다. 또한 지역의 무풍에 따라서도 축원 사설들은 적지 않은 차이를 보인다. 그러나 핵심을 이루고 있는 무가의 기능과 내용을 분석하여 추출하면 다음과 같이 몇 가지 요소로 정리할 수 있다.

1) 역사의 약술

무가 모두(冒頭)에 구연되는 것으로 〈치국잡기〉라는 것이 있는데, 천지조판(天地肇判) 이후 산과 강이 형성된 사실과, 중국 삼황(三皇) 오제(五帝)로부터 우리나라 조선조에 이르기까지 왕조의 흥망과 도읍의 변천 등을 약술하는 것이다. 독경무의 〈축원문〉, 서울의 〈지두서(指頭書)〉 및 제주도의 초감제 중 〈배포도업침〉 등이 모두 시간의 흐름에 따라 인간의 역사가 전개된 모습을 축약 서술한 것이다.

복원(伏願) 천존지비(天尊地卑)하사 세상천지 마련할제
천개어자(天開於子)하야 하날이 자시(子時)에 생겨나니
천황씨(天皇氏) 나계시어 삼십삼천(三十三天) 일월성신(日月星辰) 마련하니
시방제천제군(十方諸天諸君)의 열위천존(列位天尊) 나계시고
지벽어축(地闢於丑)하야 땅은 축시(丑時)에 생겨나니
지황씨(地皇氏)가 나계시어 생재만물(生載萬物)하옵시니 열위지존(列位至尊) 나계시고
인생어인(人生於寅)하야 사람은 인시(寅時)에 생겨나니
인황씨(人皇氏)가 나계시어 남녀지분별(男女之分別)이며
부부혼합법(夫婦混合法)을 마련하사 생남생녀(生男生女) 시켜내야
천추만대(千秋萬代)로 내려오며 전자전손(傳子傳孫) 하옵시니 열위세존임네 나계시고
물생어묘(物生於卯)하야 만물은 묘시(卯時)에 생겨나니
물물상생(物物相生)하야 삼라만상(森羅萬象)을 마련하고
귀발어진(鬼發於辰)하니 귀신은 진시(辰時)에 생겨나니
태호복희씨(太昊伏羲氏)가 나계시어 하도낙서(河圖洛書) 그림그려
일건천(一乾天) 이태택(二兌澤) 삼리화(三離火) 사진뇌(四震雷)
오손풍(五巽風) 육감수(六坎水) 칠간산(七艮山) 팔곤지(八坤地)
구궁팔괘(九宮八卦) 금목수화토(金木水火土) 오행지리(五行之理)를 마련하니

열위신령(列位神靈) 신도(神道)님네 차레차레로 나오실제
승좌가평 복희씨는 생거사지(生居死地)를 마련하사 기지가택(基地家宅) 잡으시니
오방후토(五方后土) 길흉단성(吉凶壇城) 터주신령 나계시고
구목위소(構木爲巢) 유소씨(有巢氏)는 나무로 집을 지여 거지궁실(居地宮室) 마련하니
나무삼만육천(南無三萬六千) 성조대신(成造大神) 나계시고

—축원문[23]

이 자료에서는 십이지(十二支)의 순서에 따라 천지조판 및 만물생성이 이루어지는 창세과정과 중국의 삼황오제(三皇五帝)의 치적(治績)과 문명 창조 사연이 서술되고 있다. 이러한 사설은 육갑과 팔괘, 그리고 오행이 결합하여 만든 순차(順次)에 따라 인세에서 이루어진 문명사적 전개를 서술한 것인데 핵심내용은 『사략(史略)』의 앞부분을 수용한 것으로서 한국의 무가가 중국의 역사서나 사상서의 영향을 받았음을 말해준다.

우쥬의 백계서 삼조선 치국시에 님군이 계 뉘신고
도당씨 시졀에는 단군의 조선이요
문왕의 별조시에는 기자의 조선이요
초한의 시절에는 위만의 조선이요
변마진 삼한국은 흥망의 자최없고
고구려 백제성은 성터만 남아잇고
일천년 신라국은 산천이 의구하되
오백대 고려국은 성곽만 뵈여잇고
쳔강이 수약허고 하강이 다졍하야
명셩지지인하니 왕긔를 타낫스되

23) 金榮振 編著, 『忠淸道巫歌』, 형설출판사, 1976, 197-198면.

오채룡안이요 일객지상이라
국호를 조선이라 첫번 서울을 잡으시니
경상도 경쥬 서울 김비대왕 치국이요
두 번 서울치국은 젼라도 젼쥬 부여 백제왕 치국이요
세 번재 치국은 피양 반서울
긔자천년 단군천년 이천년 도읍이오
네 번 둘러 잡으시니
송도서울 왕근태조 치국이요
다섯 번재 시지 한양 도읍할제 게 뉘라서 하섯든고
아태조 도련님이 소서난 치국이라

—경성 「지두서」[24]

어화 성조본향 어데신가 천하국이 본향이라
곤륜산 일지맥이 실낱같이 낙맥하여 압록강을 건너와서 대한국이 생길적에
동에는 형산이요 남에는 화산이요 서에는 대산이요 북에는 홍산이요 중앙에는 여의산이라
평안도에 도라드러 단군천년 기자천년 이천년의 도읍이니 제일강산 생겼도다
연광정 부벽루에 성조대신 좌정하시고
한양성중 도라드러 지세를 살펴보니
도봉산이 낙맥하여 인왕산이 주산이요 종남산은 안산이요
한강이 조수되고 동적강이 수구막어 천부금성 이아니냐
억만장안 팔만가호 가가호호 성조대신 좌정이요
서울송도 도라드니 왕건태조 창건으로 오백년을 도읍하니 성조대신 좌정이요

—성조풀이(청주)[25]

---

24) 赤松智城・秋葉隆, 앞 책, 258-259면.
25) 金榮振, 『忠淸道巫歌』, 290면.

위의 자료에서는 우리나라 왕조의 개창과 도읍지가 단군조선에서부터 근세조선에 이르기까지 서술되고 있다. 또한 한반도의 공간을 산과 강을 중심으로 서술하고 있다. 이와 같이 산과 강의 배포와 인간의 역사를 약술하는 것은 그것이 모두 신의 섭리에 의하여 이루어졌다는 의미가 된다. 또한 천지창조신화가 가졌던 기능을 이 교술무가가 대신한다고도 볼 수 있다. 즉 천지가 개벽한 이후부터 현재까지의 왕조의 흥망을 서술한 것은 굿하는 현재의 시간을 신에게 알리는 시간지정의 기능을 하는 것이고 천지가 조판된 사연과 각도의 명산과 대강(大江)의 분포를 서술하고 굿하는 마을과 가정을 말하는 것은 신에게 내림할 장소를 알려주는 공간지정의 기능을 가진다. 다시 말하면 지금 굿을 하는 인간이 살고 있는 고장이 어떻게 이루어졌다는 사연을 신에게 아룀으로써 신이 하강할 장소를 지정하고 신이 복을 내려줄 인간과 복을 내릴 때를 지정하도록 하는 의미가 함축되어 있다고 본다.

2) 무의 준비과정의 약술

축원무가 서두에는 무의를 하게 된 연유 및 제주는 누구며 제물 준비는 얼마나 정성을 들였는가 하는 것을 신에게 알리는 대목이 진술된다. 이러한 무가는 대체로 무의 서두에 구연되는 요소로서 ① 제주해설, ② 제일해설, ③ 제물준비 사설, ④ 제물진설 사설, ⑤ 의례연유 고함 등으로 구성된다. 다음에 평양의 서낭굿 무가의 일부를 예로 들어 보겠다.

① 제주(祭主)해설

강원도라 ××군에 ××면에 ××리에 ×성가에
이놀이 정성 서낭님맞이를 디립네다.

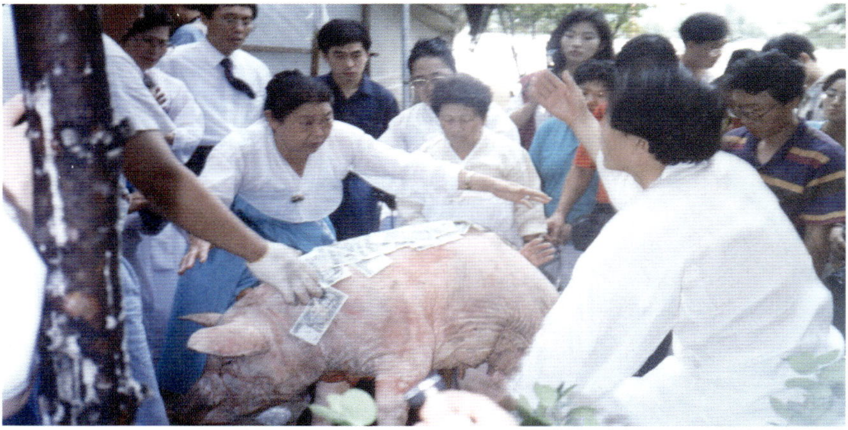

▒ 우옥주 진오기굿, 犧牲 돼지의 모습(서울 수유리 굿당)

② 제일(祭日)해설

해년단은 ××년 해운에 달이나 월책 ×월달에
날에성수 ××날 아침×시로 이 정성을 디리랴고
이 나라에 음력이면 저 나라에 양력이면
백둥력을 설흔세책 내어놓고 원천강에 날을 골라
주역선생 시를 멕여 일상생기 골라내서
대주에는 천길날이요 기주에는 생기일날
자(子)야 손(孫)에 복들날에 재수대통 소원성취 되는 날에

③ 제물(祭物)준비 사설

칠일정성 구일재계를 디릴적에
사문밖에 금줄로 재개 사오방 터전에 황토를 재개
벽문앞에 송참재개 방안에는 인물재개
상탕에다 머리를 감고 중탕에다 목욕을 하고
하탕에다 수족을 시처 전조단발 시렁배포
험한 옷을 벗어놓고 새라새옷 갈아입어
낮이면은 전통걸어 밤이면은 수이잠에

으논소에 공논하고 공논소에 으논을하야
공비공창 이루자고 명산대천 찾아가서
낮이면은 햇나루에 밤이면은 이슬나루
강태공에 조작방애 팔선녀가 들어앉어
데석님네 본을 받고 신농씨에 법을 받아
이십팔수 내구르고 삼이삼천 디리굴러
정백미 옥백미 상상미를 골라낼 때

④ **제물진설**(祭物陳設) **사설**

백설기와 세설기를 검어나 동시루
일을 공빈 감재비 부재비 인절미에
높은 낭게 청실과면 낮은 낭게 황실과라
꼬감 대초 삼색과일 녹불제사 사과별법 모셔놓고

⑤ **의례연유**(儀禮緣由) **고함**

이골 당산 본 주당 서낭님 화해동심 하옵시와
차가둥에 나찬 대주 궁하 부인 양위나 부체
백년해로 시켜주고 춘광 년세는 노허실 망정
소년의 향락 도와주고 자야 자손들 소원성취
자손 없는 가문에는 자손 생남 시켜주고……[26)]

독경무의 축원문에도 이러한 요소는 갖추어져 있다.

① **제주**(祭主)**해설**

사차가중(斯此家中) ○○ 대주(大主) ○○ 지주(地主)
양위건곤(兩位乾坤)은 상봉하솔(上奉下率)하고
봉제사 접빈객에 사농공상 힘을 쓰며 안과태평 지내더니

26) 임석재 · 장주근, 『관서지방무가』, 문화재관리국, 1966, 150-170면, 〈五. 서낭굿〉.

금년금월을 당도하야 년운이 불길인지 월액이 불길인지
시운이 불행하야 ○○○이 ○○일이 생기여서 ○○소원을 이루랴고
원자(遠者)에다 복문(卜問)하고 근자(近者)에다가 점을 칠제

② 제일(祭日)해설

주역팔괘 내여놓고 천기대요(天機大要) 수법 맞추어
천세력으로 날가리고 만세력으로 시가릴제
일상생기(一上生氣) 이중천의(二中天宜) 삼하절체(三下絶體) 사중유혼(四中遊魂)
오상화해(五上禍害) 육중복덕(六中福德) 칠하절명(七下絶命) 팔중귀혼(八中歸魂)
화해절체(禍害絶體) 절명일은 빼어놓고 생기복덕 좋은 날로만 택일할제
건명대주는 생기일이요 곤명지주는 복덕일이요
당상부모 안녕일 슬하자손 창성일
잡귀잡신 퇴송일 우환질고는 소멸일
재수소망은 대통일 우마육축은 왕성일
신명신도는 감응일 송경법사는 축원하는 오늘날 가려내야

③ 제물준비 사설

문밖에는 황토를 펴여 원근부정을 소멸하고
문안에는 세사(細沙)펴여 가내부정을 소멸하고
문우에 금줄매여 인간부정을 소멸하고
사해용궁 물기를제 동방갑을에 청용수며
남방병정에 적용수며 서방경신에 백용수며
북방임계에 흑용수며 중앙무기 황용수를 길어다가
상중하탕을 마련하야 상탕수에 마지짓고
중탕수에 목욕하고 하탕수에 수족씻고
전조단발(剪爪斷髮) 신영백모(身嬰白茅) 정이하고

④ 제물진설 사설

오악산신 과실빌고 사해용왕에 어물(魚物)빌고

대야고장(大野膏場)에 채소빌어 산진해미(山珍海味) 진수승찬(珍羞盛饌)
시루독반 백반전병(白飯煎餠) 조률이시(棗栗梨柿) 좌포우혜(左脯右醯)
어동육서(魚東肉西) 홍동백서(紅東白西) 가진채소 오색탕속
고배고배로 진설하고

⑤ 의례연유(儀禮緣由) 고함
금년금월을 당도하야 년운이 불길인지 월액이 불길인지
시운이 불행하야 ○○○이 ○○일이 생기여서 ○○소원을 이루랴고[27)]

이러한 요소는 축원무가에는 어디나 있는 것이며 제주도에서는 이를 「집안 연유 닦음」이라고 한다.[28)] 유교식 제사의 축문도 이러한 요소는 구비하고 있다.

3) 청배(請陪)

청배는 신의 강림을 청하는 무가로서 대부분 신격의 호칭을 나열하는 무가를 말한다. 서사무가도 청배의 기능을 갖는다. 그러나 교술무가에서는 신을 호명하거나 신이 오는 과정을 묘사 서술하는 〈노정긔〉가 청배의 기능을 맡는다. 청배무가를 검토하면 대상신의 성격이 드러난다. 구연자에 따라서는 신의 본래 모습이 왜곡되는 노랫말이 수용되어 있기도 하다.

① 가망청배
초가망 이가망 조라가망 전물가망
말게바더 오신가망

27) 金榮振, 『忠淸道巫歌』, 201-203면.
28) 玄容駿, 『제주도 무당굿놀이 槪觀』(文化財管理局, 1965), 27면 참조.

소게바더 오신가망
말게는 소계신데 조선마편에 구레등자에
걷는말 석을붗쳐 닫는말 채를제겨 돌아오시다
먹우리반비취로 조라전물가망

시위들하소사
만신의설 명도대신가망 사위도삼당가망
궁외로 제당가망 금성의 대신가망
그연상산가망 안산은 대국이라
천자대국의 사신가망[29)]

여기서 가망신은 소나 말을 타고 굿청으로 오는 신임을 알 수 있다. 또한 무당의 조상신이면서 국도(國都) 공간의 신이고 중요한 공무를 수행하는 신으로도 나타난다. 그런데 청배무가에서는 신의 호칭을 열거하면서 온갖 신이 나열되기에 오히려 본래의 신으로서의 직능이 퇴색되거나 모호해지는 현상을 보이고 있다.

② 제석청배

바람아 월궁에 달월이성이다
신울아래 신쌀어 바라명실 나리오성이다
대음뎨석 지은뎨석 제불뎨쳔 쳔디건곤
일월용왕 황사뎨불 불사뎨석 마누라
치어다러 삼십삼쳔 나리깁소와 이십팔수
이십팔당 셜이배판 진이위게오신
무용뎨석 마누라 나옹뎨석 마누라
도다오시다 일광명 저가오시다 해살명월

29) 赤松智城・秋葉隆, 『朝鮮巫俗の研究』 上, 71면.

동두칠성에 서두칠성 남두칠성에 북두칠성
한가운데는 삼태육경
억만미력에 팔만신선 구만불사데석님[30]

여기에 등장하는 제석신의 특징은 해, 달, 별 등 천체의 신이라는 점이다. 또한 불사제석이라고 하여 불교신의 성격도 가지고 있다. 이처럼 천신과 불교의 신이 두루 나열되면서 제석신의 본모습이나 고유한 성격이 모호해지기도 한다. 이는 무속이 외래 종교를 수용하면서 나타난 현상이라고 생각된다.

③ 말명청배

얼아말명 만신몸주 대신말명
사위삼당 제당말명 금성에 대신말명
안산대국 한우물 섯우물에 물마누라 용궁말명
쳔자대국 사신말명 밧말우리 안말우리 선왕말명
육조삼말 부군말명 물건너 화주당에 매당왕신 산활말명
왕십리 수풀당에 열네익기 재계말명
남관왕 동관왕에 정전은 대젼말명
종묘사직 두도령님 세자말명
허씨양위 신위말명 부리말명[31]

말명신은 무당의 조상신이다. 만신몸주는 무녀가 섬기는 신이고 그 외의 나열된 말명신들은 무당의 당제(堂祭)를 받는 당신(堂神)들이다. 그런데 말명신 중에는 용신이나 산신, 그리고 관왕묘에서 숭앙하는 중국 삼국시대 명장 관운장까지 나열되고 있다.

30) 앞 책, 87면.
31) 앞 책, 96-97면.

④ 군웅청배

살안전 활안전 홀각 양각 가로백이
만하대진 상살바더 오신군웅
길아릐 삼쳔군사 길우에 오쳔병마
진을 늘여 오신군웅 대활녜로 놀으소사[32]

군웅신은 장수신(將帥神)이면서 사신(使臣)의 신이다. 국가를 위해 전쟁에 나가 싸우다가 죽은 장군의 혼령이나 사신으로서 국가를 대표하여 외국을 왕래하다 죽은 사람의 혼령이 군웅신으로 인식되어 있다.

⑤ 대감청배

어라하대감 만신몸주 대신대감
사의삼당 졔당대감 그연 상산대감
안산대감 밧산대감 내외산에 왕래대감
한우물 용궁대감 섯우물 용신대감
대국골 왕랫대감 한양성닉 육조삼부 부군대감
어젼법젼대감 비옹남산 불사대감[33]

대감신은 높은 벼슬한 신으로 나타난다. 그러나 '대감'이란 말은 대신(大神)이라는 의미와 2품 이상의 벼슬을 한 관료에 대한 호칭이 합쳐져서 만들어진 신의 이름으로 생각된다.

⑥ 창부청배

아 창부—
만신 몸주 대신 창부

32) 앞 책, 98면.
33) 앞 책, 100-101면.

사의삼당 제당창부 검성으로 대신창부
안산 광대 밧산 청계 나무광대 목광대씨
주줄이는 쩨청계씨
한우물 섯우물에 물마누라 룡신창부
허씨양위 부리창부 신위창부
양위양산 본향창부
덕물산 최일장군 뫼신광대
파평윤씨 대왕 뫼신광대
황해도 평산 사장군 뫼신광대
충주 단월 나라충신 림장군 뫼신광대
감박산 천총대왕 뫼신광대
열두달에 횡수청계 놀고나오[34]

창부신은 광대의 신이면서 장군신을 모시는 신으로 나타난다. 광대의 신으로 알려진 청계씨와 목광대가 창부신으로 되어 있는데 개성 덕물산에 최영 장군을 모신 신당(神堂)에는 나무로 만든 이들의 가면이 봉안되어 있다. 또한 역사적 인물로 무속의 신이 된 최영 장군, 임경업 장군도 창부신으로 등장함을 본다. 파평윤씨 대왕은 누구를 지칭한 것인지 명확하지 않으나 고려조 명장

강릉단오제(1991. 6. 16)

34) 앞 책, 107-108면.

윤관(尹瓘, ?-1111)일 가능성이 있다. 평산 사장군은 평산 신씨로서 무장으로 활약한 신호(申浩, 1539-1597), 신립(申砬, 1546-1592), 신여철(申汝哲, 1634-1701), 신광하(申光夏, 1688-?) 4인을 가르치는 것이 아닌가 생각한다. 감박산 천총대왕은 신라 때 대당총관(大唐摠管)으로 활약한 설인귀(薛仁貴)일 가능성이 크다. 경기도 파주 감악산에는 설인귀를 산신으로 모시는 당(堂)이 있다. 이런 점에서 창부신은 역사적으로 이름을 남긴 무장(武將)들도 신으로 숭앙됨을 본다.

4) 노정기(路程記)

다음으로 노정기를 검토해 보자. 노정기는 신이 오는 과정을 사설로 엮은 것인데 역신인 호귀나 손님이 오는 과정을 묘사한 〈호구노정긔〉와 〈손님노정기〉가 있다. 그러나 무가 사설을 검토하면 군웅거리에도 〈군웅노정기〉가 들어 있고 망자굿거리에도 〈차사노정기〉가 있다.

> 강남은 홍시별상 조션은 리씨별상
> 대국은 옷이좃코 소국은 밥이 좃코
> 옷차림 밥구경하러 쉰세분이 나오시다
> 소국이 좁다는 말듯고 쉰분은 도로 회정하고 단세분이 나오실제
> 글 잘하는 문신손님 활 잘 쏘는 호반손임
> 례 바르고 돈바른 부인호구 삼세분이 나오신다
> 앞바다는 열두바다 뒤ㅅ바다도 열두바다
> 이십사강 다달아서 사공불러 배대라 하니 대울배가 없나이다.
> 돌배는 가라앉고 무쇠배는 봉빠지고
> 버들배는 순풍맞고 나무배는 썩어지고
> 집둥선은 써나가고 어름배는 녹아지고 눈배는 슬어지고

별상마마 영검술로 옥을 쌔여 배를 모고
준주로 봉을 박고 자개로 란간치고
금성비단 선을 둘러 홍공단 돗을 달고
외대박이 거루선에 두 대박이 당돌이ㅅ배
세대백이 대동선 만경창파에 씨여놋코
별상마마 영검술로 순식간에 건느시니
사공아 이배ㅅ선가를 금을 줄야 옥을 줄야

—호구노정기(胡鬼路程記)[35)]

앞의 자료는 경성무녀 배경재가 구연한 자료이다. 이러한 노정기는 호남지역 세습무들의 굿판에서는 '산이'라고 하는 소리 잘하는 남무가 가창하였다고 하는데 판소리 〈흥보가〉 중에 〈제비노정기〉는 무가의 노정기 사설을 본떠서 만든 것이다.

5) 공수

공수는 무당이 신이 내리어 신의 말을 전하는 것이다. 축원이 인간이 신에게 하는 언어라면 공수는 신이 인간에게 하는 언어이다. 서울지방 열두거리 무가에는 각 거리마다 청배·공수·유흥의 순으로 진행되는데 특히 공수를 잘 주는 신이 정해져 있다. 〈가망공수〉, 〈산마누라공수〉, 〈말명공수〉 등이 대표적인 예이다. 또한 지노귀굿 무가 중에 망자의 혼령이 무녀에게 응접되어 망자 넋두리를 하는 경우가 있는데 이것도 공수와 같은 성격의 무가이다. 또한 강신무가 점복 시에 하는 예언의 말도 역시 공수의 일종으로 볼 수 있다. 공수는 대화와 같은 산문으로 구연되

35) 赤松智城·秋葉隆, 『朝鮮巫俗の研究』 上, 「호구로정긔」, 556-557면.

며 상황에 따라 그 내용이 달라진다. 그러나 공수도 정해진 틀과 어법이 있어서 그 격식이 전승된다.

오냐————내가 왔다 내가 왔어
살어 생전 같고 사외 영천같이 내가 왔네
오냐————와서 보니 온 줄을 아느냐
가보니 오냐 가며는 간 줄을 아느냐
오냐————삼사춘 오육춘은 어디를 갔으며
옛보던 산천은 어디를 가고 옛보던 물은 어디로 갔느냐
오냐——서럽고 원통하다

—조상공수(화성)[36]

천갑씨대감 지갑씨대감 높으신 자최에는
허씨양위와 남녀자손의 열익대익 다제치고
삼재팔난 다제치고 신사덕 입혀주자
그러나 허씨긔주야 이것이 무엇이냐
원숭이 입너냐 쌧저고리 부젹이냐
이것만 도와주고 이것만 생겨주엇는야
먹는것이 뉘것이며 쓰는것이 뉘것이니
모다 우리대감 수위에서 도와주신 것이 아니냐

—대감공수(서울)[37]

이처럼 공수는 신이 미흡한 정성을 드린 기주(祈主)를 꾸짖고 기주에게 재액을 소멸해 주고 복과 덕을 주겠다고 약속하는 내용으로 되어 있다. 치병굿에서는 병을 고치는 법방을 가르쳐주기도 하고 병이 치유되는 일

36) 김태곤, 『한국무가집』 III, 294-295면.
37) 赤松智城・秋葉隆, 앞 책, 103면.

자를 알려주기도 한다.

6) 찬신

찬신은 신을 찬양하는 무가이다. 신을 찬양하는 이유는 신을 즐겁게 하여 보다 많은 덕을 입고자 하는 전략적 측면과 신에 대한 인간의 숭앙심을 높이는 신앙적 측면의 두 가지를 생각할 수 있다. 찬양의 대상은 신의 공덕과 신의 외모 등이다. 특히 신의 치장을 묘사하는 〈치레사설〉이 찬신무가의 중심이 된다.

광대치장이 업슬손야 절두통바지 골통행전
고양나이 속버선에 몽고삼싱 겻버선에
아미탑골 밋투리애 장창밧고 굽창밧고 매부리징에 잣징밧고
얼망건 당사끈에 엽낭차고 상낭차고
메고나니 검낭이요 차고나니 상낭이라

— 창부타령(서울)[38]

남손인 치레보소 물ㅅ결 갓흔 외올망건 대모관자 달어 쓰고
삼백대 통갓에 밀화갓끈 달어쓰고
방초바지 통힝젼에 남수아주 집저고리 몸에맛게 지여입고
홍대단 자락텬륙 광디우씌 눌러믹고

— 손굿(오산)[39]

치레사설뿐만 아니라 신의 공덕을 찬양하는 독경무의 〈축원문〉도 찬

38) 앞 책, 111-112면.
39) 앞 책, 144-145면.

신무가의 성격을 가진다.

> 옛일을 볼지라도 상고적의 하우씨(夏禹氏) 구년지수(九年之水) 비를 만나 억조창생 건지랴고 공동산의 단을 놓고 칠일정성 기도정성 드려 지성으로 발원터니 황천이 감동하사 운권청천 비가 개여 구년지수 홍수중에 억조창생 건지시고 구정(九鼎)에다 밥을 지여 구제중생 하셨으니 이런 일을 두고 본들 지성감천이 아니시며,
>
> 석일석시(昔日昔時) 주공(周公)님은 축단제천(築壇祭天)하야 단을 놓고 정성드려 성왕(成王)님의 삼년간 위독하신 병세가 득차쾌차 하셨으니 그런 일을 볼지라도 정성덕이 아니리가.
>
> 옛날의 은왕성탕(殷王成湯) 칠년대한(七年大旱) 가무름 만나 억조창생 만민들은 도탄중에 들었더니 탕임금의 어진성덕 전조단발(剪爪斷髮) 신영백모(身嬰白茅) 상임원(桑林原)에 비를 빌제 몸으로 희생되어 지성으로 발원터니 황천이 감동하사 해약(海若)으로 비를 내리고 풍백(風伯)으로 바람걷어 우순풍조 시켜내야 대우(大雨) 방수천리(方數千里)에 갈민(渴民)을 구하시고 시화세풍(時和歲豊) 민안국태(民安國泰) 되었으니 그로두고 볼지라도 지성감천 아니시며,
>
> 석일석시 노(魯)나라 숙양흘(淑梁屹)씨도 년장사십에 무자하야 나이가 사십평생 슬하 일점혈육 없어 그 부인 안씨로 더불어 이구산(泥丘山)에 들어가서 칠성단을 정이 놓고 백일기도 정성드려 불철주야 발원터니 하나님이 감동하고 그 산신령이 감응하사 만고대성(萬古大聖) 공자(孔子)님을 탄생하야 성현의 장한 도덕 철환천하(轍環天下) 하옵시고 찬주역(纂周易)하옵시며 수춘추(修春秋) 마련하사 천추만대 내려오며 각도각읍 면면촌촌 향교배향을 받으시고 대성지성(大成至聖) 문선왕(文宣王)이 되시어서 금일까지 전내하여 춘추향사(春秋享祀)를 받으시니 그런일을 볼지라도 지성감천 아니리까[40)]

이 자료는 청주 독경무 정진현(鄭鎭賢)이 구술한 〈축원문〉 중 일부인데

---

40) 金榮振, 『忠清道巫歌』, 203-205면.

중국에서 훌륭한 업적을 남긴 역대인물에 대한 고사를 지극한 정성으로 하늘이 감응한 결과로 말하고 있다. 결국 신의 도움으로 성공한 인물의 사적을 기술하고 있다는 점에서 신의 위대한 영험력을 드러내는 것이기에 찬신무가라고 본다.

7) 축원

인간의 소원을 신에게 비는 무가이다. 축원은 상황에 따라 또는 대상신에 따라 다르게 나타나는 것이 원칙이나 일정한 형식이나 관습적으로 전승되는 공식구가 있다. 축원 중에 가장 대표적인 것은 〈성조축원〉, 〈망자축원〉, 〈삼신축원〉인데, 〈성조축원〉은 〈고사축원〉이라고도 하며 가신(家神)인 성조신에게 농사의 풍성과 자손의 영달 및 재운의 도래 등을 비는 것이고, 〈망자축원〉은 망자가 사자에게 압령되어 저승으로 가는 과정과 저승에서 심판받는 모습을 기술한 것으로 〈망자풀이〉, 〈죽엄의 말〉이라고도 한다. 〈삼신축원〉은 출산의 신인 삼신에게 태어난 아기의 무병장수를 비는 것이다. 그러나 모든 무가에는 축원이 반드시 뒤따르기에 교술무가는 모두 광의의 축원무가에 속한다고도 할 수 있다.

① 성주축원

〈성주축원〉은 〈황제풀이〉, 〈고사덕담〉, 〈성주굿〉 등의 명칭으로 채록된 무가로서 가옥의 신인 성조신에 대한 무의에서 구연되는 것이다. 무가의 내용은 솔씨를 뿌려 그것을 키워 재목으로 베어다가 집을 짓는 과정과 호화롭게 집을 치장하는 모습, 그리고 갖은 세간 집물을 드려놓는다는 내용을 서술하고, 이어서 농사를 짓는 과정과 아들을 낳아 키워 과거급제시키는 모습을 묘사한 것으로서 농사를 생업으로 하는 인간의 소박한 이상을 잘 표현하고 있다. 이 무가 속에는 잡가 〈성주풀이〉를 비롯하여 민요인 〈집터다지기〉, 〈나무타령〉, 〈곡물타령〉, 〈명당풀이〉, 〈비단타령〉 등의 단위사설이 두루 수용되어 있다.

> 그두 그러하려니와 집안치장 해 볼 장수 고대광실 지어볼가
> 강호임천 경개존데 나비터전의 부리명당 부리터전의 나비명당
> 자좌오향 터 닦을제 얕은 지덕은 치다듬고
> 낮은 지덕은 낮다듬어 덩그러케 닦어놓고
> 천년지점 눌러놓고 만년지점 다월적에
> 한 주산을 바라보니 노적봉이 비쳤시니 가만가만이 지점이야
> 또 한 주산을 바라보니 문필봉이 비쳤으니
> 고관대작이 날 자리라 가만가만이 지점이야
> 동방을 바라보니 청개신령 문쳤구나
> 학의 머리를 다칠세라 가만가만이 지점이야.
>
> —고사덕담(청주)[41]

이것은 집터를 닦는 모습의 일부이다. 민요 중에 〈터다지기요〉와 유사한 사설이 수용되어 있는데 그 내용은 〈명당풀이〉로서 집을 지으려는 집터가 풍수학의 관점에서 볼 때 주인이 발복할 명당이라는 것이다. 집터를 닦고 재목을 내어 집을 지은 후에는 안방, 부엌, 사랑 등을 꾸미고 세간을 드려놓는 치장사설이 이어진다.

> 일등목수를 불러다가 대산에 가 대목내고
> 소산에 가 소목내야 대목소목을 골라다가
> 굽은나무는 짓다듬고 잣나무는 굽다듬어

41) 金榮振, 앞 책, 309면.

오행으로 주추를 박고 인의예지로 지둥세워
삼강으로 대량언고 삼팔목으로 도리를 언고
육십사괘 삼심삼천 산자를 얽고 이십팔수로 외를 얽어
일백팔십 사유로 차차 지여낼제
꼬부렸다 격자집이냐 쪽곧었다 일자집이냐 네모졌다 모말집이냐
아래위채 상하채 이삼층 양옥집을 높드랗게 지여놓고
구댁이 풍경달어 동남풍이 건듯불면 근들 아니가 좋을소냐[42]

삼백육십 대청마루는 성주치장이 좋을시구
열창문 쌍바라기 문위를 살펴보니
입춘대길 건양다경 경사경자는 여덜팔자로 붙였고나
열창문을 열디리고 방안치장 둘러보니
올려다 보니 소라반자 내려다 보니 각장장판
인물병풍 반다지는 여기저기 둘러놓고
금병 수병 산수병은 전후좌우 둘러치고
자개함롱 반다지는 머리맡으로 늘어놓고
새별같은 요강 타기는 발치발치로 늘어놓고
비단공단 이부자리 원앙비취 좋은퇴침 길길이두 쌓여있고
용문초석 화문석은 문채살난 좋을시고[43]

위의 사설은 가옥을 축조하고 집 치장을 하는 것인데 기주가 어디에서 무슨 직업을 가지고 어떤 집에 살든지 불문하고 똑같은 공식적인 문구로 서술된다. 이러한 공식구는 전통사회 목재가옥의 축조방식과 부유한 가정의 살림살이를 기준으로 형성된 것이다. 이처럼 부유한 삶의 모습이 제시되는 것은 장차 이루어지기를 기원하는 축원문의 공식적 기법인데

42) 앞 책, 309-310면.
43) 앞 책, 311면.

이는 주술의 한 형태로서 기원하는 사항을 이미 이루어진 것처럼 말하는 것이 가장 강력한 주술 효과를 거둔다고 생각했기 때문이다.

다음 농사짓는 모습의 서술을 인용해 보기로 한다.

> 밭농사를 지여보자 남산하에 장찬밭은 우경백묘 갈어놓고
> 오곡잡곡 씨 뿌리자 고추당초 남방초며 참깨 들깨 드들깨
> 봄팟 글팟 적두팟 껄꺼덕 푸루루 파르대콩
> 쪽내버렸다 구정물 방콩 방정맛다 준여니콩
> 올콩졸콩 질금콩 천리원정에 강낭콩
> 독수공방에 홀애비공 이팔청춘에 각씨동부
> 외통백이는 홀어미콩 두톨백이는 양주콩 세톨백이는 3형제콩
> 녹두 적두 글녹두 대맥 소맥 봄보리 모밀 지장 옥수수
> 우자 감자 따당콩을 여기저기다 심었더니
> 그거 점점 잘 자라서 의거리 대풍 되었구나.
>
> —상동44)

이것은 밭농사를 짓는 사설인데 밭에서 경작되는 두태(豆太)의 종류를 열거하는 〈두태타령〉이 무가에 수용된 것이다. 이러한 타령류는 그 자체로 재담사설의 성격을 가지면서 문학성을 고조시킨다.

다음은 추수하는 대목이다.

> 가을추수를 하여보자
> 장달이 같은 종놈들은 고부랑 낫으로 비어서로 지게로다 저드리고
> 앵무같은 종년들은 또아리 받쳐 여드리고
> 마구간의 우마들은 옹구발구로 시려디려
> 앞들에는 천석노적, 뒤뜰에는 만석노적

44) 앞 책, 306-307면.

앞노적은 대주노적 뒷노적은 지주노적
전후좌우에 노적쌀제 난데없는 풍년새는 두 날개를 훨훨치며
훨이훨적 날아들어 노적가리에 올러앉아
한 날개를 툭탁치니 일이천석 쏟아지고
또 한 날개를 툭타치니 일이만석 쏟아진다.
억수만석 쌓인곡식 용살지신(龍煞之神)은 방아를 찧고
신후대길(神后大吉)은 져디리고 하괴등명(河魁登明)은 곳집을 싸니
백옥같은 옥색미가 담불담불 쌓여시니
근들아니두 조흘시구45)

다음은 자손 창성에 대한 축원 덕담이다.

자손창성 발원하자
상남자손에 서방님이요 중남자손에 도련님이요 하남자손에 동자아기
한 탯줄에 3형제 오육형제 차레차레로 즘제할제
있는 아기는 수명장수 없는 아기는 생남발원
나라에는 충신되고 부모에게는 효자되고
일가친척 화목동이요 형제간에는 우애동이
남의 눈에 귀인동이 금동옥동을 점제하여
이년만에는 기취(起就)하고 삼년만에 말배우고
오육세에 입학시켜 천지현황 언재호애(焉哉乎也)를 순식간에 읽어내고
유문초습(儒門初習)을 읽은 후에 사서삼경 백가서며
소학 대학 논어 맹자 예서 춘추 강목이며 주역팔괘 장자서며
천지음양 조화술과 천추고금 미래사며
육도삼약 수신제가 격물치지 둔갑장신
민안국태 정치학이며 육법전서 법률학이며
천지풍운 조화술을 무불통지 배운 후에

45) 앞 책, 307면.

입신양명 하랴 하고 사회에 출세할제
초입사로 할림학사 참의 참판 도승지며
팔도감사 육조판서 다지내고
좌우정승 최고장관 영의정 차례차례로 다 지내고
거룩한 그 이름이 청사죽백에 기록되어 천추만대 유전하고
거리거리 슨정비요 곳곳마다 찬상비라 근덜 아니가 좋을시구[46]

이처럼 〈성주축원〉은 흥미 있는 잡가·민요 등을 두루 수용하여 농민의 일상 소원을 서술한 덕담으로서 교술무가의 백미라고 할 수 있는 유형이다. 민요 가운데 기능요인 〈집터다지기〉, 〈고사반〉, 〈지신밟기〉 등은 무가의 〈고사덕담〉이나 〈성주축원〉과 사설이나 가락에서 많은 교섭관계를 가지면서 전승되었다.

② 망자축원

이 무가는 〈회심곡〉과 유사한 내용으로 되어 있다. 죽음 앞에 무상한 인생의 허무와 사람의 일생에 대한 반성 및 저승사자에 의하여 혼령이 저승에 인도되는 과정, 그리고 시왕 앞에서 인간세계에서의 선과 악을 심판받는 모습 등을 서술하고 있다. 또한 독경무들이 구연하는 〈해원푸리〉도 죽은 영혼의 맺힌 한을 풀어 주는 무가로서 〈망자풀이〉와 같은 계열에 속한다.

먼저 저승사자가 와서 망자의 혼령을 거두는 대목을 보기로 하자.

어야 영가시요 사람이 죽어지면 일홈 달너지고 성도 달러지네
일홈은 영가시오 성은 그부(鬼簿)더라

46) 앞 책, 307-308면.

상유명부 능기 팔만사천 문열어 잠장간 들어오소사
에야 영가시오 아모생 영가시는
철나지액연 원지이별연 살포갈인연 사노망신연을 당하야
한명이 그뿐인지 시대가 되었는지
저승지부왕전에서 팔배자 특배자 노와
성화가치 재촉하니 엇던 사자 나오든고
일직사자 월직사자 조리씨저반의 강림도령
팔배자 특배자 내여주며
아모도 아모골 아모동 아모성 망재씨
성화착래 잡어오라 분부가 지엄하니
저 사자 거동보소 지부왕의 명을 받고
망녕그물 손에들고 쇠사실 빗겨차고
활등갓치 구분길로 살갓치 빨니와서
압산에 외막치고 뒷산에 장막치고
마당 한가운데는 명패 긔 쏫헤 쏘자놋코
일직사자 월직사자 강림도령
봉의눈 불읍쓰고 삼각수 거슬으고 문지방 가루집고
이바 망재야 어서 밧비 나스거라 천동갓치 뒤질으니
가택이 문허지고 우주가 밧귀는 듯
아모생 망재씨 일신수족이 벌벌 썰리고 진퇴유곡 되엿슬제
사랑동 아들아기 진지동 쌀아기 애중헌 며눌아기
자문지잔상 별머리위성 명전 나전 식상거완 찰여놋코
입담조흔 만신불러 젹젹이 풀어내니
그도 잠시 인정이라 못잡어가요
두 번재 일직사자 밧게서 들어오며
어서 나오너라 밧비 나스거라 서리갓치 재촉하니
조비조상과 성조지신이 조만이 애걸하니
그도 인정이라 못잡어내더귀요
삼세번째 강림도령이 와락 쒸여 달여들어

텬동갓치 소래하며 우뢰갓튼 큰소래로 벽녁갓치 호통하니
망재씨 일신수족을 벌벌떨고 진퇴유곡되엿실제
강림도령 달여들어 한번잡어 낙구워치니 열손에 맥이 없고
두 번 잡어 낙궈치니 열발에 맥이 업고
삼세번 낙구워치니 펏든손 쌔든다리 감출길이 전혀없네[47)]

이 자료는 경기도 시흥 무부(巫夫) 하영운(河永云)이 구송한 〈죽엄의 말-젼승〉 중에 한 대목이다. 여기서 저승의 사자가 수명(壽命)이 다 된 사람의 집으로 와서 금부도사가 죄인을 잡아가듯 망자의 혼령을 잡아내어 저승으로 압령하는 모습을 볼 수 있다. 그런데 저승의 삼사자 중에 가장 무서운 사자가 강림도령이라는 점이다. 일직사자 월직사자는 만신과 조상신, 성주신의 간곡한 애걸에 차마 잡아내지를 못하는데 강림도령이 달려들어 낚아채서 명을 거두는 것으로 되어 있다. 이렇게 저승사자들도 인정에 약한 인간의 모습으로 형상화되어 있음을 알 수 있다.

다음으로 임종의 모습을 망자의 시점에서 서술한 대목을 보기로 하자.

아모리 정신찰여 부모동생 처자권속 다시보고 죽자한들 한명이 돌아오고 시대가 되엿스니 살어날길 젼혀업네 그 압헤 안진사람 사랑동아들 진진동딸 애중헌 며누리 백년처권 일가친척 좌우로 늘어안저 수족을 주물으며 대성통곡 우름우니 대신갈이 뉘잇슬가

재물로 살니랴 헌들 석숭이가 부자라도 재물업서 죽엇스며 의견으로 살니랴한들 한신이 장자방과 제갈공명 갓흔 성현들도 할수업시 죽엇스며 긔운으로 살니랴한들 관우 장비 조운 항우갓흔 장수 긔운업서 죽엇슬야 할 일업고 속절업다

이렁틋 탄식할제 삼갑사자 달녀들어 머리에 천상옥 이마에 벼락옥 눈에 안경옥 쇠밋헤 바눌을 단단이 걸어놋코 입에 하무물녀 귀에 쇠채여 노니 망

47) 앞 책, 285-295면.

> 재씨 명끊는 소리 대텬바다 한가운데 일천석 실은 중선 닷줄 끈는 소래갓다
>
> 아모생 망재씨 속절업고 할일업다. 문박글 내다보니 밥세그릇 신세켤네 돈석냥과 제상에 밧쳐놋코 초성좋은 구낭이 초혼불너 외난소래 나죽을시 분명하다.
>
> 망재씨 할일업시 세상을 리별하고 탄식하고 돌아스며 혼백혼신 방안을 살펴보니 신체육신 방안에 뉘여두고 자손들이 늘어안저 나무아미타불 관세음보살 염불하며 앙텬탄식 설니울며 하날을 울어러 탄식한들 하날이 한말 대답하며 짱을 두다려 탄식한들 짱이 한말 대답헐가[48]

이러한 사설은 한국인의 죽음관을 보여주는 것이고 임종의 모습을 묘사하면서 비장감을 고조시킨다. 아울러 초상이 나면 초혼(招魂)을 하고 사자밥을 대문 밖에 차려놓고 자손들이 호곡(號哭)하며 발상(發喪)하는 상속(喪俗)의 일면을 보여주고 있다.

> 유제씨 반고씨 회답씨 여등비 날 잡을 채사로다. 청사실 홍사실 엾에 차고 철채를 손에 들고 두 문지방 가로 잡고 우뢰 갓흔 소래 천동갓치 뒤질으며 이봐 망재야 세번을 뒤질으니 넉시라 다든 문을 손수 열고 대답헐가
>
> 할일없이 저승으로 잡혀갈제 사랑동 아들아기 진진동 딸아기 애중한 며느리 백년쳐권 좌우로 늘어안져 하날을 우러러 탄식헌들 대신 갈 이 뉘 잇슬야
>
> 사람이 죽어지면 집에 한테 안이두고 강산원래로 짐내여 모실제 견나무 장강틀 참나무 연춧대 편숭마 닷줄 열두우물 골나메고 요령 쟁쟁 치는 소래 구천명월 슬프도다.
>
> —죽엄의 말(시흥)[49]

이월이라 청명일은 개자추의 넋이로다 불탄 잔듸 속잎 나고 나무나무 잎

---

48) 앞 책, 288-290면.

49) 赤松智城·秋葉隆, 앞 책, 314-315면.

에 틀제 청산부운의 무주혼 올데 갈데 전혀 없어 거리거리 방황하며 속절없이 눈물짓네 저기 오신 조상님은 청명 한식 왜 모르고 어디를 갔다 인제 왔나 금일금시 이 해원에 만반진수로 흠양하고 시왕 극낙 드러를 가오 나무아미타불

—달거리해원(청주)[50]

이러한 무가가 불리는 무의는 〈지노귀굿〉, 〈오구굿〉, 〈망묵이굿〉, 〈씻김굿〉 등으로 일컬어지는 사령무제(死靈巫祭)인데 죽은 사람의 혼령을 저승으로 잘 인도한다는 목적에서 행해진다. 사령무제는 특히 젊어서 비명에 죽은 사람의 경우에 많이 행해졌다. 사람이 비명횡사(非命橫死)할 경우 망자의 혼령은 원한이 맺혀져서 저승으로 가지 못하고 인세에 방황하는데 살아 있는 사람을 찾아다니며 해를 끼친다고 인식되었다. 그런데 귀

▌동해안 오구굿 중 용선놀이 장면

50) 金榮振, 앞 책, 356면.

신이라도 가장 가깝고 잘 아는 사람을 찾아다니게 마련이어서 망자의 혼령이 내왕(來往)하며 침책(侵責)하는 곳은 망자의 가족들이라는 것이다. 그래서 망자의 혼령을 좋은 곳으로 천도시키고 맺힌 한을 풀어주어야 원혼에 의한 피해가 없다고 생각하여 사령무제를 빈번하게 행했던 것이다. 이처럼 망자의 해원(解冤)과 천도(遷度)의 의미를 지닌 이 무가는 무속의 쇠퇴에도 불구하고 빈번한 구연 기회를 갖게 되었고 민중의 애호를 받으면서 다른 구비문학에도 많은 영향을 주었다. 민요의 〈상여소리〉나 〈달고질소리〉 등은 이 무가와 영향을 주고받은 자료이고 서도의 판소리라고 하는 〈배뱅이굿〉도 이 무의를 풍자하면서 형성된 것이다.[51] 또한 이 무가는 민중의 생사관 및 내세관을 반영하고 있어 무속의 사상적 연구를 위해서도 귀중한 가치를 가지고 있다.

4. 서사무가

1) 서사무가의 시원(始源)과 형성

오늘날 전승되고 있는 서사무가의 자료들은 어떻게 기원되고 전승되었으며 전승과정에서 어떠한 변모를 겪었는가? 이 문제에 대해서는 일찍이 학계에서 많은 논의가 있어 왔다. 그 중요한 학설만을 요약하고 검토하기로 한다.

현용준은 제주도 서사무가 자료를 중심으로 무속신화 본풀이의 형성과

51) 張德順 外 3人, 『口碑文學槪說』(一潮閣, 1971), 124-125면.

정을 모색하여 단순한 주문형(呪文型)에서 기원형(起源型)으로, 다시 복잡한 설화형(說話型)으로 진화되었으리라는 주장을 한 바 있다.[52] 이러한 주장은 현존하는 문화현상은 단순에서 복잡으로, 미분화에서 분화로, 동질(同質)에서 이질(異質)로 변천한다는 진화론적 전제에서 출발하여 현재 전승되는 제주도 무가 자료를 도식적(圖式的)으로 재단(裁斷)하여 추론한 것이다. 그러나 모든 문화현상이 진화한다는 전제 자체가 타당성이 없다면 이러한 서사무가의 형성과정은 그 주장의 근거를 상실하게 된다. 또한 제주도 무가의 주문형이나 기원형 본풀이는 문학적 장르를 논할 때 서사 장르가 아닌 교술 장르에 해당된다. 이렇게 본다면 현용준의 주장은 교술무가가 진화되어 서사무가가 형성되었다는 말로 바꿀 수가 있다. 이것은 단순에서 복잡한 것으로의 진화와는 다른 성격의 것이다. 교술무가도 얼마든지 복잡해질 수 있고 분화될 수 있으나 그 복잡화나 분화의 방향이 반드시 서사화(敍事化)를 의미한다고는 볼 수 없다. 따라서 진화론에 의한 형성과정을 논한다 해도 서사 장르 사이의 대비에 의해서 논의가 진행되어야 할 것이다. 뿐만 아니라 진화론으로 설명할 수 없는 영역도 있는 것이기에 이 같은 단선적(單線的) 진화과정에 의한 서사무가의 형성론은 위험하다고 본다.

김태곤은 무가의 원형이 어떻게 전승 변화하는가를 검토하면서 성주무가 계통을 표본자료로 하여 서사적 양식에서 교술적 양식이나 서정적 양식의 무가가 독립 분화되었다고 하였다.[53] 이러한 주장은 현용준과는 상반되는 것이다. 서사무가 속에는 교술무가나 서정무가가 삽입될 수 있다. 그렇다고 해서 교술무가나 서정무가가 서사무가에서 분화되었다고만은 할 수 없다고 본다. 왜냐하면 그 반대의 경우도 생각할 수 있기 때문이

52) 玄容駿 「巫俗神話 본풀이의 形成」(『국어국문학』 26, 1963, 서울 국어국문학회), 124-133면.
53) 김태곤, 「巫歌의 傳承變化體系－성주가 계통을 中心으로－」(『한국민속학』 7집, 서울: 民俗學會 1974), 1-24면 참조.

다. 즉 교술이나 서정 양식을 종합해서 서사양식으로 발전했다고도 볼 수 있다. 이처럼 반대의 경우가 가능하다는 것은 문예장르의 발생과정을 단선적 진화론에 의해 설명하려는 방법 자체가 타당성이 없기 때문이라고 본다. 문학 장르를 결정하는 언어 양식의 기본모형으로서 전달이나 표현과 서술은 본래부터 구별되어 있었고 언어의 대상으로서 정보, 정서 등의 정적(靜的)인 것과 인물의 행위와 같은 동적(動的)인 것은 본래부터 따로 존재했기에 문학의 장르를 결정하는 언어의 양식은 처음부터 분별되어 있었다고 보아야 할 것이다. 즉 정적 대상을 표현하는 서정장르와 정적 대상을 전달하는 교술장르, 동적 대상을 표현하는 극장르와 동적 대상을 전달하는 서사장르는 기본적으로 존재하는 문학양식이었다고 보아야 한다.

이상과 같은 진화론적 추론과는 달리 실증적 방법에 의한 서사무가 형성과정의 검토가 이루어진 바 있다. 필자는 서사무가의 자료가 설화나 소설 등 다른 서사장르의 수용을 거쳐서 형성되었음을 실증하고 설화에서 서사무가가 형성되었으리라는 일반론으로 확대한 바 있다.[54] 이러한 실증적 연구는 실증된 자료에 국한해서 타당성을 가질 수 있다. 그러나 실증이 이루어지지 않은 자료는 여전히 미해결의 문제로 남는 것이다. 즉 서사무가 각개 작품의 소재 원천을 찾는 작업과 장르의 기원을 논하는 문제는 엄연히 다른 것으로서 서사무가 자료의 일부가 설화에서 나왔다고 하더라도 그것 자체가 장르의 기원은 될 수 없는 것이다.

한편 장주근은 서사무가가 신화·설화와 관련을 가지면서 고대소설·판소리의 모태역할을 하였으리라는 가설을 제기한 데[55] 이어서 서사무가가 가창문학이고 불교적 성격이 강하다는 데 착안하여, 중국의 강창문학(講唱文學), 일본의 창도문예(唱導文藝)와 그 성격을 비교하면서 불교의 포

54) 서대석, 「敍事巫歌硏究」(『國文學硏究』 8집, 1969), 참조.
55) 장주근, 「韓國口碑文學史」 上(韓國文化史大系 V, 高大 民族文化硏究所, 1967), 693-702면.

▮ 군포 당말 도당굿 군웅굿

교 방편으로 형성된 변문문학적(變文文學的) 성격을 지적하고, 이 같은 과정에서 서사무가의 구체적 내용이 형성되었으리라는 추론을 개진한 바 있다.[56] 이러한 연구 역시 장르적 기원과 구체적 소재 형성과정을 구별해서 논의했어야 보다 분명한 결론에 이를 수 있었으리라고 본다. 서사무가가 전승과정에서 불교의 영향을 받은 것은 부인할 수 없겠으나, 서사무가는 불교 전래 이전에 이미 있었던 장르이고 불교가 수입된 뒤 그 영향으로 내용의 변모가 일어난 것으로 보는 쪽이 더 타당할 것이다.

서사무가의 장르적 기원은 신화의 기원과 일치한다고 본다. 원시시대에 무속적 제전이 행해지면서 당시 인간들이 숭앙했던 무속신에 대한 신화가 바로 서사무가의 원초적 모습이었으리라고 생각된다. 우리나라의 고유신앙은 무속이었고 무속적 제의의 특징은 춤과 노래로 진행하는 것이기에 대상신의 유래를 이야기한 내용이 노래로 불렸을 가능성을 생각할 수 있다. 그러나 이러한 추론은 원시시대의 서사무가 자료가 발견되

56) 장주근, 「敍事巫歌의 始源과 民俗藝術史上의 位置」(文化人類學 5집, 한국문화인류학회, 1972), 5-31면.

지 않는 한 가설의 단계를 넘지 못한다.

현재 전승되는 서사무가 자료들 중에서 비교적 전승기간이 오래되었고 무속 고유의 것이라고 생각되는 유형으로 〈제석본풀이〉와 〈바리공주〉 2종을 들 수 있다. 〈제석본풀이〉는 생산과 수복(壽福)을 관장하는 무속신에 대한 이야기이고 삶을 위한 제의인 기복무제(祈福巫祭)에서 구연되고 있으며, 〈바리공주〉는 죽음을 주관하는 신의 유래이고 사령무제(死靈巫祭)에서 구연되고 있다. 또한 이들은 우리나라 전국에서 전승되고 있다. 이러한 점에서 인간의 근본적 문제인 삶과 죽음에 대한 무속적 사고에서 두 서사무가는 형성되었고 삶의 풍요와 죽은 뒤에 영혼의 구원을 바라는 제전을 통해 전승되었다고 본다. 특히 〈제석본풀이〉는 불교적 요소가 많이 들어 있으나 그 신화적 구조와 속성은 국조신화인 〈단군신화〉나 〈주몽신화〉와 상통하는 것으로 볼 수 있어 그 형성시기를 고대국가 형성 이전까지 소급할 수 있다.[57]

한편 그 밖의 많은 서사무가의 자료들은 설화나 소설 등 다른 서사 장르에서 소재를 수용(受容)하여 이루어지기도 했다. 제주도의 〈이공본풀이〉와 평북의 〈신선세턴님청배〉는 『월인석보(月印釋譜)』 제8 상절부(詳節部)에 수록된 〈안락국태자경(安樂國太子經)〉을 수용(受容)한 것이고, 제주도의 〈세민황제본풀이〉는 중국의 〈당태종회생설화(唐太宗回生說話)〉를 수용한 것이며, 역시 제주도의 〈군웅본풀이〉는 『고려사(高麗史)』 〈세기(世紀)〉에 수록된 〈작제건설화(作帝建說話)〉를 수용한 것이다.[58]

이처럼 서사무가의 장르적 기원과 구체적 소재의 원천은 다르게 추적되어야 할 문제임을 알 수 있다. 즉 서사무가의 장르적 기원은 아득한 고대에 서사문학의 모태가 되었던 무속 서사문학에서 찾을 수 있으며,

---

57) 서대석, 「帝釋本풀이 硏究」(『韓國巫歌의 硏究』, 文學思想社, 1980), 12-191면.
58) 서대석, 「敍事巫歌硏究」(『국문학연구 8』, 서울대학교 국문학회, 1968), 80-123면.

현재 전승되는 서사무가 여러 유형들의 구체적 내용은 오랜 기간을 전승하면서 다른 서사문학 작품의 내용을 받아들이고 다른 종교사상을 수용하여 형성된 것으로 본다. 이들에 대한 개별적 검토는 다음 장에서 이루어질 것이다.

2) 서사무가의 유형별 검토

오늘날 전승되고 있는 서사무가의 유형은 백여 종이 넘는다. 또한 채록되어 발표된 각 편의 수효는 더욱 많다. 그러나 이들 자료는 문학적 내용으로 볼 때 많은 각 편들이 동일한 서사유형에 소속됨을 알 수 있다. 예를 들어서 제주도의 〈초공본풀이〉와 호남지역의 〈제석굿〉, 동해안 지역의 〈시준굿〉, 평양의 〈삼태자풀이〉 등은 그 근간이 되는 서사적 구조는 같은 것이다. 이처럼 전승 지역이 다르고 제의적 기능이 다르더라도 문학적 관점에서 서사적 근간구조가 같은 각 편들은 한데 묶어서 하나의 유형으로 처리하기로 한다.

가. 본토의 서사무가

(1) 창세신화(創世神話)

하늘과 땅이 생기고 인간이 출현하여 세상을 배판하는 창세과정을 노래한 서사무가는 오늘날까지 전승되는 한국의 창세신화로서 중요한 의의를 가진다. 우리나라의 신화는 문헌에 정착된 건국신화만이 일반에게 소개되었고 무속제전에서 전승되는 무속신화는 소홀하게 다루어져 왔었다. 그리하여 우리에게는 천지개벽이나 창세과정에 관한 신화는 없는 것으로 알려지게 되었다. 그러나 무속신화인 서사무가의 자료들 중에는 독립된 굿거리로 구연되었거나 또는 다른 서사무가에 삽입되어 구연되었거나 적지 않은 창세과정의 이야기가 있다. 이들 자료는 임석재에 의하여 일단 종합되고 그 내용에 깃든 우리 민족의 의식구조의 일면이 탐색된 바 있다.[59)]

가) 창세신화의 자료

지금까지 조사된 창세신화형 서사무가 자료는 다음과 같다.

	명 칭	전승지역	채록자	제보자	발표지	채록연월
〔A〕	창세가	함남 함흥	손진태	김쌍돌이	조선신가유편	1923.8
〔B〕	시루말	경기 오산	아카마쓰 지조, 아키바 다카시	이종만	조선무속의 연구 上	미상
〔C〕	천지왕본푸리	제주도	아카마쓰 지조, 아키바 다카시	박봉춘	상동	미상
〔D〕	셍굿	함남 함흥	임석재, 장주근	강춘옥	관북지방무가(추가)	1965.9
〔E〕	삼태자풀이	평남 평양	임석재, 장주근	정운학	관서지방무가	1966.8
〔F〕	천지왕본	제주도	진성기	이무생	제주도무가본풀이사전	미상
〔G〕	천지왕본풀이	제주도	현용준	안사인	제주도무속자료사전	미상
〔H〕	천지왕본풀이	제주도	장주근	고대중	한국의 민간신앙	1962.8
〔I〕	천지왕본풀이	제주도	임석재	강일생	제주도 17호	1964.7
〔J〕	순산축원	경북 울진	A.Guillemoz	권순녀	경학김영돈박사화갑논총	1975.5
〔K〕	무격의 신가	평북 강계	손진태	전명수	신가정	1936.4

이상의 자료 중에서 A, D, H, I, J는 그 자료 전문이 임석재에 의하여 이미 소개된 바 있다. 이들 자료를 지역별로 크게 나누면 관북지방과 관서지방을 포함하는 한반도 북부지역과 제주도 지역으로 나눌 수 있다. 중부지역의 채록본도 있으나 지역적 특징이 별로 나타나지 않는다. 오산본은 제주도 지역 전승본과 접근되어 있고 울진본은 함흥본과 유사하다.

59) 임석재, 「우리나라의 天地開闢神話」(耕學金永敦博士 華甲紀念教育學論叢, 1977), 1-36면.

북부지역의 전승본들은 세부적인 차이는 있으나 함흥에서 손진태가 채록한 〈창세가〉가 가장 내용이 풍부하고 또한 다른 본의 내용을 포함하고 있기에 이것을 대상으로 내용을 요약하고 신화적 성격을 검토하기로 한다.

ㄱ. 창세가(創世歌)[60]

㉠ 하늘과 땅이 생길 적에 미륵님이 탄생하여 하늘과 땅을 분리시킨다.

㉡ 미륵님은 해 둘 중에 하나를 떼어서 북두칠성을 마련하고 달 두 개 중에 하나를 떼어서 남두칠성을 만들고 기타 별들을 만든다.

㉢ 미륵님은 옷이 없어 칡으로 베를 짜서 장삼・고깔 등을 지어 입는다.

㉣ 미륵님은 불과 물의 근본을 알기 위해 풀메뚜기・풀개구리・새앙쥐 등에게 물어서 차돌과 시우쇠를 쳐서 불의 근원을 알아내고, 소아산에 들어가서 샘물을 보고 물의 근본을 알아낸다.

㉤ 미륵님은 금쟁반・은쟁반을 양손에 들고 하늘에 빌어 금벌레・은벌레를 다섯 마리씩 받아 금벌레로는 남자를 만들고 은벌레로는 여자를 만들어 부부를 맺게 하여 사람을 마련한다.

㉥ 미륵님 세월은 태평하였는데 석가님이 나와서 미륵님 세월을 빼앗으려 하자 미륵님과 석가님은 인세 차지 내기 시합을 한다.

㉦ 첫 번째 내기는 동해 가운데에서 병을 당겨 올리는 것인데 석가님의 줄이 끊어져서 미륵님이 이긴다.

㉧ 석가는 다시 내기를 제기하여 성천강(成川江)을 얼게 하는 시합을 했으나 역시 미륵님에게 진다.

㉨ 석가는 다시 잠을 자며 무릎에 모란꽃 피워 올리는 내기를 걸었는데 미륵님 무릎에 먼저 모란꽃이 피어 오른 것을 석가님이 꺾어다가 자기 무릎에 꽂는다.

---

60) 孫晋泰, 『朝鮮神歌遺篇』, 동경: 향토문화사, 1930, 1-13면.

㉫ 잠에서 깨어난 미륵님은 석가의 행위를 알고 석가의 성화를 받기 싫어서 세월을 내주고 가며 세상이 어지러워질 것을 예언한다.

㉬ 과연 미륵의 말과 같이 세상이 어지럽게 되어서 석가님은 중을 데리고 산중에 들어가 노루를 잡아 구워 먹었는데 그 중들이 죽어 바위나 소나무가 되고, 중 둘만 성인이 되겠다고 고기를 안 먹는다.

이상의 단락을 다시 정리하면 ㉠은 천지개벽, ㉡는 해·달·별의 조정과 창조, ㉢은 의복의 창조, ㉣는 불과 물의 발견, ㉤는 인간의 시원, ㉥~㉬는 인세의 통치권을 차지하기 위한 미륵과 석가의 경쟁으로 요약된다. 이러한 내용은 비록 소박하고 단순하기는 하나 천지개벽 이후 인세가 형성되고 통치자의 교체까지를 이야기하고 있다는 점에서 인류사회의 시원과 변모를 역사적으로 서술했다고 본다.

자료 〔D〕는 〈셍굿〉 무가 중의 일부인데 〔A〕와는 세부적인 내용에서 많은 차이가 있으나 전체적 요지는 상통된다. 〔D〕의 요지를 간추리면, ㉠ 천지개벽, ㉡ 인간창조, ㉢ 농경과 어업의 창시(創始), ㉣ 의복의 제조, ㉤ 미륵과 석가의 세월 다툼, ㉥ 해와 달의 조정, ㉦ 불과 물의 발견 등이다.

자료 〔E〕는 〈삼태자풀이〉의 서두에 삽입된 것인데 미륵과 석가의 치세(治世)의 주도권 다툼이 있어 창세신화의 신화소를 간직하고 있음을 알 수 있다.

자료 〔J〕 역시 미륵과 석가의 인세 차지 경쟁담이 주 내용이다.

ㄴ. 제주도의 창세신화

다음 제주도의 창세신화를 검토해 보기로 한다. 제주도에서는 큰굿 맨 첫 거리인 〈초감제〉에서 이 무가가 구연된다. 지금까지 채록된 자료 중에서 현용준 채록본[61]의 내용이 가장 복잡하고 다양하기에 이 자료를 중심으로 내용을 요약 소개하면서 다른 본은 그 특징만을 언급하기로 한다.

㉠ **천지개벽(天地開闢):** 천지혼합으로부터 하늘과 땅이 분리되고 여러 별들이 생겨났다. 이 내용은 모든 본에 공통으로 존재한다.

㉡ **해와 달의 조정:** 이때 하늘에는 해도 둘, 달도 둘이 떠 있어 백성이 살 수가 없으므로 천지왕의 아들 대별왕·소별왕 형제는 활로 해와 달을 하나씩 쏘아 없애고 살기 좋은 세상을 만든다.

이 단락 역시 모든 본에 공통으로 존재한다. 현용준 채록본에는 천지왕과 총맹부인의 결합, 수명장자의 악행 응징, 대별왕 소별왕의 탄생 등의 이야기가 삽입되어 있다.

㉢ **인세(人世) 차지 경쟁:** 이승은 대별왕이, 저승은 소별왕이 차지하여 통치하도록 천지왕이 명령했으나 소별왕은 이승을 차지하고 싶어 형인 대별왕과 수수께끼 시합을 벌인다. 그러나 두 번이나 소별왕은 대별왕에게 지고 다시 잠을 자면서 꽃 피우기 내기를 걸어서 대별왕이 깊이 잠든 사이에 소별왕은 꽃동이를 바꾸어 놓아 이긴다. 그리하여 인간세상은 소별왕이 차지하게 되었다.

이 내용은 모든 본에 공통으로 존재한다.

㉣ **소별왕의 치세:** 대별왕은 저승을 차지하여 가면서 이승의 혼란을 예언한다. 그리고 세상은 해도 둘, 달도 둘이 돋고 초목금수가 말을 하고 귀신과 사람의 구분이 없었으며, 역적·살인·도둑 등이 나와 많은 악이 행해진다. 소별왕은 대별왕의 협조를 얻어서 해와 달을 하나씩 만들고(다른 본에서는 ㉡ 단락에 이 내용이 있음) 송피(松皮)가루를 뿌려 초목·새·짐승의 혀를 굳게 하고 귀신과 사람의 무게를 달아서 분별을 짓는다.

이 내용은 본에 따라서 차이가 많이 나타난다.

61) 玄容駿, 『제주도신화』, 瑞文堂, 1976, 11-20면, 「開闢神話」.

나) 창세신화의 신화적 성격

이상 소개한 창세신화 자료에서 중요한 신화소는 ㉠ 천지개벽, ㉡ 해와 달의 조정, ㉢ 인간시원, ㉣ 인세 차지 경쟁을 찾아낼 수 있다. 이상 4가지 신화소의 신화적 성격 및 문화적 의미를 알아보기로 하겠다.

ㄱ. 천지개벽

천지개벽에 관해서 각각의 각 편들이 보여주는 의미는 일치하지 않는다. 손진태가 채록한 〈창세가〉에서는 미륵의 힘으로 하늘과 땅이 분리되고 별들이 만들어진 것으로 되어 있다.

> 하늘과 땅이 생길적이
> 미륵(彌勒)님이 탄생(誕生)한즉
> 하늘과 땅이 서로 부터
> 떨어지지 아니 하소아
> 하늘은 복개꼭지처럼 도도라지고
> 따는 사(四) 귀에 구리기둥을 세우고
>
> —창세가(創世歌)[62]

위의 자료는 천지개벽에 관한 내용의 전부를 보여주는 것으로서 미륵의 활동이 분명하게 제시된 것은 아니나 미륵이 탄생한 뒤에 하늘과 땅이 분리되었고 땅 4귀에 구리기둥을 세웠다는 표현으로 보아 미륵에 의한 천지개벽이라고 보는 것이 타당하다고 본다.

한편, 같은 관북지역 전승본인 강춘옥이 구연한 〈셍굿〉에서는 천지개벽이 스스로 이루어진 것으로 서술되고 있다.

---

62) 손진태, 『조선신가유편』, 1면.

인간(人間)사람이 하날이 열릴적에
자방(子方)으로 열리시고
이 땅이라 벽(闢)할 적에
축신방(丑迅方)으로 벽하시고
사람으느 인방(寅方)으로 법을 시게놓고

—셍굿[63)]

위의 자료는 육갑의 간지(干支)로 하늘과 땅과 인간이 이루어진 순서를 방위와 시간에 따라 서술한 것인데 구연자가 정확한 지식을 바탕으로 구연한 것이 아니기에 의미 파악에 모호한 점이 있다. 그러나 독경무의 〈축원문〉에는 육갑의 간지로 나타낸 시간의 순서에 따라 하늘과 땅, 인간과 만물이 생성된 사실을 명확하게 진술하고 있다.

복원 천존지비하사 세상천지 마련할제
천개어자(天開於子)하야 하날이 자시에 생겨나니
천황시 나계시어 삼십삼천 일월성신을 마련하니
시방제천제군의 열위천존 나계시고
지벽어축(地闢於丑)하야 땅은 축시에 생겨나니
지황씨가 나계시어 생재만물 하옵시니 열위지존 나계시고
인생어인(人生於寅)하야 사람은 인시에 생겨나니 인황씨가 나계시어
남녀지분별이며 부부혼합법을 마련하사 생남생녀시켜내야
천추만대 내려오며 전자전손 하옵시니 열위세존님 나계시고
물생어묘(物生於卯)하야 만물은 묘시에 생겨나니
물물상생하야 삼라만상을 마련하고

—축원문[64)]

63) 임석재·장주근, 『관북지방무가(추가)』, 1-2면.
64) 김영진, 『충청도무가』, 197면.

그런데 이러한 자성(自成)의 천지개벽론은 신화라고 보기 어려울 뿐만 아니라 한국의 고유사상으로 생각할 수도 없다. 이는 중국에서 한대(漢代) 이래 체계화된 오행사상에서 연원한 것으로서 송대 소옹(邵雍)의 『황극경세편(皇極經世篇)』에서 이미 우주생성이론으로 자리 잡고 있음을 확인할 수 있다.[65)]

그러면 미륵에 의한 천지창조와 저절로 된 천지창조는 어떻게 다른 의미를 지니는가? 천지창조가 신의 힘으로 이루어졌다는 것은 창조의 주재자를 상정(想定)한 것이고 천지창조가 저절로 되었다는 것은 초월적 절대자를 부정한 것이다.

임석재는 우리나라 천지개벽신화가 초월적 존재자를 상념(想念)치 않았다는 점에 주목하여 모든 사실과 현상을 정적(靜的)으로 파악하려는 소극적 사고의 소산이라고 지적한 바 있다.[66)] 그러나 가장 먼저 채록된 손진태의 각 편에서 창조의 주체가 미륵으로 나타나고 있는 것을 본다면 한국의 천지창조신화에 초월적 절대자가 없다는 단정은 위험하지 않은가 생각된다. 천지창조를 주재한 신이 없다면 이에 대한 신화 또한 존재할 수 없는 것이다. 신화가 있다는 것은 신이 있기 때문이고 신화가 전승되고 있다는 사실은 신에 대한 숭앙이 계속됨을 말해 준다. 천지개벽신화는 천지창조를 이룩한 신에 관한 이야기이고 그 신에 대한 제전(祭典)에서 구연되던 것이다. 다만 천지를 창조한 주재신(主宰神)에 대한 신앙이 퇴색되면서 이 신에 대한 의식(儀式)이 점차 사라지게 되었고 신화 또한 인멸되어갔다고 생각할 수 있다. 천지창조 서사무가가 구연되는 무의의 성격을 검토해 보면 제주도의 〈초감제〉는 큰굿 중에 제일 먼저 행해지는 굿거리로서 천지창조신에 대한 독립된 제차(第次)임이 분명하나, 그 밖의

65) 胡廣 等 撰, 앞 글, 1981, 150면.
66) 임석재, 앞 글, 28-29면 참조.

지역에서는 천지창조신에 대한 독립된 굿거리가 발견되지 않는다. 그러나 전체 무의의 진행과정에서 천지창조에 관한 서사무가는 다른 서사무가보다 먼저 구연됨을 알 수 있다. 경기도 오산 열두거리 중에서 〈부정〉 다음에 〈시루말〉 거리가 행해지는데[67] 여기에서 천지창조에 관한 서사무가가 구연되었고, 함경도의 〈셍굿〉은 여러 편의 서사무가가 구연되는 굿거리인데 천지창조에 관한 내용이 제일 먼저 구연되었다.[68] 또한 서사무가는 아니더라도 축원무가 서두에는 천지조판(天地肇判)에 관한 내용이 구송된다. 이런 점에서 당초에는 천지를 창조한 주재신에 대한 신앙이 있었고 그에 따른 신화도 있었던 것이나, 창세신에 대한 숭앙이 퇴조하면서 이 신화는 농경생산신인 제석신이나 가정 주재신인 성주신의 신화로 흡수되었거나 또는 서사적 내용은 인멸되고 교술적인 사실의 나열로 변질되었을 가능성을 추정할 수 있다. 〈평양본〉의 경우[69] 천지창조에 관한 이야기는 수복신(壽福神) 신화인 〈삼태자풀이〉 서두에 삽입되어 있으며 경북 영해에서 조사된 최음전 구연본인 〈시준굿〉에도 창세신화의 일부인 미륵과 석가의 인세 차지 경쟁담이 삽입되어 있다.[70] 또한 제주도 현용준 채록본에 삽입된 천지왕과 총맹부인의 결합과 대별왕·소별왕의 출생담은 〈제석본풀이〉의 3형제 출생담과 유사하다. 이런 점에서 천지창조를 주재한 신과 생산을 주관하는 신이 혼동되면서 두 개의 신화가 복합되지 않았나 생각된다.[71]

이 같은 신화의 복합은 후대의 현실적 실용주의나 합리주의적인 사고의 영향으로 무속 신관(神觀)이 변천된 결과라고 본다. 즉 우주를 창조한

67) 赤松智城·秋葉隆, 앞 책, 128-132면.
68) 임석재·장주근, 『關北地方巫歌』(追加), 文敎部, 1966, 1-20면.
69) 임석재·장주근, 『關西地方巫歌』, 文化財管理局, 1966, 509-529면.
70) 崔正如·徐大錫, 『동해안무가』, 대구; 형설출판사, 1974, 77-78면.
71) 『帝釋本풀이』는 生産神 또는 지역수호신에 대한 神話라고 본다. 서대석, 『帝釋本풀이 研究』, 『韓國巫歌의 研究』, 서울: 文學思想社, 1980 참조.

주재신과 생산을 주관하는 태양신이나 대지의 신 사이에는 혈연적 계보나 위계(位階)가 없었고,[72] 인류의 풍요로운 삶을 위해서는 생산신에 대한 제의가 천지창조신에 대한 제의보다도 더욱 절실하였기에 천지창조의 신화 역시 전승현장을 상실하면서 생산신에 대한 신화로 흡수된 것이 아닌가 추측된다.

이렇게 본다면 우리나라의 천지창조신화의 본래 모습은 오늘날 전승되는 것과는 많은 차이가 있었으리라고 본다. 따라서 현재 전승자료를 액면 그대로 받아들여서 해석하는 것은 위험하다고 본다.

ㄴ. 일월 조정

다음 해와 달의 수를 조정했다는 내용을 검토해 보자.

> 그 때는 해도 둘이요 달도 둘이요.
> 달 한나 띄여서 北斗七星 南斗七星 마련하고
> 해 한나 띄여서 큰별을 마련하고
> 잔별은 百姓의 直星별을 마련하고
> 큰별은 님금과 大臣별노 마련하고
>
> —창세가[73]

> 옛날 시절에는 달도 두 분이 도드시고 히도 두 분이 도드실제
> 철궁에 시윗살 멕여들고
> 히 하나 쏘와 데석궁에 걸어두고
> 달 하나 쏘와내여 명모궁에 걸어두고
>
> —시루말[74]

72) 무속의 신들은 신들 사이에 系譜가 없는 것이 특징이다. 金仁會, 『韓國人의 價値觀』(文音社 1979), 84-89면 참조.

73) 손진태, 앞 책, 1-2면.

74) 赤松智城・秋葉隆, 앞 책, 132면.

인간세상의 생활하는 길을 무르시니
인간에는 해도 둘 달도 둘이라
일광에는 인생이 타 죽고
월광에는 인생이 실여죽읍니다 하니
천근량의 무쇠살과 활 둘을 내여주며
해도 한 개 쏘고 달도 한 개 쏘와라
부왕의 명영을 밧아서 금세상에 나와온직
대별왕은 압해 오는 일광은 셈기고 뒤오는 일광을 쏘와서
동해헤당 진도밧처 도다오는 동산에 새별을 셈기고
소별왕은 압헤 오는 월광은 셈기고
뒤에 오는 월광을 쏘와서
서해바다에 진도밧처어 가는 어시렁별을 셈기고
천공에는 해가 하나 나고
지하공에는 달이 하나 나서 금세상이 밝아젓소

—초감제[75]

이상의 자료들은 다소 차이점이 나타난다. 〈창세가〉에서는 미륵님이 해 하나, 달 하나를 떼어내어 여러 별들을 만들었다고 되어 있고 〈시루말〉에서는 당칠성과 매화부인 사이에서 태어난 선문이 후문이 형제가 해 하나, 달 하나를 활로 쏘아, 해는 제석궁에, 달은 명모궁에 걸어 두었으며 〈초감제〉에서는 천지왕과 박이왕 사이에서 태어난 대별왕 소별왕 형제가 천지왕이 준 활로 해와 달을 하나씩 쏘아서 별들을 만든 것으로 되어 있다. 그러나 전체적으로 태초(太初)에 하늘과 땅이 열렸을 때에는 하늘에 해도 둘, 달도 둘이 있어서 해가 둘 있을 때에는 뜨거워서 인간이 못 살고 달이 둘 있을 때는 추워서 살 수 없었기 때문에 어떤 신이 해와 달을 하나씩 없앰으로써 지금과 같은 세상이 되었다는 것이다.

75) 앞 책, 374면.

이러한 신화의 모티프는 기후를 조절하려 했던 무속적 의식에서 형성된 것이라고 생각된다. 태양이 복수로 나타나서 인류의 삶에 저해가 되자 하나의 태양만 남기고 다른 태양들을 제거했다는 신화 모티프는 중국의 예신화(羿神話)를 비롯하여 몽고·일본·대만·보르네오 등지에 광범위하게 퍼져 있다.76) 태양은 만물을 화육(化育)하는 생명의 근원이면서 동시에 가뭄의 상징이기도 했다. 태양이 복수로 등장한다는 것은 심한 가뭄을 의미했고 가뭄은 인류의 생존을 위협하는 무서운 재해(災害)였다고 본다. 가뭄이 들면 유목민족은 가축을 먹일 풀을 얻을 수 없게 되고 농경민족은 농작물을 경작할 수 없게 되어 흉년이 들기 때문이다. 따라서 인류는 적절한 기후를 간절히 바라게 되었고 이러한 염원은 주술적 의식을 통하여 드러났다고 본다. 그리하여 일 년이 시작되는 봄철에 기후를 조절하는 의식이 있었고 이러한 의식에서 태양을 활로 쏘는 행위가 연출되었으리라 추측할 수 있다. 태양을 쏘는 활은 사제자가 가졌던 무구(巫具)로서 주보(呪寶)의 신궁(神弓)이었을 것이다. 이처럼 기후를 조절하려는 무속의식에서 사양신화(射陽神話)는 형성되었고 그것이 무가로 전승되어 오늘에 이르렀다고 본다.77)

해가 둘 나타난 일괴(日怪)를 주술적 의식을 통해서 해결했다는 기록은 『삼국유사』 권5 〈월명사 도솔가〉(月明師兜率歌) 조(條)에 나타난다. 여기서는 월명사가 〈도솔가〉를 지어 부르자 일괴(日怪)가 즉시 사라진 것으로 되어 있다. 이 기록은 무속적 제전에서 신궁(神弓)으로 태양을 쏘던 의식이 불교가 전래된 뒤 무속과 불교가 습합(習合)되면서 무속사제자 대신 승려가 노래를 지어 부르는 것으로 변모된 사정을 보여준다.78)

76) 玄容駿, 「月明師兜率歌 背景說話考」(『한국言語文學』 10, 한국言語文學會, 1973), 91-97면 참조.

77) 玄容駿은 『三國遺事』 所載 「月明師 兜率歌」 條의 日怪를 없애는 의식을 夏季에 행하는 豊農季節祭로 推定한 바 있다. 현용준, 앞 글, 101-102면.

78) 앞 글, 91면 참조.

다만 달도 둘이어서 이것을 활로 쏘아 하나로 만들었다는 것은 우리나라에만 있는 특징이라고 지적된 바 있다.79) 달도 해와 같이 기후에 절대적인 영향을 준다는 사고에서 이 같은 내용이 이루어진 것인지 아니면 해와 달이 항상 함께 처리되기에 후대에 첨가된 것인지는 확언할 수 없다. 다만 음력문화권(陰曆文化圈)에서는 달도 매우 중요시된 것만은 분명하다고 본다. 달은 지상의 물과 관련을 가진다. 과도한 달의 숫자는 과도한 물, 즉 홍수(洪水)를 의미한다. 달의 숫자를 조절하는 것은 홍수를 방지한다는 의미가 있다.

ㄷ. 인류의 시원

인류시원에 관한 이야기는 무속신화에서만 그 흔적을 찾을 수 있다. 〈단군신화〉에서 단군을 인류의 시조로 보고 단군의 출생과정을 인류의 시원신화로 생각할 수도 있으나 단군은 통치자의 시조이지 인류의 시조라고 볼 수는 없다. 웅녀가 사람이 되기를 기원했다는 점에서 웅녀 이전에 이미 인류가 있었다고 볼 수 있으며 단군이 나라를 다스렸다고 하였으니 나라란 인류의 집단을 말하기에 단군 이전에 이미 인류는 집단생활을 하고 있었다고 보아야 한다. 인류시원에 관한 이야기는 〈창세가〉에만 나타난다.

> 옛날 옛 시절(時節)에,
> 미륵님이 한짝 손에 은(銀)쟁반 들고, 한짝 손에 금(金)쟁반 들고,
> 한을에 축사(祝詞)하니, 한을에서 벌기 떨어저,
> 금(金)쟁반에도 다섯이오 은(銀)쟁반에도 다섯이라.
> 그 벌기 잘이와서, 금(金)벌기는 사나희 되고
> 은(銀)벌기는 계집으로 마련하고
> 은(銀)벌기 금(金)벌기 자리와서

79) 임석재, 앞 글, 33면.

부부(夫婦)로 마련하야 세상(世上)사람이 나엿서라[80)]

이 자료는 간략하지만 매우 중요한 신화적 의미를 담고 있다. 우선 인류의 시원을 하늘에 두었다는 점이다. 미륵이라는 창세신이 창조한 것이 아니라, 더 궁극적이고 절대적인 하늘에 빌어서 인간의 씨앗이라 할 수 있는 금벌레와 은벌레를 받아다가 남자와 여자로 키웠다는 것이다. 여기에서 금쟁반의 금벌레는 태양의 정기를 상징하고, 은쟁반의 은벌레는 달의 정기를 상징한다고 본다. 그 반대로 생각할 수도 있다. 어쨌든 해와 달의 정기가 자라서 변하여 남자와 여자가 되었다는 사고는 분명하다. 벌레 상태에서 점점 자라 인간 남녀로 진화하였다는 점에서 이 신화는 진화론적 인간시원론이라 할 만하다. 또한 다섯 쌍의 부부에서부터 인류가 나왔다는 점에서 이 신화는 근친상간의 가능성을 차단하고 있다. 대체로 동서양 신화에는 인류가 남매혼의 부부로부터 나왔다는 이야기가 많이 전승된다.

다음으로, 벌레들 사이에 순서나 층차가 나타나지 않는다는 점에서 인류의 평등사상이 담겨 있다고 본다. 남녀 역시 출현시기도 같고, 아무런 차별성도 없다는 점에서 평등한 존재로 설정되어 있다. 구연자가 의도적으로 구연하였는지, 아니면 실수인지는 알 수 없으나, 금쟁반 은쟁반과 금벌레 은벌레의 선후 순서가 일정하지 않다. 의도적으로 순서를 바꾸었다면 이는 남녀 생성의 선후가 별다른 의미가 없음을 말해 준다. 즉 금쟁반이나 은쟁반, 금벌레와 은벌레, 남자와 여자는 우열이 없고 우선 순위도 없는 평등한 존재임을 말하려는 의도가 담긴 것으로 볼 수 있다. 여기서 우리는 한국신화의 정체성(正體性)의 일면을 엿볼 수 있다. 즉 한반도의 인류는 해와 달의 정기가 결합되어 탄생된 민족이라는 것이다.

80) 손진태, 앞의 책, 6-7쪽.

천상의 해와 달은 지상의 남녀로 연결되고, 모든 인류는 이들의 결합으로 태어나 퍼졌다는 것이다.

ㄹ. 인세 차지 경쟁

마지막으로 미륵과 석가 또는 대별왕과 소별왕 사이의 인세 차지 경쟁담의 성격을 검토해 보자.

인간세월이 태평하고 그랫는데
석가님이 내려와서 이세월을 아사 뺏자고 마련하와
미럭님의 말숨이 아직은 내 세월이지 너 세월은 못된다.
석가님의 말숨이 미륵님 세월은 다 갓다. 이제는 내 세월 만들겟다.
미륵님의 말숨이 너 내 세월 앗겟거든 너와 나와 내기 시행하자.
더럽고 축축한 이 석가야
그러거든 동해중에 금줄달고 석가님은 은병에 은줄달고,
미륵님의 말숨이, 내병에 줄이 끋어지면 너 세월이 되고
너 병의 줄이 끋어지면 너 세월 아직 안이라
동해중에서 석가줄이 끋어젓다.
석가님이 내밀엇소아. 쏘 내기 시행 한번 더하자
성천강(成川江) 여름에 강을 붓치겟느냐
미럭님은 동지(冬至)채를 올니고 석가님은 입춘(立春)채를 올니소아
미럭님은 강이 맛붓고 석가님이 젓소아
석가님이 쏘한번 더하자
너와 나와 한방에 누어서 모란꼬치 모랑모랑 피여서
내 무럽헤 올나오면 내 세월이오 너 무럽에 올나오면 너 세월이라
석가는 도적심사를 먹고 반잠 자고 미럭님은 찬잠을 잣다.
미럭님 무럽 우에 모란 꼬치 피여 올낫소아
석가가 중등사리로 썩거다가 저 무럽에 꼬젓다.
이러나서 축축하고 더럽은 이 석가야

내무럽에 꼬치 피엿슴을 너무럽에 썩거 꼬젓서니
꼬치 피여 열헐이 못 가고 심어 십년이 못가리라
미럭님이 석가의 너머 성화를 밧기실허
석가에게 세월을 주기로 마련하고
축축하고 더러운 석가야
너 세월이 될나치면 썩이마다 솟대 서고
너 세월이 될나치면 가문마다 기생 나고 가문마다 과부 나고
가문마다 무당 나고 가문마다 도적 나고 가문마다 백정 나고
너 세월이 될나치면 합들이 치들이 나고
너 세월이 될나치면 삼천중에 일천거사 나니라
세월이 그런즉 말세가 된다.[81)]

〈창세가〉에서 미륵은 먼저 인간세상을 차지했고 또한 유능했기에 그가 다스리는 기간에는 태평세월이었다. 그러다가 갑자기 나타난 석가의 도전을 받는다. 미륵과 석가는 내기를 하여 이기는 쪽이 인간세상을 차지하기로 한다. 첫 번째 시합은 동해바다 가운데 병에 줄을 달아 끊어지지 않는 쪽이 이기는 것이었다. 미륵은 금병에 금줄을 달고 석가는 은병에 은줄을 달았는데 석가의 줄이 먼저 끊어져서 미륵이 이겼다는 것이다. 그러면 이런 내기는 어떤 능력을 알아보려는 것일까? 바다에서 줄을 사용하여 무엇을 건져 올리는 것은 낚시로 물고기를 잡는 모습을 연상할 수 있다. 즉 어로사회(漁撈社會)에서 중요시되던 물고기를 잡는 능력이 첫 번째 겨루기의 대상이 된 것이라고 생각할 수 있다.

두 번째 겨루기는 성천강을 얼게 하는 것이었다. 그런데 미륵은 동지채를 올리고 석가는 입춘채를 올리어 미륵이 승리하는 것으로 되어 있다. 그러면 강을 얼게 하는 능력은 인세를 다스리는 데 왜 필요한 것인

---

81) 손진태, 앞 책, 8-12면.

가? 배가 없던 시절에는 강은 교통하는 데 큰 장애물이었다. 그런데 강이 얼면 얼음 위로 다닐 수 있어서 이동이 편리하였다. 특히 집단으로 강 건너 지역으로 사냥을 나갈 경우 강이 얼어붙는 겨울이 유리하였을 것이다. 이렇게 보면 강을 얼어붙게 하는 능력은 수렵사회에서 중요시된 능력이었다고 본다.

세 번째 미륵과 석가의 내기는 무릎 위에 모란꽃을 피우는 것이다. 이는 농경사회에서 농작물을 재배하는 능력을 겨루어 본 것이라 생각할 수 있다. 식물을 심고 꽃을 피게 한다는 것은 작물을 재배하는 것을 의미한다. 이렇게 본다면 미륵과 석가의 겨루기는 인간세상에서 삶을 영위하는 데 필요한 어로능력, 수렵능력, 농경능력을 시험하는 시합이었던 셈이다.

석가는 인간세상을 차지하려는 야심만 강할 뿐 탁월한 능력도 없고 정직하지도 못한 존재였다. 미륵과의 경쟁에서 번번이 패한 석가는 미륵이 잠든 틈에 미륵이 무릎 위에 피워낸 꽃을 몰래 갖다가 자기의 것으로 만든 부도덕하고 비양심적이며 자기의 목적을 위해서 수단과 방법을 가리지 않는 염치없는 인물이다. 그러나 이러한 몰염치한 석가가 결국은 세상을 차지하게 되었고, 그 결과 세상은 부도덕하고 재해와 질병이 끊이지 않는 살기 어려운 곳이 되었다는 것이다.

그러면 왜 미륵은 석가가 못된 존재임을 알면서도 세상을 쉽게 내주고 말았는가? 자료 자체에서 제시한 답은 미륵이 석가의 성화를 받기 싫어서 물러간 것으로 되어 있다. 그러나 미륵은 능력 면에서 석가보다 우월하기 때문에 석가의 도전을 얼마든지 물리칠 수 있었다. 그럼에도 불구하고 인세 차지라는 거대한 문제를 놓고 장난과 같은 내기를 하고, 내기에 실제로 이겼고 이긴 사실을 알고서도 저주 몇 마디를 남기고 떠난 미륵의 성격이나 행위의 의미는 무엇인가?

임석재는 이 문제에 대해 '비공격적 비호전적(非好戰的) 민족심리의 반영'[82]이라고 해석한 바 있다. 우리 설화에 나타난 싸움의 양상은 철저한 징치, 철저한 복수를 하지 않고 최후의 결승점에 이르기 전에 싸움을 포기한다는 것이다. 이러한 민족심리는 〈단군신화〉에서 호전적인 호랑이를 버리고 인내심이 강한 곰을 택한 것과도 관련이 있을 수 있다.

그러나 이 이야기에 내포된 문화적 의미를 다른 각도에서 해석할 수도 있으리라고 본다. 미륵과 석가는 다 같이 불교에서 믿는 부처인데 이 둘이 싸움을 한다는 것은 이해되지 않는다. 더구나 석가가 인세에 대한 야심이 그처럼 강하고 비양심적이라는 것은 이상하다. 이처럼 사실과 다른 미륵이나 석가의 면모는 이 이야기가 어떤 사상적 갈등을 전승자의 관점에서 우의적으로 나타내고 있음을 시사해 준다. 미륵은 불교에서 말하는 미래불(未來佛)은 아닐 것이고 불교 전래 이전에 천지창조를 주재했던 신적 존재라고 보아야 한다. 그렇다면 우리 민족의 기원과 더불어 형성된 고유신앙, 즉 무속신앙을 대표한 존재로 볼 수 있다. 반면에 석가는 외국으로부터 들어온 도래자(渡來者)이다. 석가의 명칭이 불교 창시자인 석가와 같기에 불교를 나타내는 인물로 생각된다. 그렇다면 미륵과 석가의 싸움은 토속신앙과 불교사상과의 갈등이라고 해석할 수 있다. 석가가 욕심이 많고 꾀가 많다고 표현한 것은 무속적 관점에서 새로운 외래사상인 불교에 대해서 가졌던 혐오감에서 이루어진 것이라고 본다.

그러나 무속과 불교의 갈등을 나타낸 것으로 해석할 때에도 왜 무속의 대변자로서 미륵을 내세웠는가 하는 문제는 남는다. 미륵신앙은 불교에서 미래불에 대한 신앙이고 인간이 살고 있는 현실세계가 극락정토(極樂淨土)가 되기를 바라는 신앙이다. 이러한 미륵신앙은 불교 전래 초기부터 우리 민중에게 많은 호응을 받았고 상당한 세력으로 확대되었던 것이다. 『삼국유사』에 많은 미륵에 관한 설화가 있고 전국 각지에 미륵불상이 만들어졌다는 점, 미륵사(彌勒寺)의 유적지가 많다는 점 등은 이것을 방증해

82) 임석재, 앞 글, 32면.

준다. 그러나 미륵신앙이 그처럼 팽배하게 된 것은 그것이 순수한 불교신앙에서가 아니고 무속과 습합되어 현세의 고난을 해결해 준다는 사상에서 연유했으리라고 본다. 이런 점에서 천지창조형 서사무가에 나타난 미륵은 명칭만 불교에서 온 것이고 신의 성격은 무속의 신 그대로의 모습이라고 생각한다.

제주도에서는 미륵과 석가 대신에 대별왕과 소별왕이 등장한다. 이들은 천지창조의 주재신인 천지왕의 아들들이고 형제간이다. 천지왕은 곧 하늘을 의미하고 총맹부인(박이왕)은 땅을 의미한다. 천부신(天父神)과 지모신(地母神)의 결합에서 아들 형제가 태어났고 그 아들들에 의하여 이승과 저승이 다스려지게 되었다는 것이다. 이러한 신화적 성격은 건국신화의 구도와도 일치하며 뒤에 논의할 〈제석본풀이〉의 성격과도 상통한다.

다만 대별왕·소별왕 형제가 서로 이승을 차지하기 위해서 내기를 했다는 것은 바로 현세중심적인 무속사상을 보여주는 것이다. 무속사상은 현세에서의 삶을 존중하고 삶을 위해서 모든 신을 받든다. 반면 죽음의 세계는 부정한다. 이러한 현실적 사고는 저승보다 이승을 차지하기 위한 경쟁으로 나타난다. 그러나 유능하고 양심적인 대별왕이 저승을 차지하게 되고 악착같고 비양심적인 소별왕이 이승을 차지하게 되어 이승의 질서는 문란하고 저승의 법도는 맑고 공정하다는 것이다. 이러한 역설(逆說)은 무엇을 의미하는가? 무속은 죽은 자의 혼령의 힘을 빌려 산 사람의 행복을 기원하는 신앙이다. 무속에서 산 사람의 행운과 불행을 좌우하는 존재는 죽음의 세계에 있는 영혼들이다. 이러한 영혼숭앙을 합리화한 신화라고 생각할 수 있다. 저승의 법도가 이승보다 문란하고 저승의 책임자가 이승의 책임자보다 무능하다면 살아 있는 사람이 죽은 귀신에게 제물을 차려 놓고 소원을 빌어야 할 아무런 이유가 없다.

이상에서 천지창조형 서사무가에 대해 그 해석의 가능성을 시도해 보았다. 그러나 우리 민족은 천지를 창조한 것에 대해서 그렇게 큰 관심을 갖지는 않았던 것을 알 수 있다. 이것은 현세적 삶에 도움이 별로 안 되는 것에는 등한히 했던 무속의 현실주의적 사고에 기인한다고 본다. 또한 북부지역의 전승본과 제주도 전승본 사이의 해석상의 차이점은 다시 논의되어야 할 과제로 남는다.

(2) 일월노리푸념

〈일월노리푸념〉은 손진태가 1933년 평북 강계읍에서 전명수의 보유자료를 채록하여 「청구학총」 28호에 발표한 자료이다. 이 서사무가는 대규모 무제(巫祭) 시에 여흥으로 행해지는 일월신제(日月神祭)에서 불린다고 하였다. 이와 같은 서사유형의 무가가 김태곤에 의하여 1966년 다시 채록되었다. 김태곤은 함남 함흥에서 월남한 이고분 무녀의 자료를 서울에서 채록하여 〈궁상이굿〉이라는 이름으로 『한국무가집 Ⅲ』에 수록하였다.[83] 〈궁상이굿〉은 망인의 저승길을 천도해 주는 〈망묵〉에서 8번째 굿거리로 구연되는데 구체적인 굿거리의 성격이나 무가의 기능은 조사 보고되지 않았다. 손진태가 채록한 〈일월노리푸념〉을 중심으로 서사단락을 요약하고 〈궁상이굿〉과 비교하여 변이양상을 검토하기로 하겠다.

가) 서사단락과 변이양상

1. 명월각씨 해당금과 궁산선비는 말을 부쳐본 지 삼 년 만에 가난하게 혼례를 이룬다.
2. 궁산이는 명월각씨가 너무 어여뻐 곁을 떠나지 못하여 아무것도 하지 않아 굶게 된다.
3. 명월각씨는 궁산이에게 자기 화상을 그려주며 화상을 가지고 가서

83) 金泰坤, 『韓國巫歌集』 Ⅲ, 원광대학교 민속학연구소, 1978, 79-92면.

나무를 하라고 한다.

4. 궁산이가 화상을 나무에 걸어놓고 나무를 하는데 광풍이 불어 화상이 날아가 아랫녘 배선부집에 떨어진다.
5. 배선부는 명월각씨가 미인인 것을 알고 생금 한 되를 싸가지고 궁산이에게 가서 내기 장기를 두자고 한다.
6. 궁산이는 명월각씨를 걸고 배선부와 내기 장기를 두어 세 판을 진다.
7. 궁산이가 식음을 전폐하자 사연을 들은 명월각씨는 계집종을 자기 대신 변장시켜 놓고 자기는 종으로 변장하여 헌 치마를 입고 한 다리를 절면서 물을 긷겠다고 하며 궁산이를 위로한다.
8. 배선부는 명월각씨가 종으로 변장한 것을 알고 궁산이에게 물 긷는 종년을 달라고 한다.
9. 닷새 말미를 얻은 명월각씨는 소를 잡아 포육을 떠서 궁산이 바지 저고리에 솜처럼 넣어두고 바늘 한 쌈과 명주실 한 꾸러미를 옷깃에 넣어 놓는다.
10. 명월각씨는 배선부에게 부탁하여 궁산이를 데리고 가다가 어느 한 섬에 내려놓는다.
11. 궁산이가 섬에 내려서 옷 속에 포육을 먹고 바늘로 낚시를 만들어 고길 낚아 먹으며 산다.
12. 궁산이는 어미 학이 하늘로 올라간 사이에 새끼 학을 낚은 고기를 먹여 키운다.
13. 어미 학이 내려와 보고 새끼를 살린 궁산이를 업어다가 육지에 내려놓는다.
14. 명월각씨가 배선부와 살면서 웃지도 아니하고 말도 하지 않자 배선부가 소원을 묻는다.
15. 명월각씨는 거지잔치 사흘만 하여달라고 한다.
16. 궁산이가 잔치에 참여하여 자리를 잘못 잡아 상이 모자라 사흘을

못 얻어먹고 팔자 한탄을 하자 명월각씨는 따로 상을 차려 먹인다.

17. 명월각씨는 구슬옷을 내어 놓으며 이 옷을 고들을 추어 깃을 잡아 입으면 내 낭군이라고 한다.
18. 궁산이가 구슬옷을 입고 백운중천에 떴다가 내려온다.
19. 배선부가 입고 백운중천에 올라갔으나 벗는 재주를 배우지 못하여 내려오지 못하고 솔개가 된다.
20. 궁산이와 명월각씨는 다시 만나 살다가 일월신이 된다.[84]

함흥 무녀 이고분의 〈궁상이굿〉은 강계 전명수의 〈일월놀이푸념〉과 세부 내용에서 차이를 보이는데 중요한 차이점을 몇 가지 지적하면 다음과 같다.

㉠ 〈궁상이굿〉에는 궁상이의 혼례사연이 없으며, 궁상이 아내가 미인이어서 초상화를 그려 가지고 나무하러 간다는 사연도 없다. 선간(仙間)에서 지상으로 귀양 온 마음씨 착하고 부자인 궁상이 부부와 마음씨가 악한 배선이가 사는데 둘이 노름을 하여 배선이가 궁상이 재산을 모두 빼앗고 아내마저 빼앗는 것으로 나타난다.

㉡ 궁산이와 부인의 재회과정도 차이가 난다. 〈궁상이굿〉에서는 궁상이 부인이 배선이네 집에서 탈출하여 우물에다 신발을 벗어놓고 절에 가서 숨어 살며, 배선이가 부인을 찾으려고 우물을 퍼내는 사연과 결국 다시 배선이에게 잡혀오는 사연이 추가되어 있다.

㉢ 〈궁상이굿〉의 종반에는 〈고양이와 개의 구슬찾기〉 설화가 접속되어 있고 보배구슬에서 나온 재물을 나라에 바쳤는데 백성이 게을러진다고 하여 구슬을 불에 태워 없앤다는 내용이 추가되어 있다.

84) 孫晋泰, 『朝鮮巫覡의 神歌』(其四)(青丘學叢 第二十八號, 青丘學會), 1937, 140-150면 〈일월노리푸념〉 필자 요약.

㉣ 〈일월놀이푸념〉에서는 궁산이와 명월각씨가 일월신이 된다고 되어 있는데 〈궁상이굿〉에서는 궁상이 부부가 선간으로 돌아가고 고양이와 개가 합쳐져서 고씨 성을 가진 사람으로 태어났다는 사연이 추가되어 있다.

이상의 비교에서 함흥의 〈궁상이굿〉은 강계의 〈일월놀이푸념〉과 같은 유형의 서사무가임은 확실하나 전승과정에서 적지 않은 변이가 있었음을 알 수 있다. 함흥 지역의 서사무가는 전반적으로 신성성이 퇴색되고 수다한 이야기들이 쉽게 수용된다는 특징이 있다. 〈궁상이굿〉도 흥미롭게 세부 내용이 윤식되었음을 본다. 그러나 〈제석본풀이〉와 함께 관서지방과 관북지역에서 공통으로 전승되는 서사무가 유형이라는 점을 유의할 필요가 있다.

나) 관련설화와의 교섭양상

〈일월노리푸념〉은 〈아내의 초상화〉, 〈새신랑〉, 〈우렁각시〉, 〈개와 고양이의 구슬 찾기〉 등 여러 가지 민담 유형과 교섭관계를 가지면서 전승된 서사무가라고 생각된다. 그러나 전체적 이야기의 틀은 아내 걸고 내기하기 유형의 민담과 일치한다. 이런 유형의 설화로서 옛 문헌에 정착된 자료는 『고려사』 〈악지〉, 〈예성강(禮成江)〉조에 수록된 하두강(賀頭綱)의 이야기를 꼽을 수 있다.

> 옛날에 중국 상인인 하두강(賀頭綱)이란 자가 있었는데 바둑을 잘 두었다. 그가 한번은 예성강에 갔다가 아름다운 부인을 하나 보고서 그녀를 바둑에 걸어서 (빼앗으려고) 그녀의 남편과 바둑을 두어 거짓으로 이기지 않고 물건을 갑절로 치러주었다. 그녀의 남편은 이롭다고 생각하고 아내를 걸었다. 두강은 단번에 이겨서 (그녀를 빼앗아 가지고) 배에다 싣고 가버렸다. 그 남편은 한에 차서 이 노래를 지었다. 세상에 전해지기는 부인이 떠나갈 때에 몸을 되게 조여매서 두강이 건드리려고 했으나 건드리지 못했다는 것이다. 배가 바다 가운데 이르자 뱅뱅 돌고 가지 않아서 점을 쳤더니 이르기를 '절부에 감

동되었으니 그 여인을 돌려보내지 않으면 배는 반드시 파선하리라'하므로 뱃사람들이 두려워하고 두강에게 권해서 그녀를 돌려보내주었다. 그 부인이 역시 노래를 지었다. 후편이 그것이다.[85)]

앞의 〈예성강곡〉의 유래에서는 중국 상인 하두강의 시점에서 이야기를 서술하고 있어 아내를 빼앗긴 남편이나 하두강에게 팔려가다가 돌아온 아내의 속내에 대해서는 아무런 설명이 없다. 이런 점에서 이 서사는 신화로 의식한 흔적이 전혀 없는 세상에 전해지는 이야기를 들은 대로 약술한 것으로 본다. 이에 비하여 〈일월노리푸념〉은 궁산이와 그 아내의 관점에서 부부의 시련을 극복하는 과정을 서술했다는 점에서 큰 차이가 있다. 그러나 두 이야기에는 다음과 같은 공통점이 있다.

㉠ 남편은 미인인 아내를 두고 있는 사람으로서 장기나 바둑을 좋아한다는 점

㉡ 남편이 아내를 걸고 내기 장기나 바둑을 두어 져서 아내를 빼앗기었다는 점

㉢ 아내의 노력으로 부부가 재결합하였다는 점

그러나 이러한 유사점에도 불구하고 두 자료의 서사 초점은 다르게 설정되어 있다. 특히 남편의 고난이나 아내의 시련극복을 향한 노력이 〈예성강곡〉의 유래에서는 미미할 정도로 적게 나타나고 있으나 〈일월노리푸념〉에서는 이 부분이 전체 서사에서 가장 중심이 되고 있다. 결과적으로 〈일월노리푸념〉은 남편의 무능과 어리석음으로 빚어진 가정의 시련이 부인의 현명한 노력과 굳센 정절로 극복되고 부부는 일월신으로 좌정한다는 신화로서 부부서사인 데 비하여 〈예성강〉은 바둑에 미쳐 미인 아내를 잃게 되었던 인물이 지은 노래와 아내의 굳센 정절의식으로 부부가 재회한

85) 동아대학교 고전연구실, 『譯註高麗史』, 第六, 태학사, 1982, 651-652면.

뒤에 아내가 지은 노래가 〈예성강〉이라는 곡명유래전설의 성격을 가진다.

권력의 개입으로 부부가 분리되고 아내의 노력으로 부부가 재회한다는 이야기는 〈도미처설화〉를 들 수 있다. 『삼국사기』 열전 〈도미(都彌)〉조에 수록된 설화는 다음과 같다.

> 도미는 백제사람으로 편호소민(編戶小民)이었으나 자못 의리를 알고 그의 아내는 미려하고 또한 절행이 있으므로 사람들의 칭찬을 받았다. 이 때 개루왕(蓋婁王)이 이 말을 듣고 도미를 불러 이야기하기를 "무릇 부인의 덕은 비록 정결을 위주로 한다고 하나 만약 어둡고 사람이 없는 곳에서 교묘한 말로 꾀이면 능히 그 마음이 움직이지 않는 자가 없을 것이다"하므로 도미는 대답하기를 "사람의 마음을 가히 헤아리지 못할 것이오나 그러나 신의 아내만은 비록 죽더라도 두 마음을 가짐이 없을 것입니다"하니 왕은 이를 시험하고자 하여 도미에게 사건을 만들어 머물러두고는 한 근신으로 하여금 왕으로 꾸며 왕의 의복을 입히고 말을 태워 보냈는데 그는 밤에 도미의 집에 이르러서 먼저 사람을 시켜 왕이 왔다고 알리고 도미의 부인에게 말하기를 "내 너의 아름다움을 듣고 좋아한 지 오래되어 도미와 내기를 하여 이겼으므로 너를 얻게 되어 내일 너를 궁인으로 하게 하였으니 이후부터 너의 몸은 나의 소유하는 바라"하고 드디어는 곧 음란하고자 하니 도미부인은 말하기를 "국왕은 망언이 없겠아오므로 내 감히 순종하지 않으리오. 청컨대 대왕께서는 먼저 방으로 들어가소서 내 다시 옷을 갈아입고 곧 들어가 모시겠나이다"하고 물러나와서는 곧 한 계집종을 단장시켜 모시게 하였다. 그런데 왕은 뒤에 그가 속인 것을 알고 크게 노하여 도미를 애매한 죄로 다스려 그의 두 눈동자를 빼고 사람을 시켜 그를 끌어내어 작은 배에 실어 강물 위에 띄워놓고 드디어는 도미부인을 이끌어들여 강제로 음란하려 하니 도미부인은 말하기를 "남편을 이미 잃고 단 혼자몸이 되었으므로 능히 스스로 살지 못하게 되었아온데 항차 대왕을 모시게 되어 어찌 감히 명을 어기겠습니까 그러하온데 지금은 월경으로써 온몸이 더럽게 되어 있사오니 청하옵건데 다른 날을 기다려 깨끗하게 목욕을 한 다음 뒤에 오겠나이다"하니 왕은 그 말을 믿고 이를 허락하였다.

> 이렇게 하여 도미부인은 마침내 도망하여 강가에 이르렀으나 배가 없어 능히 강을 건너지 못하고 하늘을 우러러 통곡하는데 갑자기 한조각 배가 나타나서 물결을 따라 오므로 이를 잡아타고 천성도(泉城島)에 이르러 도미를 만났는데 아직 그가 죽지 않았으므로 풀뿌리를 파서 먹으며 드디어는 함께 배를 타고 고구려 산산(蒜山)에 이르니 고구려 사람들이 이를 불쌍히 여겨 의식을 주므로 드디어는 살게 되어 거기서 일생을 마쳤다.[86)]

이 설화도 〈일월노리푸념〉과 유사한 성격이 많다. 남편으로 등장하는 인물이 아름다운 부인과 사는 평범한 백성이라는 점, 그리고 이 소문을 들은 인물이 그 아내를 빼앗으려 하였으나 부인의 굳건한 정절의지로 인해 실패하였다는 점 등이 그것이다. 특히 개루왕이 도미의 아내에게 도미와 내기를 하여 이겼다고 말한 점은 배선부가 궁산이와 내기 장기를 둔 사연과 상통되는 성격을 가진다. 또한 도미와 도미부인이 배를 타고 물길을 따라 고구려로 탈주한 사연도 궁산이가 섬중에서 낚시로 생활하다가 학의 도움으로 육지로 나온 사연에 견줄 만하다. 그러나 개루왕은 왕의 권력으로 백성의 아내를 강탈하려 하였고 눈을 잃은 도미와 아내는 개루왕의 마수를 피하여 배를 타고 고구려로 가서 일생을 마치는 데는 성공하였으나 개루왕의 악행을 징치하지는 못했다. 결국 〈도미처설화〉는 부당한 권력의 횡포를 고발하고 생사의 고비에서도 부부의 신의를 지키는 여성의 절행을 이야기한 것이다.

구비설화로 〈일월노리푸념〉과 유사한 유형은 〈우렁각시〉이다. 〈우렁각시〉는 한중일을 비롯한 동아시아 지역에서 널리 전승되는 민담유형으로서 변이유형 중에 우렁이 속에서 나온 미인 아내를 관장에게 빼앗기고 다시 찾는 내용이 있다. 그러나 〈우렁각시〉의 본래 유형에는 권력자나 부자가 권력이나 계략으로 농민의 아내를 강탈하는 부분이 있었다고 생

86) 金宗權, 『完譯 三國史記』, 선진문화사, 1969, 752-753면.

각되지 않는다. 남편이 금기를 어겨서 아내와 헤어지게 된다는 것이 후대에 관탈민부형(官奪民婦型) 설화와 섞이면서 변이를 일으켰다고 생각된다. 〈새신랑〉이나 〈아내의 초상화〉 등의 민담은 아내를 빼앗기고 다시 찾는 내용이 중심이 되는 민담 유형인데 이 유형이 〈일월노리푸념〉과 가장 근접되어 있다.

다) 일월의 의미

〈일월노리푸념〉은 현명한 아내와 어리석은 남편이 부부로 살면서 남편의 무능과 어리석음 때문에 부부가 헤어지는 시련을 겪게 되나 부인의 현명한 조처로 시련을 극복하고 부부가 재결합하여 훼손된 가정을 복구한다는 것이다. 이런 점에서 〈일월노리푸념〉은 가정의 탄생과 시련, 그리고 시련의 극복과 재건으로 전개되는 가정신화적 성격을 가진다.

그런데 일월은 광명(光明)의 원천이 되는 천체(天體)인데 어째서 부부의 이야기가 일월신의 이야기가 되었는지, 이 신화에서 일월은 무슨 의미인지를 알아볼 필요가 있다. 우선 일월신과 관련이 있는 무의나 무가들은 어떤 것이 있으며 이들 자료에서 일월은 어떤 의미가 있는지부터 검토해 보기로 하겠다.

현재 채록 보고된 무가 자료들 중에서 일월이란 말이 들어있는 굿거리나 서사무가는 황해도 만수대탁굿의 〈일월맞이〉와 부산광역시 기장군 기장읍 죽성리의 〈일월맞이굿〉, 경남 울산시 동구 일산동의 〈일월(日月)거리〉, 그리고 제주도 서사무가로 전승되는 6편의 〈조상본풀이〉가 있다.

황해도 만수대탁굿의 〈일월맞이〉는 황해도 만신 김금화가 하는 굿인데 『김금화의 무가집』에는 '무당 수호신 중에 가장 높은 신을 모셔와 대접하는 굿'으로 설명하고 있다.[87] 굿의 진행은 일월시루 칠성시루 등 제

87) 김금화 지음, 『김금화의 무가집』, 문음사, 1995, 352면.

▮ 김금화의 서해안 풍어제(2004. 5. 31)

물을 가지고 일월대를 든 나이 많은 제관과 만신, 제주(祭主)의 친척, 잡인들이 거상장단을 치며 산으로 올라가서 일월을 맞이한다는 무가를 창송하고 제(祭)를 지낸 후 굿청으로 돌아오는 것으로 진행되는데 이 굿거리에서 창송하는 서사무가는 없다. 다만 만세받이로 창하는 무가 사설에 "해가 돈아 일만국을 비치고 달이 돈아 화산국을 비칠제 따듯하고 뜨거운 신인 태양을 맞이해서 ○○가중에 불로초를 주시고 건강을 달라고"88) 라는 구절을 보아 해와 달의 신을 맞이하는 무의임이 드러난다.

『김금화의 무가집』에 수록된 무신도(巫神圖) 중에는 〈일월도신장〉이란 장수의 화상이 있는데 그림 아래에 "칼을 들고 구름을 타고 왼손에는 불로초를 들고 있는데 이는 해와 달 그리고 별을 관장하는 신이다"라는 설명이 있다. 사진자료 중에는 〈일월대명두(日月大明斗)〉라는 명두사진이 있

88) 앞 책, 353면.

는데 "해와 달의 상징으로 일월신이 이 명두에 와서 접한다고 하는데 여기에는 해와 달 그리고 일곱 개의 별이 새겨져 있다"라는 설명이 있다. 명두는 만신의 징표로서 대(代)를 물려서 전수되는 무속인의 성물(聖物)이다. 이두현은 김금화의 일월맞이굿을 『고사기(古事記)』와 『일본서기(日本書紀)』에 나오는 일신(日神, 天照大神)의 초도(招禱)를 위해 거행되었던 제의와 제구가 황해도와 동해안의 일월맞이굿의 그것과 일치한다고 하였다.[89]

또한 박진태는 도봉구 우이동에서 행한 김금화의 만수대탁굿을 직접 참관하고 일월맞이굿의 성격을 다음과 같이 규정하였다.

> 만수대탁굿에서 생소나무로 만든 일월대에 명두와 함께 청실과 홍실을 걸치거나 새로 지은 저고리와 도포를 매다는 것은 일월맞이굿이 음양구조로 남녀신을 맞이하는 사실을 확인시켜준다.[90]

이러한 점을 종합해보면 황해도에서 김금화가 행하는 일월맞이굿은 천체인 해와 달의 신을 맞이하는 굿이면서 아울러 무당의 조종(祖宗)이 되는 신을 제향하는 굿임을 알 수 있다. 명두에 해와 달과 별이 새겨진 것은 천체의 신을 숭앙한다는 표지이며 해와 달의 결합을 나타내는 의식은 최초의 일신과 월신의 결혼을 재현하는 신화적 의미가 있다고 생각된다.

기장읍 죽성리의 〈일월맞이굿〉은 2002년 2월 14일부터 2월 20일까지 7일간 진행된 마을 별신굿 중의 한 굿거리인데 굿을 조사한 박경신은 굿의 진행과정을 다음과 같이 적고 있다.

> 죽성리의 일월맞이굿은 마을 바로 앞 바닷가의 매바위라는 매우 널찍하고 커다란 바위 위에서 한다. 이 바위는 밀물이 되어 물이 찼을 때에는 배를 이

89) 이두현, 「내림무당의 쇠乞粒」, 『師大論叢』 제34집, 서울대 사대, 1987.
90) 박진태, 『탈놀이의 起源과 構造』, 새문사, 1990, 47면.

> 용하지 않고는 건너갈 수 없고 썰물이 되어 물이 빠져야만 육지와 연결되게 되어 있다. 그래서 무집단과 마을 사람들은 썰물 때를 기다린다. 물이 나서 사람이 건너갈 수 있게 되자 무집단과 마을 사람들은 매바위로 건너가 일월맞이굿을 거행하였다. 진행은 박남이 무녀가 맡았는데 구연된 무가의 내용은 일반 축원무가와 별로 다르지 않다. 이곳 죽성리에서는 일월맞이 무가의 구연이 끝나고 나면 "후리"라는 독특한 놀이가 이어진다. 무명 베 한 필을 길게 늘여 무집단과 마을 임원, 마을 사람들, 구경꾼 등이 붙잡고는 길게 늘어서서 매바위 쪽으로부터 마을 쪽으로 몰고 들어오는 것이다. 이것은 그물로 물고기를 몰아잡는 것을 본뜬 것으로 멸치가 많이 잡히게 하여 달라는 유감주술적 모의 어로행위이다. 마을 사람들은 흥겹게 이 놀이에 참여하고 구경꾼들은 육지에 늘어서서 흥미롭게 지켜보는 광경이 상당히 인상적이라 하지 않을 수 없다.[91]

여기서 〈일월맞이굿〉은 바다에 잠겨 있는 매바위 위에서 행해지고 이 굿에서는 무명 한 필을 펼쳐 무속인과 마을 사람이 함께 잡고 바위에서부터 마을로 들어오는 "후리"라는 놀이를 연출함을 알 수 있다. 그런데 왜 바다에 잠긴 바위에서 굿을 하는지 그리고 사람들이 무명을 펼쳐 들고 마을로 들어오는 "후리"라는 놀이가 과연 멸치를 많이 잡게 해달라는 의미인지 의심스럽다. 다시 말해 〈일월맞이굿〉이 어떻게 물고기를 많이 잡게 하는 신을 맞이하는 굿거리가 되었는가를 해명할 필요가 있다고 본다.

울산시 일산동에서 별신굿을 조사하고 〈일월(日月)거리〉 무가자료를 채록하여 정리한 박경신은 〈일월거리〉에 대하여 다음과 같이 언급하고 있다.

> 별신굿이 시작되는 날부터 끝나는 날까지 매일 아침 해 뜨는 시각에 맞추어서 거행되는 거리로 같은 무녀에 의해서 진행되는 것이 일반적인 형태이며 매일 아침 같은 사설을 반복구연한다. 내용은 일월신에게 별신굿이 행해

---

91) 박경신·장휘주, 『동해안 별신굿』, 화산문화, 2002, 172-176면.

> 징을 고하는 의식인데 엄밀히 말하면 별신굿 거리에는 포함되지 않는 것이다. 이 곳 일산동의 노인들은 한결같이 자신들의 부락에서는 별신굿을 스물네거리로 진행한다고 말하고 있으며 무들도 역시 스물 네거리로 진행한다. 그러나 구체적으로 그 스물 네거리의 별신굿 속에 이 거리는 들어있지 않다. 따라서 이 거리는 부락제의 차원을 뛰어넘는 그 상위에서의 인식을 반영하고 있는 독립된 의식으로 이해하는 것이 더 타당하다고 본다. 동해안 세습무 집단의 무가자료에 이 거리가 존재한다는 사실은 아직 학계에 보고된 바 없으며 자료자체도 채록된 전례가 전혀 없다[92]

여기서 〈일월거리〉는 별신굿의 정식 제차에 포함되지 않으며 아직까지 학계에 알려지지 않은 것임을 알 수 있다. 〈일월거리〉의 구연된 무가사설을 검토해 보아도 평범한 축원무가로서 서사성은 없고 자손에 대한 축원이 많고 〈천수경〉 등 불경이 많이 삽입되어 있다는 특징이 있다. 또한 무녀 혼자서 징을 치며 비교적 조용히 구연한다고 한다.

그런데 일월에 대한 굿이 어째서 정규 굿거리와 별도로 해가 뜨는 시각에 맞추어 행해지는지, 어떤 기능을 가진 것인지는 밝혀져 있지 않다. 다만 일월이 해와 달의 신이므로 해가 뜨는 시각에 떠오르는 해를 향해 굿을 해야 한다는 것과 일월이 천공을 운행하는 천체이니 지상의 신보다도 상위의 신격이라는 인식이 있었던 것으로 보인다. 그러나 굿을 하는 무녀 자신도 일월거리를 왜 하는지 확실히 알지 못한 듯하다. 아마도 이 지역에서는 다른 지역보다도 일월신에 대한 제전(祭典)이 존속되어 왔는데 이를 별도로 하지 못하고 별신굿에 통합시켜 행하였다고 생각한다.

부산 지역이나 울산 지역은 연오랑(延烏郞) 세오녀(細烏女) 부부가 살았던 영일현(迎日縣)과 가까운 동해안이다. 〈일월거리〉는 아무래도 〈연오랑 세오녀〉 설화와 관련이 있을 것으로 생각된다. 『삼국유사(三國遺事)』 권제일(卷第一)

92) 박경신, 『울산지방 무가자료집』(1), 울산대학교 인문과학연구소, 1993, 25면.

〈연오랑 세오녀(延烏郎 細烏女)〉 조(條)의 내용을 약술하면 다음과 같다.

> 동해 가에 연오랑과 세오녀 부부가 살고 있었는데 어느 날 연오가 바닷가에 나가 마름을 따다가 한 바위를 타고 일본으로 가서 왕이 되고 세오 역시 바위를 타고 남편을 따라 일본으로 가서 귀비가 되었는데 이때 신라에서는 해와 달이 광채를 잃었고 일관이 말하기를 해와 달의 정(精)이 우리나라에 있었으나 지금 일본으로 갔기 때문에 이런 변이 일어났다고 하였다. 그래서 연오는 세오가 짠 세초(細綃)를 신라로 보내 제사를 지내도록 하였고 신라에서는 그 말대로 제사를 지내자 해와 달이 전과 같이 되었다. 그 비단을 어고(御庫)에 두어 국보로 삼고 그 창고를 귀비고(貴妃庫)라 하고 제사지낸 곳을 영일현(迎日縣) 또는 도기야(都祈野)라고 하였다는 것이다.

여기서 연오랑과 세오녀가 살던 곳은 동해 가로서 지역이 구체적으로 명기되어 있지는 않으나 제사지낸 곳이 영일현이라는 점에서 영일만 근처의 바닷가라고 생각된다. 신라시대 일월제를 지낸 영일현은 현재 경북 영일군을 말하는데 구체적으로 제사를 지낸 곳은 널리 알려지지 않았다. 유증선은 『영남(嶺南)의 전설(傳說)』에서 『일월향지(日月鄉誌)』와 『삼국유사』를 참고하여 〈연오랑 세오녀〉 설화와 같은 〈일월지(日月池)〉 전설을 수록하고 있는데 일월지와 관련된 부분만을 인용하면 다음과 같다.

> 신라왕은 크게 놀라 일관(日官)을 불러 점을 치게 하였더니 "연오 세오 부부는 해와 달의 정(精)이온데, 지금 이런 변이 생긴 것은 두 사람이 왜국으로 건너간 때문이오니 그들을 불러오지 않으면 안되는 줄 아뢰나이다"고 하였다. 왕은 왜국에 사신을 보내고 연오 부부의 돌아오기를 간청하였으나 연오는 "우리들이 이곳에 온 것은 하늘의 명령이니 어찌 하늘 뜻을 거역하리오. 아내 세오녀가 짠 비단(絹帛)이 있으니 이것을 가지고 가서 내가 살던 마을 못가(池邊)에 모시고 천지신명(天地神明)에 제사하면 해와 달이 다시 빛을 회복할 것이오" 하고 비단을 내어 주므로 사신이 돌아와 국왕께 아뢰니 왕은 그

> 말대로 못가에 단을 모으고 세오녀의 비단을 걸고 성심껏 제사를 모시니 과연 해와 달이 전과 같이 밝은 빛을 발하였다. 그 뒤 그 곳을 일월지라 부르고 그 마을을 일월동(日月洞), 그 지방을 일월향(日月鄕)이라 하며 비단(絹帛)을 국보로 정하고 그 창고를 귀비고(貴妃庫), 그 지대를 도기야(都祈野)라고 부르게 되었다.93)

위의 자료는 『일월향지』에서 옮긴 것으로 생각되는데 여기에는 『삼국유사』에는 없는 연오랑과 세오녀가 살았다는 일월지라는 못이 등장한다. 따라서 일월지나 일월동이 어느 곳인가를 밝히면 연오랑과 세오녀가 살았던 마을과 세오녀가 짠 비단을 걸고 일월제를 지냈던 곳을 알 수 있다.

그런데 유증선은 자료 끝에 다음과 같은 지명에 관한 주석을 붙여 놓았다.

> 도기야(都祈野)라 함은 지금 동해면(東海面) 도구동(都邱洞)이요, 일월동(日月洞)이라 함은 지금 오천면(烏川面) 일월동(日月洞), 일월지(日月池)라 함은 지금 오천면(烏川面) 해병포기지사령부(海兵浦基地司令部) 기지내(基地內)에 있고 귀비고(貴妃庫)는 금성궁(金城宮(慶州)에 소재(所在)하였다고 전한다.94)

주석의 내용으로 보아 제사를 지낸 곳은 연오랑과 세오녀가 살던 바닷가 마을이고 지금의 경상남도 영일군 오천읍 일월동임을 알 수 있다. 일월동은 영일만에 있는 바닷가 마을로 도구동과 인접해 있으며 영일군에서는 1982년부터 일월문화제를 매년 거행하고 있고 별신굿도 성대하게 행하고 있다고 한다.95) 그렇다면 영일만 일대뿐만 아니라 경북이나 경남 동해안 일대에서 별신굿를 행하면서 연오랑 세오녀 설화에서 유래한 일

93) 柳增善 編著, 『嶺南의 傳說』, 형설출판사, 1971, 342-343면.
94) 柳增善 編著, 『嶺南의 傳說』, 형설출판사, 1971, 343면.
95) 한구정신문화연구원, 『민족문화대백과사전 15』, 1990, 644-653면, 〈영일군〉항 참조.

월신제를 지내는 마을이 많았을 것으로 생각된다. 부산시 기장군 기장읍 죽성리나 울산시 동구 일산동도 일월굿을 행하였던 동해 바닷가 마을들 중 하나였다고 본다. 다만 주민들이 일월굿의 기원이 되는 연오랑 세오녀 설화를 알지 못하고 굿을 하는 무속인 역시 〈일월거리〉를 하면서도 그 시원이나 역사를 알지 못하여 조사과정에서 〈일월거리〉의 성격이 드러나지 않았다고 생각된다. 죽성리의 〈일월맞이굿〉이 바다에 잠겼다 드러났다 하는 매바위에서 행해지는 것은 이 바위가 연오랑이 타고 일본으로 갔다는 바위를 나타내는 것이라고 볼 수 있다. 또한 "후리"라는 무명천을 펼쳐서 들고 마을로 들어오는 의식은 세오가 일본에서 짠 세초를 신라에 보내어 사라진 일광을 회복한 사연을 재현하는 의식이라고 본다. 흰 비단이나 무명은 햇빛이나 달빛을 나타내는 것이고 바다의 바위에서 마을로 무명을 펼쳐 옮기는 것은 광명을 되찾아 맞아들이는 의식으로서 일월신을 맞이하는 의례일 것이다. 그런데 연오랑 세오녀의 사연이 몰각되어 멸치를 잡는 그물을 펼치는 것으로 해석된 것이다.

그렇다면 여기서 일월신은 연오랑 세오녀 부부를 가리킨다고 할 수 있고 일신과 월신은 부부관계로 인식되었음을 알 수 있다. 이처럼 일산동의 〈일월거리〉란 굿은 〈연오랑 세오녀〉 설화에서 유래한 일월제(日月祭)가 전승된 무제(巫祭)이며 일월신은 광명의 신이면서 부부신이라는 사실을 확인할 수 있다.

제주도 〈조상본풀이〉에는 일월본이라는 제명(題名)이 등장하는 자료가 6편이 있다. 〈선씨일월(玄氏日月)본〉, 〈양씨일월본〉, 〈홍부일월본〉, 〈첵불일월본〉, 〈산신일월본〉, 〈불도일월본〉 등이 그것이다. 여기서 쓰인 일월은 조상의 의미와 상통한다. 현용준은 조상본풀이 자료를 정리하면서 제목 밑에 다음과 같은 주석을 달고 있다.

7. 선씨일뤌(玄氏日月)본 〔화북(禾北) 안씨댁(安氏宅) 조상(祖上)〕

8. 양씨아미(양씨일월)본 〔남원면(南元面) 예촌(禮村) 양씨댁(梁氏宅) 조상(祖上)〕
12. 홍부일월(紅牌日月)본 〔벼슬했던 집안의 조상(祖上)〕
13. 책불일월본 〔택일사(擇日師) 지관(地官) 한의원(漢醫院) 등을 했던 조상(祖上)〕
14. 산신일월(山神日月)본 〔수렵(狩獵), 도살업(屠殺業)하던 조상(祖上)〕
15. 불도일월(佛道日月)본 〔삼승할망(助産 · 祈兒巫)질 하던 조상(祖上)〕[96]

여기서 '일월(日月)'은 '조상(祖上)'과 같은 의미로 쓰였음을 알 수 있다. 그러나 왜 일월이 조상이라는 의미를 가지게 되었는지는 밝히지 않았다. 이들 〈조상본풀이〉의 내용은 부부가 결합하여 후손을 두었다는 것으로서 일월은 시조(始祖)가 된 부부를 가리킨다. 이처럼 일월신은 천상의 신이고 광명의 신이면서 아울러 부부신이고 조상신으로 나타남을 볼 수 있다.

그렇다면 일월이 부부 관계에 있다는 것은 어떤 사상과 관련이 있는 것인가?

소강절(邵康節)과 같은 송대(宋代) 철학자들이 말하는 음양론(陰陽論)에서 일(日) 즉 해는 천상의 가장 큰 양기(陽氣)이고 월(月) 즉 달은 천상의 가장 큰 음기(陰氣)로서 일월의 결합은 곧 태양(太陽)과 태음(太陰)의 결합으로서 이를 인간에게 견준다면 남자와 여자의 결합을 의미한다는 이론을 찾아볼 수 있다.

> 움직임의 큰 것을 태양이라고 하고 적은 것을 소양이라고 하며 고요한 것의 큰 것을 태음이라고 하고 적은 것을 소음이라고 한다. 태양은 해가 되고 태음은 달이 된다.
>
> (動之大者 謂之太陽 動之小者 謂之小陽 靜之大者 謂之太陰 靜之小者 謂之小陽 太陽謂日 太陰謂月)[97]

96) 현용준, 『제주도무속자료사전』, 신구문화사, 1980.
97) 胡廣 等 撰, 『性理大全』 卷之九, 中文出版社, 1981, 166면, 皇極經世書 三 〈觀物內篇〉 爲之一.

이처럼 기(氣)의 운동의 측면에서는 해와 달이 음양으로 대립됨을 말하고 있다. 그리고 이 구절을 풀이한 글에,

> 해는 지극한 양의 정기이므로 태양이 해가 되고 지상에서는 불이 된다. 선천도에서는 건이 해가 되니 건의 위치는 정남에 있다. 달은 지극한 음의 정기로서 해의 기운을 얻어 빛을 간직하기에 태음이 달이 된다 지상에서는 물이 된다. 선천도에서는 태로써 달을 삼으니 달의 위치는 동남이다.
> (日者至陽之精也 故太陽爲日 在地則爲火 先天圖 以乾爲日 乾之位在正南 月者至陰之精 得日氣而有光 故太陰爲月 在地則爲水 先天圖 以兌爲月 兌之位在東南)[98]

라고 설명하고 있다.

여기서 양기계열로 천상의 태양과 지상의 불, 음기계열로 천상의 달과 지상의 물이 연계됨을 알 수 있다. 그런데 음양론을 인간에게 적용하면 남자는 양기(陽氣)에 속하고 여자는 음기(陰氣)에 속한다. 그렇다면 천상에서의 음양이 결합한 것은 일월이고 인간의 음양이 결합한 것은 부부라는 점에서 일월과 부부가 상통됨을 이해할 수 있다고 본다. 중국 신화에서도 복희(伏羲)와 여왜(女媧)는 부부신인데 일신과 월신의 성격을 띠고 있다.

일월이 부모를 지칭하는 의미로 쓰인 예는 고구려 〈모두루묘지(牟頭婁墓誌)〉이다. 이 묘지는 만포진(滿浦鎭) 대안(對岸)인 하양어두(下羊魚頭)에서 발굴되었는데 모두루는 광개토대왕의 지우(知遇)를 받아 북부여 방면의 진호(鎭護)에 종사한 대사자(大使者)로 알려진 인물이다. 여기에 '하백지손(河伯之孫) 일월지자(日月之子) 추모(鄒牟)', '하백지손(河伯之孫) 일월지자(日月之子) 소생(所生)', '백지손일월지자(伯之孫日月之子) 성왕(聖王)'이란 구절이 있다.[99] 여기서 '일월지자(日月之子)'란 '추모(鄒牟)', 곧 고구려시조 주몽(朱

98) 앞 책, 166-167면.

蒙)을 가리키는데 〈주몽신화〉에서 보는 바와 같이 주몽은 해모수(解慕漱)를 아버지로, 유화(柳花)를 어머니로 탄생한 인물이다. 그렇다면 일월은 곧 해모수와 유화를 가리키는 말이라고 본다.

그러면 왜 해모수와 유화를 일월이라고 하였을까? 해모수는 이미 알려진 바와 같이 일신적(日神的) 성격을 가지고 있다. 해모수가 일광으로 변하여 금와왕 궁실에 있는 유화를 비추었다든지 해모수가 아침에 하늘에서 내려오고 저녁에 하늘로 돌아갔다든지 유화와 혼례를 한 후, 유화의 금봉채로 혁여(革輿)를 뚫고 탈출하였다든지 하는 점에서 태양신임이 드러난다. 그러면 유화와 달과는 무슨 관계가 있는가? 유화는 하백(河伯)의 딸로서 수신적(水神的) 성격을 가지고 있다. 유화가 청하(青河)에서 놀다가 해모수를 만났고 하백에게 쫓겨나서 우발수 속에서 지냈다는 신화 내용을 보아 물과의 친연성이 강한 존재임을 확인할 수 있다. 그런데 달과 물은 음기계열로서 상통하는 성격이 있다. 달은 천상의 가장 큰 음이고 물은 지상의 가장 큰 음이다. 이처럼 달과 물은 음기계열로서 서로 통하기에 유화를 달로 나타냈다고 생각된다. 여기서 고구려 시조왕을 일월의 아들이라고 한 것은 성스러운 일신과 월신의 후예라는 신성한 혈통을 자랑하는 표현이라고 본다. 이처럼 고구려 신화에서도 일월은 부모나 부부, 또는 조상을 나타내는 의미로 쓰였음을 알 수 있다.

인류가 가족을 형성하는 데 제일 첫 번째 단계가 부부의 결합이다. 신화에서는 최초의 현상을 이야기하는데 창세신화에서 인류의 조상인 최초의 부부는 일월의 정기가 변한 남녀의 결합으로 나타난다. 〈창세가〉의 인류시원신화에서 말하는, 금쟁반의 금벌레와 은쟁반의 은벌레가 남자와 여자로 자라나서 부부가 된다는 사연은 해와 달의 정기가 남자와 여자로

---

99) 崔南善 編, 『增補 三國遺事』, 민중서관, 1954, 新訂 三國遺事 附錄, 7-8면, 高句麗牟頭婁墓誌(鈔).

자라난다는 말이고 결국은 일월의 결합으로 인류가 탄생된다는 말이다. 이처럼 일월은 조상, 부모, 부부의 의미를 가진다.

이상에서 일월신은 부부신이면서 처음으로 인간을 점지하여 준 인류의 조상신과 같은 의미로 무속에서 쓰였음을 알 수 있었다. 일월이 조상 또는 부부의 의미로 쓰인 것은 〈창세가〉의 인류시원신화(人類始源神話)에서 말하고 있는 바와 같이 우리 민족이 해와 달의 후예라는 의식에서 비롯된 것이며 이는 고구려 〈주몽신화〉, 신라의 〈연오랑 세오녀〉 설화를 통해 보는 바와 같은 민족적 신성관념으로서 오늘날 무속제의나 서사무가로 전승되고 있음을 확인할 수 있다.

라) 가정신화적 성격

〈일월노리푸념〉과 같이 부부서사로 이루어진 서사무가는 전국에서 전승되는 〈제석본풀이〉를 위시하여 경기지역의 〈성주본가〉, 경남지역의 〈성조(成造)푸리〉, 호남지역의 〈칠성본풀이〉, 제주도의 〈세경본풀이〉 등을 들 수 있다. 그런데 〈일월노리푸념〉과 같은 부부의 이야기로만 전개되는 부부서사는 〈성주본가〉, 〈성조푸리〉, 〈세경본풀이〉이다. 〈제석본풀이〉와 〈칠성본풀이〉는 부부의 이야기와 더불어 부녀관계, 부자관계가 상당한 비중을 차지한다. 〈제석본풀이〉에서 당금아기의 출산과 양육과정은 부모와 자식의 관계를 다룬 것이고 당금아기가 낳은 아들 세 쌍둥이가 아버지를 찾아가서 아들로 인정을 받는 사연은 부자서사(父子敍事)로서 부부서사와는 성격이 다른 것이다. 부부서사의 기본형은 부부로 맺어지고 부부관계에 이상이 생기어 부부분리가 나타나고 다시 부부가 장애를 극복하고 재결합하는 것으로 전개되는 유형이다. 가족서사에는 부부서사, 부자서사, 부녀서사, 모자서사, 모녀서사, 형제서사, 자매서사 등이 포함된다. 그런데 〈일월노리푸념〉은 부부관계만 나타나고 그 밖에 가족관계는 나타나지 않는다.

〈칠성본풀이〉는 전반부에는 부부서사가 중심이지만 중후반에는 모자서사가 핵심이고 특히 계모와 전실 아들과의 비정상적 모자서사가 큰 비중을 차지한다. 부부 이외에 다른 가족이 등장하더라도 서사전개에 아무런 의미 있는 기여를 하지 못하면 문제될 것이 없다. 이런 점에서 부부서사로 되어 있는 서사무가는 〈성주본가〉, 〈성조푸리〉, 〈세경본풀이〉라고 할 수 있다. 이들 서사무가에서 집약되는 공통된 가정신화로서 핵심적 서사요소는 부부결합(가정의 탄생)－부부의 분리(가정의 시련)－부부의 재결합(가정의 완성)이다.

1. 부부의 결합: 부모의 주혼으로 혼례가 이루어지거나 당사자의 자율적 만남과 노력으로 결혼이 성사된다. 〈성주본가〉는 황우양씨와 황우양부인이 처음부터 부부로 등장한다. 여기에는 부부로 맺어지는 사연이 나타나지 않는다. 〈세경본풀이〉에서는 자청비가 문도령을 만나 남자로 변장하고 함께 글공부를 떠나는 것으로 시작하여 우여곡절을 많이 겪고 결혼하는 것으로 되어 있다. 〈일월노리푸념〉과 경남지역 〈성조푸리〉에서는 모두 부모의 주혼으로 예법에 따라 혼례를 이룸으로써 부부가 된다. 혼례사연은 부부의 탄생으로서 개인의 일생기에 견준다면 주인공의 탄생과 같은 서사의 기점(起點)에 해당한다. 부부의 탄생은 가정의 탄생이다. 가정은 부부로부터 시작된다. 개인의 일대기에서 신화적 주인공의 출생이 강조되는 것처럼 가정신화에서 가정의 탄생은 신화의 시초로서 중요한 의미를 가진다. 그런데 대체로 영웅신화의 주인공은 비정상적으로 출생하는 데 비하여 가정신화에서 가정의 탄생은 정상적이고 적법하게 이루어진다. 이런 점에서 〈일월노리푸념〉과 같은 무속의 가정신화는 부부관계에 파탄이 생기는 것으로서 가정의 비정상적 탄생을 대체하였다고 생각한다.

2. 부부의 분리와 재결합: 부부의 시련은 부부관계에 틈이 생기는 것을 말한다. 부부로 맺어지고 아무 문제없이 행복하게 살아간다고 하면 서사

로서 흥미를 끌 수 없다. 부부는 성(性)과 애정을 매개로 맺어진 남녀관계이기에 부부의 시련은 제삼자의 틈입(闖入)으로 시작된다. 즉 일부일처(一夫一妻)의 가정에 다른 남성이나 여성이 끼어들면서 삼각관계가 나타나는 것이 부부시련의 출발이다. 〈일월노리푸념〉에서는 배선비가 등장하여 명월각씨를 차지하려고 궁산이와 내기를 한다. 한 여성을 두고 두 남성이 경쟁하는 삼각관계는 애정서사(愛情敍事)에 기본 요소다. 궁산이는 배선비에게 아내를 빼앗긴다. 그러나 명월각씨는 궁산이의 시련을 예상하고 섬중에서 살아갈 수 있도록 육포를 만들어 궁산이 옷에 넣어두고 낚시와 실을 준비하여 고기를 낚아 살아갈 수 있도록 조처(措處)한다. 한편 명월각씨는 배선비에게 허신을 하지 않고 웃지 않으며 궁산이를 만나려고 거지 잔치를 열고 잔치에서 궁산이를 보고 구슬옷을 내놓고 이 옷을 입을 줄 아는 사람이 나의 남편이라고 하여 배선비를 물리치고 궁산이와 재결합한다. 이처럼 현명한 아내가 지혜로 남편과의 의리를 지키고 훼손된 가정을 복구하는 사연을 보여준다. 여기에서 가정의 진정한 주인공은 주부(主婦)라는 의미를 발견하게 된다.

〈성주본가〉에서는 소진랑이 천하궁으로 일하러 가는 황우양씨와 옷을 바꾸어 입고 황우양 부인을 겁박하여 아내로 삼으려고 한다. 부인은 점을 쳐서 불길함을 말하고 자기에게 붙은 귀신을 제거해야 한다면서 지함 속에서 구메밥을 먹으며 황우양씨가 돌아오기를 기다린다. 황우양씨는 천하궁에서 점을 쳐보고 소진랑이 자기 부인을 납치하여 간 것을 알고 소진뜰로 가서 소진랑을 징치하고 부인과 재회한다. 부부가 서로 사랑하며 행복하게 사는 가정에 다른 남성이 나타나서 부인을 빼앗았으나 부인의 지혜로 위기를 모면하고 본 남편과 재결합한다는 점에서 〈일월노리푸념〉과 〈성주본가〉는 공통점이 있다. 특히 아내의 현명함과 정절의식이 가정을 지키는 요건임을 보여주는 점이 일치한다. 그런데 시련을 극복하는 과정은 다른 점이 많다. 〈일월노리푸념〉에서는 남자들 사이에 내기라는 계약이 이루어져서 남자들의 합의로 부인을 거래하는 데 비하여 〈성주본가〉에서는 소진랑이 황우양씨가 없는 틈에 힘으로 부인을 겁박한다는 점이 다르다. 또한 빼앗긴 부인을 되찾는 방법에서 궁산이는 부인의 지혜로 배선비에게 구슬옷을 입혀 지상에 내려오지 못하게 함으로써 부부 재결합에 성공한다. 즉 궁산이는 자기 스스로 부인을 내어주었으나 부인과 재결합하는 데에는 부인의 지략에 전적으로 의존하고 있다. 반면 황우양씨는 부인의 당부를 지키지 못한 잘못을 하였으나 되찾는 과정에서는 남자로서 능동적이고 우월한 힘을 발휘하여 소진랑을 제압한다. 이런 점에서 〈일월노리푸념〉의 남주인공은 무능하고 가난하며 부인이 없으면 거지신세를 못 면하는, 가정을 유지하는 데 부정적 인물인 반면 〈성주본가〉의 남주인공은 영웅다운 면모를 보여주는 인물로서 가정을 재건하는 데 긍정적 기여를 한 인물이라는 차이가 있음을 알 수 있다.

한편 〈성조푸리〉에서는 성조가 왕자이고 계화부인을 구박하여 죄를 짓고 황토섬에 귀양가는 것으로 부부의 분리가 나타난다. 즉 부부 사이에 다른 남성이나 여성이 개입하여 삼각관계가 조성되지 않는다. 남편의 횡포로 시련이 야기되고 남편의 뉘우침으로 다시 부부가 재결합한다는 점에서 남성적 관점에서 일방적인 서술을 한다는 점이 특징이다.

〈세경본풀이〉에서는 자청비와 문도령의 만남과 헤어짐이 여러 차례 반복되면서 부부로 결합하는 과정을 보여주고 있으나 부부 결합으로 가정이 탄생되는 과정에 핵심이 있다기보다는 농경신으로 좌정하는 과정에 신화적 의미가 모아지고 있다. 이런 점에서 〈세경본풀이〉는 가정신화라기보다 농경생산신 신화이기에 자세한 논의를 생략하기로 하겠다.

〈일월놀이푸념〉에서 배선비를 돌보는 명월각씨의 행위는 다양한 공동체의 삶의 체험이 반영되었다고 해석할 수 있다. 물고기를 낚을 수 있도록 바늘과 실을 준비하여 준 것은 궁산이가 무인도에서 혼자 살아갈 수 있도록 조처를 취한 것으로서 어렵사회(漁獵社會)에서 개발한 삶의 방식과 지혜가 반영된 것이다. 이처럼 명월부인은 명칭도 명월로 나타날 뿐 아니라 궁산이에게 낚시질을 가르쳐준 인물로서 수신(水神)의 후예인 고구려의 유화(柳花)부인과 상통하는 면모를 찾을 수 있다.

궁산이는 섬중에서 낚시질로 삶을 영위하다가 학의 도움으로 섬에서 육지로 나올 수 있었다. 학은 천상을 왕래하는 신이한 동물로 나타난다는 점에서 물보다 하늘과 친연성이 있다. 이런 점에서 궁산이가 학을 타고 섬에서 나온 것은 어로생활을 하다가 육지에 이르러 수렵이나 유목으로 생활방식을 바꾼 것을 의미한다고 볼 수 있다. 한편 구슬옷은 공중을 날 수 있는 깃옷으로서 〈백조천녀 설화〉와 깊은 관련이 있다고 본다. 대체로 구슬은 태양의 정기를 상징하는 경우가 많다. 궁산이가 명월각씨가 내어 준 구슬옷을 입고 벗을 줄 알았다는 것은 천공을 나는 원리를 터득하고 있었다는 것이고 이는 하늘의 원리를 신성시하는 천신숭배집단의 신성의식과 관계가 있다고 본다. 이러한 의식은 고구려신화에서 천신인 해모수를 신성시하는 의식과 연관시킬 수 있다. 이는 태양신 숭앙의식과 관련을 가진다고 본다. 즉 남주인공은 고구려신화의 해모수와 상통하는 일면이 있다.

이런 점에서 〈일월노리푸념〉은 고구려에서 형성된 태양신계의 남성과 수신계의 여성이 결합하여 부부가 되고 여러 가지 시련을 겪는다는 해모수와 유화의 결합 신화가 무속의 부부신 신화로 굴절되어 전승되면서 부부서사의 설화유형을 수용하여 변모되었다고 생각한다.

함흥 지역의 〈궁상이굿〉 종반에는 고씨의 유래가 첨부되어 있다.

궁상이가 내기에 지자 배선이에게로 간 궁상이 부인은 배선이에게 거지잔치를 열어달라고 부탁하고 궁상이를 잔치자리에서 발견하고는 지어두었던 구슬옷을 내어놓고 이 구슬옷을 깃을 잡아 입을 줄 아는 사람이 내 남편이라고 한다. 배선이는 구슬옷을 입을 줄 몰랐으나 궁상이는 입던 옷이라서 깃을 잡아 입자 부인이 내 남편이라고 하며 둘이 배를 타고 건너와서 다시 살림을 시작한다. 그런데 궁상이가 아무 일도 하지 않자 부인이 바느질을 해서 돈을 모아가지고 남편에게 돈을 주면서 장사를 해 보라고 하여 궁상이는 장에 가서 고양이를 하나 사온다. 궁상이가 놀기만 하자 부인은 다시 궁상이에게 돈을 주어 장으로 보낸다. 궁상이는 다시 장에 가서 강아지 한 마리를 사온다. 궁상이가 사온 고양이와 강아지는 삼 년 동안 사랑을 받고 궁상이 집에서 지내다가 서로 의논하고 주인의 신세를 갚아보자고 하고 저 건너 장자집으로 가서 팔방야광주를 물어온다. 이 야광주는 쌀과 돈이 저절로 나오는 보물이어서 궁상이는 재산이 자꾸 불어난다. 그래서 재산을 나라에 바쳤는데 나라에서 재산이 너무 많이 불어나자 불을 놓아 야광주를 태워버린다. 궁상이 부부는 당초 선간 사람으로 득죄를 하고 인간에 내려왔는데 죄를 벗고 다시 선간으로 돌아가고 고양이와 강아지는 십 년을 묵어 사람으로 변하여 부부가 되어 고씨의 조상이 된다.[100)]

이러한 삽화는 〈개와 고양이의 구슬 찾기〉라는 민담이 수용된 것이다. 그런데 전체 서사문맥에 어울리지 않는 이러한 민담 유형이 왜 삽입되어 고씨의 유래와 결부되었는가 하는 것이 문제다. 〈일월노리푸념〉에서는 궁산이와 명월각씨가 재결합하는 것으로 끝이 나는데 〈궁상이굿〉에서 느닷없이 개와 고양이가 등장하고 고양이의 '고'자를 따서 고씨란 성(姓)의 유래를 말하고 있어서 구연자의 실수나 흥미를 주려는 작위적인 첨가로 생각하기 쉽다. 〈궁상이굿〉에서는 궁상이 부인이 배선이에게서 탈출하여 도망을 가다가 우물에다가 신을 벗어 놓고 절간으로 들어가 숨고 배선이는 부인을 찾으려고 우물을 푸는 이야기가 들어 있고 다시 배선이에게 잡혀온 부인이 남에게 선심을 베풀어야 한다면서 거지 잔치를 하자고 하여 궁상이를 찾는다는 사연이 들어 있다. 전체적으로 이런 저런 설

---

100) 김태곤, 『한국무가집』 III, 79-92면.

화유형들을 서사전개에 수용하고 있다는 느낌을 주는 것이 사실이다. 그러나 성씨 유래담은 매우 많은데 하필이면 일월신 유래를 말하는 서사무가에 고씨의 유래를 부가하였는가?

고양이와 강아지는 궁상이가 장에서 사다가 기른 가축으로서 궁상이와 한 가족과 같은 성격을 가진다. 궁상이와 부인은 선간(仙間)으로 사라지고 후손을 남기지 않았다. 궁상이 집에는 고양이와 개가 변한 사람이 뒤를 이어 살았다. 그렇다면 궁상이를 계승한 후예는 고양이와 개가 사람으로 변하여 부부가 된 존재라고 볼 수 있고 그들의 후예인 고씨는 궁상이와 부인의 후손으로 생각할 수 있다. 고씨는 제주 고씨도 있지만 고구려 시조 주몽의 성씨를 생각할 수 있다. 주몽은 해모수와 유화 사이에서 출생한 인물로서 해씨가 아닌 고씨를 성으로 삼아 고씨의 시조가 된 인물이다. 그런데 주몽의 출생성분을 말하는 〈모두루묘지(牟頭婁墓誌)〉 기록에 '일월의 아들(日月之子)'이란 말이 나온다. 이렇게 보면 일월의 아들은 고씨가 되는 셈이니 궁산이와 명월각씨가 일월신이라면 그 사이에서 나온 후손은 고씨가 되어야 한다고 생각하였을 가능성이 있다. 이처럼 〈일월노리푸념〉이나 〈궁상이굿〉에는 고구려 신화가 침윤(浸潤)된 흔적이 발견된다. 이들 서사무가는 고구려의 고토(故土)인 평북 강계와 함남 함흥에서 전승되고 있던 서사무가라는 점에서 그 가능성이 더욱 확실시된다.

마) 구비서사시적 의미

〈일월놀이푸념〉은 여흥으로 행해지는 일월신제(日月神祭)에서 구연되는 서사무가로서 신화로서의 신성성보다는 청중의 흥미를 의식한 재미있는 구비서사시로서의 성격이 강하다. 서사시는 서사문학의 한 갈래로서 문학적 감동과 흥미를 준다. 이런 점에서 〈일월노리푸념〉을 서사시의 한 작품으로 보고 인물과 사건에 담겨진 의미를 분석해보기로 하겠다.

〈일월놀이푸념〉은 부부의 혼례로 시작된다.

명월각씨 해당금이 궁산선비가 명월각씨한테
초년에 말을 부쳐 이년에 편지바다
삼년만에 혼간무어 당개를 가는데
네장을 사리 쌀것이 없어
국시댕이에 걸닌 비단을 다모아 네장을 싸고
네단함이 없어 마리 알에를 보니
헌 꺽둑짝이 있어 꺽둑짝을 네장함을 맨드러 놋코
네장 실을 말이 없어 숫닥 말을 타여놋코
싯구간다 가슬나는 도라잔체 하여놋코[101)]

궁산이와 명월각씨의 혼례는 부부의 탄생이자 가정의 탄생을 의미한다. 그런데 명월각씨와 궁산선비의 혼례는 신화의 주인공이 결합하는 거룩한 의식이라기보다 한 가난한 선비의 혼례로서 볼품없고 웃음이 나는 혼례로 서술되고 있다. 예단은 남녀를 상징하는 청색과 홍색 비단을 함 속에 넣는 법인데 서낭당과 같은 국사당에 울긋불긋 걸레조각처럼 걸린 천 조각을 모아다가 예단으로 쓰고 나무로 된 신발을 예장함으로 사용하였다는 것이다. 발 고린내가 나는 나무신발에 국사당에 걸린 천조각을 넣어 말 대신 수탉에 싣고 가서 신부를 맞아들이는 잔치를 하였다는 것이다. 이처럼 혼례의 모습부터 희화화(戱畵化)되어 골계적으로 처리하고 있다. 이는 이후에 전개되는 궁산이의 아내 걸고 내기하기와 연결되는 의도적 서술로서 신화의 세속화를 보여주는 점이다.

혼례과정으로 시작되는 다른 서사무가 〈칠성풀이〉와 비교해 보기로 하겠다.

천하궁으 칠성님은 열 일곱살을 잡수시고

101) 서대석, 박경신 역주, 『서사무가』 Ⅰ, 고려대학교 민족문화연구소, 1996, 421면.

지하궁으 옥녀부인님은// 열여섯살 잡수시고
한번 연함을 디리시는구나
두 번 연함 디리시니 돈단무심 허시는구나
삼(三) 세번 연함디려 그도 연분이던가// 허락이 나었구나
허락난 후에// 사주단자 봉헌한 연후에
날 택일 받어// 장개 질을 채릴 때에야
칠성님으 오실 때에// 호사없이 오실소냐
물명지 바지며는 삼성보신
통행전으로 쉬어자를 신으시고// 학창옷을 입으시고
우별로 진씨 세우고 좌별로 대장세우고
무지기를 다리놓아// 호기있게 오시는구나[102)]

이처럼 신랑과 신부가 소개되고 혼례장면이 서술되는데 신랑치례사설, 신부치례사설, 대례청사설, 신방치례사설로 전개된다. 여기서 〈칠성풀이〉는 부유한 사람의 매우 호사스러운 혼례모습을 보여주고 있음을 알 수 있다. 혼례는 경사이고 길사이어서 즐거운 분위기에서 행해진다. 그러나 지체가 높은 사람일수록 혼례는 엄숙하고 경건하게 치러진다. 〈칠성풀이〉에서 천하궁 칠성님과 지하궁 옥녀부인의 혼례는 천하궁과 지하궁의 결합으로서 신성한 의식으로 나타나는 데 비해 〈일월노리푸념〉의 궁산선비와 명월각씨의 혼례는 지극히 가난한 사람의 볼품없는 혼례로 처리되었음이 분명하다.

경남지역의 〈성조푸리〉에서도 성조의 탄생과정과 성장과정이 서술된 뒤에 부모가 주혼하는 의혼(議婚)에서 사성(四星), 택일(擇日), 납폐(納幣), 전안례(奠雁禮), 신방(新房)으로 이어지는 육례(六禮)의 절차에 따른 결혼과정이 약술된다. 성조는 왕자로서 성조의 혼례는 궁중의 혼례이기에 격식과

102) 서대석, 박경신 역주, 『서사무가』 II, 고려대학교 민족문화연구소, 2006, 39면.

예법에 맞게 치루어지는 것이 당연하다. 이처럼 혼례장면에서 〈일월노리푸념〉은 다른 가정신화와는 달리 골계적 의미를 담아내려는 의도를 담고 있음을 알 수 있다.

혼례장면은 나타나지 않지만 남녀의 만나는 과정이 장황하게 서술되는 서사무로는 〈세경본풀이〉와 〈제석본풀이〉가 있다. 이러한 서사무가에서는 신랑감과 신부감이 부모 모르게 만나서 혼담 없이 접촉하는 것으로 나타난다.

가정의 시련은 부부의 분리라는 결과를 초래한다. 〈일월노리푸념〉에서 궁산이와 명월각씨가 분리되는 계기는 게으르고 무능하고 허욕에 찬 궁산이의 어리석음에서 비롯된다.

> 그댐에는 궁산이가 너머 어엽버서
> 색씨를 떠나지 못하여// 아무것도 버어지 못하여
> 밥을 굶게 되었구나
> 하로는 명월각씨가// 궁산이더러 말을 허되
> 오늘날은 낭글가서 허여오라 하는구나
> 궁산이가 말을허되// 낭글 못가갓네 하니
> 명월각씨가 허는 말이// 어드래서 못가갓노 하니
> 님재를 두고 못가갓네 하니
> 명월각씨가 허는 말이 내 화상을 그려주마 하고
> 화상을 그려주니// 화상을 개지구 낭글가니
> 낭글가서 나뭇가지에// 화상을 걸고 낭글비다
> 화상을 보니 광풍이 부러// 화상이 나라가서
> 아랫녁헤 배선부네 집에가서 내리덧네
> 배선부가 화상을 보니
> 웃녁헤 명월각씨가// 잘나기도 잘낫구나
> 배에다가 생금을 싯고// 궁산이과 내기장기 뒤려간다

> 올아와서 궁산이를 차자놓코// 내기장기 뒤자하니
> 나는 부틸거 없어 못뒤갓네
> 배선비가 말을 하되// 내가 지면 생금 한배 너를 주고
> 네가 지면 명월각씨// 나를 다고 하는구나
> 궁산이가 그럽시다 하여놓코// 내기장기 뒤여노니 삼세테를 잿구나라[103)]

궁산이는 명월각씨와 결혼한 뒤 아무것도 하지 않아 굶게 되었다. 일반적으로 한 가정의 생계를 꾸려가는 책임은 가장인 남편에게 있다. 그런데 궁산이가 아무 일도 하지 않아 굶게 되었다는 것은 남편으로서 책임을 다하지 못하는 무능력자임을 드러낸 것이다. 궁산이가 일을 나가지 않는 이유는 아내인 명월각씨를 떠날 수 없어서이다. 이러한 궁산이를 보고 명월각씨는 자기화상을 그려주면서 나무를 해오라고 한다. 명월각씨는 인물만 절색일 뿐 아니라 그림솜씨도 뛰어난 인물로 나타난다. 이러한 훌륭한 부인을 걸고 내기 장기를 둔다는 것은 정상적 사고로는 이해하기 어렵다. 그러나 궁산이는 생금 한 배라는 큰 재물에 욕심이 나서 진다는 생각은 하지 않고 빨리 부자가 되어 명월각씨와 행복하게 살려는 생각만 했다고 보아야 한다. 이처럼 궁산이는 아름다운 부인을 떠나지 못하는 정에 약한 인물이면서도 재물에 대한 욕심이 있어 사리분별을 못하는 모자라는 인물로 나타난다. 이러한 인물은 서사시의 주인공보다는 민담이나 소화의 주인공으로 적절하다.

궁산이의 어리석은 행위는 명월각씨의 현명하고 지혜로운 처신을 더욱 돋보이게 한다. 궁산이가 내기 장기에 지고 집에 가서 식음을 전폐하자 명월각씨는 궁산이게 물어 자기가 배선비에게 가게 된 사연을 듣고 어깃장을 친다.

103) 서대석, 박경신 역주, 『서사무가』 I, 421-423면.

배선비가 지면 생금 한배 나를주고
내가지면 마누래를 주마하여 내가젓네
마누래를 일캇스 그래서 그러하오 하니
명월각씨 하는말이 얼사좃타 정 조쿠나
없은사람 궁산이와 사는 것부다
있는사람 대리고 살면 안조켓느냐 하니 궁산이가 더 운다[104)]

여기서 명월각씨는 절박하고 분통이 터지는 상황에서 궁산이를 책망하지 않고 희롱 삼아 좋아하는 척한다. 명월각씨가 궁산이에게 한 말은 보통사람의 생각을 반영한 것이다. 가난하고 무능한 남편보다 부자이면서 능력 있는 남편과 살고 싶은 것이 인지상정(人之常情)이다. 그러나 궁산이의 우는 모습을 보고 다시 명월각씨는 꾀를 내어 큰 종년을 자기의 모습으로 꾸미고 자기는 종의 행세를 하여 배선비를 속이려 한다. 이러한 서술은 잘 생각하여 보면 앞뒤의 상황이 당착되어 있음을 알 수 있다. 궁산이는 가난한 선비로 나타나는데 큰 종년이 있다면 작은 종년도 있다는 의미로 종을 여러 명 부린다는 말이 되어 잠시도 일을 하지 않으면 굶게 되는 궁산이의 집안 형편과는 맞지 않기 때문이다. 이처럼 대목마다 그 대목을 더욱 재미있게 하려고 꾸미다가 당착을 범하는 것은 서사시 서술의 한 특징이다.

그러나 배선비는 속지 않고 종노릇하는 명월각씨를 데려가겠다고 한다. 결국 궁산이는 아내를 잃고 가정은 파탄지경에 이른다. 그러나 이러한 위기와 시련은 명월각씨의 지혜와 굳은 정절의식으로 극복된다.

데마당에 물깃는// 종년을 나를 주소.
할수없어 명월각씨 대려간다.

104) 앞 책, 423면.

명월각씨가 하는 말이
다셋수만 주면// 다셋만에 가갓소.
배선비가 그러시오 하고,
배선비가 가서. 닷세 후에
소를 자바 포육을 떼서// 맹글네서 말니워서,
궁산이 바디 저고리에// 소음을 만히 두고
명디꾸리 한나 바늘 한쌈// 옷깃에 니어주니
배선비가 또 대리려 왓네.
배선비가 명월각씨와 우리둘이 살것는데//
궁산이를 대리고 가다 섬둥에 내여 놉시다 하니,
그럼 그러자 하고 다리구 간다.
대리구 가다가 섬둥에 내려 노흐니,
궁산이가 섬둥에 내려서// 먹을것이 제양 업서,
옷을 뜨더보니// 소고기 포육이 있거늘
그포육을 다먹으니// 그댐에는 또 먹을것 없어
명지꾸리 낙수줄을 맹그러고// 바늘로서 낙실 휘여
고길 낙가 먹는구나.[105)]

여기서 명월각씨는 배선비를 따라가기 전에 이미 궁산이를 데리고 가다가 섬중에 내려 놓으려고 작정하고 무인도에서 살아갈 수 있는 방법을 연구해서 조치를 해놓고 있음을 알 수 있다. 이처럼 명월각씨는 포육이 영양가가 높아 식품으로서 생명을 부지하는 데 큰 도움이 된다는 사실도 알고 있었고 이를 가공하는 방법과 배선비 모르게 궁산이에게 전해주는 비법까지 잘 아는 이인적(異人的) 면모를 보여주는 여인이다. 이처럼 궁산이를 돌보고 챙겨주는 명월각씨는 아내라기보다 어머니의 성격에 가깝다고 할 수 있다.

---

105) 앞 책, 424-425면.

궁산이는 낚시로 잡은 물고기를 먹여 학의 새끼를 살려내고 어미학의 도움으로 섬을 탈출하여 명월각씨가 마련한 거지 잔치에 참석하게 된다.

> 먹는데 하늘로서// 학이 내려와 색기를 친다.
> 색기를 까놋코 엄지학이// 옥황전에 죄를지어 잽혀가니,
> 색기학이 죽게 되엿네.
> 궁산이가 고길 낙가// 먹여 노흐니 안죽엇네.
> 엉지학(鶴)이 죄를푸러 내려왓네.
> 내려와 보니 궁산이가// 저 색기를 살넷구나.
> 그신세를 가풀수가 제양 업서// 문등에다가 내여 노흐니,
> 거랭이가 되여서 댕기는데,
> 명월각씨가 배선비네 집에 가서
> 말도 아니하고 웃디도 안흐니,
> 배선비가 말하기를// 어더래서 마누래가// 말을 아니 하오?
> 내소원을 푸러 주소.// 무슨 소원이오?
> 거랑잔체 사흘만 허여주면// 말을 하겟누란다 하니,
> 거랑 잔체 사흘헌다.
> 궁산이가 거랭이가 되여 왓구나라.
> 첫날은 아릿구테 안젓는데// 우우로서 내리 상을 노아
> 한상이 모재래서// 궁산이가 못어더 먹고,
> 그이틀날 우끄테 안즈니// 그날은 아래로서 올니노아
> 또 한상이 모재래서 못어더 먹고,
> 그 이틀날어 가운데 안저노니// 좌우로서 디리 격겨
> 또 한상이 모재래서 못어더 먹엇네.
> 궁산이가 말을하되// 이놈으 팔짜 어떤 팔짠고?
> 초년에 애미네 일코// 둥넌에 거랭이 되고,
> 삼넌에 거랑잔체도// 못어더 먹네 하고 나오는데,
> 명월각씨가 사흘 잔채를 보니// 궁산이는 못어더 먹는다.

> 단상을 지어 사흘잔채 못먹은// 거랭이 멕이라 하니,
> 궁선이가 딴상을 바다// 잘먹구, 나문거는
> 쑥새 오쟁이에 니어 지고 나간다.[106]

명월각씨는 배선비에게 와서도 궁산이를 잊지 않고 정절을 지키며 궁산이를 다시 만날 계략을 꾸민다. 명월각씨는 궁산이가 거지가 되어 떠돌이 생활을 할 줄 알고 배선비에게 거지 잔치를 열어달라고 한다. 궁산이는 잔치 자리에 와서도 제대로 얻어먹지조차 못한다. 명월각씨는 궁산이의 이런 모습을 지켜보다가 따로 상을 차려주어 먹게 한다. 여기서 명월각씨의 열절의식(烈節意識)을 찾을 수 있다. 아무리 모자라는 남편이지만 한 번 남편이 된 사람을 위해서 정조를 지키는 것이 아내의 도리임을 투철하게 인식하고 있음을 보여준다. 자기를 장기 내기에 내기감으로 걸어놓았던 한심한 신랑 궁산이에 대한 명월각씨의 변함없는 사랑은 이 서사시의 문학적 감동을 자아내는 가장 핵심적 요소이다.

명월각씨는 궁산이가 배선비보다 잘할 수 있는 일을 생각해 낸다. 그리고 배선비의 마수에서 벗어나 궁산이와 재결합에 성공한다.

> 명월각씨가 말하기를
> 구슬 옷을 내티면// 이옷을 깃을 잡아 고둘 추어
> 입어면 거랭이래두// 내낭군이라 하니,
> 거렁이들이 모도// 입을나니 못닙는다.
> 궁산이가 고둘 추어// 깃을 잡아 입어노니
> 배운 둥턴에 나떳다가// 도루 내려왔네.
> 배선비가 말하기를// 나두 닙어보자 하고
> 닙는 재주 보여 놓코// 벗는 재주 못보여서

106) 앞 책, 424-426면.

넙어 노흐니 배운 둥턴에 나떳구나.
벗는 데주를 못보여서 못내려오니
게서 죽어 소루개미가 되엿습네다.
궁산이과 명월각씨// 다시 모혀 살다가
죽은 혼넝이 일월마울로// 돌녀 노앗습네다.
일월 마울로 바듭시사.107)

명월각씨가 생각해낸 궁산이가 배선비보다 잘할 수 있는 일은 자기가 지은 옷을 입고 벗는 것이었다. 그래서 구슬옷을 내어놓고 깃고대를 찾아 바로 세워 입는 사람이 진정한 나의 남편이라고 한다. 궁산이는 명월각씨가 지어준 옷을 입어보았던 남편이어서 입는 방법을 잘 알고 있었다. 그러나 배선비를 비롯한 다른 사람은 아무도 명월각씨가 구슬옷에 숨겨둔 비밀을 알지 못했다. 결국 배선비는 구슬옷을 입고 백운중천에 올라갔다가 벗을 줄을 몰라서 다시 내려오지 못하고 죽어서 솔개미가 되고 만다. 명월각씨와 궁산이는 끊어진 부부인연을 이어 살다가 죽어 일월신으로 좌정한다.

이상에서 〈일월노리푸념〉은 현명한 부인이 어리석은 남편을 구제하여 행복한 가정을 이룬다는 민담의 미학에 충실한 전개를 하고 있는 서사시임을 알 수 있다. 여기서 주목할 점은 궁산이와 명월각씨 사이에서 자녀를 낳아 길렀다는 사연이 없다는 사실이다. 즉 〈일월노리푸념〉에는 부부서사만 있고 부모와 자식의 이야기는 나타나지 않는다는 것이다. 또한 가정의 위기를 극복하고 훼손된 가정을 복구하는 데 아내가 주도적 역할을 하고 있고 남편은 종속적 인물로 나타난다는 점이다.

이러한 작품세계는 남성이 주도하는 가부장제 사회에서 남성들의 의식세계와는 다른 것으로서 모권사회의 여성의식과 밀접한 관련을 가진다고 본다. 〈단군신화〉에서는 환인과 환웅의 부자관계가 먼저 나타나고 남성

107) 앞 책, 427-428면.

이 주도권을 행사한다. 〈주몽신화〉에는 유화와 주몽의 모자관계가 큰 비중을 차지한다. 가부장제 사회에서는 부부관계뿐만 아니라 부모와 자식의 수직적 관계가 큰 비중을 차지한다. 이런 점에서 〈일월노리푸념〉은 모권사회의 여성의식이 반영되었다고 해석할 수 있다. 무속사회는 모권사회적(母權社會的) 성격이 강하다. 주제자가 여무(女巫)이고 남성은 조무(助巫), 악공(樂工)의 일을 맡고 있으며, 굿청에 참가하는 관중도 대부분이 여성이다. 〈일월노리푸념〉은 굿청에 모인 여성들에게 우월감을 느끼게 하면서 주체적으로 가정을 지키는 주인의식을 고취하는 기능을 했다고 생각한다.

(3) 제석본풀이

가) 채록자료와 지역유형의 특성

〈제석본풀이〉는 '제석굿', '세존굿', '셍굿' 등의 무의에서 구연되는 생산신 또는 수복신의 본풀이로서, 여주인공의 명칭을 따서 〈당금애기〉, 〈서장아기〉 또는 〈제석님네 따님아기〉라는 이름으로도 통용되는 서사무가이다. 〈제석본풀이〉는 전국적인 전승 분포를 보이고 있으며 1999년까지 채록된 각 편의 수도 60여 편에 이르고 있다. 그 자료를 전승 지역에 따라 채록연도별로 정리하여 제시하면 다음과 같다.[108)]

명 칭	전승지역	구연자	채록자	발표지	발표연도
성인노리푸넘	평북 강계	전명수	손진태	문장	1940.9
삼태자풀이	평남 평양	정운학	임석재, 장주근	관서지방무가	1966
셍굿	함남 함흥	강춘옥	임석재, 장주근	관북지방무가(추가)	1966
제석본풀이	경기 양평	김용식	서대석	동아문화 9집	1970
당금애기	경기 화성	김수희	김태곤	한국무가집 III	1978

108) 김진영・김준기・홍태한, 『서사무가 당금애기 전집』 1, 2, 민속원, 1999 참조.

당금각씨	경기 수원	심복순	김태곤	한국무가집 III	1978
제석	경기 오산	배경재	아카마쓰 지조, 아키바 다카시	조선무속의 연구 上	1937
시준굿	강원 강릉	박월례, 사화선	김태곤	한국무가집 I	1971
당고마기노래	강원 강릉	박용녀	김선풍	한국시가의민속학적 연구	1977
세존굿	경북 울진	변연호	김태곤	한국무가집 I	1971
세존굿	경북 영덕	최음전, 이계석	최정여, 서대석	동해안무가	1974
세존굿	부산 동래	김유선	최정여, 서대석	동해안무가	1974
제석풀이(一)	충북 청주	유진찬	김영진	충청도무가	1976
제석풀이(二)	충북 청주	신태완	김영진	충청도무가	1976
제석풀이	충북 영동	배동주	서대석	한국무가의 연구	1980
제석굿	충남 부여	이어인연	김태곤	한국무가집 I	1971
제석굿	전북 줄포	성씨	임석재	줄포무악	1970
제석굿	전북 순창	김야무	김태곤	한국무가집	1976
제석굿	전남 진도	박선내	최길성	전국민속종합조사 보고서	1972
제석굿	전남 광주	김주	김태곤	한국무가집 II	1976
제석굿	전남 목포	이점덕	김태곤	한국무가집 II	1976
중굿	전남 해남	주평단	김태곤	한국무가집 II	1976
초공본풀이	제주도	박봉춘	아카마쓰 지조, 아키바 다카시	조선무속의 연구 上	1937
초공본풀이	제주도	김명윤	진성기	남국의 무가	1960
초공본풀이	제주도	김병효	진성기	남국의 무가	1960
초공본풀이	제주도	안사인	현용준	제주도신화	1976
초공본풀이	제주도	고대중	장주근	한국의민간신앙	1976
제석만수받이	인천	김황룡	이선주	한국의 굿 1	1997
제석풀이	경기 용인	박기화	조희웅	한국구비문학대계 1-9	1982
제석굿	경기 안성	송기철	조희웅	한국구비문학대계 1-6	1982
제석굿	경기 안성	송기철	서대석, 박경신	안성무가	1990
제석풀이	충북 영동	양월봉	김영진	한국구비문학대계 3-4	1982

제석경	대전	송선자	양종승	한국무속학보 1	1999
삼신굿	전북 군산	정강우	이규창	전라민속논고	1994
제석굿	전남 신안	강부자	최덕원	한국구비문학대계 6-7	1985
제석굿	전남 신안	김안순	최덕원	한국구비문학대계 6-7	1985
제석굿	전남 화순	임장업	강동원	화순무가사설집 굿소리	1992
제석풀이	전남 화순	양희님	이경엽	화순군의 민속과 축제	1998
제석풀이	전남 승주	문연화	박순호	한국구비문학대계 6-4	1985
제석근본	전남 영암	정화점	이두현	한국무속과 연희	1996
제석굿	전남 보성	김막례	최덕원	한구비문학대계 6-12	1988
제석풀이	전남 고흥	박순자	김승찬, 한채영	한국구비문학대계 6-3	1984
제석굿	전남 진도	채정례	박주언	진도무속현지조사	1988
제석굿	전남 진도	정숙자	지춘상	진도씻김굿	1979
제석푸리라	전남 순천	김세언	임성래	순천시의 문화유적	1992
시준굿	충북 영월	이남순	김선풍	한국구비문학대계 2-9	1986
세존굿노래	강원 명주	빈순애	김선풍	강릉단오제 실측조사보고서	1994
세존굿	강원 명주	이금옥	최길성	한국무속지	1992
시준굿	강원 속초	이명례	장정룡	속초의 향토민속	1992
삼한세존풀이	경북 울주	이금선	정상박, 김현수	한국구비문학대계 8-13	1986
세존굿	경북 영일	김석출	김태곤	한국무가집 Ⅳ	1980
내삼황세존거리	경남 울산	김유선	박경신	울산지방 무가 자료집 3	1993
외세존거리	경남 울산	김유선	박경신	한국의 별신굿 무가	1999
제석굿	전남 진도	채정례	박주언	진도무속 현지조사	1988
제석굿	전남 화순	임장업	장정룡	굿소리 화순무가사설집	1992
삼신굿	전북 군산	정강우	이규창	전라민속논고	1994
제석근본	전남 영암	정화점	이두현	한국무속과 연희	1996
제석풀이	전남 화순	양희님	이경엽	화순군의 민속과 축제	1998
제석경	충남 대전	송선자	양종승	한국무속학 1	1999
삼한시중굿	강원 강릉	필사본	김선풍	강릉단오제 실측조사보고서	1994

이들 각 편을 비교하면 세부적인 사건이나 등장인물의 명칭 등은 많은 혼란을 보이고 있으나 모든 본에 공통으로 존재하는 근간단락을 찾을 수 있다. 이 공통 근간단락을 정리하면 다음과 같다.

㉠ 딸아기의 가족은 모두 볼일을 보러 가고 딸아기만 집에 남는다.

㉡ 한 스님이 딸아기를 찾아와 시주를 요청하고 딸아기는 스님과 접촉한다.

㉢ 스님은 딸아기에게 자기를 찾는 방법을 가르쳐 주고 사라진다.

㉣ 딸아기는 잉태한다.

㉤ 딸아기의 가족들이 귀가하여 딸아기가 잉태한 사실을 알아낸다.

㉥ 딸아기는 부모에게 징치된다.

㉦ 딸아기는 스님을 찾아간다.

㉧ 스님은 딸아기와 아들들을 만나 이름을 짓고 신직을 부여한다.

그러나 위에서 요약된 서사단락만으로는 인과적(因果的)인 이야기 전개가 완전하게 이루어지지 않는다. 스님이 시주를 받아 간다는 단락과 딸아기의 잉태단락 사이에는 비약이 있다. 즉 딸아기의 잉태과정이 누락되어 있다. 또한 딸아기는 아이들을 어떻게 낳았으며 어떻게 길러서 스님을 찾아갔는가 하는 의문도 제기될 수 있다. 이처럼 공통단락 사이에 비약이 나타난 것은 모든 각 편에 공존하는 내용만을 요약 정리했기 때문이다.

딸아기의 잉태과정, 시련과정, 스님과 아이들의 상봉과정은 각 편들 간에 적지 않은 차이를 보이고 있다. 대체로 함흥·평양·양평·동해안을 포함하는 남한강 동북지역의 전승본들은 시주를 받으러 온 스님이 딸아기와 함께 하룻밤을 자고 가는 과정에서 딸아기는 아들 세 쌍둥이의 잉태를 암시하는 꿈을 꾼다. 반면에 오산·수원·청주·부여·줄포·순창·광주·목포·진도·해남·제주도 등 한반도 서남지역 전승본에서는 스님이 시주를 받아 가지고 가면서 딸아기에게 쌀을 먹도록 하거나 손목을 잡아 보거나 머리를 만지는 행위를 하고 이것이 잉태의 계기가 된다.

또한 딸아기가 잉태했기 때문에 겪는 시련도 동북지역과 서남지역의 전승본들 사이에는 차이를 보인다. 동북지역 전승본에서는 딸아기가 토굴 속에 감금되고 그 속에서 출산을 하며, 출산한 아이들을 키운 뒤에 아이들의 요청으로 스님을 찾아간다. 그러나 서남지역 전승본들에서는 딸아기의 부모가 바로 딸아기를 내어쫓고 쫓겨난 딸아기는 잉태한 몸으로 스님을 찾아간다.

스님이 찾아온 딸아기를 대하는 태도에 있어서도 각 지역 전승본들은 차이를 보인다. 동북지역본들에서는 스님이 찾아온 아이들에게 친자임을 확인하기 위한 여러 가지 시험을 부과하고 아이들이 이것을 해결하자 성명과 직책을 부여한다. 반면 서남지역본들에서는 스님이 잉태한 딸아기를 만나자 중노릇을 집어치우고 세속살림 준비를 한다.

이상에서 〈제석본풀이〉의 60개 각 편들은 대체로 남한강을 경계로 하여 동북부 지역 전승본과 서남부 지역 전승본으로 나누어짐을 알 수 있다. 그런데 제주도 지역은 서남지역과 접근되어 있으나 독특한 특징을 가지고 있다. 즉 제주도본들에서는 스님이 딸아기 집에 시주를 와서 자지 않고 바로 돌아간 점이나 딸아기가 잉태한 상태로 부모에게 추방당하여 스님을 찾아가는 점은 서남지역본들과 일치하지만, 딸아기가 낳은 아들 3형제가 아들 대신 옥에 갇힌 어머니를 구출하기 위해 활동하는 내용이 부연되어 있는데 이것은 제주도만이 가지는 독특한 특징이다.

이러한 〈제석본풀이〉 전승본의 지역 차는 바로 이 서사무가가 장구한 기간 전승되면서 각 지역문화의 특질에 적합하도록 변모했기 때문이라고 생각된다.[109)]

---

109) 〈제석본풀이〉의 地域的 특징과 성격은 서대석, 「제석본풀이 硏究」(『韓國巫歌의 硏究』, 文學思想社, 1980)에 詳論되어 있다.

나) 신화적 성격

〈제석본풀이〉는 무속신화이다. 그렇다면 이는 어떤 신에 대한 신화이며 그 서사적 내용이 의미하는 바는 무엇이고 우리나라의 다른 신화와는 어떤 관련성을 가지는가 하는 문제가 제기된다. 이러한 문제를 논의하기 위해 먼저 〈제석본풀이〉가 구연되는 무의의 성격과 제향을 받는 신의 직능부터 검토하기로 하겠다.

〈제석본풀이〉는 '셍굿', '시준굿', '제석굿' 등의 무의에서 구연된다. '셍굿'이란 '성인(聖人)굿'이란 말이고 '시준굿'은 '세존(世尊)굿'에서 나온 말로서 석가모니를 세존이라고 일컫는 데서 유래한 것이다. '제석굿'도 제석신에 대한 굿이라는 의미가 있고 제석(帝釋) 역시 불교의 신이다. 이런 점에서 불교신에 대한 의식에서 〈제석본풀이〉가 구연된다고 쉽게 단정할 수도 있다. 그러나 무가의 내용을 좀 더 주의 깊게 관찰하면 '제석'이란 신은 생명과 복록, 즉 다산(多産)과 풍요(豊饒)를 관장(管掌)하는 직능을 갖고 있음을 찾아낼 수 있다.

> 쳣지 난 이는 대암뎨셕 둘지 난 이는 소암뎨셕
> 아들아기 나으시면 명가사를 늘려주고
> 둘지 난 이 소암뎨셕 졔불졔텬 락산관악 서가여릐 셩인뎨셕
> 아모면 아모동리 아모셩씨 한가즁
> 수명 장수하옵기를 친밀축수 정성이로소이다.
>
> —오산본[110]

> 먹구남구 씨구남게 셈겨주구 셈겨주자.
> ○○살 먹은 대주님 상남자손은다
> 하늘에 단 명 주자 땅에 서린 명을 주자.
>
> —수원본 제석축원[111]

110) 赤松智城・秋葉隆, 『朝鮮巫俗の硏究』 上, 143-144면.

가내가중 남녀노소들에 명과 복을 즘지차로 제석궁에 좌정하여
먹을 전도 불어주고 입을 전도 불어주어
먹고 남고 쓰고 남게 즘의즘지하소서

—청주본 제석풀이[112]

위의 자료에서 알 수 있듯이 제석신은 생명과 복록의 신이다. 그렇다면 무속에서 수명과 복록을 관장하는 신과 불교의 제석과는 어떤 관련이 있는가?

불교에서 말하는 제석(帝釋)은 '제석천(帝釋天)'을 말하며 도리천(忉利天)의 왕으로서 불법과 불법에 귀의하는 사람을 보호하는 직능을 갖는다.

▌서해안 풍어제 불사거리(2004. 5. 31)

111) 김태곤, 『韓國巫歌集』 Ⅲ, 圓光大學校 民俗學硏究所, 1978, 174면.
112) 김영진, 앞 책, 258면.

▌ 강릉단오제 제석굿(1991. 6. 16)

제석천은 특히 불도를 구하는 사람이 곤경에 부딪혔을 때 변신하여 나타나 구도자의 신앙심을 시험한 뒤 그들의 소원을 이루어 주는 신이다.[113] 이러한 불교 제석신의 성격은 우리 무속의 제석신과는 그 성격이나 기능이 다르다. 무속의 제석은 신도들의 현실적 복리 추구를 도와주는 신이지 불법을 보호하는 신은 아니기 때문이다. 따라서 무속에서의 제석은 명칭만 불교에서 빌어 왔을 뿐 신의 직능은 무속 고유의 수명과 복록을 관장하는 것임을 알 수 있다. 〈제석본풀이〉는 풍농(豊農)이나 풍어(豊漁)를 기원하는 재수굿에서 구연된다. 또한 민속에서 행해지는 '제석단지'나 '제석항아리'의 습속은 제석이 곡식의 신이면서 농경의 풍흉을 관장하는 신임을 말해준다. '제석단지', '시준단지', '터주단지'는 단지에 벼를 넣어 뒤

113) 운허용하, 『佛教事典』(법보원, 1961), 788면 참조.

뜰이나 벽장 등에 모셔두었다가 햇곡이 나면 새로 추수한 벼로 바꾸어 넣는 것으로 일종의 곡종신(穀種神)에 대한 민간신앙이다. 곡신이 제석신으로 명명된 것은 제석신이 농경신의 직능을 가진다는 증거가 된다.

다음 〈제석본풀이〉에 등장하는 주인공의 성격과 행위를 분석하여 보기로 하겠다.

남주인공은 '황금산 주재문장'(강계본), '서인님'(함흥본·평양본), '석가여래'(양평본), '시준님'(강릉본), '중상'(수원본), '황금대사'(청주본), '주지시님'(출포본), '황에중'(진도본), '주자선생'(제주도본) 등으로 각 편에 따라서 다양하게 나타나고 있으나 그 명칭의 공통성은 불승(佛僧)에 대한 호칭이라는 점이다. 그런데 주인공의 행위는 불승의 행위로서는 문제점이 있다. 남주인공 스님은 시주를 빙자하고 고귀한 가문의 딸아기에게 접근하여 잉태를 시키고 사라진다. 이러한 행위는 불교의 계율인 색계(色戒)를 어긴 파계승으로서의 행각인 것이고 비난과 지탄의 대상이 되어야 마땅하다. 그럼에도 불구하고 대부분의 각 편에서는 남주인공이 신이한 존재로 인식되고 그 행위 또한 긍정되고 있다. 〈강계본〉에서 남주인공 주재문장은 '당주애비'의 집이 늪이 되리란 예언을 했고, 서장애기가 죽게 되었을 때 도술을 부려 구출했으며, 아들들과 상봉한 뒤에는 종이말을 타고 승천했다. 〈청주본〉에서도 남주인공 황금대사는 축천축지(縮天縮地)의 도술을 부릴 줄 아는 인물이고, 산이 변하여 바다가 되는 술법과 생사팔문금사진(生死八門禁邪陣)을 베풀 줄 아는 신이한 존재로 나타난다.

이처럼 주인공의 신분은 불승으로 설정되어 있으면서 그가 한 행위는 여인에게 임신을 시키는 불승이 해서는 안 되는 일을 하고도 오히려 이를 찬양받은 것은 당착되는 논리라고 아니할 수 없다. 이 같은 당착은 주인공 본래의 신분은 불승이 아니었음을 시사해준다. 〈제석본풀이〉의 남주인공인 스님은 무속에서 숭앙되던 천신 또는 태양신의 불교적 변모라고 본다. 그 증거로서 남주인공이 하늘로 날아오르고 내리는 행위를 한 점,

처녀에게 접근하여 임신을 시킨 점, 자기 분신을 상징하는 박씨를 딸아기에게 준 점 등을 들 수 있다.[114] 박씨는 '밝음의 씨앗'이라는 의미가 있는데 이는 빛의 원천인 광명신(光明神), 즉 태양신의 후예임을 함축한 말이다.

여주인공은 '서장애기'(강계 · 평양), '세주애기'(함흥), '당금애기'(양평 · 강릉 · 화성 · 오산 · 울진 · 영덕 · 동래), '제석님네 따님애기'(진도), '자지명아기'(제주도) 등으로 그 명칭이 다양하나 빈도수가 가장 많은 '당금아기'가 고유명칭이라고 본다. '제석님네 따님애기'는 누구의 딸이라는 설명적 호칭이고, '세주애기'는 '세존아기'에서 유래된 명칭으로서 고유한 인명은 아니다. 그런데 당금아기가 행한 행위는 아기를 잉태하고 출산하고 양육한 것이 전부이고 그 공로로써 '삼신'으로 정립된다는 것이다. 이런 점에서 당금아기는 출산의 신이라고 할 수 있다. '당금'이란 말의 어원도 고어 '듣곰'에 소급시켜 '촌신(村神)' 또는 '곡신(谷神)'의 의미로 해석할 수 있다.[115] 당금아기는 골매기신이 되기도 하는데 골매기신은 바로 고을이나 마을을 보호하는 지역관장신을 말한다.

그렇다면 〈제석본풀이〉는 하늘의 신을 아버지로 하고 마을의 신을 어머니로 하여 새로운 신이 탄생되는 과정을 서술한 신화라고 볼 수 있다. 그리고 이같은 내용은 국조신화인 〈단군신화〉나 〈주몽신화〉와 상통되는 성격을 갖는다.

〈단군신화〉는 천신인 환웅과 지신인 웅녀가 결합하여 단군이 탄생된다는 내용이고 〈주몽신화〉는 천신인 해모수와 수신인 유화가 결합하여

114) 중이 딸아기를 작별하면서 자기를 찾는 방법으로 박씨를 준다. 박씨를 심어 박순이 뻗는 대로 따라오면 중이 있는 곳에 오게 된다는 것이다. 여기서 박씨는 중의 分身으로서 상징적 의미를 가지며 '붉음' 즉 光明의 源泉으로서의 의미가 있다고 보아 太陽神에 연결할 수 있다.

115) 高句麗語에 '谷'을 '呑' · '旦' 또는 '頓'으로 表記했고, 『朝鮮館譯語』에서는 '村'을 '呑'이라고 했다. 李基文, 「한국語形成史」(『韓國文化史大系』 V, 1967, 高大 民族文化研究所), 79면, 109-110면 참조. 따라서 '당금'은 '듣곰'으로서 '마을신'의 의미로 해석된다.

주몽을 낳는다는 이야기이다. 〈제석본풀이〉의 남주인공은 환웅이나 해모수에게 비의(比擬)할 수 있고 여주인공은 웅녀나 유화에 비견(比肩)되며, 그들 사이에서 출생된 아들 3형제는 단군이나 주몽과 대응된다.

다음에서 〈제석본풀이〉와 고구려 국조신화인 〈주몽신화〉를 구체적으로 대응시켜 공통된 성격을 찾아보기로 한다.

ㄱ. 남·녀의 결합과정

해모수는 하백(河伯)의 세 딸이 청하(青河)에서 노는 아름다운 모습을 보고 후사(後嗣)를 이을 생각으로 접근한다. 그리하여 궤계(詭計)를 부리어 동실(銅室)을 만들고 술자리를 베풀어 유화 세 자매를 유인하여 취하게 한 뒤 유화를 억류한다. 여기서 해모수는 유화의 의사는 완전히 무시한 채 일방적으로 행동한다.[116] 〈제석본풀이〉에서도 스님은 당금아기가 아름답다는 소문을 듣고 당금아기 집으로 와서 잠겨 있는 대문을 신통력으로 열고 시주를 핑계로 접근하여 신비한 힘으로 잉태를 시킨다.[117] 스님이 당금아기에게 접근한 것은 후사를 이을 생각이 있어서였고 당금아기의 의사는 무시하고 일방적으로 행동한다는 점에서 해모수의 행위와 일치된다.

ㄴ. 여주인공의 수난상(受難相)

〈주몽신화〉에서 해모수가 유화의 황금비녀로 가죽 가마를 뚫고 승천하자 유화는 부친인 하백의 분노를 사서 꾸지람을 받고 추방당한다. 〈제석본풀이〉에서도 당금아기가 잉태한 사실을 알게 되자 부친이 진노하여

116) 朱蒙說話는 李奎報, 「東明王篇」에 의한다. 李奎報, 『東國李相國集』 卷 第4 「東明王篇」(『高麗名賢集』, 成大 大東文化研究所, 1973), 33-37면 참조.

117) 「제석本풀이」의 內容은 강계·평양·함흥·양평·동해안 등 韓半島 東北地域 傳承本을 중심으로 한 것이다.

당금아기를 징치하여 토굴에 감금하거나 내어 쫓는다. 이러한 여주인공의 수난은 딸의 결혼을 계기로 부녀가 갈등하고 부친이 딸을 박해한다는 점에서 공통된다.

ㄷ. 출산과정(出産過程)

〈주몽신화〉에서 유화는 왼편 겨드랑이로 다섯 되쯤 되는 큰 알을 낳았는데 금와왕은 상서롭지 못하다고 여겨 말 기르는 곳에 버렸으나 여러 말이 밟지 아니했고 깊은 산에 버렸으나 온갖 짐승이 모두 보호했다. 〈제석본풀이〉에서 당금아기는 토굴 속에 감금당한 채 학이나 선녀의 도움으로 아들 3형제를 출산한다. 이것은 태어난 아기가 동물의 보호를 받는다는 점에서 공통성을 찾을 수 있다. 특히 〈평양본〉에서는 당금아기가 세 쌍둥이를 왼편 갈빗대 밑으로 출산하는데 이것은 유화가 주몽을 왼편 겨드랑이로 낳은 것과[118] 일치한다.

이러한 출산과정의 유사점은 주로 동북지역 〈제석본풀이〉에서 발견되는 것이다. 서남지역 전승본들은 대부분 출산단락이 없다.

ㄹ. 아버지를 찾는 과정

〈제석본풀이〉에서 당금아기가 낳은 아들 3형제가 아버지를 찾는 과정은 주몽의 아들 유리(類利)가 졸본으로 주몽을 찾아가는 과정과 유사하다.

유리는 어려서 한 부인의 물동이를 활로 쏘아 깨뜨리고 '애비 없는 아이'란 욕설을 듣고는 어머니에게 아버지가 누구인가를 묻는다. 유리의 어머니가 희롱으로 "너는 정해진 아버지가 없다"고 하자, 유리는 자문(自刎)하려 하였고 이에 놀란 유리의 어머니는 주몽이 부탁한 사연을 유리에게 말해 주고 아버지를 찾아가라고 하였다.[119]

118) 李奎報, 「東明王篇」, 35면, 「左腋生一卵 大如五升許」.

〈제석본풀이〉 동북지역 전승본들에서는 당금아기가 토굴 속에서 갇힌 채 출산한 아들 3형제가 자라서 서당에 다니다가 동료들에게 '아비 없는 자식'이라는 놀림을 받고 어머니에게 '아버지가 누구인가?' 하고 묻는다. 당금아기는 희롱으로 거짓말을 하였으나 아들들이 칼을 들고 위협하자 스님이 아버지임을 말해 주고 아들들과 함께 스님을 찾아 출발한다.

여기서 유리가 '애비 없는 아이'라는 욕설을 들은 것과 당금아기의 아들 3형제가 '아비 없는 자식'이라는 놀림을 받은 것이 일치하고, 어머니가 아들에게 희롱의 말을 하다가 아들이 어머니를 위협해서 아버지의 신분과 소재지를 알아내는 것 또한 동일한 성격임을 알 수 있다.

ㅁ. 친자 확인과 자격시험

유리는 주몽이 감추고 간 부러진 칼 도막을 찾아 가지고 고구려로 간다. 그리고 부친인 주몽을 만나서 칼 조각을 바친다. 주몽이 자기가 간직했던 또 하나의 칼 조각을 꺼내 맞추자 칼은 피를 흘리면서 이어진다. 주몽은 유리에게 '네가 진실로 나의 아들이라면 어떤 신성함이 있는가?' 라고 묻는다. 유리는 몸을 들어 공중에 솟으며 창틀을 타고 해를 맞아 그 신성함을 보인다.120)

이러한 주몽과 유리의 부자상봉 장면은 〈제석본풀이〉의 친자 확인 시험 대목에서 대응되는 성격을 찾을 수 있다. 스님은 아들 3형제를 만나자 아들의 신통력부터 시험한다. 스님이 제시한 문제는 모래밭에 나갔다 들어와도 발자취가 없을 것, 종이옷을 입고 물속에서 헤엄을 쳐도 옷에

119) 앞 책, 36면, 「類利……少以彈雀爲業 見一婦載水盆 彈破之 其女怒而詈曰 無父之兒 彈破我盆 類利大慙 以泥丸彈之 塞盆孔如故 歸家問母曰 我父是誰 母以類利 年少 戲之曰 汝無定父 類利泣曰 人無定父 將何面目見人乎 遂欲自刎 母大驚止之曰 前言戲耳 汝父是天帝孫河伯甥 怨爲夫餘之臣 逃往南土 始造國家 汝往見之乎」.

120) 앞 책, 36면, 「以劍一片 奉之於王 王出所有毀劍一片合之 血出連爲一劍 王謂類利曰 汝實我子有何神聖乎 類利應聲 擧身聳空 乘牖中日 示其神聖之異 王大悅 立爲太子」.

물이 묻지 않을 것, 소 뼈다귀를 주워서 살아 있는 소를 만들어 타고 들어올 것, 짚으로 북과 닭을 만들어서 그 북이 소리가 나고 그 닭이 울음을 울 것 등이다. 이런 문제를 아들 3형제는 모두 해 낸다. 그러자 스님은 다시 자기의 손가락과 아들 3형제의 손가락을 단지(斷指)하여 거기서 나는 피가 합쳐져야 혈육임을 인정하겠다고 한다. 결국 스님의 피와 3형제의 피가 합쳐짐을 보고서야 친아들임을 인정한다. 여기서 칼 도막이 피를 흘리며 이어지는 것과 단지합혈(斷指合血)은 친자 확인 방법으로서 동일한 성격이며 신성성과 신통력의 시험 또한 같은 성격으로 볼 수 있다.

이상에서 〈제석본풀이〉는 국조신화들 가운데 특히 〈주몽신화〉와 그 신화적 성격이 상통됨을 찾아보았다. 이러한 사실은 우연의 일치이거나 견강부회한 것이 아니고 필연적인 관련성이 있다고 본다. 〈제석본풀이〉를 부족사회가 형성되고 농경에 의한 정착생활이 시작되면서 이루어진 농경생산신에 대한 무속신화라고 본다면, 고구려 국가 성립 이전부터 전승되었을 것이 분명하다. 국조신화는 국가보호신 신화와 조상신화가 합쳐져서 형성된 것이다. 조상신은 곧 후손을 보호하는 신이면서 동시에 산업생산신의 성격을 갖기 때문이다. 따라서 〈주몽신화〉는 고구려 국조신화로 변모되어 문헌에 정착된 무속 생산신 신화의 변모라고 생각한다. 한편 무속신화는 문헌에 기록된 자료와는 별도로 전승되면서 변모를 계속했고 전파・확대되었으리라 생각된다.

이러한 추론을 통해서 보면 〈제석본풀이〉가 〈주몽신화〉와 일치되는 성격을 갖는 것은 당연한 결과라고 본다. 그러나 〈제석본풀이〉는 20세기에 이르러서 채록된 자료이고 장구한 전승기간을 통해 각 시대의 다양한 사상을 수용하면서 변모된 것이다. 특히 불교사상의 영향은 매우 컸고 각 편에 따라서는 본래 무속신화로서의 모습이 변질된 부분도 많이 있다. 그러나 무속신화로서 가졌던 근간구조(根幹構造)는 그대로 유지되고 있기에 이것을 토대로 그 본래의 모습을 추적할 수 있었던 것이다.

다) 무가권의 차이점과 그 성격

전국적으로 전승되는 〈제석본풀이〉가 그 서사단락의 편차에 의하여 크게 동북지역권과 서남지역권으로 나뉘어짐은 앞에서 언급한 바 있다. 그러면 동북지역 전승본들과 서남지역 전승본들의 차이점은 어떤 역사 문화적 배경으로 설명할 수 있는 것인가를 검토해 보기로 한다.

ㄱ. 서두의 차이점과 그 성격

〈제석본풀이〉에서 남주인공인 스님의 출생·성장과정이 나타나는 각 편은 〈강계본〉, 〈함흥본〉, 〈양평본〉, 〈오산본〉, 〈수원본〉, 〈화성본〉이다. 반면에 여주인공인 딸아기의 출생 및 성장과정이 나타나는 각 편은 〈양평본〉, 〈제주도본〉이다. 여주인공 부모의 결연과정이 있는 각 편에는 결국 여주인공의 출생·성장과정이 내포되어 있다고 볼 수 있으므로 〈청주본〉, 〈영동본〉에도 여주인공의 출생·성장과정은 있는 셈이다.

여기서 흥미로운 사실은 가장 북쪽 지역인 〈강계본〉, 〈함흥본〉에서는 남주인공의 출생과정만 있는데, 가장 남쪽 지역인 〈제주도본〉에는 여주인공의 출생과정만 있다는 점이다. 그리고 중간지역인 〈양평본〉에서는 남녀 주인공의 출생·성장과정이 모두 있으나 동해안 지역본들은 남녀 주인공의 출생과정이 모두 없다.

남주인공의 출생·성장과정이 있다는 것은 그만큼 남주인공을 중심인물로 서술한 것이고 부계혈통을 강조한 것이 되며, 여주인공의 출생·성장과정을 서술한 것은 모계적 혈통을 중요시한 것이라고 볼 수 있다.

ㄴ. 잉태과정의 차이점과 그 성격

동북지역의 전승본들은 대체로 시주 온 스님이 당금아기와 한 방에서 자면서 꿈으로 잉태를 암시한다. 반면에 서남지역 전승본들은 중이 준 쌀알을 당금아기가 먹거나 중이 당금아기의 손목이나 머리를 만짐으로써 당금아기는 잉태한다.

그런데 동북지역 각 편들 중에서 〈강계본〉, 〈평양본〉, 〈함흥본〉, 〈동해안본〉은 모두 '붉은 구슬'을 당금아기가 치마에 받아 보이는 꿈을 꾼다. 〈양평본〉에서도 구슬 세 개를 받아 보이는 꿈을 꾼다. '붉은 구슬'은 바로 태양을 상징함과 동시에 부계혈통을 의미한다. 특히 〈강계본〉에서는 남주인공 성인이 잉태될 때 그의 부모가 꾼 태몽과 당금아기가 잉태할 때 태몽이 모두 '붉은 구슬'을 받아 보이는 것으로 되어 있다. 이것은 태양신, 즉 천신을 조상신으로 숭앙했던 관념의 반영이고 부계혈통을 강조한다는 의미이다.

서남지역 각 편들에서 당금아기가 쌀알을 삼키고 잉태하는 것은 곡물 파종에서 유추된 인간의 잉태라고 볼 수 있다. 쌀알은 곡식의 종자로서 곡령(穀靈)의 의미를 갖는다. 이것은 농경집단의 지모신 신앙과 연결된다고 본다.

ㄷ. 해후·상봉 장면에서의 차이점과 그 성격

동북지역 각 편들에서는 여주인공인 당금아기가 출산한 뒤 아이들이 아버지를 찾아갈 것을 강력히 요구하여 당금아기는 아들들을 데리고 스님을 찾아간다. 이때 당금아기와 스님과의 재회는 부부상봉(夫婦相逢)이라는 점보다도 부자상면(父子相面)의 성격이 강하다. 아내와 자식을 만난 뒤에 스님은 당금아기에게는 별 관심이 없고 아들들의 신통력 시험과 친자 확인에 주력함을 볼 수 있다. 이러한 성격 역시 부자관계를 강조한 사고의 반영으로 생각된다.

서남지역의 각 편들에서는 딸아기가 잉태한 상태로 중을 찾아가기에 부자관계는 나타나지 않고 부부재회의 성격만 부각된다. 〈제주도본〉에서는 딸아기가 낳은 아들 3형제의 활동이 나타난다. 그러나 이 아들 3형제는 아버지가 부여한 신직(神職)은 버리고 외할아버지가 부여한 신직을 받으며, 중의 자식이라는 이유로 과거에 낙방하자 아버지를 원망하고 기물을 파손한다. 그리고 어머니가 자기들의 죄로 인해 감옥에 갇히자 어머니의 구출에만 전념한다. 이런 점에서 동북지역 전승본과는 성격이 다름을 알 수 있다.

이상에서 대체로 동북지역의 각 편들은 천신 혹은 태양신 숭앙과 부계사회의 성격을 반영하고 있으며, 서남지역의 각 편들은 지모신 신앙과 모계적 혈통을 중시하는 의미를 함축하고 있다고 하겠다.

그러나 이러한 차이가 형성 당시부터 있었던 것인지 전승과정에서 변모하면서 나타난 것인지에 대해서는 확언하기 어렵다. 다만 〈제석본풀이〉가 전승되는 동북지역은 고구려의 고토이고 지역별 전승본의 특징은 고구려 신화와 유사점이 많으며 서남지역은 백제의 고토이고 벼농사가 발달하였으며 제주도 지역은 여성들의 생산활동이 남성들보다 활발하다는 점을 고려할 수 있다. 이런 점에서 〈제석본풀이〉는 우리 민족이 창조한 신화이고 건국신화와 같은 연원에서 출발하여 각 지역의 사회적 특성을 수용하면서 변모를 거듭하여 오늘까지 전승되고 있는 무속신화라는 점만을 확실히 해 두고자 한다.

▮ 우옥주 진오기굿의 한 장면(서울 수유리 굿당)

(4) 바리공주

가) 지역별 하위유형의 특징

〈바리공주〉는 한반도 전 지역에서 전승되는 무속신화로서 지금까지 60여 편이 채록되었다.[121] 〈바리공주〉는 〈바리데기〉, 〈무조전설〉, 〈칠공주〉, 〈오구풀이〉 등의 여러 가지 다른 명칭이 있는데, 죽은 사람의 혼령을 저승으로 천도(遷度)하기 위해 베풀어지는 진오기굿(중부지방), 오구굿(영남지방), 씻김굿(호남지방), 망묵이굿(관북지방) 등으로 불려지는 사령제(死靈祭) 무의(巫儀)에서 구연된다. 무가의 내용은 전승 지역에 따라 차이가 있다. 전승 지역을 서울・경기를 중심으로 한 중부지역, 강원도와 경상북도의 동해안 지역, 함흥, 홍원 등의 관북지역, 충청도와 전라도를 포함한 호남지역의 4개 권역(圈域)으로 나누어 지역별 전승본의 특징을 검토하기로 하겠다.

ㄱ. 중부지역권

중부지역권은 서울과 경기도 남부, 그리고 충청남도 북부지역인데 구체적인 채록지역은 서울, 인천, 경기도의 연천, 양주, 강화, 성남, 평택, 충남의 천안, 공주이다. 이 지역은 연천, 양주를 제외하면 대체로 남한강 이남의 한반도 중서부지역이라고 할 수 있다. 중부지역에서 채록된 각편은 다음과 같다.

명 칭	전승지역	구연자	채록자	발표지	발표열월
바리공주	서울	배경재	아카마쓰 지조, 아키바 다카시	조선무속의 연구 上	1937
말미	서울	문덕순	김태곤	황천무가연구	1966.1.29
바리덕이	서울	최명덕	임석재	한국구전설화 5	1978.10.2
바리데기	서울	김대길	정병호	중앙민속학 7	미상(1995)
말미	서울	반승업	김유감	서울새남굿신가집	1958.3.19
바리공주	서울	김종덕	김진영, 홍태한	바리공주전집 1	『한양선거리』
바리공주	서울	새우젖집	김진영 홍태한	바리공주전집 1	1991.2.3
말미거리	서울	김경주	홍태한	바리공주전집 3	2001.8
말미거리	서울	정응구	홍태한	바리공주전집 3	2001.8
칠공주말미	서울	박종복	김헌선	바리공주전집 3	2001.8

121) 김진영・홍태한, 『서사무가 바리공주전집』 1, 2, 민속원, 1997 및 홍태한・이경엽, 『서사무가 바리공주전집』 3, 민속원, 2001 참조.

발이공주	서울	주광석 소장	장장식	바리공주전집 3	2001.8
바리공주	양주	조영자	장주근, 최길성	경기지역무속	1967
바리공주	강화	송분임	조동일	한국구비문학대계 1-7	1981.10.9
말미	인천	정영숙	이선주	인천지역무속 III	1988.4.26
말미	인천	도정희	이선주	인천지역무속 III	1985.10.21
바리공주	성남	장성만	조희웅	이야기문학모꼬지	1995
바리공주	성남	장성만	김진영, 홍태한	바리공주전집 1	1996.8.29
바리공주	평택	노재웅	김진영, 홍태한	바리공주전집 1	1996.5.23
바리공주	연천	김봉순	양종승	바리공주전집 3	2001.8
바리공주	천안	배명부	김진영, 홍태한	바리공주전집 1	『전통좌경과 굿』
바리공주	공주	노재웅	김진영, 홍태한	바리공주전집 1	1996.6.27

앞의 각 편들은 세부에서 많은 차이가 있다. 서울 지역 전승본을 중심으로 서사단락을 요약한다.

1. 옛날 어느 왕국의 국왕이 즉위(卽位)하여 결혼을 하려고 문복(問卜)을 한다.
2. 점쟁이는 '금년에 대왕께서 혼례를 하게되면 공주만 일곱을 낳을 것이고 내년에 혼례를 하면 왕자 셋을 낳을 것'이라고 예언한다.
3. 왕은 점쟁이의 말을 믿지 않고 바로 그해에 결혼을 한다.
4. 왕비는 계속해서 공주만 여섯을 낳는다.
5. 왕은 점쟁이의 예언이 실현되는 것을 알고 왕자를 낳게 하여 달라고 신께 치성을 드린다.
6. 왕과 왕비는 상서로운 태몽을 꾸고 일곱째 아기를 잉태하여 왕자가 태어날 것을 기대하였으나 낳고 보니 또 공주였다.
7. 왕은 화가 나서 일곱째로 태어난 공주를 옥함에 넣어 강물에 띄워 버린다.
8. 바리공주는 석가세존의 지시를 받은 비리공덕 할아비와 비리공덕 할미에게 구출되어 양육된다.
9. 바리공주가 15세가 되었을 때 왕은 병이 들고 꿈에 신의 사자인 청

의동자(青衣童子)가 나타나 일곱째 공주를 내버린 죄로 병이 든 것이며 병을 고치려면 내버린 공주를 찾아내어 신선세계의 약수(藥水)를 길어다가 먹어야 된다고 한다.

10. 왕의 명령을 받은 신하가 바리공주를 찾아내어 궁중으로 데려와 부모를 만나게 하고 바리공주는 약수를 구하려고 여행길에 오른다.
11. 바리공주는 여러 신들의 도움으로 저승세계를 지나서 신선세계에 도달하고 약수를 지키는 무장승을 만나 약수 값으로 나무해주기 3년, 물 길어주기 3년, 불 때어 주기 3년의 일을 해주고 무장승과 결혼하여 아들 7형제를 낳은 뒤에 비로소 약수를 얻어 돌아온다.
12. 바리공주를 기다리던 왕이 이미 죽어 장례를 지내려고 할 때 바리공주가 약수를 가지고 나타나 죽은 아버지를 살려 낸다.
13. 살아난 왕은 바리공주가 자기를 살려낸 사실을 알고 바리공주의 소원을 들어 무신(巫神)이 되어 무당의 제향을 받아 먹도록 하고 일곱 아들은 저승의 십대왕이 되게 하고 무장승은 산신(山神)이 되게 한다.

중부지역권의 전승본은 사건의 전개가 인과론적(因果論的)으로 전개되고 숭고미를 구현하고 있다. 사건의 발단은 복술가의 예언으로부터 시작된다. 국왕의 혼례시기를 묻는 말에 복술가는 금년은 불길한 해여서 금년에 결혼을 하면 공주만 일곱을 둘 것이고 내년은 길년이므로 내년에 결혼을 하면 왕자 셋을 둔다고 했다. 이는 금년에는 혼례를 하지 말라는 신의 의지를 대행한 금지(禁止)의 선언이라고 할 수 있다. 그러나 국왕은 이러한 금지를 어기고 혼례를 강행한다. 이는 신의 금지를 위반한 행위가 된다. 결국 복술가의 예언은 실현되어 공주만 여섯을 낳게 되자 왕은 그 예언으로부터 벗어나기 위해서 기자치성(祈子致誠)을 드린다. 국왕의 기자치성 행위는 금지를 위반한 결과로부터 벗어나려는 노력이다. 그리하여 상서로운 태몽을 꾸고 다시 일곱째 아기를 잉태한다. 그러나 낳아 보니 또 공주였다. 여기서 복술가의 예언은 적중하였고 이는 국왕의 금지 위반에 대한 신의 징벌이 실현된 것으로 볼 수 있다. 그러나 태몽의 예사(豫示)를 통하여 일곱째 공주는 보통 인물이 아닌 비범한 인물로서 결코 왕자보다 못하지 않은 존재라는 점이 암시된다. 이런 점에서 국왕의 기자치성을 통하여 금지를 위반한 죄과(罪過)로부터 벗어나고자 했던 노력은 그 목표를 달성했다고 보아야 한다. 비범한 인물을 점지해 주었다는 것은 결국 신이 국왕의 노력을 인정한 것이라고 할 수 있다.

그러나 국왕은 첫 번째 신의 의사를 위반한 것과 같이 다시 신의(神意)를 거스르고 만다. 즉 하늘이 아는 비범한 아기를 내버리는 것이다. 여기서 국왕의 두 번째 금지 위반의 행위가 나타난다. 금지를 위반한 행위에 대한 징벌은 국왕이 병이 들어 죽는 것이고 이러한 징벌에서 벗어나기 위해서는 버린 아기를 찾아내어 그 아기로 하여금 약수를 길어오게 하여 먹어야 된다는 것이다.

바리공주는 결국 부왕이 신의 금지를 위반한 죄를 속죄하기 위해 엄청난 고행을 감수해야 했다. 바리공주의 헌신적이고 끈질긴 노력으로 국왕은 죽음으로부터 삶을 되찾는다. 이러한 바리공주의 전개는 '금지의 선언 → 금지의 위반 → 금지 위반의 결과 → 그 결과로부터 도피 노력 → 도피의 성공'이라는 서사적 전개를 반복한 것이라고 할 수 있다.

금지는 본래 절대권자의 절대적 명령이다. 인간에게 금지를 선언할 수 있는 존재는 신이나 신에 준하는 절대권력자인 국왕밖에 없다. 서울・경기지역 전승본에서는 국왕과 신(神) 사이에 대결의 모습을 찾을 수 있다. 여기에는 국왕도 인간이므로 신에게 복종하여야 하고 이를 어긴다면 가차 없는 징벌을 당한다는 논리가 내재해 있다. 그러나 국왕은 두 번이나 금지를 무시하여 신의 존엄함을 알지 못하고 위반을 감행한다. 그리고 그 위반 행위에 대한 징벌을 체험한 뒤에야 신에게 복종하는 면모를 보인다. 국왕의 이러한 변화는 바리공주의 지극한 효심과 고통을 참아낸 인내의 결과였다. 이렇게 본다면 바리공주의 신화적 의미는 신의 위대함을 인간에게 알려 신에게 숭앙감을 불러일으키게 한다는 것으로 귀결된다. 이러한 신화의 의미는 거의 모든 신화에서 추출되는 보편적 의미로서 〈바리공주〉만의 특이한 것이라고 하기는 어렵다. 〈바리공주〉의 서사가 주는 문학적 감동은 신화적 의미보다도 한 어린 여성의 지극한 효행에 있다. 그런데 이러한 신화적 의미가 망각되어 인간의 흥미를 끄는 데 주력하는 방향으로 변모가 이루어진 전승본이 있다. 함경도지역 전승본이 그것이다.

ㄴ. 관북지역권

관북지역에서는 함경남도 함흥과 홍원에서 2편이 채록되었다.

명 칭	전승지	구연자	채록자	발표지	발표연월
오기풀이	홍원	지금철	임석재, 장주근	관북지방무가	1965.7.27
칠공주	함흥	이고분	김태곤	황천무가연구	1966.5.21

〈홍원본〉을 중심으로 서사단락을 요약하면 다음과 같다.

1. 수차랑선배와 덕주아는 천상에서 죄를 짓고 지상으로 귀양을 온다.
2. 둘은 결혼하여 부부가 되고 자식을 얻기 위해 기도를 드린다.
3. 딸만 계속 여섯을 낳자 부부는 자식을 그만 낳기로 합의하고 부부접촉을 피한다.
4. 수차랑선배가 술에 취해 약속을 어기고 덕주아는 일곱째 아기를 잉태한다.
5. 수차랑선배는 하늘로 올라간다.
6. 덕주아는 일곱째로 낳은 딸을 돌함에 넣어 용늪에 버린다.
7. 수궁용왕의 부인이 빨래를 하다가 아기를 구출하고 자기가 낳은 딸

이라고 수궁용왕을 속인다.

8. 수궁용왕은 바리데기가 지은 조복을 입고 오제용왕에게 조회를 갔다가 바리데기가 친딸이 아니라는 사실을 안다.
9. 바리데기는 언니들에게 조롱을 당하고 친어머니를 찾아가 어머니와 단지(斷指)하여 피가 합쳐짐을 보고 모녀임을 확인한다.
10. 어머니가 병이 들자 바리데기가 약수를 구하려고 서천서역국으로 출발한다.
11. 바리데기는 약수를 찾아가는 도중 신선계 사람을 만나 부부가 된다.
12. 바리데기는 남편의 거주처에서 약꽃과 약수를 발견하고 남편 모르게 약수와 약꽃을 훔쳐 가지고 돌아온다.
13. 바리데기는 길을 가르쳐 준 사람들을 만나 그들의 죄상을 설명하여 준다.
14. 바리데기는 어머니의 상여를 만나 약수와 약꽃으로 어머니를 회생시킨다.
15. 어머니는 재산을 다투는 여섯 딸들을 모두 죽여버린다.
16. 바리데기도 따라 죽는다.
17. 어머니는 바리데기의 제사를 지내러 가다가 제사음식을 빼앗아 먹으려는 스님에게 속아 재 올리는 구경을 하려고 돌아다니다가 죽는다.

관북지역의 전승본은 신화가 가지는 신성성이 퇴색하고 서사적 인과(因果) 논리에서 일탈(逸脫)되어 있으며 부분적 장면에서 골계적 삽화가 큰 비중을 차지한다. 여주인공의 혈통은 부모가 모두 천상에서 죄를 짓고 하강한 존재라는 점에서 고귀한 혈통의 후예임을 의식한 것으로 보인다. 그러나 수차랑선배와 덕주아부인은 천상적 존재라는 아무런 징표도 보이는 바가 없다. 그들의 지상에서의 삶은 속죄를 하기 위한 고난의 삶도 아니고 보통 인간이 하기 어려운 위대한 일을 하지도 않는다. 그저 평범한 사람과 같이 결혼을 하고 딸들을 낳고 먹고 사는 생활을 할 뿐이다.

딸만 7형제를 낳게 되는 계기도 어떤 그럴듯한 원인을 설정한 것이 없다. 수차랑선배와 덕주아부인이 자식이 없어 문복을 하는데 점복의 결과는 첫 자식이 아들이면 9남매를 낳고 첫 자식이 딸이면 7남매를 낳고 구족이 망한다고 되어 있다. 왜 이러한 점복 결과가 나타나는지에 대해서는 아무런 해명이 없다. 기자치성을 드리고 딸만 여섯을 계속 낳는다는 것도 이치에 맞지 않거니와 일곱째 딸을 잉태하는 계기는 더욱 신화로서의 성격에서 벗어나 있다.

수차랑선배와 덕주아부인은 딸 여섯을 낳은 후 자식을 그만 낳기로 합의하고 잠자리를 함께 하지 않기로 약속한다. 그런데 수차랑선배가 술을 먹고 자다가 밤중에 소변을 보려고 잠이 깨어 덕주아부인의 자는 모습을 보고 욕정을 참지 못하여 약속을 어기고 달려들어 일곱째 아기가 잉태된 것이다. 이는 다른 지역 전승본에서 아들을 낳기 위해 온갖 치성을 다 드리고 상서로운 꿈을 꾸고 잉태한 것과는 좋은 대조를 이룬다. 기자치성의 결과로 하늘이 아는 아기가 잉태된 것과 일시적 욕정을 참지 못하고 부부의 약속을 저버린 결과로 바라지 않는 아기가 잉태되는 것은 전혀 다른 의미를 갖는다. 잉태의 계기만을 두고 본다면 함남본의 바리데기는 잉여인간적 성격을 가진다. 이처럼 바라지 않던 아기를 잉태한다는 것은 태어난 아기를 내버린다는 것을 합리화하기 위한 서사적 복선이라고 생각할 수도 있다. 그러나 버려진 아기가 인간계에서는 구할 수 없는, 죽은 사람을 회생시키는 약꽃과 약수를 구하여 온다는 영웅적 행위와는 걸맞지 않는 설정임이 분명하다.

뿐만 아니라 약수를 구하는 과정에서도 바리데기의 행위는 신성성에서 일탈하고 있다. 바리데기는 구약여행 도중에 장손이라는 사냥꾼을 만나 부부가 되어 살림살이를 하다가 다시 하늘로 올라가 천상계 남성과 부부가 되어 아들 열둘을 낳아 주고 죽은 사람을 회생시키는 약꽃과 약수를 도둑질해서 도망친다. 바리데기가 천상계로 가서 옥황상제 자손과 결혼을 하여 아들 열둘을 낳는다는 것은 천상계에만 있는 신비한 약수를 얻을 자격을 갖추는 것으로서 의미가 있다. 그런데 정정당당하게 약수를 요구하여도 될 것을 도둑질하는 것으로 처리한 것은 〈바리데기〉의 신화적 주제를 몰각한 구연자의 개작으로밖에 볼 수 없다. 바리데기 어머니는 바리데기가 구해 온 약꽃과 약수로 회생된다. 그런데 회생한 모친이 불효한 여섯 딸을 살해하자 바리데기는 까닭 없이 죽는다. 바리데기의 이유 없는 죽음은 그간의 바리데기의 구약행위가 아무런 의미도 갖지 못한다는 점에서 이해하기 어려운 결말로밖에 볼 수 없다.

바리데기의 어머니 역시 바리데기의 제사를 지낼 음식을 가로채려는 스님에게 속아서 바리데기의 제향을 포기하고 재(齋) 올리는 구경을 하려고 헤매다가 들판에서 객사하고 만다. 이러한 서사적 논리의 파탄은 〈바리데기〉의 신화적 의미가 퇴색하고 골계적 육담(肉談)으로 변질되는 모습을 보여준다. 함남본에서는 무속의 예언자인 복술가나 고통 받는 서민의 구원자인 스님이 모두 부정적 존재로 등장하여 종교적 가치를 부정하고 있다. 이러한 신화의 변질된 모습은 〈바리데기〉가 신화로서의 기능이 망각되고 인간 청중의 골계적 흥미에 영합하려는 의도에서 개작된 결과라고 할 수 있다.

ㄷ. 동해안지역권

동해안 지역 전승본은 다음과 같다.

명 칭	전승지역	구연자	채록자	발표지	발표연월
비리데기	안동	송희식	김태곤	한국무가집 II	1965.5.19
방심굿	동래	김경남	최길성	한국무속지	1971.4.19
바리데기	영일	김복순	최정여, 서대석	동해안무가	1971.8.22
베리데기굿	영일	김석출	김태곤	한국무가집 IV	1976.2.23
바리덕이굿노래	명주	신석남	김선풍	한국구비문학대계 2-1	1979.5.24

바리떼기	속초	신석남	김선풍	한국구비문학대계 2-4	1981.4.17
바리떼기	양양	지경숙	김선풍	한국구비문학대계 2-4	1981.7.10
비러더기	김해	강분이	김승찬	한국구비문학대계 8-9	1983.1.14
칠공주풀이	통영	박복개	정병호	전국민속종합조사보고서 14	1983
바리데기	강릉	송명희	장정룡	강원민속학 9	1990.5.31
베리데기	속초	탁순동	장정룡	속초의 향토민속	1991.5.4
배리데기	울주	유일순	장정룡	바리공주전집 3	1988.11.6
버리데기	속초	빈순애	장정룡	바리공주전집 3	1991.4.25

이상 동해안 지역 전승본의 공통단락을 요약하면 다음과 같다.

1. 옛날 오귀대왕과 왕비 길대부인이 다스리는 불라국이라는 나라가 있었다.
2. 길대부인은 계속해서 딸만 여섯을 낳는다.
3. 오귀대왕과 길대부인은 왕자를 낳으려고 스님에게 시주를 하고 서왕모의 딸이 품에 드는 꿈을 꾸고 일곱째 아기를 잉태한다.
4. 그러나 일곱째 아기도 낳아 보니 또 딸이었다. 오귀대왕은 아기를 인적이 없는 곳에 버리라고 명령한다.
5. 길대부인은 아기를 바리데기라고 이름 짓고 깊은 산중의 바위 위에 버리고 돌아온다.
6. 바리데기는 산중에서 청학과 백학의 보호를 받고 산신령의 도움으로 자라난다.
7. 오귀대왕은 딸 여섯을 키워 출가시킨 뒤 큰 병이 들었는데 어느 날 한 스님이 찾아와서 서천서역국의 약물을 구하여 먹어야 낳는다고 한다.
8. 여섯 딸들에게 약물을 구해오라고 하였으나 모두 거절한다.
9. 길대부인은 바리데기를 버린 곳으로 찾아가 십오 세가 된 바리데기를 만나 함께 궁중으로 돌아와 약물을 구해 올 것을 부탁한다.
10. 바리데기는 남장을 하고 서천서역국을 향하여 떠나 수많은 사람들

에게 길을 물어 드디어 반야선을 타고 이십사 강을 건너 동수자가 지키는 신선계 약수터에 당도한다.

11. 바리데기는 동수자와 목욕을 하다가 여자임이 드러나고 동수자의 요구로 결혼을 해서 아들 3형제를 낳아주고 약물과 약꽃을 얻어 돌아온다.
12. 불라국에서는 오귀대왕이 죽어 장사를 지내려고 할 때 바리데기가 당도하여 약물과 약꽃으로 오귀대왕을 살려 낸다.
13. 바리데기는 북두칠성 중 첫째별이 되어 오구문을 책임져 중생들을 극락세계로 천도하고 아들 3형제는 삼태성이 되고 오귀대왕과 길대부인은 견우직녀가 된다.

이러한 유형이 전승되는 지역은 한반도 남부의 태백산맥 이동지역으로 강원도, 경상북도, 경상남도의 동해안 및 남해안 일대를 포함한다. 전승지역이 이처럼 광활한 것은 이 지역의 세습무들이 서로 협동하여 해안 어촌마을의 풍어굿이나 오구굿을 맡아 행하면서 하나의 무속권을 형성하고 있기 때문이다.

이 지역 전승본의 특징은 공간배경이 불라국이라는 나라의 조정으로 설정되고 오구대왕과 길대부인이라는 국왕부부가 등장한다는 점이다. 오귀대왕과 길대부인이란 고유명칭은 호남지방에서도 발견되기에 이것이 본래의 명칭일 가능성이 있다. 대체로 기본적 서사의 근간은 바리공주의 수난과 고행 그리고 신성획득의 과정이 인과론적 구성을 가지고 전개되고 있다. 그러나 장면묘사에 삽입가요가 많고 골계적 삽화가 대목마다 끼어 있어 지속적인 비장감을 차단하는 구성을 하고 있다. 이는 〈심청가〉와 같은 판소리의 구성과 매우 유사한 것으로서 신화로서의 신성성과 서사시로서의 골계성을 함께 보여주는 효과를 드러낸다.

ㄹ. 호남지역권

호남지역에서 채록된 각 편은 다음과 같다.

명 칭	전승지역	구연자	채록자	발표지	발표연월
오구물림	광주	김주	김태곤	한국무가집 II	1965.8.6
오구풀이	부안	박소녀	임석재	줄포무악	1966－1970
오구물림	고흥	한이엽	최길성	한국무속지 1	1968.7.29
버리데기굿	해남	주평단	김태곤	한국무가집 II	1969.1.22
오구굿	고흥	오복례	김태곤	한국무가집 II	1969.1.25
오구	광양	이애순	김태곤	한국무가집 III	1969.1.27
오구물님	고창	배성여	김태곤	한국무가집 III	1969.8.20
오구풀이	고흥	박순자	김승찬	한국구비문학대계 6-3	1983.7.27
오구머리	신안	김안순	최덕원	한국구비문학대계 6-7	1984.7.8
오구굿	신안	공영심	최덕원	한국구비문학대계 6-7	1984.8.8
오구굿	보성	김고분	최덕원	한국구비문학대계 6-12	1986.5.6
오구풀이	보성	김행연	최덕원	한국구비문학대계 6-12	1986.5.7
오구굿	보성	김막례	최덕원	한국구비문학대계 6-12	1986.7.9
베리데기	영암	정화점	이두현	한국의 무속과 연희	1992.9.22
오구굿	광주	이장단	이경엽	바리공주전집 3	1997.1.26
오구굿	화순	임장업	강동원	바리공주전집 3	1992
오구굿	화순	황옥진	이경엽	바리공주전집 3	1998.2.17
오구풀이	화순	양희님	이경엽	바리공주전집 3	1998.5.2
오구굿	신안	진금순	이경엽	바리공주전집 3	1995.7.25
시왕풀이	부안	미상	박현국	바리공주전집 3	1996.2.15
오구굿	고흥	김한심	임성래	바리공주전집 3	1986
오구굿	고흥	오일남	임성래	바리공주전집 3	1986
오구굿	순천	김수정	이경엽	바리공주전집 3	1995.12.22
오구굿	순천	박경자	이경엽	바리공주전집 3	1991.1.13
오구굿	순천	이임순	이경엽	바리공주전집 3	1986.5.11
오구굿	여수	한생심	이경엽	바리공주전집 3	1997.5.3
오구푸리라	순천	박경자소장(필사본)	임성래	바리공주전집 3	1916-1917
오구굿	순천	박영순소장(필사본)	이경엽	바리공주전집 3	1997.6.17

호남지역 전승본은 각 편이 많고 변이도 다양하나 공통서사단락을 요약하면 다음과 같다.

1. 오구시왕님과 칠대부인이 결혼하여 딸만 계속해서 일곱을 낳는다.
2. 오구님은 산중 또는 쑥대밭에 일곱째 딸을 버린다.
3. 베르덕이는 신 또는 동물의 도움으로 성장한다.
4. 오구시왕이 병들었는데 시영산의 약수를 먹어야 낫는다고 한다.
5. 칠대부인은 내버린 베르덕이 공주를 찾아 약수를 길어 올 것을 부탁한다.
6. 베르덕이는 약수를 지키는 상국서를 만나 9년을 일해 주고 아들 3형제를 낳아준 뒤 약수를 얻어 돌아온다.
7. 베르덕이는 약수를 써서 죽은 부친을 회생시킨다.
8. 베르덕이는 오구시리를 받아먹는 신이 된다.

호남지역의 〈바리공주〉 각 편의 특징은 전체적으로 내용이 소략하다는 것이다. 오구시왕과 칠대부인이 어떤 존재인지도 불분명하고 딸만 일곱을 출산하게 되는 이유도 분명하게 드러나지 않는다. 또한 베르덕이는 구출·양육자도 없이 동물의 도움으로 자라난다. 줄포의 박소녀본에서는 버리덕이가 아홉째 딸로 출생하고 있고 버리덕이가 버려진 장소도 시영산 바위 밑이고 약수가 있는 곳도 시영산 바위 밑으로 나타난다. 바리데기가 버려진 장소와 약수가 있는 곳은 같은 공간이라고 보기 어렵다. 그럼에도 불구하고 공간의 명칭이 같은 것은 신비한 세계나 신성한 공간이라는 공통성이 있기 때문이다.

전남지역의 많은 각 편에서는 많은 서사단락이 탈락되어 버림받은 딸이 약수를 구해다가 부모를 살려냈다는 기본적 골격만이 유지되고 있다. 이러한 호남지역본의 현상을 가장 원초적 형태로 볼 것인가 아니면 전승과정에서 세부 내용이 탈락되어 빈약해진 결과인가는 보다 면밀한 논의가 필요한 문제라고 본다.

버려진 베르덕이는 하늘에서 내려온 학의 도움으로 자라난다. 학과 같은 동물이 구출자로 등장하는 것은 비리공덕 할아비 할미라는 인간 구출자가 등장하는 서울본들보다는 원초적 신화의 성격을 가진다. 천상에서 내려온 학은 조령(鳥靈) 신앙의 반영으로서 무속 고유의 조령숭배의 성격을 함축하고 있다고 볼 수 있다. 또한 약수가 있다는 시영산(광양), 시양산(고흥), 새황산(신안)이란 산은 저승을 관장하는 신인 '시왕(十王)'과 무관하지 않다고 본다. 베르덕이 부친의 명칭이 '오구시왕'으로 나타나는 것도 시왕사상과 관련이 있다. 즉 죽은 사람을 살려 내는 약수는 저승세계에 있다는 것이다. 그렇다면 베르덕이의 저승으로의 여행은 서사적 일관성을 획득하게 된다. 베르덕이는 생명수를 구하기 위하여 저승세계로 여행을 하였고 이 과정에서 저승의 영혼들을 천도해 주었고 죽은 부모를 살려 내는 생명수를 얻을 수 있었다. 이러한 공적으로 베르덕이는 죽음을 관장하는 오구신으로 좌정하게 되었다는 것이다. 이렇게 본다면 호남지역본에서 〈바리공주〉의 원초적 모습을 발견하게 된다. 그러나 원초적 모습이 보존되어 있는 부분이 있는가 하면 전승과정에서 많은 부분이 인멸되어 공백으로 되어 있거나 또는 후대에 윤색되거나 첨가된 부분도 적지 않게 발견된다. 딸만을 낳게 된 이유가 분명하게 제시되어 있지 않고 베르덕이를 버리는 이유도 모호하게 처리된 각 편이 많다. 또한 병든 인물이 베르덕이를 버린 부친이 아니고 베르덕이의 어머니가 산후별증이란 병으로 죽게 되는 것으로 처리된 각 편이 많다. 부모의 득병이 베르덕이를 내버린 행위에 대한 징벌의 성격이라면 아버지가 병이 드는 것이 사리에 맞는다. 또한 산후별증은 출산 직후에 나타나는 병이다. 막내딸인 베르덕이가 십오 세까지 자란 뒤에 산후별증이 나타난다는 것은 자연스럽지 못하다. 이는 후대에 작품을 잘못 이해한 구연자의 개작에 의해 나타난 변이의 결과라고 볼 수 있다.

나) 신화적 성격

〈바리공주〉의 신화적 성격을 서울 지역 전승본을 중심으로 검토하기로 하겠다.

바리공주의 서사적 전개는 가부장제 사회에서 왕위가 아버지에서 아들로 계승되던 시대에 점복자의 예언을 무시하고 혼례를 함으로써 아들을 두지 못한 한 국왕의 비극을 신화화한 것으로 볼 수 있다. 이미 검토한 바와 같이 〈바리공주〉의 서사구조는 금지(禁止)의 선언 → 금지의 위반 → 위반에 대한 징벌 → 징벌로부터의 탈출이라고 볼 수 있다.

이러한 서사구조를 가진 신화는 선언된 금지가 어떤 성격을 가지는가에 따라 신화적 의미가 결정된다고 말할 수 있다. 여기서 선언된 금지는 아들을 못 낳는 해에는 결혼을 하지 말라는 것이고 이러한 금지는 사람은 결혼해서 반드시 아들을 낳아야 된다는 가부장제 사회의 가치관을 반영한 것이라고 할 수 있다. 그런데 금지 위반의 신화는 금지에 대한 억압된 사회적 심리가 분출되면서 형성된 것이다. 그렇다면 〈바리공주〉는 가부장제 사회에서 아들을 낳지 못해서 불안해하는 여성들의 억압된 무의식의 산물(産物)이라고 할 수 있다.

그런데 두 번째의 금지 위반은 첫 번째 금지 위반과는 성격이 다른 것이어서 주목된다. 첫 번째 금지가 가부장제 사회에서 형성된 중남사상(重男思想)의 소산이라면 두 번째 금지는 딸이라고 박대를 하면 천벌을 받는다는 여성들의 주장이 반영된 것이다. 딸만 낳는 해에는 결혼을 하지 말라는 주장과 딸자식을 버리면 천벌을 받는다는 두 가지 주장이 〈바리공주〉에는 공존해 있다고 할 수 있다. 그리고 이러한 주장은 바리공주가 약수를 구해다가 부친을 살려내는 위대한 행위를 함으로써 중남사상에 근거한 금지가 부정되고 두 번째 금지만 긍정되는 결과에 이르고 있다. 결국 〈바리공주〉는 가부장제 사회에서 여성이 남성들의 부당한 횡포로 고통받는 상황에서 여성의 진정한 가치를 입증하여 그릇된 사회통념을 바로잡는다는 서사시적 의미를 담고 있다.

바리공주는 부모의 잘못을 대신해서 자신의 삶을 희생하는 효녀로서 많은 사람의 심금을 울린 무속서사시이다. 바리공주의 부친은 두 번 잘못을 저질렀다. 첫 번째 잘못은 기다리지 못하고 7공주를 본다는 해에 혼인을 한 것이고 두 번째 잘못은 자신의 분을 참지 못해 무죄한 혈육을 내버린 것이다. 공주만을 낳게 된다는 해에 결혼을 강행했다면, 그리고 자신의 결단과 행동에 책임을 질 줄 아는 사람이라면 일곱 딸의 출산을 받아들여야 마땅하다. 그런데 왕은 복자의 예언을 무시하였고 자신의 잘못을 갓난 딸에게 전가(轉嫁)하였다. 태어난 아기가 자신의 의지로 성별을 결정하지 못한다는 사실을 안다면 갓난아기에게 아무 잘못이 없음은 당연한 일이다. 그럼에도 불구하고 스스로 삶을 유지할 능력이 전혀 없는 갓난아기를 강물에 내버리는 야만스러운 행위를 한 것이다. 갓난아기를 버리는 장면이 비장하게 처리된 것은 가부장제 사회에서 가부장의 횡포를 고발한다는 성격을 가진다.

이처럼 부당하고 억울하게 부모에게 버림받고 자란 바리공주였지만 병든 부친을 살리기 위하여 조정의 모든 신하와 위의 여섯 언니가 거절한 험난한 구약여행을 결심한다. 약수가 있는 곳이 어디인지 어떻게 약수를 구할 수 있는지 아무 것도 모르는 상태에서 오직 자기를 낳아준 부친을 살려내겠다는 효심으로 바리공주는 여행길에 오른다. 그리하여 험하고 먼 이계(異界)를 여행하여 기어이 약수 있는 곳을 찾아내고 약수를 얻는 대가로 9년간의 힘든 일을 감당한다. 그뿐만 아니고 약수를 관리하는 남성과 결혼하여 아들 7형제를 낳는 일까지 한다. 바리공주가 부모에게서 받은 것은 자신의 육신뿐이었다. 여성이 감당하기 어려운 힘든 노동과 생명과 같은 귀중한 처녀성까지 아버지의 약값으로 제공된다. 여기서 바리공주의 모든 것이 부모의 약값으로 바쳐짐을 알 수 있다. 이처럼 〈바리공주〉는 어린 자녀가 늙은 부모를 위하여 희생하는 이야기이다. 이러한 자녀의 희생은 효행(孝行)을 으뜸 덕목으로 삼고 있었던 지난 날의 한국 사회에서 당연한 것이면서 찬사를 받는 행위였다. 그래서 바리공주는 효를 실천한 윤리의 영웅으로서 칭송되고 자녀들에게 효행을 가르치는 교훈을 주는 신화로서 중요한 기능을 하였다고 본다.

그러나 이러한 바리공주의 희생적이고 숭고한 행위를 부각시키는 과정에서 부친의 무지와 횡포가 고발되고 있다. 국왕과 국왕을 보필하는 신하들은 대를 이을 왕자를 생산하는 일도 죽을 병이 든 국왕을 살려내는 일도 하지 못했다. 성급한 국왕의 비위를 맞추어 혼례를 주선하고 갓난아기를 내다 버리는 일만 한 것이다. 이처럼 통치권을 행사하는 남성사회의 무능을 드러내는 것은 권력으로부터 소외당했던 여성들의 의식에서 비롯된 것이라고 본다. 무속사회는 여성을 중심으로 여성이 주도권을 가진 사회였다. 굿을 진행하는 주제자(主祭者)가 여무(女巫)이고 굿판에 참여하는 관중도 여성이 대다수를 차지한다. 이런 점에서 〈바리공주〉는 전통사회에서 압박받았던 여성의식의 산물임이 확실하다.

〈바리공주〉의 신화적 기능은 바리공주가 어떤 신이 되었는가를 검토함으로써 좀더 분명히 파악할 수 있다. 바리공주는 죽은 부친을 회생시킨 공로로 무신(巫神) 또는 저승신이 된다.

> 아기마마 소원이 무엇이냐 국을 반을 주랴 천을 반을 주랴
> 국도 지니어야 국이옵고 천도 지니어야 천이옵고
> 부모은덕으로 곱게고이 먹지 못하고 고이 입지 못하였으나
> 만신의 몸주되어 은하몽두리 주세방울 속치마 속저고리 소당헤 홍띠받고[122)]

122) 김진영 · 홍태한, 『서사무가 바리공주전집』 2, 민속원, 1997, 508면, 〈김동욱 소장 필사본〉.

여기에서 바리공주는 '만신의 몸주' 즉 무신(巫神)이 됨을 볼 수 있다. 즉 몸주신으로서 무속인의 숭앙을 받는 신이 되었다는 것이다. 이는 바리공주의 행적 중에서 무속인의 세 가지 기능 중 병을 고치는 치병의 기능을 발휘하는 공적을 이룩했기 때문이다.

다른 각 편에서는 저승을 차지한 신이 되는 것으로 나타나기도 한다.

> 죽은 부모 살았으니 국가 반을 띠여 주랴 만하봉을 비어주랴
> 국가 반도 나는 싫고 만하봉도 나는 싫고
> 죽어서 모두 이성에서 역적하고 저승에서 지옥으로 가는 사람들 종 은들어 보내겠습니다
> 오냐 그것도 그리해라 소원대로 하여주마
> 만반지수 차려놓고 은하멍들이에 큰머리 단장하고 도령돌적 하여주소
> 오냐 그것도 그리해라[123)]

여기에서는 바리공주가 무속의 저승차지신으로 좌정됨을 볼 수 있다. 이승에서 저승으로 가는 사람들을 인도하는 신, 진오귀굿에서 도령을 도는 의식을 주관하고 진오기제를 받아먹는 신이 된 것이다. 이는 저승세계를 여행하면서 저승에서 고통받는 영혼들을 천도해준 바리공주의 행적에 근거한 신으로서의 좌정이라고 할 수 있다.

> 우리 비리더기 천하를 다주까 지하를 다주까
> 비리더기 거동보소 천하도 싫고 지하도 싫으니 내 맘대로 해여줍시사
> 사람이 절에 가서 중질허나 중매두 재를 받님꺼
> 사람이 살다가 죽으면 사람 죽는 사람매다 오구재를 받님까
> 아부지 어무니는 오구판관 되구 나는 오구받는 영혼드러

123) 앞 책, 571면, 〈정신문화연구원 소장 필사본〉.

> 내가 앞에 질을 쳐 오구받는 영혼들을 양금친 꽃밭에 시왕시계로
> 인도한성 불섬문으로 보내줍시사[124)]

위의 각 편에서도 비리더기는 오구굿을 받는 신이 됨을 알 수 있다. 오구굿은 무속의 망자천도제(亡者薦度祭)이기에 망자를 저승으로 인도하고 이승에서 행한 선악을 심판하는 저승세계를 관장하는 신이 되었다는 것이다.

죽은 사람을 살려냈다는 점에서 바리공주는 무당의 기능 중 특히 치병(治病) 면에서 위대한 공적을 남긴 인물이다. 병을 고치는 일 중에서 으뜸가는 것은 죽을 병을 고치는 것이다. 그러나 죽을 사람을 살리는 일도 죽어버린 사람을 다시 살려내는 것보다는 못하다. 이런 점에서 바리공주는 최고의 명의(名醫)가 된 셈이다. 또한 바리공주는 저승세계를 여행하면서 수많은 저승의 원귀(冤鬼)들을 천도해주었다. 억울한 죽음을 당한 사람은 죽은 뒤에도 고통을 받는다. 이처럼 바리공주는 고통을 당하는 혼령을 고통이 없는 좋은 곳으로 인도한 것이다. 그래서 바리공주는 죽은 사람의 혼령을 위무(慰撫)하는 무제(巫祭)를 받는 무속의 신이 된 것이다. 이처럼 바리공주는 죽은 사람을 살려내는 신이고 고통받는 영혼을 구원해주는 신이다.

죽은 사람을 살려내는 신을 모신다는 것은 죽은 자의 재생을 바라는 마음에서 나온 것이고 죽은 자를 편하게 한다는 것은 살아 있는 사람과 죽은 자의 단절을 통하여 살아 있는 사람이 죽은 영혼의 방해를 받지 않고 편안하게 살기를 바라는 마음에서 만들어진 것이라고도 해석할 수 있다.

---

124) 앞 책, 21면, 〈안동 송희식본〉.

다) 서사문학사적 의의

〈바리공주〉는 영웅의 일생이라는 서사유형에 따라 이야기를 전개한 서사시이다. 공주라는 고귀한 혈통으로 출산되었으나 태어나자 곧바로 버려졌고 양육자를 만나 구출되고 양육되었으며 죽은 부친을 살려내는 위대한 공을 세우고 무신(巫神)이 되는 영광을 획득한다. 이러한 사건의 전개는 고구려 건국신화인 〈주몽신화〉에서 주몽의 일생으로 요약되는 남성 영웅의 일대기와 공통된 서사문학 유형임을 보여준다. 그러나 바리공주는 신의 혈통을 이어받은 것이 아니고 인간의 후예로 태어났고 버려지는 이유가 여자로 태어났기 때문이며, 자신을 위해 공을 세운 것이 아니고 부친을 위해 활약을 하였고 부친에 의하여 신성이 부여된다는 점에서 가부장제 사회가 확립된 이후에 효를 실천한 종속적 영웅으로서의 성격을 가진다.

일반적으로 무속신화는 영웅신화보다도 먼저 형성된 서사문학이다. 초기의 무속신화는 등장인물이 애정이나 우정과 같은 인간적 정감이 결여되어 있고 인간적 능력보다는 신비한 주술력에 의지하여 과업을 수행한다는 특징이 있다. 그러나 〈바리공주〉는 부모와 자식 사이에 인간적 정감이 강하게 나타나고 여성의 지극한 정성과 인내의 힘이 과업을 성취하는 데 결정적으로 작용하는 것으로 되어 있기에 초기의 무속서사시와는 다른 모습을 보여준다. 그러나 부모를 위해 희생하는 효녀의 이야기로서 〈효녀지은〉과 같은 설화, 〈심청전〉과 같은 소설과 함께 한국인에게 많은 감동을 주었다고 본다. 바리공주와 심청은 모두 부친을 위해 희생한 여성으로서 가족을 위한 일에서 시작하여 국가와 사회에 커다란 기여를 한 한국의 자랑스러운 여성이다. 바리공주는 저승에서 고통받는 영혼을 구원하였고 죽은 부왕을 살려냄으로써 국가를 구원하고 신이 되어 모든 인류의 영혼을 구원하고 있다. 심청은 자신을 희생하여 인당수 제수가 됨으로써 해상무역을 하는 상인을 보호하여 국익에 도움을 주었고 부친을 비롯한 수많은 실명한 장애인에게 광명을 찾아 주었다.

이처럼 〈바리공주〉는 한국의 전통적 가부장제 사회에서 억압된 여성의식을 대변하던 신화였고 지성(至誠)과 인고(忍苦)의 미덕을 갖춘 한국의 전통적 여성상을 가장 잘 부각시킨 한국인의 대표적 서사시라고 본다.

(5) 성주본가

무속의 〈성주신화〉는 가신(家神)인 성조신의 유래를 밝힌 서사무가로서 〈성주굿〉, 〈안택〉 등과 같은 무의를 통해 전승되고 있다. 지금까지 채록된 자료는 중부지역 전승유형과 경남지역 전승유형으로 나누어지는데 양자는 서사무가로서 가지는 제의적 기능은 동일하면서도 문학적 내용은 전혀 다르다. 먼저 중부지역에서 전승되는 〈성주본가〉를 검토하기로 한다.

가) 채록자료

〈성주본가〉는 경기도 고양, 화성, 안성 등지에서 6편이 채록되었다.

명 칭	전승 지역	구연자	구연일시	채록자	발표지	발표 연도
성주본가	고양	배경재	미상	아카마쓰 지조, 아키바 다카시	조선무속의 연구상	1937
성주굿	화성	심복순	1973.11.3	김태곤	한국무가집 III	1978
성주굿	화성	김수희	1973.1.10	김태곤	한국무가집 III	1978
성주굿	안성	송기철	1981.7.18	조희웅	한국구비문학대계 1-6	1982
성주굿	안성	송기철	기록본 미상	조희웅	한국구비문학대계 1-6	1982
성주굿	안성	송기철	1988.10.3	서대석, 박경신	안성무가	1990

이상의 6개의 각 편에서 알 수 있는 것은 전승 지역이 경기도 남부에 국한되어 있고 안성 송기철본이 3편이나 되어 구연자별 실제 각 편은 4편에 불과하다는 것이다. 고양군에 살던 배경재는 어떤 무녀인지 알려지

안성 무속인 송기철의 성주굿 장면(1988. 6. 2, 안성읍 경로당)

지 않았으나 그와 함께 무가를 구연했던 이종만이 세습무인 점으로 보아 세습무와 친분이 있었음을 알 수 있다. 〈배경재본〉의 정확한 구연일시는 밝혀지지 않았으나 발표연대로 보아 1937년 이전에 구연된 것임은 분명하다. 화성의 심복순은 세습단골무로서 구연 당시의 나이가 70세였다. 심복순이 28세에 무업을 시작한 것으로 보아 〈심복순본〉은 1930년대 자료의 모습을 간직하고 있다고 보인다. 김수희는 강신무로서 31세 때에 수원의 꼬마네 무당에게 무가를 학습하였다고 하는데 꼬마네 무당이 어떤 무속인이었는가는 밝혀지지 않았다. 구연 당시의 그녀의 나이가 45세인 점을 감안하면 본 무가의 학습 시기는 1959년이 된다. 송기철은 강신무로서 17세 때 안성군 대덕면에 살았던 소만이 당골이라는 무녀에게 내림굿을 받고 무의를 배웠다고 하였다. 송기철이 1937년생인 점을 감안한다면 그의 무가 학습연대는 1950년대 이후가 된다. 송기철이 무업을 함께하면서 배웠던 선배 무속인들은 보개면 신장리의 한춘기 무녀, 대덕면 삼학리의 윤학원 무녀, 보개면 가사리의 조동호 남무들로서 모두가 씨당골이었다고 한다. 이런 점에서 제보자들은 강신무도 있고 세습무도 있으나 본래는 세습무의 보유자료가 전승되었을 가능성이 크다. 대체로 4개 각 편의 상대적 연대는 배경재본과 심복순본이 1930년대 이전의 자료이고 송기철본과 김수희본은 1950년대 이후에 학습한 자료라고 볼 수 있다.

나) 서사구조와 의미

〈성주본가〉의 서사단락을 정리하면 다음과 같다.[125)]

㉠ 천하국 천사랑씨(대목신)와 지하국 지탈부인이 결혼하여 황우양씨를 낳는다.

㉡ 황우양씨가 이십 살이 되었을 때, 천하궁의 일천난간이 쇠동풍에 쓰러져서 황우양씨를 불러 성주를 이룩하려고 차사를 보낸다.

㉢ 황우양씨는 여러 번 저항하다가 결국 차사의 명령을 받고 삼일 말미를 얻은 후 집에 와서 식음을 전폐한다.

㉣ 황우양씨 부인은 이 사실을 알고 하늘에 소지를 올려 쇳가루 열 다섯 말을 받아 풀무를 차리고 목수의 연장들을 만들어 황우양씨에게 준다.

㉤ 부인은 황우양씨가 떠날 때, 길 가는 도중 누가 묻더라도 대답을 하지 말라고 당부한다.

㉥ 황우양씨가 소진뜰을 지날 때에 소진랑이 말을 걸자 대답을 하게 되고 소진랑의 말을 따라 신수를 가려보고 액막음을 하기 위해 소진랑과 옷을 바꾸어 입는다.

㉦ 소진랑은 황우뜰로 와서 잠근 문을 강제로 열고 황우양씨 부인을 핍박하여 소진뜰로 데려간다.

㉧ 황우양씨 부인은 속곳(한삼소매)에 혈서를 써서 주초 밑에 넣고 소진랑을 따라갔으나 자기에게 일곱 가지 귀신이 있다고 핑계를 대어 혼례를 미루고 삼 년간 구메밥을 먹기로 한다.

---

125) 김태곤, 채록 沈福順 口演本을 중심으로 단락을 요약한다. 李姓女 口演本에서 沈本과 차이 나는 부분은 ( )에 정리하였다.

ⓧ 황우양씨가 이상한 꿈을 꾸고 문복을 하여 부인에게 변고가 있음을 알아내고 급히 천하궁의 집을 다 지어 놓고 황우뜰로 돌아온다.

ⓩ 황우양씨는 까마귀 소리를 듣고 주초 밑에서 부인의 혈서를 찾아 읽고 소진뜰로 간다.

ⓚ 황우양씨 부인은 한 꿈을 얻고 물을 길러 나가서 황우양씨를 만난다.

ⓣ 황우양씨는 청새 홍새 몸으로 변하여 부인의 치마폭에 싸여 들어가 소진랑을 잡아 돌함 속에 넣어 장승을 만들고 소진랑의 부인은 서낭을 만들고 소진랑의 자식은 노루·사슴·까치·까마귀·꿩·비둘기 등으로 마련한다.

ⓟ 황우양씨 부부는 황우뜰로 돌아와 갈대밭에서 유숙하면서 황우양씨는 집 짓는 자랑, 부인은 누에 쳐서 명주 짜고 의복 짓는 이야기를 한다. 뒤에 황우양씨는 성주가 되고 부인은 지신이 된다.

이상에서 정리한 단락은 황우양씨 부부의 분리와 시련 그리고 재결합의 과정으로 요약된다. 이를 가정신 신화의 서사로 다시 정리하면 다음과 같다.

ⓐ 황우양씨의 출생 → 주인공의 탄생

ⓑ 황우양씨의 혼례 → 부부중심의 가정 탄생

ⓒ 황우양씨의 천하궁행 → 부부의 분리

ⓓ 소진랑의 부인 납치 → 틈입자의 출현과 가정의 파괴

ⓔ 부인의 정절 수호와 시련 → 부인의 가정 유지를 위한 노력

ⓕ 황우양씨의 귀환과 소진랑의 징치 → 시련의 극복

ⓖ 부부의 재결합 → 가정의 복구

ⓗ 성주신과 지신이 됨 → 가정주재신으로 좌정

여기서 〈성주본가〉는 가정신 신화로서 가정의 탄생과 가정의 위기와 시련, 그리고 시련의 극복과 가정의 복구로 전개되는 서사구조를 함축하고 있다고 본다.

〈성주본가〉에 등장하는 황우양씨 부처는 이상적인 부부상으로서 부부의 정이 어떠한 것이며 가정의 행복을 위해서 남편과 아내가 지켜야 할 도리는 무엇이고 갖추어야 할 능력이 어떤 것인지를 잘 말해주고 있다. 황우양씨는 풍채가 뛰어나고 위엄이 있는 인물로 설정되어 있다. 천하궁의 사자가 명령을 전달하려고 왔다가 황우양씨가 투구철갑으로 무장하고 위엄을 뽐내자 겁이 나서 접근조차 못하는 것으로 보아 황우양씨는 가장으로서 위엄과 무사적 능력을 갖춘 인물임을 알 수 있다. 또한 목수의 기술이 뛰어나서 천하궁까지 알려졌다는 점에서 직업을 수행하는 능력 또한 당세에 으뜸인 인물이다. 이는 가장으로서 남편이 갖추어야 할 덕목들이다.

황우양씨 부인은 더한층 이상적인 아내로서 자질과 덕성을 갖춘 존재로 나타난다. 소진랑이 천하절색이라는 소문을 듣고 달려올 만큼 미모의 여성이었고 황우양씨가 천하궁 궁궐을 재건하라는 명령을 받고 대책 없이 식음을 전폐하였을 때 아무런 불평 없이 소지를 올려 쇳가루를 받아 풀무를 차리고 연장을 만들어주는 유능한 여인이었다. 또한 황우양씨의 앞일을 예지하고 방책을 일러주었고 황우양씨의 잘못으로 소진랑이 침입하였을 때 기지를 발휘하여 위기를 모면하는 총명한 여인이었다. 소진랑은 황우양씨와 옷을 바꾸어 입고 황우양씨 부인을 차지하려고 황우뜰로 달려간다. 황우양씨 부인은 남편을 떠나보내고 서운한 마음과 남편의 앞날이 순탄하지 못할까 걱정이 되어 집 밖에서 배회를 하다가 한 남성이 자기 집으로 달려오는 것을 목격하고 즉시 집으로 들어가 대문을 걸어 잠근다. 소진랑은 부인이 문을 잠그고 들어가는 것을 보고 황우양씨 행세를 하면서 '남편이 밖에서 돌아오면 잠겼던 문도 열려야 하는데 어째서 열렸던 문이 닫히느냐'고 능청을 떤다. 그러나 부인은 '당신은 목소리가 나의 남편과 다르다'고 하며 문 열기를 거절한다. 소진랑은 입었던 옷을 담 너머로 던지며 황우양씨라고 한다. 그러나 부인은 옷을 살펴보고 바느질은 나의 솜씨가 분명하지만 땀내가 우리 님의 땀내가 아니라고 한다. 결국 소진랑은 완력으로 대문을 부수어 열고 부인을 겁박한다. 부인은 힘으로 저항해서 승산이 없음을 알고 침착하게 소진랑을 따라 소진뜰로 내려간다. 그러나 이미 마음 속에 소진랑의 마수를 모피할 계략을 준비하고 있었던 것이다. 소진뜰로 가서 혼례를 하자는 소진랑의 요구를 일곱 가지 귀신이 자기 몸에 붙어 있어 불길하니 삼 년간 구메밥을 먹어 이를 도액하고 혼례를 치루자고 설득하여 거절한다. 그리고 황우양씨가 찾아오도록 적삼에 혈서를 써서 주초 밑에 감추어 둔다. 결국 황우양씨와 재회한 후 협력하여 소진랑을 징치하고 단란한 가정을 이룩하는 것이다. 이처럼 황우양씨 부인은 지혜가 뛰어나고 정절을 지키려는 의지가 굳세며, 침착하고 현명하게 위기에 대처하는 모습을 보인다. 황우양씨 부인은 지극한 사랑으로 위기를 극복하고 남편을 도와 가정의 파국을 막고 부부의 행복을 지키는 이상적인 아내상으로 설정되어 있음을 본다.

다) 신화적 성격

황우양씨는 천하궁에 천사랑씨를 아버지로 하고 지하궁의 지탈부인을 어머니로 하여 탄생한 인물이다. 천사랑은 천신이고 지탈부인은 지신적 성격을 가지기에 신의 혈통은 건국신화의 주인공과 같은 천부지모형이라고 할 수 있다. 그런데 황우양씨 부모의 결혼이야기는 나타나지 않으면서 황우양씨 부부의 이야기로 시작되고 황우양씨가 자녀를 출산한다는 내용도 없기에 건국신화와는 다른 성격을 보여준다. 북방의 건국신화는 시조 부모의 결혼과 시조의 탄생으로 전개되고 남방의 건국신화는 시조의 탄강과 시조의 결혼으로 전개되는데 〈성주본가〉에서는 부부의 분리와 재결합의 이야기만 나타나기 때문이다. 또한 〈단군신화〉나 〈주몽신화〉에서는 부부관계보다도 부자관계나 모자관계가 중시되는 데 비하여 〈성주본가〉에서는 부부관계만 나타나고 부모와 자식의 관계는 나타나지 않는다. 가족관계만 본다면 〈박혁거세신화〉나 〈김수로신화〉와 유사한 성격을 찾을 수 있다.

황우양씨는 가옥을 축조하는 목수였고 성조신은 가정신이면서 인간의 거주공간을 관장하는 신이다. 그런데 인간의 거주공간은 가족의 주거인 가옥과 가족들이 모여서 사는 마을, 그리고 여러 마을로 이루어진 고을과 여러 고을을 포함하는 국가로 확대된다. 〈성주본가〉에서 문제가 되는 것은 황우양씨가 소진랑을 징치하여 서낭을 만들었다는 내용이다. 서낭신은 마을을 지켜주는 신이다. 그런데 가족의 거주공간을 관장하는 성주신이 마을을 수호하는 서낭신보다 우위에 있다는 신화 내용을 어떻게 이해할 것인가가 문제된다.

여기서 성주신앙과 서낭신앙의 관계를 검토할 필요가 있다. 서낭신앙은 마을단위로 행해지는 마을 수호신 신앙인데 성황신앙과 서낭신앙의 두 가지 형태가 있다. 서낭당은 흔히 산간 마을에서 마을로 넘어가는 고개마루에 돌무더기와 서낭나무로 이루어진 것인데 서낭나무에는 여러 가지 색 헝겊을 달아 놓는다. 이러한 신당의 형태는 손진태가 지적한 바와 같이[126] 몽골의 오보와 유사한 모습으로서 예로부터 각 마을에서 자생한 마을 수호신 신앙의 모습이라고 본다. 반면 성황신앙은 마을 중심부에 큰 나무가 있고 나무 밑에 당집을 지어놓고 성황신지위(城隍神之位)라는 위패를 봉안하고 마을 주민이 공동으로 제를 지내는 신앙형태를 말한다. 이러한 성황신앙은 조선조에서 조정의 권유로 재래의 마을굿이 중국의 성황신앙과 유사한 제사형태로 바뀌면서 자리 잡은 모습이라고 생각된다.

성황신 신앙은 중국 고대 문헌에서 산견된다. 이능화의 『조선무속고』 〈성황조〉에는 성황(城隍)을 중국 고대 성지(城池) 신에 대한 신앙으로 해

---

126) 孫晉泰, 「朝鮮의 累石壇과 蒙古의 鄂博(오보)에 就하여」, 『韓國民族文化의 硏究』, 159-181면, 『孫晉泰先生全集』 2, 태학사, 1981.

▌중국 남통지방의 굿당 내부(1995. 12. 17)

석하고 있다.

> 성황(城隍)이란 말을 상고해보면 첫째는 성지(城池)와 같은 말이다. 역경에는 성(城)을 황(隍)이라고 한다고 되어 있다. 둘째는 신의 이름이다. 예기(禮記)에 팔사(八蜡) 중에 수용(水庸)을 일곱 째로 기록하고 있는데 수용은 곧 성을 말한다. 이것이 성황을 제사하는 시초가 되었다.[127]

여기에서 '팔사'란 '대사'(大蜡)라고도 하는데 12월에 천자는 만물을 모아 여덟 신에게 제사를 지내는데 1. 선색(先嗇), 2. 사색(司嗇), 3. 농(農), 4. 우표철(郵表畷), 5. 묘호(貓虎), 6. 방(坊), 7. 수용(水庸), 8. 곤충(昆蟲)의 여덟

127) 李能和, 『朝鮮巫俗考』, 한국문화인류학회, 1968, 47면, "按城隍 (一)猶言城池 易云城復于隍 (二) 神名禮 八蜡 水庸居七 水庸卽城 是謂祭城隍之始", 필자 번역.

신을 말한다. 팔사에 대한 『사해(辭海)』의 풀이를 보면, 선색은 신농(神農), 사색은 후직(后稷), 농은 전준(田畯)으로 곧 전토의 신, 우표철에서 우(郵)는 전간여사(田間廬舍) 즉 밭 사이에 있는 여막이나 사옥, 표(表)는 전간도로(田間道路), 철(啜)은 전토강계(田土疆界)로서 우표철은 처음으로 집을 짓고 길을 내고 경계를 표시하여 사람을 이롭게 한 신을 말한다. 묘호는 들쥐를 잡아먹는 야수이고, 방은 제방이며 수용은 물이 흘러가는 구렁텅이(溝)를 말한다. 곤충은 나방이나 메뚜기(蝗螟之類)를 말하는데 재해를 일으키지 말라고 축원하는 것이라고 한다.[128]

여기서 팔사는 대체로 농경사회에서 농경과 관련된 신들에 대한 제사로 볼 수 있는데 성황은 물길을 관장하는 신이었음을 알 수 있다. 그렇다면 한국의 성황신 신앙도 농경사회 농촌마을에서 농경을 관장하는 생산신 신앙이 중국의 성황신앙의 영향으로 촌신(村神)이나 동신(洞神)에 대한 신앙으로 자리 잡게 된 것으로 생각할 수 있다.

반면 서낭은 산간 지역의 마을로 넘어오는 고개 마루에서 마을로 들어오는 잡귀, 병귀를 막아 마을 공동체를 보호하는 수호신 기능을 하고 있었다. 당(堂)의 형태가 집을 지어 위패를 봉안한 것이 아니고 돌무더기를 쌓아 놓은 누석단(累石壇)이며, 서낭신은 마을의 경계를 표시함과 동시에 외부의 잡신들의 침책(侵責)을 막는 수호신으로 나타난다.[129] 어떻게 해석하더라도 서낭신앙은 마을 주민의 안녕과 평화를 보장하는 수문장(守門將)과 같은 존재로서 농경의 일을 관장하는 성황신과는 성격이 다름을 알 수 있다.

그렇다면 〈성주본가〉에서 황우양씨로 표상된 성주신은 가택의 신이면서 황우뜰이라는 한 지역을 관장하는 성황신이나 성지신의 성격을 가진다고 생각된다. 마을이나 고을을 관장하는 성지신은 수문신인 서낭신보

128) 臺灣中華書局, 『辭海上』(중화민국 67년), 〈大蜡〉조 참조.
129) 孫晉泰, 「朝鮮의 累石壇(선왕당)과 蒙古의 鄂博(오보)에 就하여」(「韓國民族文化의 硏究」, 『손진태선생전집』 2, 태학사, 1981), 159-181면.

다 상위의 신격으로 인식되었을 가능성이 있다. 특히 중국의 성황신앙이나 성지신앙의 영향이 보다 강하게 미쳤던 서울 주변의 경기지역에서 이러한 인식이 확산되었으리라 추측된다. 이렇게 본다면 경기 남부지역에서만 전승되는 〈성주본가〉에서 성주신이 존중되고 서낭신이 부정되는 이유를 이해할 수 있다고 생각한다.

황우양씨는 목수로서 가옥 축조를 직업으로 하는 존재이기에 가옥을 관장하는 성주신으로 좌정함은 당연하다. 그런데 황우양씨 부인은 쇳가루를 하늘에서 받아서 풀무를 차려놓고 여러 가지 도구를 만들어준다. 대장간을 개설하여 쇳가루를 불에 녹여 황우양씨에게 목수가 사용하는 도구를 주조하는 일은 대장장이가 하는 일이기에 황우양씨 부인은 대장장이임이 분명하다.

철기를 주조하는 일은 불의 사용법을 알아내면서 시작되었고 이러한 일을 하는 존재는 신성시되었다. 즉 황우양씨 부인은 '스미스샤먼'인 것이다. 시베리아의 야쿠트족의 속담에는 "대장장이와 샤먼은 한 둥우리에서 나왔다"고 하고 "대장장이는 샤먼의 큰 형님이다"라고도 한다. 이처럼 대장장이는 샤먼으로서 집단에서 신성시되는 존재였다. 황해도 무녀인 김금화가 내림굿을 할 때 쇠걸립을 하였다고 한다.[130] 이는 무속인이 되는 자격으로 쇠를 다루는 능력을 사회로부터 공인받았던 고대사회의 대장장이 샤먼의 모습이 아직까지 남아 있는 것이라고 생각할 수 있다.

황우양씨 부인은 대장장이이면서 동시에 직녀신으로서 모습도 보여준다.

> 부인은 그동안에 무슨지조를 비윗소
> 대감님 써나가신 후로 눈물로 세월을 보니옵다
> 소지 한 장 지여써서 텬하궁에 올녓드니

130) 李杜鉉, 『韓國巫俗과 演戲』, 서울대학교출판부, 1996, 3-110면, 〈제1장 내림무당의 쇠걸립〉, 〈제2장 당골무와 야장〉 참조.

ᄋᆡ기누에 한졉시라
열흘 밥 멕여 쟘 ᄌᆡᆨ이고 섭헤다 올녓드니
청ᄉᆡᆨ곳치 빅ᄉᆡᆨ곳치 황ᄉᆡᆨ곳치 닷말이라
거린대 압헤놋코
한번잡어 ᄂᆡ의치니 나그네 명지 것명지
두 번 잡어 ᄂᆡ의치니 쥬인 명지 속명지
쉰대쟈 마흔대쟈 나가지고
대감님 일습 한 벌 지여놋코
동챵문을 열고보니
점심골이가 왓다갓다 하옵디다.[131]

여기서 황우양씨 부인은 누에를 쳐서 명주를 짜내어 황우양씨의 의복을 만든 인물로 나타남을 본다. 양잠업의 개발은 면화를 경작하여 무명을 만들어 사용한 것보다도 훨씬 이른 시기에 이루어졌다. 중국에서는 춘추전국시대에 이미 화북지방 일대에 퍼져 있었고 우리나라에는 고조선시대에 시작되어 예(濊)나 마한(馬韓) 등에 퍼져 있었다.[132] 황우양씨 부인은 이러한 직조의 여신으로도 설정되어 있음을 알 수 있다. 이처럼 황우양씨는 가옥의 신이고 그의 부인은 의복의 신으로 인류의 주거와 의류를 창조한 문화영웅으로도 나타나고 있다.

그러나 신화의 핵심은 부부가 시련을 극복하고 가정을 이루어 집을 짓고 의복을 만들며 살아간다는 것으로서 부부간의 애정을 이야기한 것이다. 따라서 〈성조본가〉는 부부서사로서 가정의 핵심은 부부이고 부부 사이의 시련을 극복하고 행복한 가정을 유지하는 데는 부부간의 신뢰와 애정이 가장 중요함을 말해주는 가정신화라고 본다.

131) 赤松智城・秋葉隆,『朝鮮巫俗の硏究』上, 220-221면.
132)『三國志』,〈魏志 東夷傳〉,〈濊傳〉條에 '有麻布蠶桑作緜'〈馬韓〉條에 '矢蠶桑作緜'이라는 기록이 나타난다.

(6) 성조푸리(成造神歌)

경남지역 〈성조푸리〉는 손진태가 경남 동래군 구포면 구포리에 살던 맹인조합장 최순도(崔順道)가 무책(巫冊)으로 제공한 자료를 그의 저서 『조선신가유편』에 수록한 것이다. 〈성조푸리〉는 〈성조신가(成造神歌)〉 또는 〈가신유래가(家神由來歌)〉라고도 하며 한자를 섞어서 4·4조의 율문으로 기록되었고 일체 군소리가 배제되어 있어 마치 창작 가사작품을 대하는 느낌을 주는 자료이다.

가) 가정신화로서 서사구조

서사단락을 요약하면 다음과 같다.

㉠ 서천국 국반왕과 옥진부인은 나의 40이 가깝도록 혈육이 없어 부처 전에 기자치성을 드리고, 태몽을 얻은 후에 잉태한다.

㉡ 옥진부인은 10삭이 찬 후에 옥동자를 낳는다.

㉢ 관상객을 불러 아기를 보이니 부귀공명할 것이나 전처를 소박할 것과 황토섬에 삼 년 동안 귀양갈 것을 예언한다.

㉣ 이름을 성조라고 짓는다. 성조는 15세가 되어 옥황께 상소하여 솔씨 서 말 닷 되 7홉 5작을 받아 지하궁 무주공산에 심는다.

㉤ 성조가 18세 되었을 때 황휘궁의 한 공주와 혼인하나 아내인 계화씨를 박대하고 주색에 방탕하여 국사를 돌보지 않는다.

㉥ 조정 신하들이 대왕에게 이 사실을 주달하자 대왕은 성조를 황토섬으로 귀양보낸다.

㉦ 성조는 황토섬에서 기한(飢寒)으로 고생이 막심하고 화식을 못 먹어 온몸에 털이 난다.

㉧ 성조는 무인도에서의 곤경을 혈서로 써서 청조에게 매어 계화부인에게 보낸다.

ⓙ 계화부인은 성조의 편지를 받고 득병한 후 시어머니인 옥진부인에게 성조의 편지를 보인다. 옥진부인이 편지를 보고 통곡하니 천궁대왕이 그 까닭을 물어 성조의 서간을 보고 즉시 성조의 귀양을 풀 것을 명령한다.

ⓚ 성조는 귀양에서 돌아와 계화부인과 정회를 풀며 5남 5녀를 낳아 키운다.

ⓛ 성조가 나이 70에 당하여 열 자식을 데리고 솔씨 심은 나무들을 돌아본 뒤 시냇가에 내려가서 쇠 열닷 말을 이러내서 온갖 연장을 장만하고 재목을 베어 궁궐과 관사(官舍) 및 백성의 집을 짓는다.

ⓜ 집 짓기를 마친 성조는 입주 성조신이 되고 계화부인은 몸주 성주신이 되고 아들 다섯은 오토지신(五土之神)을 마련하고 딸 다섯은 오방부인(五方夫人)을 마련한다.

〈성조푸리〉 역시 가옥을 축조한 공적으로 성조신이 된다는 내용이다. 이러한 서사무가의 내용으로 보아 성주신은 가옥의 신임이 분명하다. 부제(副題)가 〈가신유래가〉로 되어 있는 바와 같이 성주신은 가신(家神) 즉 가정의 신이다. 가정은 부부로부터 시작되기에 가정신 신화는 부부서사(夫婦敍事)가 되는 것이 당연하다. 부부서사는 부부의 만남에서 시작되어 부부간의 갈등과 화해, 그리고 분리와 재결합 등의 사연을 동반하는 이야기다. 그런데 〈성조푸리〉는 주인공 성조의 일대기로서 그 전개는 기자치성・태몽・출생・예언・수난・공업의 성취, 신으로의 좌정으로 되어 있고, 이것은 영웅소설에서 보여주는 남성영웅의 일생과도 일치한다.

성조는 천궁대왕과 옥진부인 사이에서 기자치성의 결과 왕자로 탄생한다. 성조의 탄생과정은 신화의 주인공이 갖추어야 할 요건인 고귀한 혈통과 신이(神異)한 탄생을 보여준다. 그러나 영웅신화에서 주인공이 비정상적으로 출생되는 것과 다르게 정상적 부부관계에서 기자치성의 결과로 출생한다. 이러한 출생과정은 조선조 영웅소설의 주인공이 탄생되는 과정과 일치하는 것으로서 고소설의 영향을 받았을 가능성이 크다. 특히 성조부친 천궁대왕과 성조모친 옥진부인이 나이 40에 가깝도록 일점혈육이 없어 부부가 한탄하다가 기자치성 뒤에 신이한 태몽을 꾸고 주인공을 출산하는 점은 〈유충열전〉 등의 조선조 영웅소설의 정석적인 주인공의 탄생과정과 일치하는 모습을 보여준다.

> 대왕(大王)과 부인(婦人)이 길일(吉日)을 간택(簡擇)하야 동방화촉(洞房華燭) 정(正)잠잘때
>
> 초경(初更)에 득몽(得夢)하니 감정새 두머리 청충(青虫)을 물고 벼개 좌우편(左右便)에 안자 보이고 국화(菊花)꼿 세송이가 벼개 우에 피엿거늘
>
> 이경(二更)에 득몽(得夢)하니 삼태육경(三台六卿) 자미성(紫微星) 부인(婦人) 압에 나리시고 금쟁반(金쟁盤)에 붉은구실 셋이 궁굴녀 보이거늘
>
> 삼경(三更)에 득몽(得夢)하니 궁중방내(宮中房內)에 오운(五雲)이 모와들고 엇더한 선관(仙官)이 황학(黃鶴)을 타고 채운(彩雲)에 사이여셔 국문(國門)을 크게 열고 부인겻헤 안지며왈(曰)
>
> 부인(婦人)은 놀나지 마옵소셔 나는 두솔천궁지왕(兜率天宮之王)이라 부인(婦人)의 공덕(功德)과 정성(精誠)이 지극(至極)한 고(故)로 천황(天皇)이 감동(感動)하고 제불(諸佛)이 지시(指示) 하사 자식(子息)주려 왓나니다.
>
> 일월성진(日月星辰) 정기(精氣)바다 동자(童子)를 마련하야 부인(婦人)을 쥬시며 왈(曰) 이 아기 일홈은 안심국(安心國)이라 지어시며 별호(別號)는 성조씨(成造氏)라 하며
>
> 무수(無數)히 길겨할 때 무정(無情)한 풍경(風磬)소래 부인(婦人)의 깁히 든 잠 홀연(忽然) 쑴을 깨고보니 선관(仙官)은 간곳업고 촉화(燭火)만 도도엿다.[133)]

위의 대목은 성조를 잉태하는 태몽부분이다. 여기에 등장하는 검정새나 붉은 구슬은 신화적 주인공이 잉태할 때 부모의 태몽에 등장하는 상

133) 손진태, 『朝鮮神歌遺篇』, 동경: 향토문화사, 1930, 88-91면.

서로운 짐승이나 구슬이다. 바리공주가 잉태할 때 금거북 백마등이 등장하고 당금애기의 삼태자가 잉태할 때 선관으로부터 붉은 구슬을 받는 꿈을 꾼다. 그 다음 황학을 타고 온 선관이 품에 든다는 것은 고소설의 주인공이 잉태할 때 태몽과 일치한다. 이처럼 〈성조풀이〉에서는 신화에서 고소설에 이르기까지의 태몽이 적층되어 있다.

그러나 〈성조푸리〉의 서사의 핵심은 부부의 결연과 부부의 분리, 부부의 재결합으로서 부부 이야기이며 이는 가정의 탄생과 자정의 시련과 파탄, 그리고 시련의 극복과 가정의 복구로 전개되는 가정신화의 서사구조를 보여준다. 부부서사의 핵심요소만을 정리하면 다음과 같다.

1. 성조는 18세 때 계화씨와 결혼한다.(부부 결연－새로운 가정의 탄생)
2. 성조는 주색에 빠져 아내 계화씨를 박대한다.(부부의 불화－가정의 시련)
3. 부왕은 성조를 황토섬으로 귀양보낸다.(부부의 분리－가정의 파탄)
4. 성조는 삼 년간 황토섬에서 고초를 겪는다.(성조의 시련－가정의 시련)
5. 성조는 계화씨에게 편지를 보내고 귀양에서 돌아온다.(부부의 재회－가정의 복구)
6. 성조는 계화씨와의 사이에서 오남 오녀를 출산한다.(가정의 완성)
7. 성조는 궁궐과 관사와 백성들의 집을 짓는다.(가옥의 축조－가족의 삶의 공간 마련)
8. 성조 부부는 성주신이 되고 아들들은 오토지신, 딸들은 오방부인이 된다.(가정신으로의 좌정)

이처럼 〈성조풀이〉는 부부결연으로 가정이 형성되고 부부의 분리와 재결합 등 시련을 극복하고 자녀를 낳아 키워 부부와 직계 비속으로 구성된 가족이 형성되는 과정과 가족의 삶의 공간을 축조하고 신으로 좌정하는 내용을 담고 있다. 이러한 가정신화 서사구조는 경기 남부지역에서 전승되는 〈성주본가〉를 비롯하여 전국적으로 전승분포를 보이는 〈칠성풀이〉에서도 발견된다.

나) 서사시적 서술구조

〈성조푸리〉에는 〈새타령〉, 〈배타령〉, 〈소상팔경〉, 〈나무타령〉 등의 수많은 삽입가요가 있으며 전편이 가사체로 다듬어져 있어 문학적으로 매우 세련된 작품이다. 이처럼 판소리 사설에서 흔히 볼 수 있는 삽입가요가 장면치레사설로 연결되어 서술구조를 형성하고 있다는 점에서 작품연대는 판소리가 널리 보급된 19세기 이후로 추정된다.

〈성조푸리〉에 등장하는 단위사설을 검토하기로 한다.

ㄱ. 천지조판(天地肇判)사설

〈성조푸리〉 서두에는 창세신화에 등장하는 천지조판 이후 인간의 문화개발의 역사적 전개가 요약되어 서술된다.

> 홀연천지(忽然天地) 개벽후(開闢後)에 삼황오제(三皇五帝) 그 시절(時節)에
> 천황씨(天皇氏) 처음나셔 목덕(木德)으로 임군되어
> 일월성진(日月星辰) 조림(照臨)하니 날과 달이 발가잇고
> 지황씨(地皇氏) 후(後)에 나서 토덕(土德)으로 임군되니 풀과 남기 도닷드라
> 인황씨(人皇氏) 다시나셔 형제구인(兄弟九人)이 분장구주(分掌九州)하야
> 개출어인생(皆出於人生)할제 인간문물(人間文物) 마련하고
> 수인씨(燧人氏) 후(後)에나서 시찬수(始鑽樹) 불을내여 교인화식(敎人火食) 마련하고
> 유소씨(有巢氏) 다시나셔 구목위소(構木爲巢)하고 식목실(植木實)할재
> 남글얼거 집을삼고 설한(雪寒)을 피하더라
> 헌원씨(軒轅氏) 후에 나서 고산(高山)의 남글비여 삼사척(三四隻) 배를모와
> 만경창파(萬頃蒼波) 씌여놋코 억조창생(億兆蒼生) 통섭(統攝)하며
> 고(罟)맷고 그물지어 고기잡기 매련하고
> 신농씨(神農氏) 후에 나서 역산(歷山)에 남글비여
> 홀경쟁기 만드려서 농사법(農事法) 가러치고

상백초(嘗百草) 약(藥)을지여 치병생활(治病生活) 다사리고
복희씨(伏羲氏) 성군(聖君)이라 창해(蒼海)갓탄 의견(意見)으로 하도락서(河圖洛書) 풀어내고
날가온데 제자모와 만물매매(萬物賣買) 가려치고
시획팔괘(始劃八卦)하여 음양(陰陽)을 가로칠제
남자(男子)의 취처법(娶妻法)과 여자(女子)의 출가법(出嫁法)을
예필(禮必)로 가로치셔 부부(夫婦)를 정(定)하드라
여와씨(女媧氏) 후(後)에 나셔 오색(五色)돌 고이가라 이보천(以補天) 하신 후(後)에
여공제기(女工諸技) 가로치며 남녀의복(男女衣服) 마련하고
법주씨(法主氏) 법(法)을 내고 도당씨(陶唐氏) 역서(曆書)내여
춘하추동(春夏秋冬) 사시절(四時節)과 동장추수(冬藏秋收) 마련하고
공자(孔子)님 출세(出世)하야 시서백가(詩書百家) 삼강오륜(三綱五倫)
인의예지(仁義禮智) 선악반상(善惡班常) 유식무식(有識無識) 가로치니[134]

이상은 천지조판과 인간문화의 역사를 『사략』의 내용을 중심으로 가사체로 엮은 것이다. 『사략』은 『십팔사략(十八史略)』의 약칭으로 전통사회에서 초학자들이 학습했던 역사교과서인데 원(元)나라 때 증선지(曾先之)가 『사기(史記)』, 『한서(漢書)』 등 십팔 종의 사서에서 가려 뽑아 편술한 중국역사교과서로서 그 내용이 세간에 널리 알려졌다. 이처럼 삼황오제(三皇五帝)로부터 중국의 신화적 인물과 문화영웅들의 업적을 창송(唱誦)하는 일은 무속제전 중에서도 독경무들의 축원문에서 흔히 발견되는 무축(巫祝)의 관습이었다. 〈성조푸리〉가 경남 맹인조합장인 최순도의 무책에서 전사한 것이기에 이 자료는 학식이 있는 맹인이나 스님 또는 고전시가에 조예가 깊었던 문인이 지어낸 것으로 추정된다.

134) 손진태, 앞 책, 79-83면.

ㄴ. 기자치성(祈子致誠)사설

천궁대왕과 옥진부인은 나이 39세가 되도록 슬하에 일점혈육이 없자 복사(卜師)에게 문복(問卜)한 후 기자치성(祈子致誠)을 드린다.

> 부인(婦人)이 그말 듣고 왼갓 공(功)을 다드릴제
> 고산(高山)에 송죽(松竹)비혀 천문(天門)에 기도(祈禱)하고
> 지장(地場)에 금토(禁土)놋코 금은채단(金銀彩緞) 갓추와서 수래에 놉히실고
> 운문사(雲門寺)로 차자들어 지성(至誠)으로 공(功)드릴제
> 명산대천(名山大川) 영신당(靈神堂)과 고미축수(姑未築修) 석가산(石假山)
> 제불보살(諸佛菩薩) 미륵(彌勒)님전(前) 지성(至誠)으로 발원(發願)하며
> 칠성불공(七星佛功) 나한불공(羅漢佛功) 백일산제(百日山祭) 제석불공(帝釋佛功)
> 대해(大海)마다 용왕제(龍王祭)며 천제당(天祭堂) 천제(天祭)하기
> 신중마다 가사시주(袈裟施主) 다기시주(茶器施主) 연등시주(燃燈施主)
> 노구(路口)마중 집짓기며 가리(街里)송장 초상(初喪)치기
> 빈(貧)한사람 해산시(解産時)에 매읏양식(糧食) 시주(施主)하며
> 조왕세존(竈王世尊) 후토신령(后土神靈) 당산처용(堂山處容) 지신제(地神祭)를
> 지극정신(至極精神) 비럿더니
> 공든탑이 무너지며 심든낭기 썩거질가[135]

이러한 '치성사설(致誠辭說)'은 하나의 독립된 단위사설로서 자식을 두려고 치성을 드린다는 서사 대목에 두루 수용되는 것이다. 〈심청가〉에 심청을 낳기 전에 삽입된 치성사설도 이와 유사하다. 이러한 단위사설은 그 자체로 독자적 가사 작품으로 흥미와 가치를 가지는 것으로서 서사적 문맥에 핍진한 요소로 기능하는 것이 아니고 세속에서 행하는 치성을 모두 열거하여 만들어낸 치성타령적 성격을 띠고 있다.

---

135) 앞 책, 86-88면.

ㄷ. 포태(胞胎)사설

사람이 임신을 하고 열 달까지 태내에서 아기가 발육하는 과정을 사설로 만든 것이 포태사설인데 〈성조푸리〉에서도 옥진부인이 성조를 잉태하였을 때 포태사설을 수용하고 있다.

> 과양기언(果若其言)으로 그달부터 잉태(孕胎)잇셔
> 한두달에 이실맷고 삼사삭(三四朔)에 인형(人形)생겨
> 다섯달 반짐싯고 육삭(六朔)에 육부(六腑)생겨
> 칠삭(七朔)에 골육(骨肉)맷고 팔구삭(八九朔)에 남녀분별(男女分別)
> 삼만팔천사혈공(三萬八千四血孔)과 사지수족(四肢手足) 골격(骨格)이며
> 지혜총명(智慧聰明) 마련하고 십삭(十朔)을 배살하야[136)]

이러한 내용은 『부모은중경(父母恩重經)』에 상세하게 나타나는데 이를 공식사설로 만들어 임신한 사연이 서술되는 서사국면에 삽입한 것이다. 이는 성조라는 특정인물의 개성적 포태 성장을 진술한 것이 아니고 인간은 누구나 잉태된 후 이렇게 성장한다는 보편적 사실을 서술한 것이다.

ㄹ. 새타령

성조는 부인을 소박한 죄로 황토섬에 귀양을 가서 고초를 겪는다. 그러다가 갑자년 봄을 당하여 청조(靑鳥)에게 편지를 써서 계화부인에게 부치는데 이때 〈새타령〉이 삽입되어 있다.

> 그 ᄶᅢ는 어너ᄶᅢ냐 갑자춘삼월(甲子春三月)이라
> 불탄 속닙 새로 나며 왼갓 화초(花草) 만발(滿發)한데
> 촉(蜀)나라 두견조(杜鵑鳥)며 농산앵무(隴山鸚鵡) 오작(烏鵲)즘생

---

136) 앞 책, 93-94면.

> 만경창파(萬頃蒼波) 녹수상(綠水上) 원불상사(怨不相思) 원앙(鴛鴦)새
> 왕사당전(王師堂前) 저제비며 알연장명(戛然長鳴) 백학(白鶴)이며
> 위보고인수기서(爲報故人數寄書) 소식(消息) 전(傳)튼 청조(靑鳥)새가
> 성조(成造) 압헤 우지지니[137]

다음 계화부인이 청조가 달고 온 성조의 편지를 받는 장면에서도 〈새타령〉이 삽입되어 있다.

> 또한편 바라보니 청강녹수(淸江綠水) 원앙(鴛鴦)새는
> 비취(翡翠)로 짝을 지어 음양(陰陽)으로 떠서잇고
> 기산조양(箕山朝陽) 봉황조(鳳凰鳥)며 가인상사(佳人想思) 기러기며
> 알연장명(戛然長鳴) 백학(白鶴)이며 막교지상(莫敎枝上) 꾀고리며
> 성성제혈(聲々제血) 두견조(杜鵑鳥)며 작지작난 오작(烏鵲)이며
> 어엽분 채난조(彩鸞鳥)며 강왕명월(明月) 저 황새며
> 구만장천(九萬長天) 대붕(大鵬)새 왕사당전(王師堂前) 저 제비며
> 호반새・북굼새며 적벽화전(赤壁火戰) 저원조(怨鳥)들
> 춘색(春色)짜라 나라드니[138]

이러한 〈새타령〉은 잡가로 불리던 〈새타령〉의 일부로서 판소리 〈적벽가〉를 비롯하여 다른 작품에도 두루 수용되는 단위사설이다. 그런데 여기서 '적벽화전 저 원조'라는 구절이 있음을 보면 이 사설을 지은 사람은 〈적벽가〉에 삽입된 〈새타령〉의 존재를 알았다고 볼 수 있다. 즉 판소리를 비롯하여 세간에서 불리던 잡가(雜歌)에 두루 정통한 인물이 〈성조풀이〉의 사설을 지었다고 생각된다.

137) 앞 책, 124-125면.
138) 앞 책, 130-131면.

ㅁ. 꽃타령

계화부인이 성조의 편지를 받기 전에 봉황루에 올라가서 봄경치를 구경하는데 이때 봄경치의 일부로서 〈꽃타령〉이 삽입되어 있다.

만당추수홍련화(滿堂秋水紅蓮花) 암향부동월계화(暗香浮動月桂花)
소식(消息) 전(傳)튼 단명화(短命花) 삼월춘풍해당화(三月春風海棠花)며
도리화(桃李花) 목단화(牧丹花)며 두견화(杜鵑花) 만발(滿發)하야
좌우산천(左右山川) 어리엇고[139)]

이러한 〈꽃타령〉 역시 민요로 전승되는 노랫말 중에 일부로서 봄철에 피는 꽃에 관한 사설만을 골라서 제시한 것이다. 이처럼 서사의 국면에서 어떤 명분을 세워서라도 기존의 노랫말들을 가능한 한 많이 삽입하고 있음을 본다.

ㅂ. 배타령

성조가 황토섬에서 부왕이 자기를 방면하여 귀환하려고 보낸 배를 바라보는 장면에서 〈배타령〉이 삽입되어 있다.

성조(成造)임이 바라보고 어허 그배 반갑고나
지내가는 과선(過船)인지 장사하는 상선(商船)인지
시절이 요란하야 군량(軍糧)실ㅅ고 가는 밴지
십리장강벽파상(十里長江碧波上) 왕래(往來)하는 거루ㅅ밴지
태백(太白)이 기경비상천(騎鯨飛上天)하니 풍월(風月)실ㅅ고 가는 밴지
동강칠리탄(桐江七里灘)에 엄자릉(嚴子陵)의 낙시ㅅ밴지
적벽강추야월(赤壁江秋夜月)에 소자첨(蘇子瞻)의 노든 밴지

139) 앞 책, 129면.

만경창파욕모천(萬頃蒼波欲暮天)에 천어환주(穿魚換酒) 하든 밴지
기산영수(箕山潁水) 말근물에 소부허유(巢父許由) 노든 밴지
알기가 어렵고나140)

이러한 〈배타령〉도 민요로 불리는 독립된 시가로서 다른 시가에서도 배가 등장하는 대목에는 삽입되는 단위 사설이다.

ㅅ. 선유가(범피중류)

성조가 황토섬에서 배를 타고 돌아오는 과정에 삽입된 사설인데 판소리 〈심청가〉, 〈수궁가〉 등에서 불리는 〈범피중류〉 대목과 유사한 단위 사설이다.

그 째는 어는 째냐 추칠월망간(秋七月望間)이라
백로(白鷺)는 희엿는데 월광(月光)은 명랑(明朗)하다
강상(江上)에 백구(白鷗)들은 오락가락 왕래(往來)할제
청풍(淸風)은 서래(徐來)하고 수파(水波)는 불홍(不興)이라
백빈주(白蘋洲)에 갈매기는 홍료(紅蓼)로 나라들고
삼산(三山)에 기럭이는 한수(漢水)로 도라들제
심양강(潯陽江) 당도(當到)하니 백낙천(白樂天) 일거후(一去後)에 비파성(琵琶聲) 끈어지고
적벽강(赤壁江) 지내오니 소동파(蘇東坡) 노든 자취 의구한객(依舊閒客) 잇것마는
조맹덕(曹孟德) 일세지웅(一世之雄)은 이금안재(以今安在)아
월락오제(月落烏啼) 깁픈밤에 고소성(姑蘇城)에 배를매니
한산사(寒山寺) 쇠북성(聲)이 객선(客船)에 들니온다
고기낙는 어부(漁父)들은 강태공(姜太公)의 낙대 빌고

140) 앞 책, 141-142면.

엄자릉(嚴子陵)의 긴줄 어더 범려선(范蠡船) 빌여타고 오락가락 왕래(往來)하며
외로운밤 천리원객(千里遠客) 겨우 든 잠 깨와내고
탑전(塔前)에 노승(老僧)들은 팔폭장삼(八幅長衫) 숏갈쓰고
숫벅~ 읍(揖)을하니 한사모종(寒寺暮鍾) 이 아니며
소상야우(瀟湘夜雨) 동정추월(洞庭秋月) 평사낙안(平沙落雁) 어촌낙조(漁村落照)
황릉애원(皇陵哀怨) 원포귀범(遠浦歸帆) 이 아니냐 141)

이 사설은 중국의 적벽강(赤壁江), 소상강(瀟湘江)의 경치를 노래한 사설로 소동파(蘇東坡)의 〈적벽부(赤壁賦)〉와 잡가 〈소상팔경(瀟湘八景)〉 등에서 구절을 따서 만든 것이다. 이러한 사설을 무가에 삽입시킨 것으로 보아 〈성조푸리〉는 한시문(漢詩文)이나 중국의 고사(故事), 또는 판소리나 잡가 등 가객의 소리에 상당한 조예가 있었던 인물이라고 생각된다.

ㅇ. 나무타령

성조가 솔씨를 심은 지 49년이 지나 70세를 당하여 집을 지으려고 나무를 베러 지하궁으로 가는 대목에 〈나무타령〉이 삽입되어 있다.

나무마당 적간할제
왜척촉(倭躑躅)·진달목(木) 느러진 장목(長木)이며
휘어진 고목(古木)이며 객사청청 유목(柳木)이며
세답한 박달목(木) 군자절(君子節) 송목(松木)이며
일출봉(日出峰) 부상목(扶桑木) 월중계수목(月中桂樹木)
노가지 상목(木)이며 몸ㅅ질조흔 오동목(梧桐木)과
음양상충(陰陽相冲) 행자목(杏子木)과 백자목(栢子木) 석류목(石榴木)이
장성하기 서이시니142)

141) 앞 책, 150-152면.
142) 앞 책, 159-160면.

이러한 〈나무타령〉은 사실 서사문맥에서는 긴요하지 않은 군소리가 많다. 집을 짓는 재목을 내러 가는데 재목으로 쓸 수 없는 진달래나무 석류나무 등까지 나열되고 있다. 이러한 삽입가요는 판소리의 삽입가요와 같이 장면을 꾸미는 사설로서 어휘 나열 자체의 묘미를 의식한 재담민요와 같은 독자적 기능을 가진다.

ㅈ. 집짓기 사설

집을 짓는 사설 역시 구체적인 가옥을 사실적으로 건축하는 모습을 서술한 것이 아니라 집이란 이렇게 짓는 것이라는 관념적 진술을 하고 있다.

> 집을 한간 시작(始作)한다.
> 오행(五行)으로 주초놋코 인의예지(仁義禮智) 지동 세와
> 삼강오륜(三綱五倫) 들ㅅ보 언ㅅ고 팔괘(八卦)로 연목(椽木)걸고
> 구궁(九宮)을 밧궁 걸고 팔조목(八條木) 도리 언ㅅ고
> 육십사괘지법(六十四卦之法)을 알매 언ㅅ고
> 삼백팔십사효지법(三百八十四爻之法)을 개와(蓋瓦)언저
> 하도낙서(河圖洛書) 산지얽고 일월(日月)로 창호(窓戶)내고
> 태극(太極)을 단청(丹靑)하고 음양(陰陽)을 빈주짜고
> 만권서책(萬卷書冊) 마루놋코 오십토(五十土)로 도벽(塗壁)하고
> 오채(五彩)로 영창(映窓)달아 고대광실 놉흔집에
> 생남생녀(生男生女) 부귀공명(富貴功名) 갓게지어 맛기시고
> 삼팔목(三八木) 동문(東門)내고 이칠화(二七火) 남문(南門)내되[143]

이러한 집짓기 사설은 음양오행의 원리를 집짓기에 적용한 것인데 〈옥루연가〉 등의 가사에도 담긴 내용이다. 〈성조푸리〉는 성조신의 근본

143) 앞 책, 165-166면.

을 이야기한 신화이면서 성주신에 대한 축원·덕담을 겸하고 있기에 성주축원 사설이 자연스럽게 삽입되었다고 생각된다.

이상에서 검토한 삽입사설 이외에도 〈성조푸리〉에는 많은 단위사설이 수용되어 있다. 이처럼 〈성조푸리〉는 무속서사시이면서 공연서사시로서 서사전개에 세간에서 불려지던 단위시가를 공식구로 수용하면서 전체 사설을 만들고 있음을 알 수 있다. 〈성조푸리〉의 서사단락과 단위사설의 교합상황을 다시 정리하면 다음과 같다.

ⓐ 천지조판과 역사의 전개(천지조판사설)

ⓑ 성조 부모의 무자 한탄과 기자시주(기자치성 사설, 태몽사설, 해몽사설)

ⓒ 성조출생(위인 출생 사설, 성조 관상사설)

ⓓ 성조 성장

ⓔ 성조 솔씨 파종

ⓕ 성조 혼례

ⓖ 성조 정배

ⓗ 성조의 서신 전달(새타령, 꽃타령)

ⓘ 성조의 귀환(배타령, 소상팔경)

ⓙ 성조의 자녀 출산

ⓚ 성조의 집짓기(백발가, 나무타령, 집짓기 사설, 명당풀이, 입춘풀이)[144]

이처럼 〈성조푸리〉는 판소리와 같이 이미 세간에서 유통되는 기성의 단위사설을 활용하고 있는데 이는 구비공식구를 활용한 구비서사시의 작시원리에 부합하는 것으로서 구비서사시인의 작시전략의 한 측면을 보여준다.

144) 孫晋泰, 『朝鮮神歌遺篇』, 79-172면.

(7) 칠성풀이

〈칠성풀이〉란 주로 호남지방에서 구연되는 칠성신의 유래가에서 붙여진 명칭이나, 함흥의 〈살풀이〉, 평양의 〈성신굿〉, 제주도의 〈문전본풀이〉 등과도 같은 서사유형에 속한다. 따라서 〈칠성풀이〉 유형은 전승 지역에 따라 제의적 기능은 차이가 있으나 문학적 측면에서는 전국적인 전승 분포를 보이는 서사무가라고 할 수 있다. 그 공통된 핵심내용은 계모가 전실 소생의 아들들을 죽이려고 꾀병을 앓으면서 복술을 매수하여 사람의 생간이 약이라고 하고 이에 속은 아비가 자식을 살해하려 하였으나 계모가 모해한 사실이 발각되어 계모는 징치되고, 죽음을 모면한 전실 소생의 아들들은 칠성신이 된다는 것이다.

가) 채록된 각 편과 공통단락

지금까지 채록된 〈칠성풀이〉 유형의 서사무가는 다음과 같다.

명 칭	전승지역	채록자	발표지	발표연도
① 살풀이	함흥	임석재, 장주근	관북지방무가(추가)	1966
② 성신굿	평양	임석재, 장주근	관서지방무가	1966
③ 칠성굿	부여	김태곤	한국무가집 Ⅰ	1971
④ 칠성풀이	줄포	임석재	줄포무악	1970
⑤ 칠성마지석	전주	최길성	한국민속종합조사보고서 전북편	1971
⑥ 칠성풀이	전주	최길성	한국민속종합조사보고서 전북편	1971
⑦ 칠성풀이	고창	김태곤	한국무가집 Ⅲ	1978
⑧ 칠성굿	순창	김태곤	한국무가집 Ⅱ	1976
⑨ 문전본풀이	제주도	아카마쓰 지조, 아키바 다카시	조선무속의 연구 上	1937
⑩ 문전본	제주도	진성기(이춘아본)	제주도무가 본풀이사전	1991
⑪ 남선비	제주도	현용준(안사인본)	제주도무속자료사전	1980
⑫ 문전본	제주도	진성기(신명옥본)	제주도무가 본풀이사전	1991
⑬ 문전본	제주도	진성기(고술생본)	제주도무가 본풀이사전	1991

이상의 자료들은 등장인명도 다르고 구체적 사건의 전개도 많은 차이를 보인다. 다음에 공통단락을 요약하면서 각 지역에 두드러진 차이점만을 지적하겠다.

1. **아들들의 출생과정**: 〈함흥본〉에서는 해달왕님과 구실부인이, 〈평양본〉에서는 금천왕과 청실부인이 혼인을 해서 아들 3형제를 낳는다. 〈호남지역본〉에서는 칠성님과 매화부인(또는 옥녀부인)이 혼인을 하여 한 배에 아들 일곱을 낳는다. 〈제주도본〉에서는 남선비와 여산부인이 부부가 되어 아들 일곱을 낳는다.
2. **후처를 얻게 된 경위**: 〈함흥본〉과 〈평양본〉에서는 전처가 죽자 후처를 얻는다. 〈함흥본〉과 〈호남본〉에서는 한 번에 아이를 일곱씩 낳았다는 이유로 전처를 소박하고 후처를 얻는다. 〈제주도본〉들에서는 남선비가 무곡(貿穀) 장사를 하며 다니다가 오동고을에 이르러 노일제대귀일의 딸의 간계에 빠져 재물을 다 빼앗기고 그녀와 같이 살게 된다.
3. **후처의 꾀병과 구약**: 〈함흥본〉과 〈평양본〉에서는 꾀병을 앓는 후처가 복술사와 짜고 세 사람의 생간이 약이라고 한다. 〈호남본〉에서도 후처는 꾀병을 앓으면서 점쟁이를 매수하여 칠성님께 일곱 사람의 간을 먹어야 자기 병이 낫는다고 말하도록 한다. 〈제주도본〉에서는 노일제대귀일의 딸이 여산부인을 죽이고 남선고을로 와서 꾀병을 앓으며 장님이 된 남선비를 속여 자기가 점쟁이 행세를 하여 일곱 사람의 간이 약이라고 말한다.
4. **아들들의 죽음 모면**: 〈함흥본〉에서는 아들 3형제가 아버지로부터 의붓어머니 병에 사람의 간 세 보가 약이라는 말을 듣고 친어머니 묘지를 찾아가서 하소연하니 구실부인이 아이들을 옥황으로 데리고 올라간다. 〈평양본〉에서는 금천왕이 아이들을 죽이려고 뒷동산으로 가는 도중 천하대사를 만나 호령을 듣고 멧돼지 일곱을 잡아 그 간

을 가져가 후처인 최씨부인에게 준다. 〈호남본〉에서는 금사슴이 간을 내어 주고 아이들을 구한다. 〈제주도본〉에서는 막내아들인 녹디성인의 꾀로 아들들이 산중에 들어가서 산돼지 일곱 마리를 잡아서 간을 내어다가 노일제대귀일의 딸에게 준다.

5. **후처의 악행 응징:** 〈함흥본〉에서는 전처인 구실부인이 옥황께 사정을 말하고 후처인 매월부인 꼭두에 바늘로 살을 먹이고 온몸에 여러 가지 살을 먹인다. 해달왕도 귀신 정배를 보낸다. 〈평양본〉에서는 아들 7형제가 과거에 급제하고 돌아오자 최씨부인은 후원 별당에 가서 시루를 쓰고 숨었으나 결국 발각되어 일곱째 아들의 손에 죽는다. 죽이고 보니 산돼지였으므로 가죽을 벗겨 신가죽과 무녀의 북가죽을 만든다. 〈호남본〉에서는 후처가 약을 안 먹는 것을 보고 칠성님이 칼〔작두〕을 가져다 칼날은 일곱 아들에게 물려 놓고 칼자루〔칼등〕는 후처에게 물게 하고 축수를 하니 후처가 문 것은 칼날이 되고 아들들이 문 것은 칼등이 되어 후처가 죽는다. 〈제주도본〉에서는 일곱째 아들 녹디성인이 준 약을 노일제대귀일의 딸이 먹지 않자, 일곱 아들들이 달려드니 노일제대귀일의 딸은 도망치다가 정랑에 목이 걸려 죽는다.
6. **신직(神職):** 〈함흥본〉과 〈평양본〉에서는 신직이 나타나지 않는다. 〈호남본〉에서는 아들 7형제가 칠성신이 된다. 〈제주도본〉에서는 다섯 형들은 오방장군이 되고 여섯째 아들은 뒷문신이 되고 일곱째 아들 녹디성인은 앞문신이 된다.

나) 신화적 성격

〈칠성풀이〉는 성주신화가 전승되지 않는 지역에서 전승되고 있고 가정의 탄생과 시련, 극복을 보여준다는 점에서 성주신화와 같은 가정신화로서 기능을 가진다고 본다. 호남지역의 〈칠성풀이〉를 중심으로 가정신화로서 신화적 성격을 검토해 보기로 하겠다.

ㄱ. 가정의 탄생

호남본 〈칠성풀이〉는 칠성님과 매화부인의 혼례로 시작된다. 혼례는 부부가 되는 의식이고 가정의 탄생을 의미한다. 그 다음 매화부인이 아들 일곱을 출산한다. 이러한 전개는 결혼에서 출산으로 전개되는 신화유형으로서 〈단군신화〉나 〈주몽신화〉와 같은 북방형 신화와 공통점이 있다. 모든 생물은 결혼과 출산의 반복으로 그 종(種)이 지속된다. 인류도 결혼과 출산의 반복으로 현재까지 지속되고 있다. 그런데 신화는 모든 존재의 근원을 밝히는 이야기이기에 최초의 결혼과 최초의 출생에서 그 선후가 문제된다. 즉 결혼이 먼저냐 출생이 먼저냐 하는 문제가 신화 속에는 잠재되어 있다고 보아야 한다. 결혼을 하려면 결혼 당사자가 있어야 하는데 그렇다면 그는 어떻게 탄생되었는가? 일반적으로 최초의 인간 출현이나 신의 출현은 양성(兩性) 결합의 결과로 출산된 존재가 아닌 단성(單性)으로서 출현하는 경우가 많다. 박혁거세, 김수로, 삼을나는 하늘에서 내려오거나 땅에서 솟아난 존재로서 부모가 등장하지 않는다. 그러나 이들의 혼례사연은 나타난다. 반면 단군이나 주몽은 부모의 혼례가 먼저 등장하고 주인공의 출산이 이어진다. 그런데 국조(國祖)를 환웅이나 해모수로 본다면 〈단군신화〉나 〈주몽신화〉도 시조의 출현이 먼저 기술되고 이어서 혼례 후 출산이 이어진다고 생각할 수 있다. 즉 원초적 신화는 탄생이 먼저이고 그 다음 혼례가 나타난다.

여기서 〈칠성풀이〉는 이미 혼례를 통한 부부관계가 사회제도로 자리잡힌 이후에 형성된 신화임을 말해준다고 하겠다. 부연하면 칠성님과 매화부인이 혼례를 통하여 부부가 되고 아들 일곱 형제를 출산하였다는 것은 부부와 그 직계비속(直系卑屬)으로 구성된 핵가족이 탄생되는 가정의 시원을 이야기한 것이라고 볼 수 있다.

ㄴ. 가정의 시련

칠성님 가정의 시련은 칠성님이 매화부인을 떠나 옥녀부인에게로 후실 장가를 가는 데서 시작된다. 가정의 핵심은 부부이고 부부관계가 파탄이 나는 경우 가정의 시련이 야기된다. 칠성님은 매화부인이 한 배에 아들 일곱을 출산하였다는 이유로 소박을 주고 천궁의 옥녀부인에게로 새 장가를 간다. 일곱 아들을 한 번에 출산하였다는 것은 다산(多産)의 경사(慶事)로서 소박을 당할 만한 잘못이 아니다. 신화에 나타나는 모성은 출산 능력을 가장 중요시한다. 다산이야말로 풍요의 필수조건이기 때문이다. 그런데 이를 허물로 삼아 다른 부인에게 장가를 갔다는 것을 어떻게 이해할 것인가?

각 편 중에는 사람은 하나씩 낳는 것이 정상인데 한 배에 일곱을 낳는 것은 짐승과 같은 행위여서 징그러워 못 살겠다고 소박 사유를 밝힌 것도 있다. 그러나 이러한 사고는 신화적 사고와는 어긋나는 것이다. 자손이 많은 것을 꺼리는 것은 양육의 어려움을 의식한 빈곤한 삶에서 나타날 수 있는 사고이다. 즉 역사시대에 들어서서 가난에 시달린 사람들이 먹을 것이 모자라 자체로 식구를 조절하는 의식에서 이런 핑계를 지어냈다고 생각할 수 있다. 여기서 텍스트 이면에 숨겨진 다른 이유를 찾아볼 필요가 있다고 본다. 일곱 아들을 낳은 매화부인은 이미 출산능력이 고갈되었거나 출산능력은 있더라도 아들들을 양육해야 하기에 더 이상 아내로서 새로운 출산을 할 수 없다고 보아 소박의 대상이 되었다고 볼 수도 있다. 신화적 사고에서는 이러한 해석이 좀 더 설득력을 가진다. 칠성님이 매화부인을 소박했다면 매화부인이 가정에서 쫓겨나야 하는데 부인과 아들들은 집에 있고 부친인 칠성님이 집을 떠나 새로운 여인에게로 가버렸기 때문이다. 고대에 농경과 수렵으로 생활하던 시기에는 여성이 거주처를 지키고 자녀를 양육하며 농경의 일을 하였고 남성은 사냥이나 무역 또는 전쟁과 같은 일을 하면서 이동생활을 하였다. 또한 남성은 자신의 후손을 많이 두어 씨족의 세력을 확장하려고 다른 부족의 여자와 부부관계를 가지기도 하였다. 자녀의 양육에 대한 책임은 주로 어머니가 담당하였던 것이다. 이러한 사회에서 형성된 남편의 가출과 거듭 장가가기가 〈칠성풀이〉에 반영되어 있다고 생각된다.

다음의 전실 아들 7형제와 후처와의 상속권을 놓고 벌이는 갈등에 대한 검토를 하기로 하겠다. 칠성님이 떠나가고 매화부인과 아들 7형제만 남은 가정은 부친이 결여된 결손가정이다. 한편 칠성님과 옥녀부인은 부부가 되어 부부와 직계비속으로 구성된 새로운 가정을 이룩한다. 그런데 매화부인이 아들들을 부친에게로 보내고 자신은 자결함으로써 칠성님과 매화부인의 결혼으로 탄생된 가정은 없어지고 만다. 그리고 칠성님의 새 가정은 전실 아들들이 들어오면서 전실 아들과 계모라는 비정상적 혈연관계가 형성된다. 한 가정에서 어머니가 다른 형제들이 함께 생활할 경우 이들은 상속권, 가장권, 사제권을 놓고 다툴 수밖에 없다. 그리고 어머니는 친아들편을 들기 마련이다. 이것은 일부다처제(一夫多妻制) 가정에서 당연한 가족원 간의 갈등이고 자궁가족(子宮家族) 사이의 대결이다.

〈칠성풀이〉에서 옥녀부인은 꾀병을 앓고 복술을 매수하여 자기 병을 고치려면 산 사람의 간 일곱을 먹어야 한다고 칠성님에게 말하게 하여 전실 아들을 살해하려 한다. 칠성님은 복술의 말을 듣고 전실 아들을 살해하여 후처의 병을 고치려고 한다. 여기서 부자관계인 수직적 가족윤리와 부부관계인 수평적 가족윤리의 충돌을 보게 된다. 부인을 위해 자식을 희생시키거나 자식을 위해 부인을 희생시키는 일은 정상적 일부일처제 가정에서는 심각한 문제로 제기되기 어렵다. 그러나 부인이 둘 이상인 대가족의 경우에는 부자관계와 부부관계가 충돌될 수 있어 가장으로서 양자택일의 갈등과 고통을 접하게 된다. 특히 부족장이나 왕실의 경우는 통치권을 승계하는 문제와 연계되어 가정 내에서 자궁가족 간의 갈등은 권력암투로 비화되는 경우가 많았다. 실제 역사에서도 고구려의 주몽왕실에서 유리와 온조(溫祚), 비류(沸流)의 관계가 이러한 예가 된다고 본다. 주몽은 동부여에서 결혼했던 예씨(禮氏)가 낳은 유리(類利)가 찾아오자 유리를 태자로 삼았고 소서노(召西奴)가 낳은 비류와 온조는 고구려를 떠나 남하하여 백제를 건국했던 것이다.

〈칠성풀이〉는 전실 소생의 박대와 모살계획(謀殺計劃)을 통해 계모의 악행과 이에 대한 징계를 보여주는 것으로서 결과적으로 부자관계를 중시하고 부부관계를 부정하고 있다. 이것은 신화의 세계라기보다는 민담의 세계이며 인간의 가정에서 항상 일어날 수 있는 일이다. 특히 주목되는 사실은 문복(問卜)이 악행의 수단으로 사용된다는 점이다. 문복은 무속에서 신성시하는 예언적 기능이다. 그런데 〈칠성풀이〉에서는 점쟁이가 금전에 매수되어 끔찍한 거짓말을 행하고 있다. 이러한 이야기는 무속 고유의 것으로 보기 어려운 성격을 갖는다.

또한 〈칠성풀이〉에서는 가장(家長)의 무능과 어리석음이 가족의 비극을 초래할 수 있음을 경계하고 있다. 후처의 간계도 모르고 아들들을 죽이려 드는 가장의 우매함을 보여준다. 이러한 내용들은 대체로 계모와 전실 자녀로 구성된 가정에서 나타날 수 있는 비극적인 것으로서 고전소설 〈장화홍련전〉과 상통하는 주제를 나타낸다.

칠성신(七星神)은 제석신과 같이 인간의 수명을 관장하는 신이다. 그러나 무속 고유의 신격이라기보다는 도교로부터 영향을 받아 형성된 신일 가능성이 많다. 북두칠성은 굿하는 무녀보다도 독경하는 경객(經客)이 더 숭앙하고 있으며 각각의 명칭과 기능까지 세분되어 있음을 볼 수 있다. 무경(巫經)에는 〈칠성경(七星經)〉이 있고 그 밖에 축원문에도 〈칠성축원〉이 삽입된다.[145] 칠성의 이름은 탐랑(貪狼)·거문(巨門)·녹존(祿存)·문곡(文曲)·염정(廉貞)·무곡(武曲)·파군(破軍)이며 이들의 직능은 주로 자손을

145) 金榮振, 『忠靑道巫歌』(螢雪出版社, 1976), 231면 참조.

번성하게 하는 것이다.146) 이러한 도교의 칠성신 직능이 무속에 수용되면서 전실 소생을 모해한 후처의 악행은 징치되어야 한다는 도덕적 사고가 합쳐져 형성된 서사무가가 바로 〈칠성풀이〉가 아닌가 추측한다.

(8) 장자풀이

〈장자풀이〉는 주로 전북지방에서 전승되는 서사무가의 명칭이다. 그러나 함흥의 〈혼쉬굿〉, 〈황천혼쉬〉나 제주도의 〈맹감본〉도 같은 유형으로 볼 수 있기에 특정지역에서만 전승되는 지역유형은 아니라고 본다. 무가로서의 기능은 사령제 무의에서 망자의 회생을 기원하는 것이고 여러 각 편에 공통되는 서사의 핵심은 저승사자를 대접하고 수명을 연장한다는 것이다.

가) 채록된 각 편 현황과 지역별 전승본의 비교

지금까지 채록된 〈장자풀이〉계 서사무가의 각 편을 정리하면 다음과 같다.

명 칭	전승지역	구연자	채록연월	채록자	발표지	발표연도
1. 황천혼시	함흥	김쌍돌이	1926.3	손진태	조선신가유편	1930
2. 혼쉬굿	함흥	강춘옥	1966.12	임석재, 장주근	관북지방무가(추가)	1966
3. 장자풀이	부여	이어인연	1966.1.7	김태곤	한국무가집 I	1971
4. 장자풀이 I	줄포	김씨	1970.12	임석재	줄포무악	1970
5. 장자풀이 II	줄포	박소녀	1970.12	임석재	줄포무악	1970
6. 장자풀이	전주	최문순	1970.1.20	최길성	한국무속지 1	1992
7. 장자풀이	고창	배성녀	1969.8.20	김태곤	한국무가집 III	1978
8. 명두굿	고흥	오복례	1969.1.25	김태곤	한국무가집 II	1976

146) 앞 책, 234면, 「佛說明堂經」, 「貪狼巨門昌子孫 祿存文曲興人口 廉貞武曲成所願 破軍大星萬如意」.

9. 장자풀이	군산	황분순	1982.8.28	박순호	한국구비문학대계 5-4	1984
10. 장자풀이	정주	오판선	1985.4.16	박순호	한국구비문학대계 5-6	1987
11. 대심매기 굿노래	해남	주평단	1984.8.18	이현수	한국구비문학대계 6-5	1985
12. 고풀이	신안	진금순	1984.7.5	최덕원	한국구비문학대계 6-7	1985
13. 장자풀이	화순	조도화	1984.12.17	김균태	한국구비문학대계 6-10	1987
14. 고풀이	보성	김막례	1986.7.9	최덕원	한국구비문학대계 6-12	1988
15. 명두고 풀이	보성	김행연	1986.5.7	최덕원	한국구비문학대계 6-12	1988
16. 사만이	제주도	안사인	미상	현용준	제주도신화	1976
17. 맹감본	제주도	이춘아	미상	진성기	제주도 무가본풀이사전	1991
18. 맹감본	제주도	변신생	미상	진성기	제주도 무가본풀이사전	1991
19. 맹감본	제주도	한태주	미상	진성기	제주도 무가본풀이사전	1991

이상의 자료들은 모두 저승사자를 후히 대접함으로써 수명을 연장시킨 사람의 이야기라는 공통된 내용을 가진다는 점에서 같은 유형으로 묶을 수 있다. 그러나 각 편에 따라서 세부적인 사건은 적지 않은 차이를 보여준다. 대체로 전승 지역에 따라서 〈함흥본〉, 〈호남본〉, 〈제주도본〉의 하위유형을 설정할 수 있다. 다음에 공통되는 단락을 중심으로 지역별 하위유형들을 비교하면서 두드러진 차이점만을 지적하기로 하겠다.

1. **죽음의 예언:** 〈함흥본〉에서는 3형제가 일찍 부모를 잃고 살다가 백골을 발견하고 이것을 모셔다가 집에 놓고 정성껏 받든다. 어느 날 백골이 눈물을 흘리며 3형제가 죽을 것을 예언한다. 〈호남본〉에서는 사마장자가 꿈을 꾸고 문복을 한 결과 그 꿈이 사마장자가 죽을 것을 알리는 것으로 판명된다. 〈제주도본〉에서는 소사만이 일찍 부모를 여의고 사냥을 하며 살다가 산중에서 백년해골(百年骸骨)을 발견하고 그것을 집에 모셔다가 정성껏 받들자 집안이 잘 되었는데 백년해골이 사만이의 꿈에 현몽하여 사만의 죽음을 예언한다.
2. **죽음의 모면:** 〈함흥본〉에서는 저승사자에게 음식을 대접하고 누런 황소에 유삼(油衫)을 입히고 놋동이를 갖다 놓도록 백골이 지시한

다. 3형제는 백골의 지시대로 시행한 결과 음식을 대접받은 저승사자가 3형제 대신 황소·유삼·놋동이를 가지고 저승으로 돌아가고 3형제는 81세까지 살다가 죽는다(황천혼쉬). 〈호남본〉에서는 점쟁이가 사마장자에게 밥 세 그릇, 옷 세 벌, 돈 3천 냥을 준비해서 저승사자에게 제공하도록 지시한다. 사마장자가 그대로 실행한 결과 죽음을 모면한다. 〈고흥본〉에서는 저승사자가 사마장자 대신 사마〔말〕를 잡아간다. 〈부여본〉에서는 우마장자를 대신 잡아간다. 〈고창본〉에서는 우마장자를 대신 잡아갔으나 우마장자가 저승에서 염라대왕에게 항의를 하자 염라대왕은 사자들의 팔을 자르고 다시 사마장자를 잡아 올 것을 명령한다. 그러나 사마장자 며느리의 정성으로 사자들은 천리마를 대신 잡아간다. 〈제주도본〉은 해골이 소사만에게 현몽하여 시왕맞이굿을 하게 한다. 저승사자들은 굿상에 차린 음식을 배불리 먹고 사만이를 잡아가지 않고 그대로 돌아가서 장부에 기록된 사만의 정명(定命)을 삼십(三十) 세에서 삼천(三千) 세로 고쳐 버리고 염라대왕의 명령이 잘못되었다고 한다.

나) 장자풀이와 연명(延命)설화

〈장자풀이〉의 핵심서사는 이른바 연명설화유형으로 알려진 〈저승사자 대접하고 오래살기〉이다. 이와 같은 연명설화의 대표적인 예로는 〈삼천갑자 동방삭〉, 〈북두칠성과 단명소년〉 등이 있다. 중국 진(晋)나라 때 간보(干寶)가 지은 『수신기(搜神記)』에는 단명(短命)한 조안(趙顔)의 수명을 늘린 관로(管輅)의 이야기가 전한다.

> 관로의 자는 공명(公明)인데 여러 가지 술수를 잘 풀어 과거의 일이나 미래의 일을 잘 알았다. 오월에 남양(南陽) 평원(平原)지방을 지나가다가 한 소년이 밭에서 보리를 베는 것을 보고 차탄(嗟歎)을 하면서 지나갔다. 소년이 묻기를,

"노인장께서는 무슨 일로 실성차탄을 하고 가십니까?"

하였다. 관로가 말하기를,

"너의 성이 무엇이냐."

소년이 대답하되,

"성은 조(趙)이고 이름은 안(顔)입니다."

관로가 말하기를,

"마침 오면서 별일이 없었는데 소년을 보니 수명이 스무 살을 넘기지 못하겠으므로 일찍 죽는 것이 안타까워 탄식이 나온 것이다."

라고 하였다. 조안이 듣고 머리를 두드리며 쫓아가 (살려줄 것을) 간청하니 관로는,

"수명은 하늘에 달렸으니 내가 능히 구할 수 없다."

고 하였다.

조안이 달려가 부모에게 고하니 그 아비가 달려 십 리를 쫓아가서 관로를 만났다. 조안 부자는 말에서 내려 절을 드리며 저의 아이가 지나는 길에 성인의 말씀이 이 아이가 스무 살을 넘기지 못하고 일찍 죽는다 하니 성인께서는 어떻게 목숨을 연장시킬지 가르쳐 달라고 하였다. 관로가 말하되,

"그대가 간절하게 이처럼 구하니 아들은 집에 돌아가 청주 한 합과 녹포(鹿脯) 한 근을 구해 놓으면 내가 묘일(卯日) 식사 때 반드시 그대 집에 가서 방편을 구하고 청할 것이니 되고 안 되고는 알 수 없다."

고 하였다.

그 아비가 집에 돌아와 술과 포를 구하고 기다리고 있자니 관로가 과연 시간에 맞추어 오더니 조안에게 말하기를,

"네가 묘일에 남쪽 큰 뽕나무 아래에서 보리를 베던 곳에 두 사람이 바둑을 두고 있을 터이니 술과 포를 가지고 가서 다만 술잔에 술을 따르고 포를 앞에 놓아 그 사람이 스스로 술을 마시어 술잔이 비워지면 다시 따르기를 술이 없어질 때까지 하거라. 만약 너에게 그 사람이 말을 걸면 너는 다만 절만 하고 말을 삼가라. 그러면 반드시 너를 구해줄 사람이 있을 것이다. 나는 여기서 너를 기다리겠다."

고 하였다.

조안이 관로가 말한 대로 가서 보니 과연 두 사람이 바둑을 두고 있었다. 조안은 특별히 조심하며 술과 포를 가지고 바둑 두는 한 사람의 앞으로 가서 술을 따르고 포를 드리니 그 사람은 조안을 거들떠보지도 않고 술과 포를 먹었다. 두어 차례 술을 마시고 바둑이 끝나자 북쪽에 앉은 자가 머리를 들어 홀연히 조안이 시립하고 있는 것을 보고 크게 노하여 꾸짖어 말하되,

"무슨 연고로 여기 있느냐?"

조안은 오직 절만 하고 대답하지 않았다. 남쪽에 앉은 사람이 북쪽을 향해 앉은 사람에게 말하되,

"무릇 사람이 다른 사람의 음식을 먹으면 부끄러운 빛이 있어야 하는데 마침 그대가 술과 포를 먹었으니 어찌 무정할 수 있겠느냐."

북쪽에 앉은 사람이 말했다.

"문서가 이미 정해져 있어 고치는 것이 불가하다."

남쪽에 앉은 사람이 문서를 달라고 하여 보니 조안의 수명이 십구 세였다. 말하되,

"고치기 쉽다."

하고 붓을 가지고 위로 삐쳤다. 조안을 돌아보고 기뻐서 말하기를 너를 구하여 구십 구세까지 살도록 하였다고 말했다.

조안이 듣고 기쁨을 이기지 못하여 절하고 집으로 돌아가 관로를 보니 관로가 조안에게 말하되,

"큰 도움을 주게 되어 기쁘다. 또한 수명을 늘릴 수 있게 되었으니 뒷날에 기록으로 남길만 하겠다. 북쪽에 앉은 사람은 북두(北斗)이고 남쪽에 앉은 사람은 남두(南斗)로서 남두는 낳는 것을 주관하고 북두는 죽는 것을 주관하는데 무릇 사람이 태중에 드는 일은 대개 남두에게 달린 것이고 그 뒤는 북두가 주관하므로 사람들이 빌어서 구하는 것은 모두 북두를 향하는 것이다."

라고 하였다.

조안 부자가 비단과 금덩이를 관로에게 주어 사례하였으나 관로는 하나도 받지 않았다.[147)]

---

147) 손진태, 『朝鮮民族說話의 硏究』, 을유문화사, 1950, 12-13면, 필자 번역.

이 자료는 조안이라는 소년이 저승사자 대신 북두(北斗)와 남두(南斗)에게 술과 포를 대접하여 십구 세의 수명을 구십 구세로 연장하였다고 되어 있으나 수명을 관장하는 신에게 술과 안주를 대접하고 수명을 연장하였다는 점에서 〈장자풀이〉에서의 연명방법과 공통성을 보인다. 그러나 『수신기(搜神記)』의 설화는 중국의 도교사상을 배경으로 한 것이고 〈장자풀이〉는 한국의 무속사상을 바탕으로 한 것이기에 세부적 내용에서는 차이를 보인다. 『수신기』의 설화에서는 예언자인 관로가 성인으로 존경되고 있다. 관로는 조안의 수명이 십구 세인 것을 알았고 남두와 북두가 인간의 낳고 죽는 일을 관장한다는 것도 알고 있었으며, 묘일(卯日)에 두 신이 만나서 바둑 두는 시간과 장소까지 알고 있었다. 즉 생사를 주관하는 신의 움직임을 꿰뚫고 있었다는 것이다. 그리고 조안 부자가 생명을 연장시켜준 사례로 준 비단과 금을 사양하였다. 이런 점에서 관로는 인간이면서도 신적인 존재로 신성시되고 있다. 이러한 이인(異人)은 도교사상에서 형상화된 신선의 모습이다.

한국의 〈장자풀이〉에서 사마장자의 수명을 알고 연명방법을 가르쳐준 점쟁이는 복채를 받고 점을 쳐주는 세속의 직업적 점쟁이에 불과하다. 또한 전체적 서사에서 중심 역할을 하는 인물이 장자의 며느리인데 이는 관로설화에는 등장하지 않는 〈장자풀이〉의 독특한 캐릭터이다. 사마장자의 며느리는 점을 쳐서 시아버지의 연명방법을 알았을 뿐만 아니라 저승사자들이 사마장자를 잡으러 왔을 때 남에게 향응을 받고도 모른 척하는 인간을 경멸하는 세간(世間)의 정리(情理)를 내세워 사자들을 꾸짖고 저승으로 압령하려는 사자들의 공무집행을 저지한다. 여기서 사마장자의 며느리는 저승사자보다도 더욱 강력한 힘을 보여주고 있다. 즉 세속의 정리가 저승계 신들의 권위보다 우선하고 있음을 본다. 이는 한국의 무속사상이 어떤 것인가를 보여주는 것이다.

이와 유사한 설화유형으로 동방삭 설화가 전국에서 전승된다. 〈삼천갑자 동방삭〉으로 알려진 이 설화는 삼십 살의 수명을 타고난 동방삭이 저승사자에게 돈과 신발과 술과 음식을 대접하고 삼십을 삼천으로 문서를 고쳐 삼천갑자를 살게 되었다는 전반부 삽화와 저승사자가 동방삭을 잡을 수 없어 고민하다가 꾀를 내어 개울에서 숯을 씻어 동방삭이 이를 보고 사자에게 '내가 삼천갑자를 살아도 숯 히어지라고 씻는 놈은 처음봤다'고 말하여 잡혀가고 말았다는 후반부 삽화로 이루어져 있다. 여기서 전반부의 동방삭 연명삽화는 〈장자풀이〉와 같은 성격이다.

『수신기』의 설화나 동방삭 연명설화는 모두 중국에서 도교사상의 바탕위에서 형성된 이야기이다. 인간의 수명을 저승에서 관장하고 염라대왕이 저승사자를 시켜서 수명이 다 된 사람을 저승으로 잡아간다는 사고 자체가 중국 도교에서 기원한 것이다. 그러나 이러한 이야기가 무가에 수용되어 〈장자풀이〉로 만들어져 전승되면서 무속적 세계관이 반영되어 굴절되었다고 본다.

다) 장자풀이를 통해 본 무속적 생사관

〈장자풀이〉의 내용에 담겨진 몇 가지 무속사상의 특징을 찾아보면 다음과 같다.

첫째는 죽음에 대한 인식이다. 사람이 죽는다는 것은 저승에서 사자를 보내 혼령을 잡아가기 때문이라는 것이다. 즉 육신과 영혼의 분리현상이 죽음이고 그것은 저승세계에서 관장한다는 것이다. 그런데 이러한 저승세계는 무속 고유의 세계관에서 형성된 것이 아니고 불교와 도교의 영향으로 만들어진 것이다. 염라대왕을 비롯한 저승의 시왕은 도교에서 유래한 신들이고 악한 사람의 혼령을 징벌하는 지옥의 형상화는 불교에서 유래한 것이다. 불교에서 저승을 관장하는 신은 지장보살인데 중국에서 도불습합(道佛習合)이 이루어져서 지장보살과 저승의 시왕이 공존하는 형태가 되었다. 이러한 도불습합의 불교가 한국에 전래되어 한국의 사찰에는 명부전에 지장보살과 시왕의 신상이 함께 모셔지게 되었다. 불교에서 망자의 혼령을 천도(遷度)하는 천도의식이 무속에 영향을 주어 무속의 사령굿에서 행하는 〈사자놀이〉와 저승에서 염라왕이 주관하는 망자심판 등이 나타나게 되었다고 본다.

둘째는 무속의 신관(神觀)이다. 무속의 신은 현실계의 인간의 모습 그대로이다. 저승사자들은 먼 길을 오느라 배도 고프고 신발도 해어지고 돈도 떨어졌다. 그들은 사람과 같이 음식을 필요로 하고 돈도 좋아한다. 뿐만 아니고 접대를 해 준 은혜를 생각하여 자신의 임무를 소홀하게 처리하기도 한다. 상사인 저승왕을 속이고 다른 사람이나 다른 짐승을 대신 잡아가기도 한다. 심지어는 서류까지도 위조한다. 이 같은 신의 세계는 인정을 중하게 여겼던 한국인의 민중적 사고의 산물이라고 본다. 이러한 사고(思考)는 사리(事理)나 정의(正義)보다도 정리(情理)를 앞세우기에 돈과 음식을 사자에게 제공하면 죽음까지도 모면한다고 본 것이다.

셋째, 민속과의 관련성이다. 사람이 죽으면 사자밥과 짚신을 키에 담아 문 앞에 놓아 둔다. 이것은 바로 〈장자풀이〉에서 보여주는 죽음을 모면하겠다는 사고에서 형성된 습속이다. 지금은 형식적인 것으로 처리되고 있으나 이것이 습속으로 굳어진 것은 〈장자풀이〉가 민중의 의식을 지배하는 규범으로서 작용했기 때문일 것이다.

나. 제주도 서사무가

전국에서 가장 많은 종류의 서사무가를 전승하고 있는 지역이 제주도이다. 본토에서 전승되는 서사무가와 같은 유형에 속하지 않은 것으로는 〈이공본풀이〉, 〈삼공본풀이〉, 〈세경본풀이〉, 〈원천강본풀이〉, 〈명진국생불할망본풀이〉, 〈신중도풀이〉, 〈차사본풀이〉, 〈칠성본풀이〉, 〈군웅본풀이〉, 〈서귀포본향당본풀이〉, 〈토산당본풀이〉, 〈송당본풀이〉 등이 있다.

이들 자료는 이미 출간되어 소개된 바 있기에[148] 본토 서사무가와 관련을 가지거나 설화유형과 상동성이 발견되는 〈이공본풀이〉, 〈삼공본풀이〉, 〈세경본풀이〉, 〈차사본풀이〉, 〈원천강본풀이〉, 〈맹감본풀이〉만을 검토하기로 한다.

(1) 이공본풀이

가) <이공본풀이>의 각 편과 서사단락

제주도의 〈이공본풀이〉는 평북 강계에서 채록된 〈신선세텬님청배〉[149]와 경남 동래에서 채록된 〈오구대왕풀이〉[150]와 같은 서사유형에 속한다. 이들 서사무가는 『월인석보(月印釋譜)』 제8 상절부(詳節部)에 수록된 〈안락국태자경(安樂國太子經)〉을 수용한 것으로서 한글 고소설 〈안락국전〉과도 같은 내용을 담고 있다.

지금까지 채록된 〈이공본풀이〉의 각 편을 정리하면 다음과 같다.

명 칭	전승지역	제보자	채록자	발표지	발표연도
이공본푸리	서귀포	박봉춘	아카마쓰 지조, 아키바 다카시	조선무속의 연구 上	1937
이공본풀이	제주시	안사인	현용준	제주도무속자료사전	1980
이공본	조천면	조흘대	진성기	제주도무가본풀이사전	1991
이공본	남원면	고산옹	진성기	제주도무가본풀이사전	1991

박봉춘본 〈이공본풀이〉를 중심으로 각 편에 따른 두드러진 변이를 언급하면서 내용을 간추려 정리하면 다음과 같다.

1. 김진국과 원진국은 동궤남상주절대사의 말을 듣고 절에 시주를 하고

---

148) 玄容駿, 『제주도신화』 및 秦聖麒, 『南國의 巫歌』(제주민속연구소, 1968).

149) 孫晋泰, 「朝鮮 巫覡の神歌」(其二)(『靑丘學叢』 22, 서울, 靑丘學會, 1935), 195-198면 참조.

150) 崔吉城, 「巫俗」(『韓國民俗綜合調査報告書』, 慶南篇(初版), 文化財管理局, 1972), 228-261면 참조.

원진국은 딸을 낳고 김진국은 아들을 낳는다. 다른 본에는 짐정국과 임정국이 각각 아들과 딸을 낳아 아들은 사라도령이라고 이름을 짓고 딸은 원강암이라고 이름을 지어 정혼하는 것으로 되어 있다.

2. 김진국의 아들과 〔〈박봉춘본〉에는 김생원, 〈안사인본〉에는 원강도령, 〈조흘대본〉과 〈고산옹본〉에는 사라도령〕 원진국의 딸(원강암)은 십오 세가 되자 결혼을 한다.
3. 하루는 옥황(저승)의 사자가 와서 사라도령에게 서천 꽃밭의 꽃감관을 하라고 하므로 사라도령은 부인 원강암과 함께 사자를 따라 서천으로 출발한다.
4. 원강암은 임신 중이었는데 산중에서 발병이 나서 고생을 하다가 김장자〔〈안사인본〉에는 제인장제, 〈조흘대본〉에는 천년장자〕에게 종으로 팔린다.
5. 원강암은 사라도령과 헤어질 때 복중 태아의 이름을 지어달라고 하니 남아를 낳거던 '할락궁'이라고 하고 여아를 낳으면 '할락데기'라고 하라며 참실 한 꾸러미와 용얼래기 빗 한 짝을 신물로 준다.
6. 김장자가 원강암에게 청혼을 하니 원강암은 복중 태아가 태어나 커서 밭 갈 때가 되면 허신을 하겠다고 한다.
7. 원강암은 아들을 낳아 '할락궁'이라고 이름을 짓는다.
8. 할락궁은 자라서 밭 갈 때가 되자 김장자는 원강암에게 다시 청혼을 한다. 원강암이 거절하자 김장자는 원강암과 할락궁에게 많은 고역을 시킨다. 그러나 천우신조로 힘든 일을 모두 해낸다.
9. 할락궁은 나무를 하러 가서 백녹사슴을 타고 아버지 있는 곳을 찾아가라는 세 신선의 가르침을 듣고 어머니에게 아버지의 내력을 묻고 본미를 받는다.
10. 할락궁은 소금 닷 되를 넣은 범벅을 만들어 천리동이 개와 만리동이 개를 따돌리고 김장자 집에서 도망하여 서천 꽃밭으로 아버지

를 찾아간다.

11. 김장자는 할락궁이 도망간 것을 알고 원강암을 죽인다.
12. 할락궁은 서천 꽃밭에서 회생하는 꽃을 얻어 가지고 와서 어머니를 회생시키고 김장자와 그의 가족을 죽인다.
13. 할락궁이 어머니를 따라서 서천 꽃밭에 가자 사라도령은 자기는 서천 꽃밭대왕이 되고 할락궁은 꽃감관이 되라고 한다.[151]

나) <이공본풀이>와 <안락국태자경(安樂國太子經)>

〈이공본풀이〉는 〈안락국태자경〉과 같은 불전설화를 저본으로 하여 형성된 서사무가로서 제주도 서사무가의 형성을 실증적으로 보여주는 자료로서 중요할 뿐만 아니라 고소설 〈안락국전〉[152]과도 같은 저본을 가지고 있다는 점에서 서사무가와 불전설화 및 고소설과의 교섭관계를 밝히는데 중요한 시사를 주는 귀중한 자료이다. 먼저 〈이공본풀이〉와 〈안락국태자경〉을 비교하여 보기로 하겠다.

〈안락국태자경〉의 내용을 정리하여 제시하면 다음과 같다.

1. 옛날 범마라국(梵摩羅國) 임정사(林淨寺)에서 광유성인(光有聖人)이 오백 제자를 데리고 교화하실 때 서천국(西天國)에는 사라수대왕(沙羅樹大王)이 사백소국(四百小國)을 거느리고 다스리고 있었다.
2. 광유성인은 사라수대왕이 불심이 깊다는 말을 듣고 승열파라문(勝熱婆羅門) 비구(比丘)를 보내어 찻물을 길을 채녀(彩女)를 보내달라 요청하니 대왕은 왕비 중에서 여덟 명을 뽑아 보낸다.
3. 팔채녀가 물을 길은 지 3년에 무상도를 이루게 되자 광유성인은 다시 승열비구를 보내 사라수대왕 자신이 출가할 것을 청하니 대왕은

---

151) 赤松智城・秋葉隆, 『朝鮮巫俗の硏究』 上, 大阪屋號書店, 1937, 415-429면 필자 요약. 〔 〕 안은 진성기, 『제주도무가본풀이사전』, 민속원, 1991, 71-82면 수록본 참조.
152) 李東林 校註, 안락국전, 현대문학 50호(현대문학사, 1959. 2).

나라를 아우에게 맡기고 아내인 원앙부인(鴛鴦夫人)과 함께 비구를 따라 출발한다.

4. 이때 원앙부인은 임신 중이었는데 일행이 죽림국(竹林國)에 이르렀을 때 발병이 나서 걸어갈 수 없자 근처에 사는 자현장자(子賢長者) 집에 자신을 종으로 팔아 그 몸값을 광유성인께 보시하라고 애원한다.
5. 사라수대왕은 부인의 원대로 자현장자에게 부인과 태중 아이의 몸값으로 금 사천 근을 받고 판 뒤, 헤어질 때 부인은 왕생게(往生偈)를 지어 바치고 대왕에게 복중 태아의 이름을 지어달라고 하니 대왕은 아들을 낳으면 '안락국(安樂國)'이라 하고 딸을 낳으면 '효양(孝養)'이라 하라고 한다.
6. 사라수대왕은 임정사에 도착하여 광유성인의 제자가 되어 왕생게를 외우며 찻물을 긷는다.
7. 한편 원앙부인은 장자 집에서 아들을 낳아 안락국이라고 이름을 지었는데 자현장자가 관상을 보고 칠, 팔 세가 되면 자기 집에 머물지 않을 것이라고 예언한다.
8. 안락국이 자라서 칠 세가 되자 원앙부인에게 아버지의 내력을 물어 그간의 모든 사연을 알아낸다.
9. 안락국은 아버지를 찾아갈 것을 원앙부인에게 고하고 장자 집을 탈출하였으나 장자 종에게 붙잡혀 갖은 형벌을 받는다.
10. 장자가 방심한 틈을 타서 안락국은 다시 탈출하여 큰 강에 다다라 왕생게를 외워 강을 무사히 건너 범마라국 임정사에 도착하여 팔채녀와 사라수대왕을 만난다.
11. 안락국은 아버지의 지시로 어머니를 구출하려고 장자 집으로 돌아온다.
12. 원앙부인은 안락국이 탈출한 뒤에 대노한 자현장자에게 죽임을 당한다. 부인이 죽을 때 지어 부른 노래가 소를 치는 아이들에게 퍼

져 불려지는 것을 안락국이 듣고 어머니가 죽은 사연을 알아낸다.

13. 안락국은 어머니가 죽은 곳을 찾아가 분열된 시체를 모아 놓고 하늘을 우러러 통곡하며 왕생게를 부르니 그 뜻이 서천에 전달되어 보살들이 내려와 부모가 벌써 서방정토에 가서 부처가 되었음을 전해준다.
14. 안락국은 보살들의 지시를 따라 사십팔 용선(龍船)의 사자좌(獅子座)에 올라 서방정토 극락세계로 간다.
15. 광유성인은 현세의 석가모니불이고 사라수대왕은 아미타불이며 원앙부인은 관세음보살이고 안락국은 대세지보살이며 승열파라문은 문수보살이고 팔채녀는 팔대보살이고 오백 제자는 오백나한이며 자현장자는 무간지옥에 떨어졌다고 한다.[153]

〈안락국태자경〉과 〈이공본풀이〉에 등장하는 대응되는 인물을 찾으면 다음과 같다.

> 안락국(安樂國)－할락궁, 사라수대왕(沙羅樹大王)－김생원, 사라도령, 원앙부인(鴛鴦夫人)－원진국부인, 원강암, 원강댁이, 광유성인(光有聖人)－옥황(玉皇), 승열바라문(勝熱婆羅門)－옥황의 사자, 자현장자(子賢長者)－김장자, 제인장자, 천년장자

여기서 주인공 이름이 불전설화에서는 '안락국(安樂國)', 제주도 무가에서는 '할락궁'으로 나타나는데 이는 안락국에서 할락궁으로 변모되었음이 확실하다. '안락국'은 독음이 '알락국'인데 어두에 'ㅎ(h)'음이 첨가되고 어말에 'ㄱ(k)'음이 'ㅇ(ng)'음으로 변한 것이다. 우리 방언에서는 '국'이 '궁'으로 변하는 예가 많다. '바닥'이 '바당'으로, '구덕'이 '구덩'으로 변한다.

153) 月印釋譜第八, 延世大 東方學硏究所, 1957, 89-104면, 필자 요약.

특히 제주도 방언에서는 단어 끝에 'ㅇ(ng)음'이 많이 나타난다.'아방(아버지)', '어멍(어머니)', '할망(할머니)', '편지하멍(편지하며)', '불렁(불러)' 등을 그 예로 들 수 있다.

또한 '사라도령'은 '사라수대왕'에서 '원강암'은 '원앙부인'에서 유래한 것임은 분명하다. 제인장자도 자현장자(子賢長者)란 말이 전승과정에서 변한 것이다.

그 밖에 다른 인물의 명칭은 일반 민중이 기억하기 편리한 일반적 호칭으로 바뀌어졌음을 알 수 있다. 광유성인은 작품 속에서 가장 높은 존재로서 현세의 석가모니불이다. 그러나 불전(佛典)을 잘 모르는 일반 민중은 '광유성인'이란 높은 신을 기억하는 것이 불편하기에 하느님과 같이 생각하는 도교의 최고 신 '옥황'으로 바꾸어 버린 것이다. '승열바라문비구'는 광유성인의 심부름을 하는 존재인데 이름을 기억하기가 어려워 심부름꾼을 말하는 보통명사 '사자(使者)'로 바뀌어졌다. 이처럼 대응되는 인물의 명칭만을 보아도 〈이공본풀이〉가 〈안락국태자경〉에서 유래된 것임이 분명해진다.

〈이공본풀이〉에는 〈안락국태자경〉에 없는 흥미 있는 삽화들이 많다. 김진국과 원진국이 자손이 없어 절에 기자치성(祈子致誠)을 드리는데 원진국은 황금 백근을 시주하였으나 김진국은 가난하여 황금을 준비하지 못하고 백미로 정성을 드렸는데 원진국은 딸을 낳고 김진국은 아들을 낳았다고 되어 있다. 〈조흘대본〉에는 짐정국과 임정국이 등장하는데 이러한 인명은 제주도 서사무가에 흔히 등장하는 것이다. 그런데 짐정국이 낳은 아들을 '사라도령'으로, 임정국이 낳은 딸을 '원강암'으로 이름을 지었다는 것이 주목할 부분이다. 자식의 성명에는 부모의 성이 들어가야 하는데 부모의 성이 전혀 반영되지 않은 것이다. 이는 사라수대왕과 원앙부인의 탄생과정이 없이 왕과 왕비로 등장하는 〈안락국태자경〉과는 다른 모습이다.

조흘대본에는 짐정국과 임정국이 자녀들을 낳으면 혼인을 시켜주자고 약속하고 자녀가 자라서 혼기가 되자 가난한 짐정국이 혼례를 시키자는 말을 차마 못하는 것을 알고 원강암이 부친인 임정국에게 말하여 혼인을 한다는 사연이 부가되어 있다. 이러한 내용은 〈안락국태자경〉의 주제를 부각시키는 것과는 무관한 세속적 흥미를 의식한 첨가라고 본다.

〈고산옹본〉에는 원강암이 임신한 몸으로 발병이 나자 이름을 '원강데기'로 고치고 천년장자에게 종으로 팔리게 되었을 때 천년장자가 세 딸과 상의하는 대목이 장황하게 나타난다. 첫째 딸과 둘째 딸은 종으로 들이면 집안이 망한다고 반대하였고 셋째 딸은 찬성하였다는 것이다. 이런 사연은 〈안락국태자경〉에는 없다.

〈이공본풀이〉에는 김장자가 원강데기에게 청혼을 하고 이를 원강데기가 거절하자 원강데기와 할락궁에게 고역을 시키지만 천우신조로 이를 해결한다는 내용이 흥미롭게 첨가되어 있다. 천년장자가 원강데기에게 처음 청혼을 하였을 때 원강데기는 복중에 아이가 나서 밭을 갈 만큼 크면 허락하겠다고 하였다. 그런데 할락궁이 십오 세가 되어 밭을 갈게 되었는데도 원강데기는 몸을 허락하지 않았다. 이에 화가 난 천년장자는 이들 모자를 살해하려고 하다가 셋째 딸아기의 말을 듣고 힘든 일을 시킨다. 할락궁에게는 낮에는 나무를 쉰 바리 해 오고 밤에는 새끼를 쉰 동 꼬게 하고 원강데기에게는 낮에는 물명지 닷 동을 매고 밤에는 물명지 두 동을 짜라고 한다. 그러나 할락궁이 나무 한 바리를 하면 마흔아홉 바리는 저절로 되고 새끼 한 동을 꼬면 마흔아홉 동은 저절로 꼬아진다. 원강데기도 물명지 석 동을 매면 두 동은 절로 매어져서 장자가 시킨 일을 모두 잘 해낸다. 이것은 계모가 전실 딸을 혹사시키는 신데렐라 설화유형의 전형적 삽화로서 〈안락국태자경〉에는 없는 내용이다.

〈이공본〉에는 할락궁이 장자 집을 탈출하는 모습도 흥미있게 묘사된다. 할락궁은 어머니에게 아버지가 간 곳을 알아내고 아버지의 신표(본미)

를 받은 다음 가루 닷 되에 소금 닷 되를 섞어 범벅을 만든 것을 가지고 장자 집을 탈출한다. 장자는 할락궁을 잡아오라고 천리동이 개와 만리동이 개를 푼다. 그러나 할락궁이 주는 짠 범벅을 먹은 개들은 물을 마시러 만리를 가버려서 할락궁은 무사히 서천 꽃밭까지 도달할 수 있었다는 것이다.

할락궁이 서천 꽃밭에서 여러 가지 신이한 꽃을 가지고 와서 죽은 어머니를 회생시키고 장자 집 식구들을 징치하는 대목도 무가에만 있는 흥미로운 부분이다. 할락궁은 뼈 오르는 꽃, 살 오르는 꽃, 오장육부를 만드는 꽃, 웃음꽃, 멸망꽃, 악심꽃 등을 가지고 장자 집으로 돌아와서 돈을 주겠다고 장자 가족을 모아 놓고 웃음꽃을 내어 놓아 웃게 하고 멸망꽃을 내어 놓아 죽게 한다. 그리고 셋째 딸만 살려서 데리고 어머니의 시체가 있는 곳을 찾아가서 회생꽃을 써서 어머니를 살려 낸다.

등장인물의 명칭이나 삽화뿐만 아니라 작품의 의미도 달라졌다. 〈안락국태자경〉은 서방정토를 희구하는 왕생극락(往生極樂) 사상을 담아낸 불교의 변문(變文)이라고 본다. 〈안락국태자경〉이 「석가보(釋迦譜)」, 「석가여래십지수행기(釋迦如來十地修行記)」, 〈지림사연기문(祇林寺緣起文)〉 등에 삽입되어 있는 것으로 보아[154] 고려시대 이전부터 불교의 왕생극락 사상을 설법하는 이야기로 널리 알려졌던 자료라고 생각된다. 이러한 불교설화가 무속인의 신화로 수용되어 〈이공본풀이〉가 형성되었다고 추측된다.

〈안락국태자경〉은 속세의 왕인 사라수대왕 부처가 극락세계를 가기 위하여 세속의 부귀를 다 버리고 몸과 마음을 부처에게 바친다는 이야기이다. 자현장자(子賢長者)에게 살해된 원앙부인을 안락국이 회생시키는 순간 안락국 일가의 극락왕생은 성취된다. 〈안락국태자경〉 끝부분에 있는 다음과 같은 말은 이 자료가 불전설화로서 세존의 전생담을 이야기한 것

154) 사재동, "「안락국태자경」의 연구", 논문집 XIII권 제2호, 충남대학교 인문과학연구소, 1986.

임을 말해준다.

> 그때에 광유성인(光有聖人)은 현세의 석가모니불이고 사라수대왕(沙羅樹大王)은 아미타불이며 원앙(鴛鴦)부인은 관세음보살이고 안락국은 대세지보살이며 승열(勝熱)바라문은 문수보살이고 팔채녀(八彩女)는 팔대보살이고 오백 제자는 오백나한이며 자현장자(子賢長者)는 무간지옥에 떨어졌다고 한다.155)

〈이공본풀이〉는 〈안락국태자경〉과는 달리 할락궁이 서천 꽃밭에서 여러 가지 주능(呪能)이 있는 꽃을 얻어다가 살해된 어머니를 살려 내고 악인인 김장자 일족을 처치한다는 이야기로 변모되었다. 즉 기구하게 태어나 고된 시련을 겪은 할락궁이란 소년이 어머니와 자신을 괴롭힌 악독한 장자를 징치하고 억울하게 죽은 어머니를 살려낸 뒤 인간의 생명을 관장하는 서천의 꽃밭으로 가서 아버지는 꽃밭대왕이 되고 자신은 꽃감관이 된다는 것이다. 이러한 이야기는 세속인들의 삶의 문제를 다룬 현세중심의 서사(敍事)로서 내세의 극락세계의 삶을 위하여 현세의 부귀를 부정한 불교사상과는 달리 무속의 현세적 기복사상(祈福思想)을 담아낸 것이라고 볼 수 있다.

이상에서 제주도 서사무가 〈이공본풀이〉와 불전(佛典)에 수록된 〈안락국태자경〉과의 교섭관계를 밝혔다. 그러면 〈이공본풀이〉가 〈안락국태자경〉의 영향을 받은 것인가 아니면 〈이공본풀이〉에서 〈안락국태자경〉이 유래된 것인가?

사재동 교수에 의하면 〈안락국태자경〉은 한국의 변문류(變文類)로서 여말선초(麗末鮮初)경에는 오늘의 모습으로 유통된 것이 확실시된다.156) 그

155) 月印釋譜第八, 延世大 東方學硏究所, 1957, 104면.
156) 사재동, 『불교계 국문소설의 연구』, 중앙문화사, 1994 및 전게 논문 "「안락국태자경」의 연구" 참조.

런데 한국 변문의 형성은 『석가보(釋迦譜)』 등 불전서사에서 유래된 것으로서 서사무가를 수용하였다고 보기는 어렵다. 반면 〈이공본풀이〉는 20세기에 이르러 채록된 것으로서 형성연대는 밝혀져 있지 않다. 그런데 제주도의 서사무가 중에는 〈세민황제본풀이〉처럼 중국에서 형성된 변문 〈당태종입명기(唐太宗入冥記)〉나 소설 〈서유기〉에서 파생된 고소설 〈당태종전〉의 당태종(唐太宗) 고사(故事)를 수용한 예가 있고 〈세경본풀이〉이나 〈맹감본〉처럼 세간에서 전승되는 다양한 설화를 수용하고 있는 서사무가가 존재하고 있다. 또한 등장인명의 비교에서 검토한 바와 같이 〈안락국태자경〉의 인명은 구체적이고 확실하며 〈이공본풀이〉의 등장인명은 고유인명이 제주도 식으로 바뀌어져 설정되어 있고 고유인명이 없어지고 보통명사로 대체된 경우가 있음을 알 수 있었다. 이런 점에서 〈안락국태자경〉이 제주도의 서사무가 〈이공본풀이〉를 수용하여 만들어졌다고 볼 수는 없다. 그렇다면 〈이공본풀이〉가 〈안락국태자경〉과 같은 불전서사의 영향을 받아서 형성되었음이 분명해진다.

그러면 서사무가와 불전서사(佛典敍事)는 어떤 관계가 있는 것이기에 불전서사가 서사무가로 수용될 수 있었는가? 이미 언급한 바와 같이 〈안락국태자경〉은 불교의 포교를 위해 만들어진 변문문학이다. 변문은 불교의 교리를 일반 대중이 흥미 있고 이해하기 쉬운 이야기로 만든 것인데 불교의식인 각종 제의(齋儀)와 법석(法席)에서 구연되었던 자료들이다. 한국고전 서사문학 중에서 변문의 정착으로 생각되는 자료로는 〈왕랑반혼전〉을 비롯하여 〈설공찬전〉, 〈금독전〉, 〈안락국전〉, 〈목련전〉, 〈선우태자전〉 등을 들 수 있다. 이러한 자료는 『권념요록(勸念要錄)』, 『석보상절』, 『석가여래십지수행기』 등에 수록되어 있는데 조선조 세종 때 훈민정음이 창제되고 『월인석보』 〈월인천강지곡〉과 같은 석가모니 행적담이 정음으로 번역되어 대중에게 유포되면서 무속인에게도 전파되었다고 생각된다.

무속신화인 서사무가는 무속 고유의 신의 이야기로 한정되어 전승되는 것이 아니다. 무속의 신들은 역사적 인물 중에서 비극적으로 생을 마친 영웅적 인물이 숭앙되는 경우가 흔하다. 최영 장군이나 임경업 장군, 사도세자와 같은 인물이 무속의 신으로 추앙받는 것은 널리 알려진 사실이다. 제주도 〈조상본풀이〉에 등장하는 조상신도 대체로 비극적으로 생을 마친 인물들이 신으로 좌정되고 있다. 이런 점에서 뛰어난 능력이 있는 인물로서 신이한 행적이나 사후이적(死後異蹟)을 행한 경우 무속의 신으로 영입되고 그의 이야기가 서사무가로 만들어져 전승될 가능성이 있다. 그런데 역사적 실재 인물의 이야기도 일단 설화로 세간에 전승되어 무속인에게 전달되어야 하기에 소설이나 설화에 등장하는 인물들과 엄격하게 구별되지는 않는다. 이러한 무속신앙의 성격을 고려한다면 신이한 영적담(靈蹟譚)인 불전서사는 무속신화로 수용되기에 적합한 소재였으리라고 생각된다.

또한 불교와 무속은 갈등관계가 아닌 습합관계를 가진 신앙이다. 핵심되는 사상은 불교가 현세를 부정하는 데 비하여 무속은 현세중심이라는 점에서 배치된다고 할 수 있으나 무속신앙은 불교의 사상을 받아들여 내세를 접목시키고 저승세계를 구체적으로 형상화하였다. 불교도 무속의 기복사상의 영향으로 현세의 고통에서 구원을 받고 현세의 복록을 기원하는 기복불교로 변모되기도 하였다. 이처럼 무속과 불교는 습합되어 한국인의 기층신앙으로 자리잡게 되었다. 이런 점에서 무속인들이 불전서사를 존중하고 무가로 수용하는 데 주저하지 않았다고 본다. 특히 무속인 중에는 사찰에 가서 공부를 한 사람이 많았고 학습한 불경을 무가에 많이 수용하였다. 무가에 등장하는 〈천수경〉 등 많은 불경 구절은 무속과 불교의 친연성을 단적으로 말해준다.

이처럼 무속과 불교의 친연성이 강하기에 불교의 변문문학으로 형성된 〈안락국태자경〉이 세간에 널리 유포되어 무속인에게 알려졌고 서사적 골격을 제주도 서사무가의 특성에 맞도록 변용시킨 것이 〈이공본풀이〉

라고 생각한다.

(2) 삼공본풀이

〈삼공본풀이〉는 직업의 신인 가믄장아기에 대한 본풀이로서 〈내복에 산다〉라는 설화유형과 같은 내용을 담고 있다. 이 서사무가의 여주인공 가믄장아기는 전상을 차지하는 신이 되는데 전상이란 생업이나 직업과 같은 것으로서 타고난 천품과 재질에 따라 선택한 일을 말한다.

가) 채록된 각 편과 서사단락

지금까지 채록된 각 편은 다음과 같다.

명 칭	전승지역	제보자	채록자	발표지	발표연도
삼공본푸리	서귀포	박봉춘	아카마쓰 지조, 아키바 다카시	조선무속의 연구 上	1937
삼공본풀이	제주시	안사인	현용준	제주도무속자료사전	1980
삼공본	한림읍	김계림	진성기	제주도무가본풀이사전	1991

안사인 구연본을 중심으로 〈삼공본풀이〉의 서사단락을 정리하기로 한다.

1. 강이영성과 홍운소천은 서로 만나 부부가 되어 살면서 은장아기, 놋장아기, 가믄장아기의 세 자매를 낳아서 기르며 부자가 된다.
2. 하루는 부모가 딸들을 불러 누구 덕에 먹고 사느냐고 묻는다. 이 물음에 대해 은장아기와 놋장아기는 모두 하늘님 덕, 지애님(地神) 덕, 아버님 덕, 어머님 덕이라고 하였으나 가믄장아기는 배꼽 밑에 선그뭇 덕이라고 대답하였다.
3. 강이영성과 홍운소천은 가믄장아기를 불효막심하다고 내쫓는다.
4. 가믄장아기는 집을 떠나며 은장아기는 청지네로 놋장아기는 용달버섯으로 환생하도록 하고 부모를 장님이 되게 한다.
5. 가믄장아기는 검은 암소에 양식을 싣고 깊은 산중에 사는 마퉁이

집으로 가서 셋째 마퉁이와 결연하여 부부가 된다.

6. 셋째 마퉁이가 마를 파낸 구덩이에서 금덩이를 캐서 우마와 전답을 장만하여 부자가 된다.
7. 가믄장아기는 친정 부모를 만나려고 걸인잔치를 백일 동안 연다.
8. 강이영성과 홍운소천은 재산을 탕진하고 거지가 되어 잔치에 참여하여 가믄장아기를 만나 눈을 뜬다.

나) <삼공본풀이>와 설화와의 관계

〈삼공본풀이〉는 『삼국유사』에 수록된 〈서동(薯童)설화〉와 유사점이 많다. 부모에게 쫓겨난 딸이 마를 캐는 총각을 만나고 마를 캐던 구덩이에서 금을 발견하여 부자가 된다는 점이 일치한다. 그러나 서동과 선화공주(善花公主) 설화에서는 서동이 신라의 선화공주가 미인이라는 소문을 듣고 〈서동요〉라는 향가를 지어 퍼뜨려서 선화공주가 쫓겨나도록 하고 이 틈에 선화공주에게 접근하여 부부가 되고 훗날 백제의 무왕(武王)이 된다는 점에서 남성의 역할이 두드러진다. 이에 비하여 〈삼공본풀이〉에서는 가믄장아기가 주인공으로서 부자였던 친정을 가난하게 하고 빈한하던 시가(媤家)를 부자로 만들고 맹인이 된 친정부모를 찾아내어 눈을 뜨게 한다는 점에서 여성의 역할이 돋보인다.

구전설화 〈내복에 산다〉 유형과 〈복진며느리〉 유형과도 전반적 서사구조가 일치한다. 구전설화와 〈삼공본풀이〉를 비교하기로 한다.

〈내복에 산다〉 유형

1. 옛날 어느 곳에 부유한 집에 아버지와 세 딸이 살고 있었다.
2. 어느 날 아버지는 딸들에게 누구의 덕으로 사느냐고 묻자 큰 딸과 둘째 딸은 '아버지 덕'이라고 대답하여 칭찬을 듣고 셋째 딸은 '제 복에 산다'고 하여 아버지의 미움을 사서 쫓겨난다.

3. 셋째 딸은 숯구이 총각을 만나 부부가 된다.
4. 셋째 딸은 숯 굽는 장소에서 금을 발견하여 부자가 된다.
5. 셋째 딸을 내쫓은 후 부모는 몰락하여 거지가 되어 구걸하게 된다.
6. 셋째 딸은 걸인잔치를 열어 부모를 만나 봉양한다.

이 유형의 설화는 전국적으로 전승되는 민담유형으로서 각 편에 따라 적지 않은 변이가 있다.[157] 그러나 세 자매 중 아버지의 질문에 대한 셋째 딸의 답변이 아버지의 노를 사서 집에서 쫓겨나게 되었다는 점, 쫓겨난 딸이 숯구이 총각을 만나 금을 발견하여 부자가 된다는 점, 그리고 셋째 딸을 쫓아낸 부모가 몰락하여 걸인이 되고 셋째 딸이 걸인잔치를 열어 부모를 만나 효도를 한다는 점에서 일치를 보인다.

이 유형의 설화는 부녀의 갈등이 서사전개의 출발점이 되고 부녀의 화합으로 끝난다는 점에서 아버지로 대표되는 가부장제 사회의 남성과 셋째 딸로 대표되는 능력있는 여성의 대립으로 무능하면서 권위적인 남성을 비판하는 여성의식이 잠재되어 있다고 해석할 수 있다. 또한 쫓겨난 셋째 딸이 숯구이 총각을 만나 금을 발견하여 부자가 된다는 점에서 불을 사용하는 남성집단과 금을 찾아내고 제련방법을 아는 여성집단의 결합으로 철기문명을 개척하는 새로운 사회가 출현한다고 해석할 수 있는 여지가 있다. 금의 가치를 알아보는 셋째 딸의 능력은 곧 금이 무엇인지 모르는 사람에 비해 문명사에서 한층 발전된 단계의 높은 문명을 가진 집단이라고 할 수 있다. 설화에서는 금을 알아본 딸은 부자가 되고 딸을 내쫓은 아버지는 걸인이 되는 것으로 설정되었는데 이는 철기시대 이전의 석기를 사용하던 집단과 불을 사용한 쇠붙이의 제련법을 발견하여 금속제 도구를 만들어 사용한 철기집단 간에 문명적 격차를 설화적으로 표

157) 김대숙, 『한국설화문학연구』, 집문당, 1994, 11-129면, 1. 女人發福說話의 硏究 참조.

현한 것이라고 해석할 수 있다.

〈복진며느리〉 유형

집에서 쫓겨난 여인이 숯구이 총각을 만나 부자가 되고 자기를 내쫓은 집안의 어른들을 찾아서 돌본다는 설화로 〈복진며느리〉가 있다. 이 유형은 친정을 배경으로 하지 않고 시가를 배경으로 전개된다는 점에서 〈내 복에 산다〉 유형과 차이를 보인다.

1. 복 없는 양반 아들과 복 많은 백정의 딸이 양반의 주선으로 결혼한다.
2. 시아버지가 죽자 백정의 딸은 신랑에게 쫓겨난다.
3. 쫓겨난 백정의 딸은 산중에서 숯구이 총각을 만나 결혼한다.
4. 백정의 딸은 금을 발견하여 부자가 된다.
5. 양반 아들은 아내를 쫓아낸 뒤 몰락하여 거지가 된다.
6. 백정의 딸은 걸인잔치를 열어 전 남편을 만난다.
7. 백정의 딸은 전 남편과 다시 결합하여 부자가 된다.

이 설화는 집에서 쫓겨난 여인이 숯구이 총각을 만나 결혼하고 금을 발견하여 부자가 된 뒤에 걸인잔치를 벌여 자기를 쫓아낸 남성을 찾아내어 도와주었다는 점에서 〈삼공본풀이〉와 공통점을 찾을 수 있다. 그러나 주인공 여인이 복을 많이 타고 태어난 비천한 신분의 여인이라는 설정이나 시아버지에게 인정을 받았으나 남편에게 버림을 받았다고 한 것이나 숯구이 남편을 버리고 당초에 자기를 내쫓았던 전 남편과 재결합하였다는 내용은 〈삼공본풀이〉와 다른 점이다.

이 설화는 인간이 잘살고 못사는 것이 운명적으로 타고난 복에 달렸다는 정명론(定命論)에 초점이 맞추어져 있다. 그러나 쫓겨난 여인이 숯구이 남성과 만나 부자가 되고 자신을 쫓아낸 남성을 다시 구제한다는 점에서 〈내복에 산다〉 유형과 일치하는 점을 찾을 수 있다.

다) <삼공본풀이>의 신화적 성격

〈삼공본풀이〉에서 가믄장아기는 평범한 인물이 아니고 신적 존재로 나타난다. 아버지의 물음에 대한 답이 무엇을 의미하는 것인지는 아무도 해명한 사람이 없다. 서사문맥에서 '배꼽 아래 선 금은 덕'으로 되어 있는데 현용준의 주해에는 '선금(立線), 하복부의 배꼽에서부터 성기 쪽을 향해 그어진 금'[158]으로 풀이하고 있다. 그런데 여인에게 배꼽 아래에서 성기 사이에 그러한 금은 없다. 그렇다면 선금은 무엇을 말하는 것인지 다시 생각해 보아야 한다. 이것은 분명 여성의 성기를 말하는 것으로 생각된다. 위치가 배꼽 아래이고 세로로 그어진 금이란 성기밖에 다른 것이 없다. 이 같은 해석은 가믄장아기의 말이 아버지의 노를 샀다는 점에서 여성 자신이 윗사람에게 입에 담아서는 안 될 무례한 말이라는 점에서도 타당함을 알 수 있다. 그렇다면 천신 덕, 지신 덕, 조상신 덕, 부모님덕에 의지하여 살아간다고 말한 첫째 딸과 둘째 딸과는 달리 셋째 딸은 자신의 능력으로 산다는 말이고 그 능력의 원천은 여성성에 있음을 설파한 것이라고 볼 수 있다. '선그뭇'으로 표현된 여성성은 남성을 끌어들이는 힘의 원천이고 아기를 낳는 기능이 있기에 그 덕으로 먹고 산다는 말은 일리가 있다. 즉 가믄장아기의 말은 여성으로서 생산기능을 가진 자신의 능력으로 산다는 의미이다. 이는 인간은 자신이 노력해서 벌어먹고 살아야지 어느 누구에게 의존해서 살아서는 안 된다는 의미이기도 하다. 가믄장아기는 전상의 신이 되었는데 전상이란 생업을 의미하고 있음을 다음과 같은 구절에서도 확인할 수 있다.

> 부모궁 말삼이 전상차지는 어떤 것이냐 하니 전상은 다름이 아니오라 인간세상 장사하는 것도 전상이요 목수일도 전상이요 농사 지음도 전상이요

158) 현용준, 『濟州島巫俗資料事典』, 신구문화사, 1980, 195면.

> 술 먹음도 전상이요 담배 먹음도 전상이요 노름함도 전상이요 밥 먹음도 전상이요 인간살이 모든 일이 전상입니다.[159)]

이처럼 〈삼공본풀이〉는 생업의 신에 대한 본풀이이다. 생업은 먹고 사는 일이기에 '누구 덕에 먹고 사느냐'라는 물음에서부터 이야기는 시작된다. 가믄장아기는 생업을 관장하는 신으로 인세에 나온 존재이기에 이 신을 박대한 사람은 신벌을 당한다. 가믄장아기는 집에서 쫓겨나면서 부모의 정을 왜곡해서 '어서 빨리 도망가라 너를 죽이러 나온다'고 거짓말한 두 언니를 징치하여 지네와 말똥버섯으로 만들어 놓는다. 또한 자기를 쫓아낸 부모를 장님으로 만들어 구걸하도록 한다. 이는 생업의 신을 박대한 죄를 물어 신으로서 불손한 인간에게 징벌을 가한 것이다.

가믄장아기는 숯구이 총각을 만나 금덩이를 발견하여 부자로 잘살게 해준다. 가믄장아기와 숯구이 총각의 결혼은 생업의 신과 신을 받들어 위성하는 신자의 만남이라고 할 수 있다. 즉 생업의 신을 모신 인간은 부자가 되어 잘살게 된다는 주장을 세속적 서사로 서술한 것이라고 할 수 있다.

(3) 세경본풀이

가) 채록된 각 편과 서사단락

〈세경본풀이〉는 농경신의 신화로서 여주인공의 이름을 따라서 〈자청비〉라고도 불려지는 제주도의 대표적 서사무가이다. 지금까지 채록된 각 편은 다음과 같다.

159) 赤松智城・秋葉隆, 『朝鮮巫俗の研究』 上, 大阪屋號書店, 1937, 435-436면.

명 칭	전승지역	제보자	채록자	발표지	발표연도
세경본푸리	서귀포	박봉춘	아카마쓰 지조, 아키바 다카시	조선무속의 연구 上	1937
세경본풀이	제주시	안사인	현용준	제주도무속자료사전	1980
세경본	제주시	이달춘	진성기	제주도무가본풀이사전	1991
세경본	한경면	강을생	진성기	제주도무가본풀이사전	1991

이들 각 편은 세부적 내용은 편차가 많으나 전체적 골격은 공통된다. 비교적 내용이 풍부한 〈이달춘본〉을 중심으로 서사단락별로 내용을 간추리기로 한다.

1. 세경 할으방은 김진국 노불이고 세경 할망은 조진국 노불이며 세경 아방은 수영대장 누비전상이고 세경 어멍은 전제석궁 외딸애기이고 상세경은 문도령, 중세경은 자청비, 하세경은 정수남이다.
2. 김진국 대감과 조진국 부인이 부부가 되어 슬하에 자식이 없어 심심해 하다가 동계남상주지의 내방으로 팔자를 가려보고 절에 불공을 드려 자청비라는 딸을 낳는다.
3. 자청비를 하녀인 정술더기에게 맡겨 십오 세 되기까지 기르도록 한다.
4. 하루는 자청비가 빨래를 하면 손발이 고와진다는 정술더기의 말을 듣고 주천당 연못으로 가서 빨래를 하는데 하늘 옥황의 아들 문도령이 청총마를 타고 지나가다가 자청비를 보고 구정물을 일으키고 물을 떠 달라고 한다. 자청비가 버드나무 잎을 물에 넣어준다. 문도령은 '얼굴은 곱다만 마음씨가 나쁘다'고 한다. 자청비는 '물에 체할까 봐 그런 것'이라고 답한다.
5. 자청비는 문도령이 글공부하러 간다는 말을 듣고 '우리 오라버니도 글공부하러 가려고 해도 벗이 없어 못 갔는데 함께 가는 것이 어떻겠느냐'고 하여 허락을 받고 집으로 와서 부모를 설득하여 허락을 받은 뒤, 남장을 하여 짐도령이라고 문도령을 속이고 함께 서당으로

간다.

6. 서당에서 초시험을 보는데 문도령은 떨어지고 짐도령은 합격이 되고 글짓기, 활쏘기, 오줌 누기 시합을 해서 문도령은 짐도령에게 모두 진다.

7. 문도령은 부친에게 편지를 보내고 부친 문국성은 문도령에게 집으로 돌아와 서수왕 맏딸에게 장가를 가라고 한다.

8. 문도령이 스승께 하직하자 자청비도 문도령 장가가는 것을 보겠다며 함께 하직하고 오다가 주천당 연하못에 이르러 함께 목욕을 한다.

9. 자청비는 시합에 이겼다고 바람 위에서 목욕을 하고 문도령은 아래에서 목욕을 하는데 자청비는 버드나무 잎에다 붓으로 '연삼년을 한방에서 살아도 남녀 구별도 못하는 문도령아 나는 집으로 간다' 라고 쓰고 집으로 와 버린다.

10. 문도령이 자청비의 글을 보고 자청비 집으로 찾아간다.

11. 자청비는 글벗과 함께 왔다고 부모에게 말하고 자신의 방에 주안상을 차려놓고 술을 먹다가 자청비가 천하일색임을 알고 문도령이 손을 내밀자 자청비는 변소에 간다고 나와서 '나는 부모님 허락 없이는 문도령 소원을 들어줄 수 없다'고 글을 써 놓고 숨어버린다.

12. 문도령은 술이 깨어 자청비의 글을 보고 시간이 바빠 떠난다고 하면서 복숭아씨 두 알을 남기고 이 복숭아를 심어 꽃이 피면 만나러 오겠다는 글을 남긴다.

13. 자청비는 복숭아 열매를 문 밖에 심고 꽃이 피기를 기다린다.

14. 문도령이 오지 않자 자청비는 하인 정수남에게 말 아홉 필, 소 아홉 마리를 주면서 나무를 해 오라고 한다.

15. 정수남이 산에 가서 말과 소를 매어 놓고 잠을 자다가 깨어 보니 소와 말이 모두 물을 못 먹어 죽어 있었다. 정수남은 손톱으로 소와 말의 가죽을 벗기고 살은 불에 구어 먹고 가죽만 지고 오다가

연못에 오리를 잡으려고 도끼를 던진다. 정수남은 도끼를 찾으려고 옷을 벗고 물에 들어갔다가 가죽과 옷을 모두 도둑맞고 칡넝쿨로 아래를 가리고 집에 와서 장독 위에 올라 앉아 있는다.

16. 하녀가 장을 뜨러 갔다가 놀라서 장독을 쓰러뜨려 모두 깨지고 장독이 움직인다며 흉사라고 한다.
17. 자청비는 정수남의 짓인 줄 알고 정수남을 닥달하니 문도령이 선녀와 바둑 장기 두는 구경을 하다가 그렇게 되었다고 거짓말을 한다.
18. 자청비는 정수남과 같이 문도령을 만나 보려고 범벅 닷 되씩을 점심으로 준비하여 가지고 함께 가자고 약속한다.
19. 정수남은 자청비 말 안장 밑에 조개 껍질을 깔아 놓아 말이 뛰게 만들고, 고사를 지내야 한다며 술 한 동이, 닭 한 마리를 차려 놓게 하고 '제사 지낸 음식은 종이 먹는 법'이라고 하며 다 먹어 버린다.
20. 정수남은 말을 끌고 가다가 돌부리를 차고 발이 아프다며 말을 타고 가고 자청비가 점심을 지고 말을 끌고 간다.
21. 자청비가 발이 부르터서 산 고개에서 쉬며 점심을 먹는데 정수남이 자청비의 범벅을 모두 먹고 종이 먹던 음식은 개가 먹는 법이라며 자청비에게는 아무것도 주지 않는다.
22. 자청비가 물을 찾자 샘물에서 이 물은 말이 먹는 물, 이 물은 소가 먹는 물, 이 물은 바가지를 쓰면 바가지가 목에 걸려 안 된다고 하면서 물 먹는 법을 가르친다. 정수남이 옷을 벗고 칡넝쿨로 몸을 매고 거꾸로 엎드려 물을 먹고 자청비도 옷을 벗고 칡넝쿨로 음모를 매어 걸고 엎드려 물을 먹자 정수남은 자청비의 옷을 산딸기 나무 위로 던져 놓고 사금파리를 물에 팡팡 던지면서 이것이 문도령과 옥황선녀가 바둑 장기를 두며 노는 것이라고 한다.
23. 자청비는 정수남에게 속은 것을 알고 옷을 달라고 하자 정수남은

주인님 젖통이나 한번 만져보자고 한다. 자청비가 은당병에 혀를 넣으면 젖 만지는 것보다 더 좋다고 하자 옷을 내준다.

24. 날이 저물자 자청비는 동산에 염막을 지으라고 정수남에게 말하니 억새 다섯 뭇으로 염막을 지었는데 종과 한 방에 잘 수 없어 구멍을 막으라고 시키고 막으면 또다시 구멍을 내어 막게하여 무사히 밤을 넘긴다.
25. 정수남이 화가 나서 자청비를 죽이려고 하자 자청비는 머리에 이를 잡아주겠다고 꼬여 정수남이 잠든 틈에 담뱃대로 귀를 찔러 죽이고 말을 타고 집으로 돌아온다.
26. 귀가 도중에 산신님을 만나니 산신이 죽은 정수남에게 경을 읽어 주어 죽어도 살아 있게 한다.
27. 집에 돌아와 어머니에게 정수남을 죽였다고 하자 부모들은 자청비를 꾸짖고 정수남을 살려오라고 한다.
28. 자청비는 정수남을 살리려고 서천 꽃밭으로 달려가다가 부엉새를 놓고 다투는 아이를 만나 부엉이를 한 냥씩 주고 사서 부엉이 가슴에 화살 한 대를 꽂아 가지고 간다.
29. 자청비가 서천 꽃밭에 이르자 개들이 짖어 꽃밭 주인대감이 딸들을 시켜 알아보게 하니 첫째 딸이 나와 자청비가 남자인 줄 알고 무슨 일이냐고 묻자 부엉새를 쏜 화살을 찾는 중이라고 하고 꽃밭 한가운데에서 부엉이를 찾아낸다.
30. 주인이 부엉이를 잡아줄 것을 부탁하자 자청비는 옷을 모두 벗고 꽃밭에 누웠다가 배에 와 앉은 부엉이를 잡아 화살을 꽂아 던져두고 이튿날 부엉이 소리를 듣고 화살을 쏘았는데 찾아보자고 하여 화살에 맞은 부엉이를 발견한다.
31. 주인이 은공을 갚겠다며 큰 딸을 주려고 하자 과거 보러 가는 길이라며 꽃구경이나 하겠다고 한다.

32. 자청비는 여러 가지 꽃을 따서 소매에 넣고 과거 보고 오다가 들르기로 약속하고 큰 딸과 작별하고 정수남이 죽은 곳으로 와서 약꽃으로 정수남을 살려 낸다.
33. 자청비가 집으로 와서 정수남이를 살렸다고 하자 부모는 잘나기도 잘났고 들기도 들었다며 어떻게 사람을 죽이고 살리느냐며 너 갈 데로 가라고 한다.
34. 자청비는 눈물을 흘리며 집을 떠나 청태산 마고할멈 집에 가서 수양딸이 되어 베 짜는 심부름을 한다.
35. 자청비는 이 베가 문도령 장가갈 때 쓸 혼사베라는 말을 듣고 베에 무늬를 새기기를 '무심한 문도령아 나를 상봉하러 오겠다고 하고 연삼년을 기다려도 얼굴 한번 못 보고 언제나 상봉할고'라는 글을 수놓는다.
36. 옥황에서 혼사베를 찾아다가 문도령 앞에 내놓자 문도령은 베를 짠 사람이 누구냐고 물은 후, 마고할멈 집으로 자청비를 만나러 온다.
37. 문도령이 자청비를 찾아오자 자청비는 귀신인지 사람인지 알아본다고 손가락을 디밀어보라고 한다. 자청비가 문도령의 손가락을 바늘로 찔러 피가 나자 문도령은 부정한 년이라며 혼사베를 가지고 옥황으로 올라가 버린다.
38. 수양어멈이 이 사연을 듣고 너는 낳은 부모도 내쫓은 년이라고 욕하며 들어오는 복을 박찼다고 자청비를 내쫓는다.
39. 자청비는 상주절로 올라가서 대사님과 의논하니 중 행세를 하라고 한다.
40. 자청비가 중이 되어 다니다가 문도령의 심화병에 쓸 약물을 길으러 가는 선녀들을 만나 물을 길어 주고 선녀를 따라 문도령 집으로 가서 시주를 청한다.

41. 자청비가 시주 받은 쌀을 일부러 흘리고 주워 담으며 별당 옆 팽나무에 올라 앉아 다음과 같은 노래를 지어 부른다. '달아달아 밝은 달아 저 달은 문도령을 알건마는 이내몸은 문도령을 모르고 문도령도 나를 모르니 이런 답답함이 어디 있으며 이런 답답함을 어느 누가 알랴'
42. 이 노래를 들은 문도령이 답하기를 '달도 곱기는 곱다마는 초생달이 반달이여 저 달이 아무리 고운들 자청비만큼 고우랴'라고 한다.
43. 자청비가 이 노래를 듣고 나무에서 내려오니 문도령이 자청비를 안고 들어가 문도령 방에서 함께 산다.
44. 정하님이 세숫물과 식사를 들여놓다가 식사가 남지 않는 것을 보고 이상하여 문도령 어머니에게 말하자 문구멍으로 엿보라고 한다.
45. 하루는 자청비가 문도령과 예숙(수수께끼)을 꺾다가 문도령이 어머니를 찾아보고 옷은 묵은 옷이 편하고 장은 묵은 장이 맛있다는 말을 유도한 후 서수왕 맏딸에게 장가를 들지 않겠다고 하며 자청비와 살겠다고 한다.
46. 문도령 어머니는 서수왕 맏딸을 불러 백탄 숯불 위에 칼선 다리를 하여 놓고 아무라도 이 칼선 다리를 타고 하늘 옥황 문선왕에게 허배를 하면 내 며느리라고 한다.
47. 서수왕의 딸은 칼다리에 못 올라간다고 하고 자청비는 비를 내려달라고 축원하여 비가 내려 다리가 식자 칼다리를 타고 올라가 문선왕에게 허배를 하여 문도령 어머니로부터 '내 며느리가 분명하다'는 말을 듣는다.
48. 문선왕은 머슴을 불러 서수왕의 혼사를 물리치고 문도령과 자청비의 혼례를 행한다.
49. 혼례한 그날 시어머니는 자청비에게 문도령과 문선왕의 쾌자를 지으라고 하자 자청비는 등에는 봉황새, 앞 옷섶엔 연꽃, 왼쪽 주머

니엔 소나무, 오른쪽 소매에는 동백나무를 수놓는다.

50. 시어머니가 이유를 묻자 봉황은 장수, 연꽃은 진창에서 피는 꽃, 소나무와 동백은 사철 푸르고 싱싱하여 건강하고 장수하라는 뜻이라고 대답한다.
51. 자청비가 편안히 살다가 인간세상에 내려가 명주나 짜면서 살겠다고 하고 시부모와 작별하고 인간세상으로 내려온다.
52. 마을 청년들이 모의하여 문도령을 죽인다. 자청비는 청년들을 겁주어 쫓아 버린다.
53. 자청비는 동리 청년들을 물리치고 서천 꽃밭으로 들어가서 서수왕의 맏딸을 만나 한 달에 한 번만 얼굴을 보기로 약속하고 환생꽃을 얻어 가지고 와서 문도령을 살려낸다.
54. 자청비와 문도령은 다시 하늘로 올라가서 서천 꽃밭 주인 맏딸과의 약속을 말하자 선보름은 자청비와 살고 후보름은 꽃밭 주인 맏딸과 살라고 한다.
55. 문도령은 자청비가 가르쳐준 대로 서천 꽃밭으로 가서 자청비에게서 받은 향나무 얼레빗을 내놓고 장가를 들어 꽃구경을 하며 세월 가는 줄 모르고 지낸다.
56. 자청비가 편지를 보내자 문도령은 놀래서 엉겁결에 말을 거꾸로 타고 올라오는데 자청비는 오죽 나를 미워해서 저러나 하고 시부모에게 가서 정 없는 사람과는 살 수가 없다고 하고 오곡 씨를 받아가지고 지상으로 내려와 정수남을 데리고 농사를 시작한다.
57. 자청비가 배가 고파 어떤 노인이 소 아홉 마리와 머슴 아홉을 데리고 밭 가는 것을 보고 머슴에게 점심을 얻어오라고 하나 거절당한다. 화가 난 자청비는 조화를 부려 머슴에게는 광난을 주고 소는 등에가 쏘아 달아나게 한 후 정수남이 씨를 뿌려주고 점심을 얻어 먹는다.

58. 자청비는 밭에 씨를 뿌리는 할방과 할망이 아들을 못 만나보았다고 하자 할방은 제석천왕으로 들어서고 할망은 제석지왕으로 들어서서 고시레상을 받아 먹게 한다.
59. 하늘에 문도령이 자청비를 찾자 문도령의 부모는 세경땅에 오곡씨를 얻어 먹으러 갔다고 하며 칠곡(콩, 팥, 녹두, 동부, 메밀, 기장, 피)을 주어 천제상을 받아 먹게 한다.
60. 상세경은 문도령, 중세경은 자청비, 하세경은 정수남이 맡으라고 한다.

나) 설화의 수용양상과 신화적 의미

이상의 〈세경본풀이〉는 농사신인 자청비의 내력을 이야기한 것인데 자청비와 문도령의 분리와 결합의 반복으로 전개되면서 여러 가지 설화유형이 수용되어 있음을 알 수 있다. 여기에 수용된 주요 설화유형을 정리하면 다음과 같다.

1. 단락 4-13까지는 축영대 양산백 설화와 같은 내용이다. 자청비가 남자로 변장하고 문도령과 글공부를 함께한다는 대목은 축영대가 남장을 하고 양산백과 동문수학한다는 내용과 일치한다. 여인이 남장을 하고 남자 행세를 하면서 남자 동료들과 여러 가지 시합을 하는 내용은 〈축영대 설화〉에서 기원한 것이라고 볼 수 있으나 여성이 남성으로 변장하여 활동하는 것은 〈바리공주〉와 같은 서사무가에도 두루 나타나는 화소이다. 특히 여성과 남성이 오줌 줄기를 멀리 보내는 시합을 하여 여성이 대롱을 사용하여 남성을 이긴다는 삽화는 축영대 설화에 없는 대목으로서 한국 서사무가에서 추가된 것이라고 본다. 그러나 축영대 설화는 축영대가 마씨 집안으로 시집을 가다가 양산백의 묘로 들어가는 데 비하여 〈세경본풀이〉에서는 자청비가 문도령과 결혼하고 살해된 문도령을 살려내기도 하고

약속한 인물로 여긴 문도령을 등지고 인간계로 내려오기도 한다.

2. 단락 14－16까지는 바보설화 유형의 일부를 수용한 것이다. 한 바보가 낮잠을 자다가 소를 죽인 후, 오리를 잡으려고 도끼를 연못에 던졌다가 도끼만 잃고, 도끼를 건지려다가 벗어 놓은 옷을 도둑맞고, 밤에 몰래 집에 들어와서 음식을 찾아 먹으려다가 선반에서 칼이 떨어져 성기까지 짤리고 결국 부인마저 잃는다는 이야기를 정수남을 주인공으로 각색한 것이다.
3. 단락 19－25까지는 머슴이 주인 과부를 속여 성적 결합에 성공한다는 육담류의 설화를 각색하여 수용한 것이다. 그러나 구체적 서사 대목은 구전설화에서 찾기 어렵다.
4. 단락 28－30까지는 엉터리 명궁 설화를 수용한 것이다. 밤에 집안에 와서 우는 부엉이를 잡아 주면 사위를 삼겠다는 어느 대감의 광고를 보고 한 한량이 새들을 사서 화살을 새의 왼쪽 눈에 꽂고 대감을 찾아가서 명궁이라고 하고 온몸에 검뎅이 칠을 하고 나무에 숨어 부엉이를 손으로 잡아서 화살을 왼 눈에 꽂아 후원으로 던져놓고 사위가 된다는 이야기를 자청비를 주인공으로 바꾸어 재편한 것이다.
5. 단락 34－36까지는 〈숙향전〉에서 숙향이 마고할미 집에 머물면서 이선을 찾는 과정과 유사하다. 〈숙향전〉의 영향을 받은 부분이라고 보아도 좋을 듯하다.
6. 단락 40－43까지는 〈구렁덩덩신선비〉 설화에서 신선비와 셋째 딸이 해후하는 장면과 거의 같은 성격을 보여준다. 이 부분도 설화를 수용하여 각색한 것으로 생각된다.

이처럼 〈세경본풀이〉는 여러 가지 흥미 있는 설화들을 수용하여 편집한 것이다. 그러나 핵심적인 신화의 내용은 천상의 문도령과 지상의 자청비가 우여곡절을 겪고 부부가 되어 농경신이 된다는 것이고 수용된 설화들은 삽화적 성격을 띠고 있다. 이는 천남(天男) 지녀(地女)의 결합으로 생산신이 되어 농경민의 제향을 받게 된다는 것으로서 건국신화에서 추출되는 천부지모(天父地母) 신화유형과 상통하는 내용이다. 그러나 천부지모형 신화가 부자관계를 중시하고 있는 데 비하여 〈세경본풀이〉는 부부관계에 중점이 있고 자녀에 대한 이야기는 전혀 없어 천부지모 신화와는 다른 신화적 의미를 보여준다고 하겠다.

자청비는 여성으로서 수많은 고난을 극복하고 문도령과 부부가 된다. 부모에게도 미움을 받고 하인인 정수남에게서도 괴롭힘을 당한다. 또한 문도령의 부모가 부과한 어려운 시험을 통과한다. 자청비의 수난은 여러 설화를 수용하여 잡다한 모습을 띠고 있으나 여성으로서 감내하기 어려운 억울하고 힘든 것들이었다. 자청비는 이러한 수많은 시련을 인내와 끈기로 모두 극복하고 천상을 버리고 지상으로 회귀하여 농경을 관장하는 세경신으로 좌정한다. 이는 곡물이 대지에서 싹이 트고 자라서 꽃을 피우고 열매를 맺기까지 수많은 악천후를 견뎌 내야 하는 과정에 비유된다.

문도령은 천상적 존재로서 자청비와 서천 꽃밭 주인의 맏딸과 결혼을 하여 두 여인을 아내로 맞이한다. 이는 제주도 전통사회의 혼속과 관련이 있을 것으로 생각한다. 본토에서는 긍정적인 일부이처(一夫二妻)의 가정을 이야기한 신화를 찾기 어렵다. 문도령은 부모에게서 칠곡(七穀)의 씨를 받아 지상에 전했고 천제(天祭)를 받아 먹는 상세경신이 되었다고 하였다. 이는 곡종신(穀種神)으로서 정립되었음을 의미한다.

정수남은 남자 하인으로서 대식가로 나타난다. 말 아홉 필, 소 아홉 마리를 끌고 일을 하는 인물로서 가축을 부리는 존재로 나타난다. 이는 정수남이 목축의 신으로 하세경이 된 것과 관련이 있다고 본다. 정수남은 자청비를 돕는 인물이면서도 끊임없이 자청비를 괴롭힌다. 이는 정수남이 가축을 관장하는 신이기에 가축들의 동물적 생태의 일면을 인간에게 투영하여 형상화한 부분이라고 해석할 수 있다.

이처럼 〈세경본풀이〉는 곡종신(穀種神)으로서 문도령, 곡모신(穀母神)이면서 생산 지모신(地母神)인 자청비, 그리고 목축의 신으로서 정수남의 근본을 풀어낸 생산신 신화이다.

(4) 차사본풀이

가) <차사본풀이>의 채록자료와 서사단락

〈차사본풀이〉는 저승사자인 강림도령의 이야기로서 큰굿 〈시왕맞이〉의 한 제차인 〈차사본풀이〉거리에서 구연된다.160) 함흥의 〈짐가제굿〉161)도 제주도의 〈차사본풀이〉와 같은 유형의 서사무가이다. 지금까지 채록되어 발표된 〈차사본풀이〉의 각 편을 정리하면 다음과 같다.

명 칭	전승지역	제보자	채록자	발표지	발표연도
차사본푸리	서귀포	박봉춘	아카마쓰 지조, 아키바 다카시	조선무속의 연구 上	1937
차사본풀이	제주시	안사인	현용준	제주도무속자료사전	1980
차사본	한경면	이영주	진성기	제주도무가본풀이사전	1991
차사본	서귀읍	김해춘	진성기	제주도무가본풀이사전	1991

안사인본을 중심으로 〈차사본풀이〉의 서사단락을 정리하기로 한다.

1. 동정국 범을황제(동경국 버물왕)에게 아들 9형제가 있었는데, 위로 3형제와 끝으로 3형제가 죽고 가운데 3형제만 남았다.
2. 하루는 지나가던 스님이 아이들의 관상을 보고 세상에 나가 장사나 하며 고생을 하여야 죽음을 면하겠다는 예언을 한다.
3. 3형제는 스님의 말대로 장사를 하며 주년국 연못까지 왔는데, 그 때 과양생이(과영선이) 계집이 아이들을 꾀어 술을 먹여 취하게 한

160) 玄容駿, 『제주도신화』, 91-140면 참조.
161) 임석재・장주근, 『關北地方巫歌』(追加)(文敎部, 1966), 179-192면 참조.

뒤, 죽여서 연못 속에 시체를 던지고 재물을 빼앗는다.

4. 그 후 과양생이 계집은 그 연못에서 핀 세 송이 꽃을 꺾어 왔는데 그것이 구슬이 되므로 삼킨 후 잉태하여 아들 3형제를 낳는다.
5. 3형제는 자라서 과거에 급제한 후 집으로 돌아오자 과양생이 계집은 기뻐서 잔치 준비를 하는데 3형제가 돌연히 모두 죽는다.
6. 이에 과양생이는 김치고을 김치(짐치)원님에게 원통한 사정을 소지(所志)로 올린다.
7. 원님은 과양생이의 성화에 못 이겨 도사 강임을 시켜 염라대왕을 잡아오도록 명령한다.
8. 강임은 아내가 만들어 준 떡을 가지고 떠나서 조왕신과 세 신선에게 떡을 주고 저승 가는 길을 안내 받아 염라대왕을 데려오는 데 성공한다.
9. 염라대왕은 연못 물을 퍼내고 3형제의 시체를 찾아 도로 살려내어 집으로 보내고 과양생이 계집의 죄를 다스리고 강임을 저승차사로 데려간다.

함흥에서 채록된 〈짐가제굿〉의 서사단락은 다음과 같다.

1. 강림골에 사는 김정승 아들, 이정승 아들, 박정승 아들 셋이 구경차로 장사를 하며 강림골로 내려온다.
2. 짐가제 여편내는 세 아이를 꾀어 자기 집에서 자게 한 후 짐가제는 재물을 탐내어 아이들을 죽여 외양간 말판 밑에 넣어버린다.
3. 아이들의 혼이 지부왕에게 들어가 고시레를 달라고 하자 지부왕은 정월 보름날 시우물에 은붕어 금붕어가 되게 한다.
4. 짐가제 여편네는 그 붕어를 잡아 구어 먹은 후 잉태하여 아들 3형제를 낳는다.
5. 3형제가 자라서 과거를 보아 급제하고 돌아오니 짐가제는 기뻐서

잔치를 열었는데 잔치하는 중에 3형제 아들이 갑자기 죽어버린다.

6. 짐가제가 관아로 가서 자기 아들 3형제를 잡아간 저승사자를 붙들어 달라고 탄원하니, 관장은 손사령을 시켜 저승사자를 잡아오라고 한다.
7. 손사령은 아내가 시키는 대로 음식을 차려가지고 기망산 다리목에서 기다리다가 차사들을 만나 관아로 데려온다.
8. 열시왕의 사자는 짐가제 집으로 가서 사실 이야기를 듣고 외양간 말판을 들친 후 세 아이의 시체를 찾아내고 짐가제 부부의 죄를 밝히어 처형하고 손사령을 열시왕의 사령으로 데리고 간다.
9. 손사령의 아내는 손사령이 죽자 목을 매어 자살한다.[162]

이상의 〈차사본풀이〉와 〈짐가제굿〉을 비교해보면 등장인물의 명칭과 지역 배경만 차이가 날 뿐 그 서사적 구조는 동일함을 알 수 있다. 함흥의 〈김가제굿〉은 '범을황제의 아들 3형제 대신 김정승, 이정승 박정승의 아들로, 그리고 '과양생이' 대신 '짐가제'로 나타나는 등 등장인물의 명칭만 다를 뿐 서사적 골격은 동일하다. 〈짐가제굿〉에서는 염라대왕 대신 열시왕 사제가 등장하고 강임 대신 손사령이 등장하며 손사령이 죽자 아내도 목을 매어 죽는다는 점이 차이가 있으나 전체적인 서사구조는 같다고 본다. 그렇다면 함흥과 제주도에서 이처럼 같은 유형의 서사무가가 전승되고 있다는 것을 어떻게 설명할 수 있을까?

대체로 같은 서사유형이 상이한 공간에서 전승되는 것은 한 지역에서 형성된 유형이 다른 지역으로 전파되었다는 전파론에 기댄 설명과 상이한 공간이라도 자연환경이나 인문환경이 공통되면 인간의 상상력이나 사고방식이 유사하게 발현되고 이에 따라 신화를 비롯한 동종의 서사유형

162) 임석재 · 장주근, 『관북지방무가』(추가), 문교부, 1966, 179-193면, 필자 요약.

이 독자적으로 나타난다는 독자적 형성론에 의한 설명으로 나눌 수 있다. 그런데 〈차사본풀이〉와 〈짐가제굿〉의 경우는 두 가지 이론 모두 부합되지 않는다. 전파론으로 해명을 하려면 진원지를 알아야 하고 전파경로나 전파계기 등 실증적 논거가 제시되어야 한다. 그런데 제주도와 함경도의 자료는 등장인명이 전혀 다르기에 전파에 의한 상동성으로 보는 데는 문제가 있다. 또한 함경도와 제주도의 무풍은 차이가 많고 무속인들의 교류도 활발한 흔적을 찾기 어렵다. 또한 구비서사 작품이 전파되려면 전파경로를 따라 각 편들이 만들어져야 하는데 제주도와 함경도 사이에 있는 강원도, 경기도, 경상도, 전라도 등 한반도의 다른 지역에서는 같은 유형의 서사무가가 채록되지 않았다. 이런 점에서 전파에 의한 상동성은 이 자료의 경우 부정된다. 그러면 독자적 형성으로 볼 수밖에 없다. 그런데 한반도에서 제주도와 함경도가 특히 자연조건이나 인문환경이 유사하다고 보기는 어렵다. 제주도는 도서지방이고 어로와 목축을 주로 하고 있고 함경도는 산악지역으로서 화전농민이 많은 지역이다. 정치의 중심지에서 멀리 떨어진 변방이라는 공통성은 있으나 주민들의 생업의 공통성이나 자연조건의 공통성은 많지 않다. 또한 다른 지역에 비해 두 지역의 무풍(巫風)이나 무속적 세계관의 긴밀성을 찾기도 쉽지 않다.

이런 점에서 제주도와 함경도의 서사무가의 상동성(相同性)을 설명하기 위해서는 발상의 전환이 요구된다. 공통의 매체를 수용하였다는 다른 설명방식이 설득력을 가진다. 즉 전국적으로 전승되는 연명(延命)설화 유형을 두 지역에서 같이 서사무가에 수용했다고 해석하는 것이다. 부연하자면 어느 고을의 관장이 억울하게 비명횡사한 인물을 되살리기 위해 영특한 인물을 시켜 저승의 염라왕을 데려다가 문제를 해결한 설화가 각기 서사무가로 수용되어 나타난 결과라고 보는 것이다.[163] 함흥 지역과 제

163) 서대석, “敍事巫歌硏究”, 국문학연구 8집, 서울대학교 국문학연구회, 1968.

주도 지역은 다른 지역에 비하여 서사무가의 전승이 활발하고 서사무가에 설화나 소설의 내용이 수용된 예가 많이 발견되기 때문에 이러한 해석이 타당성을 가진다.

나) <차사본풀이>와 설화의 관계

〈차사본풀이〉와 같은 내용의 설화는 호남지역에서 전승된다. 전북지역에서 전승되는 〈홍덕사령 설화〉가 그중의 일례가 된다. 〈홍덕사령 설화〉를 소개한다.164)

> 홍덕(興德)으 사령(使令)은 사령 중에서 상사령(上使令)이라서 홍덕 근방으 각 골, 즉 고창(高敞), 무장(茂長), 영광(靈光), 고부(古阜)으 사령들은 정월에 세배 드리로 간다고 헌다. 그 까닭은 홍덕 사령이 염라대왕을 잡아왔기 땜이라고 헌다.
>
> 옛날에 강감찬(姜邯贊)이란 어진 분이 초직(初職) 군수(郡守)로 홍덕 원으로 오셨는디, 그때 홍덕읍이서 한 마정찜 떨어진 모개정이란디 사는 늙은 주막쟁이가 아들 셋이 한꺼번에 죽었으니 이런 원통한 원한을 풀어돌라고 원정을 히 왔다. 원님은 사람이 죽고 사는 것은 인력으로는 어쩔 수 없는 노릇이니 그런 송사는 헐수 없다, 어서 나가라고 내쫓았다. 그런디 주막쟁이는 사람이 죽고 사는 일은 염라대왕이 하는 노릇이지만 아무리 염라대왕이라도 너머하니 염라대왕을 잡어다가 물어봐 줬이면 좋겄다고 험서 차꼬 졸라댔다. 원님도 할 수 없어 그리 히볼 팅게 나가 있으라고 허고 내보냈다. 그리고 이방을 불러서 쌀을 일곱 번 씰고 일곱 번 씻어서 밥을 정히 지어서 축귀방죽 축귀다리에다 밥 석 상을 채려 노라고 혔다. 그리고 사령중에서도 영리허고 날랜 강님 사령을 불러서 오늘밤 자정(子正)에 축귀방죽 축귀다리에 가 보면 노인 셋이 밥을 먹고 있일 팅게 그 노인을 이리 데릿고 오라고 일렀다. 강님 사령은 원님이 시키는 대로 축귀다리에 가봉께 과연 노인 셋이 밥을 먹고 있

164) 임석재, 『한국구전설화』 7, 전라북도편 I, 평민사, 1990, 39-41면, 〈興德使令〉.

었다. 사령이 그 노인 셋 보고 우리 성주님께서 오시랍니다. 헝께 노인들은 성주가 오라면 가야지 험서 사령을 따라나서 원님한티로 왔다. 이 노인들이란 명부왕(冥府王)들인디 원님이 저승왕을 불러들인 셈이다.

원님은 노인들 보고 어찌서 사람을 셋이나 한꺼번에 생죽엄을 시켰느냐고 물었다. 노인 셋은 사람으 수명은 명부왕이 주관하는 일이라. 허지만 제 멩이 다 되지 않은 사람을 함부로 잡어가지는 않는다. 저 주막쟁이으 세 아들은 제 멩이 다 돼서 잡어간 것이다. 그 아들은 살라고 세상에 태어난 것이 아니고 웬수 갚기 위히서 태어난 것이다. 험서 그 아들 셋은 원래 유구(유기) 장시하는 아이들인디 이 주막서 자다가 주막쟁이 내외한티 유구짐과 돈을 뺏기고 맞어 죽어 마구간 판자 밑이 묻혔는디 이 유구장시들이 웬수 갚기 위해서 죽어서 주막쟁이 아들 3형제로 태어나서 과거급제 히각고 집에 들어옴서 죽어서 액색한 꼴을 뵌 게라고 하고는 이 말을 못 믿거던 그 집 마구간 판자 밑이를 떠들어보라고 혔다. 원님은 그 말을 듣고 주막쟁이 집에 가서 마구간 판자를 떠들어 봉께 과연 유구장시 시체가 셋이 나란히 썩지도 않고 묻혀 있었다. 원님은 주막쟁이 내외를 잡어다 닦달헝께, 주막쟁이는 죽을 죄를 졌십니다 험서 죄상을 좌악 불렀다.

세 노인은 저승에는 사령이 많어도 똑똑헌 사령이 없이니 강님 사령을 데레가고 싶으니 그 사령을 돌라고 원님보고 말혔다. 어떻게 데레가겄냐고 헝께, 데레가는 수가 있다 허고는 강님 사령으 혼을 빼각고 갔다. 그리서 강님 사령은 살어 있기는 허지만, 혼이 빠졌기 땜에 아무 심이 없고 그저 머엉 허고 지내기만 했다. 홍덕으 사령은 이렇게 염라대왕을 잡어오고 저승 사령이 되었다고 해서 사령 중으 으뜸가는 사령이라서 그 근처 사령들은 홍덕 사령을 상사령으로 우대하게 되었다고 헌다.

―1969년 8월 19일 진안군 용담면 옥거리 박기상(60세, 남)

이 설화에서도 강님 사령이 염라대왕을 잡아와서 문제를 해결한다. 이들 이야기의 공통성은 억울하게 죽은 인물이 원수의 아들로 태어나서 까닭 모를 죽음을 함으로써 죽은 아들의 사인(死因)을 밝히기 위해 이승의 원님은 사령을 시켜 저승왕을 부르게 되고 이에 따라 살인자의 죄상이 드러나서 복수를 한다는 것이다. 이러한 설화유형은 불교의 인과응보(因果應報)를 교설하기 위해 지어 퍼뜨린 변문의 성격이 강하다. 그러나 죽은 자가 자의적으로 환생하거나 회생한다는 내용은 현실성이 없다. 또한 현실세계와 저승의 세계가 보통 인간이 내왕할 수 없는 단절된 세계로 설정되고 물을 통하여 연결되어 있다는 것은 무속의 공간관을 살피는 데 시사하는 바가 많다고 본다.

〈차사본풀이〉에서 저승차사 강임은 인간계의 지방 관아(官衙)에서 도사령 노릇을 했던 인물이고 인간은 물론 저승의 염라대왕까지 잡아올 수 있었던 유능하고 영특한 존재라는 점에서 저승 차사가 되었다는 것이다. 이러한 이야기는 망자의 영혼을 저승으로부터 인간계로 복귀시켜 재생시키고자 행하여지는 무속적 의식에서 형성된 것으로 본다.

다) <차사본풀이>의 신화적 성격

〈차사본풀이〉는 저승차사 강림도령의 전설이다. 강림도령은 일직사자, 월직사자와 함께 저승의 삼사자로 수명이 다한 인간을 저승으로 잡아가는 무서운 존재다. 직분은 저승왕의 명령을 받아 수행하는 차사로서 높은 신은 아니나 인정사정 돌보지 않고 직무를 수행하는 차사로 알려져 있다. 서울 지역에서 전승되는 〈죽엄의 말〉에 등장하는 강림도령의 모습은 매우 위엄이 있고 용맹스럽고 단호하다.

> 일직사자 월직사자 강림도령
> 봉의 눈을 불읍쓰고 삼각수 거슬으고 문지방 가루집고
> 이바 망재야 어서 밧비 나스거라 쳔동갓치 뒤질으니
> 가택이 문허지고 우주가 밧귀는듯[165]

여기서 강림도령은 〈삼국지〉에 등장하는 관운장의 모습과 방불하게 묘사되어 있다. 관운장의 위엄이 〈삼국지〉를 통해 세간에 널리 알려지면서 봉의 눈과 삼각수라는 위엄 있는 무장의 용모를 묘사하는 관용구가 저승사자를 묘사하는 구절로 차용되었다고 본다. 그런데 강림도령은 일직사자와 월직사자가 인정상 못하는 일을 단호하게 처리하는 무서운 차사로 나타난다.

> 사랑동 아들아가 진지동 딸아기 애중헌 며눌아기
> 자문지 잔상 별머리 위성 면전 나전 식상거완 찰여놋코
> 입담조흔 만신 불러 젹젹이 풀어내니
> 그도 잠시 인정이라 못잡어가요
> 두 번재 일직사재 밧게서 들어오며
> 어서 나오너라 밧비 나스거라 서리갓치 재촉하니
> 조부조상과 성조지신이 조만이 애걸하니
> 그도 인정이라 못잡어 내더귀요
> 삼세번재 강림도령이 와락 쒸어 달여들어
> 쳔동갓치 소래하며 우레갓튼 큰소래로 벽녁갓치 호통하니
> 망제씨 일신수족을 벌벌 썰고 진퇴유곡 되엿실제
> 강림도령 달여들어 한번잡어 낙구워치니 열손에 맥이 업고
> 두 번 잡어 낙궈치니 열발에 맥이 업고
> 삼세번 낙구워치니 펏든 손 쌔든 다리 감출길이 전혀업네
> 삼만육천 일신수족 감출길이 전혀업네[166)]

여기서 강림도령의 용맹함과 단호함이 잘 드러나고 있다. 첫 번째 월직사자는 망자의 가족과 무녀가 비는 것을 보고 차마 망자를 잡아내지

---

165) 赤松智城・秋葉隆, 『朝鮮巫俗の硏究』 上, 286면.
166) 앞 책, 286-288면.

못하고 물러서고 두 번째 일직사자는 조상신과 성조신이 애걸하자 인정상 망자를 잡아내지 못한다. 그런데 강림도령이 달려들어 인정사정 돌보지 않고 가차 없이 망자를 잡아내고 있다.

여기서 저승왕이 왜 강임사령을 저승사자로 데려갔는지에 대한 해답을 찾을 수 있다. 강임이 저승차사로 일하기 이전에는 일직사자나 월직사자가 망자를 잡아 저승으로 압송하는 일을 도맡아서 하였을 것이다. 그런데 인정에 약한 이들은 망자의 가족이 살려달라고 애걸하고 무녀가 간곡하게 빌고 조상신과 성주신이 간절하게 부탁하여 수명이 다한 사람을 저승으로 압령하는 임무를 제대로 수행하지 못했던 것으로 본다. 저승의 지부왕은 차사들이 인간이 베푸는 향응을 받고 인정에 약하여 임무를 제대로 수행하지 못하자 보다 유능하고 강직하며 인정사정 돌보지 않는 새로운 인재를 발탁하려 하였고 여기에 강임사령이 선택되었다고 본다.

이러한 강임차사의 면모는 저승세계의 법도가 어떻하다는 민중의 인식을 반영하고 있다. 즉 강임도령이 차사로 일하는 저승세계는 뇌물이나 향응으로 법도를 어지럽히는 일이 없고 공정하고 엄격하다고 생각하였다고 본다. 이는 제주도에서 전승되는 〈천지왕본풀이〉에서 저승세계는 양심적이고 유능한 대별왕이 다스린다고 되어 있는 것과 상통하는 인식이라고 본다.

(5) 원천강본풀이

〈원천강본풀이〉는 아카마쓰 지조(赤松智城)와 아키바 다카시(秋葉隆)가 서귀포 남무 박봉춘의 보유자료를 조사해서 1937년에 간행한 『조선무속의 연구 上』에 수록한 이후 재채록이 이루어지지 않은 서사무가이다. 이 자료는 〈구복여행〉이라는 세계적으로 전승되는 민담유형을 수용한 것으로서 설화가 서사무가로 바뀌어진 모습을 보여주는 대표적 자료이다.

가) 서사단락과 <구복여행> 설화와의 관계

〈박봉춘본〉의 내용을 서사단락으로 나누어 정리하기로 한다.

1. 강남들에서 한 여자 아이가 솟아나서 학의 도움으로 자라났다. 이름을 오날이라고 하였는데 여기저기 다니다가 박이왕의 어머니 백씨부인에게 가서 부모국이 원천강이라는 말을 듣는다.
2. 백씨부인은 오날이에게 원천강을 찾아가려면 서천강가에 백사가의 별층당을 찾아가서 글 읽는 동영(도령)에게 문의하면 소망을 달성할 수 있다고 말한다.
3. 오날이는 서울 장안에 가서 장상이라는 글 읽는 도령을 만나 그 집에서 유숙하며 원천강 가는 길을 묻는다.
4. 장상도령은 오날이에게 '가다가 연화못이 있을 터이니 그 못가의 연꽃나무에게 물으면 된다'고 하며 원천강에 가거든 '왜 나는 이 성 밖으로 못 나가고 밤낮 글만 읽어야 하는지 그 이유를 알아 달라'고 한다.
5. 오날이가 연화못가의 연꽃 나무에게 가서 원천강을 물으니 '청수아당가에 천하대사라는 뱀에게 물으라'고 하며 '자기는 겨울에는 움이 뿌리에 들고 정월이면 몸 중에 들었다가 이월이면 가지에 가고 삼월이면 꽃이 피는데 상가지에만 피고 다른 가지에는 피지 않는 이유를 물어 달라'고 한다.
6. 오날이가 청수아당가에 가서 큰 뱀을 만나 길을 묻자 그 대사(大蛇)는 '다른 뱀들은 야광주를 하나만 물어도 용이 되어 승천을 하는데 나는 야광주를 셋이나 물어도 용이 못 되는 이유를 물어다 가르쳐 달라'고 하며 오날이를 등에 태워 청수아당을 건네주고 매일이라는 사람에게 물어보라고 한다.
7. 오날이가 원천강을 찾아가다가 별층당 위에서 청의동자 모양을 하고 글을 읽는 매일이를 만나 원천강 길을 물으니 '가다가 물을 길

으며 울고 있는 궁녀에게 물으라'고 하며 '글만 읽는 팔자를 물어다 가르쳐 달라'고 한다.

8. 오날이가 가다가 옥황의 시녀로서 득죄하고 큰 구멍이 뚫린 바가지로 물을 푸는 궁녀를 만나 정당 풀을 베어 구멍을 막고 송진을 녹여 붙이고 옥황께 축수한 후 물을 퍼주고 길을 물으니 원천강까지 데려다 준다.
9. 오날이는 장성으로 둘러싸인 별당의 문지기에게 부모국을 찾아왔다고 하며 문을 열어 달라고 하였으나 거절당한다. 오날이 울면서 간절히 비니 문지기가 감동하여 부모궁에 알려 들어오라는 허락을 받는다.
10. 오날이가 부모 앞으로 달려가니 부모가 기특하다고 칭찬하며 '너를 낳은 날에 원천강을 지키라는 옥황의 명령을 받고 왔으나 너를 늘 지켜보고 있었다'고 하며 장성 안을 두루 구경시켜 준다.
11. 오날이가 구경을 마치고 돌아갈 때 도중에 부탁받은 바를 말하니 '장상이와 매일이는 부부가 되면 만년영화를 누릴 것이요, 연화는 웃가지의 꽃을 따서 처음 만나는 사람에게 주면 다른 가지에도 만발할 것이며 대사는 야광주를 한 개만 가지면 승천할 것이니 초면자에게 두 개를 주면 된다'고 하고 '너도 야광주와 연화를 가지게 되면 신녀가 될 것'이라고 하였다. 오날이는 돌아오며 부탁받은 모든 문제를 해결하고 옥황의 신녀가 된다.

〈원천강본풀이〉는 오날이라는 처녀가 원천강으로 복을 타러가는 이야기로서 주인공이 여성으로 바뀌어져 있는 것이 특징이다. 〈구복여행〉 설화는 한국뿐만 아니라 아시아 유럽 등지에서 널리 전승되는 민담유형으로 아르네-톰슨 설화유형 번호 460A 〈하느님께 보상받으러 가는 여행〉과 460B 〈행운을 찾아가는 여행〉으로 정리된 바 있다.[167] 한국에서는

〈구복여행〉, 〈서천서역국에 복 타러 간 이야기〉, 〈복 타러 가는 이야기〉 등의 이름으로 25편이 채록되었다.[168] 이러한 각 편은 구연자에 따라 편차가 큰데 비교적 빈도수가 많은 화소를 중심으로 단락을 정리하면 다음과 같다.

1. 한 가난한 총각이 복을 타러 하느님(옥황상제, 부처님)을 찾아 하늘(또는 서천서역국)로 여행을 떠난다.
2. 총각은 길 가는 도중 한 여인(처녀, 과부)의 집에 들려 시집 못 가는 이유를 알아달라는 부탁을 받는다.
3. 총각은 한 부자집에 유숙하면서 꽃나무(매화, 국화)에 꽃이 피지 않는 이유를 알아달라는 부탁을 받는다.
4. 총각은 용(이무기)의 도움으로 강을 건너거나 승천하여 목적지(서천서역국, 하늘)에 도달하고 용이 승천하지 못하는 이유를 알아달라는 부탁을 받는다.
5. 총각은 하느님(옥황상제, 부처님)을 만나 복이 이미 주어졌다는 말을 듣고 부탁받은 문제의 답을 듣고 귀환한다.
6 총각은 귀환하면서 용을 만나 여의주를 하나만 가지면 승천할 것을 두 개 혹은 세 개를 가지고 있어 승천을 못한다고 가르쳐 주자 용은 여의주 하나만 가지고 승천하고 나머지 여의주를 총각에게 준다.
7. 총각은 부자집에 들려서 꽃나무 밑에 황금이 들어 있어서 꽃이 피지 않는다고 가르쳐주고 나무 밑에서 파낸 황금을 받는다.
8. 시집 못 가는 여인을 만나 여의주를 가진 남자에게 시집을 가라고 가르쳐주고 여인과 결혼한다.

---

167) S. Thompson, *The Types of Folktale*, Helsinki, 1964, p. 156. 460A *The Journey to God to Receive Reward*, 460B *The Journey in Search of Fortune* 참조.

168) 曺喜雄, 『韓國說話의 類型硏究』, 1983, 한국연구원, 132-167면, 〔第二節 求福旅行〕 참조.

이러한 〈구복여행〉 설화에는 인간의 욕심을 경계하는 교훈적 의미를 담고 있다. 사람은 저마다 타고난 복이 있어서 인간의 의지로 복을 좌우할 수 없고 지나친 욕심은 오히려 소망을 이루는 데 장애가 된다는 것이다. 이무기나 용이 여의주를 너무 많이 물고 있어서 승천을 못한다는 것이나 꽃나무 밑에 황금상자가 묻혀 있어서 꽃이 피지 않는다는 것은 모두 과도한 욕심이나 불필요한 소유가 성취에 장애가 된다는 의미이다.

〈구복여행〉의 주인공은 자신의 복을 구하기 위해 멀고 험한 길을 가면서 여러 사람의 도움을 받는다. 이는 사람이 어떤 목표를 성취하기 위해서는 다른 사람의 도움이 필요하다는 것이다. 그러나 도움을 받았으면 반드시 보답을 해야 한다. 그래서 길을 가르쳐주고 재워주고 먹여주는 대가로 자신에게 당면한 해결하지 못하는 문제를 풀어달라는 부탁을 받는다. 그리고 문제를 해결하면서 재보를 획득하고 결혼을 한다. 결국 복을 받으려는 소원을 성취한다는 것인데, 복은 인간이 삶을 유지하는 데 필요한 재물을 확보하고 결혼으로 가정을 이루어 행복한 삶을 영위하고 후손을 두는 것으로 실현되고 있음을 말해준다.

〈구복여행〉 설화를 〈원천강본풀이〉와 대비하면 몇 가지 차이점이 나타난다. 무가에서는 주인공이 오날이라는 여자 아이로 설정되었고 복을 타기 위해서가 아니라 부모를 찾기 위해 원천강을 찾아가는 것으로 되어 있다. 또한 글만 읽는 장상이라는 도령과 매일이라는 처녀가 등장하여 글만 읽는 이유를 알아달라고 부탁하고 두 사람이 결혼하는 것으로 문제를 해결하고 있다. 특히 결말부분에서 설화와 무가는 확연한 차이를 보인다. 설화에서는 주인공이 도중에 만났던 여인과 결혼하는 것으로 종결되나 무가에서는 옥황의 신녀가 된다. 이 같은 변모는 무속사상을 반영하여 무속신화로 전승되는 과정에서 나타난 것으로 생각한다.

나) 신화적 성격

〈원천강본풀이〉의 주인공은 원천강이라는 신의 세계를 여행하고 인간이 해결하지 못하는 많은 어려운 문제를 해결한다. 〈구복여행〉 설화에서는 주인공이 문제를 해결하는 과정에서 금덩이나 여의주 등 재보(財寶)를 획득하고 결혼하는 것으로 끝이 난다. 이는 전형적인 민담식 결말이다. 민담은 보통 사람들의 삶의 모습을 보여주고 있고 보통 사람들의 삶의 이상을 담아내고 있다. 즉 부(富)의 획득을 통하여 삶의 질을 향상시키고 결혼을 하여 후손을 두어 삶을 이어가는 것으로써 삶의 양을 늘리는 것을 이상(理想)으로 하고 있다. 그런데 이러한 민담이 서사무가로 바뀌어지면서 신화로의 변모가 일어난 것이다. 〈원천강본풀이〉의 주인공은 야광주와 연화를 얻어 옥황의 신녀가 된다. 야광주와 연화는 금전적 가치가 높은 세속의 재보가 아니고 신이한 힘이 있는 초월계의 성물(聖物)이다. 〈원천강본풀이〉의 주인공 오날이가 옥황의 신녀가 되는 과정은 무녀들이 신을 모시어 신통력을 획득하여 인간의 문제를 해결하는 무속인이 되는 과정과 그 성격이 동일하다. 주인공은 인간의 여러 가지 문제를 초월계로 여행하여 초월적 존재를 만나 해결한다. 이는 샤먼이 신계를 여행하여 인간의 문제를 해결하는 영혼여행(soul journey)과 같은 성격이다. 주인공은 신의 계시를 받아 인간의 문제를 해결하면서 결혼할 상대는 가까운 곳에서 찾을 것, 지나친 소유는 소원 성취에 장애가 된다는 것, 꽃을 감상하는 청아한 취미에 황금은 방해가 된다는 점을 우리에게 깨우쳐 주고 있다.

원천강(袁天綱)은 당대(唐代)의 성도(成都) 사람으로 『원천강강화주역』(袁天綱講話周易)이란 책을 지은 철학자이다. 원천강은 특히 사람의 관상을 잘 보았는데 측천무후(則天武后)가 어릴 때 안겨 있는 것을 보고 만약 여자라면 천자가 될 것이라고 예언하였다는 이야기가 전해진다. 원천강이 지은 책이 무속인의 점술서로 널리 쓰이면서 제주도 사사무가에서는 원천강이란 사람의 이름이 인간의 운명을 관장하는 초월적 존재가 거주하는 초월공간의 명칭으로 사용되고 있다. 그리고 구복여행 민담이 수용되어 인간계의 난제를 해결하는 옥황신녀(玉皇神女)의 본풀이인 〈원천강본풀이〉가 형성되었다고 생각된다.

(6) 토산당본풀이

가) 채록자료와 서사단락

〈토산당본풀이〉는 제주도 표선면 토산리의 당본풀이로서 당신(堂神)이 뱀이라는 특색이 있다. 지금까지 채록된 각 편을 정리하고 서사단락을 요약하기로 하겠다.

명 칭	제보자	조사지역	채록자	발표지	간행연도
토산당본풀이	박봉춘	서귀포	아카마쓰 지조, 아키바 다카시	조선무속의 연구 上	1937
여드렛도본풀이	안사인	제주시 용담동	현용준	제주도무속자료사전	1980
알당본 ①	박생옥	서귀읍 서귀리	진성기	제주도무가 본풀이사전	1991
토산본향 ②	조산옥	구좌면 세화리	진성기	제주도무가 본풀이사전	1991
토산본향 ③	강만원	중문면 중문리	진성기	제주도무가 본풀이사전	1991

이들 자료는 각 편에 따른 차이가 많아서 공통단락을 정리하기가 쉽지 않다. 〈박봉춘본〉을 중심으로 서사단락을 정리하고 각 편들의 주요한 특징적 변이만 검토하기로 한다.

1. 나주 목사가 해마다 파직을 당하여 부임하기를 꺼리는데 영주 이 목사가 자원하여 나주 목사로 내려온다.
2. 이 목사가 부임하여 나주 영산 앞을 지나는데 뇌성벽력이 일어나고

광풍이 불며 안개가 일어나 지척을 분변할 수 없게 되어 토주관에게 물으니 영산신이 조화를 부리는 것이니 목사가 하마(下馬) 현신하여야 한다고 하므로 목사가 말에서 내려 현신하니 날씨가 개었다.

3. 목사가 도임한지 사흘만에 영산에 올라가 보니 팔층 누각에 신당이 있었다. 당직이가 말하는 대로 귀신을 보려고 굿을 하니 삼두구미(三頭九尾)의 큰 용신(龍神)이 출현하였다.
4. 목사가 저까짓 것이 무슨 신령이 있어 나주 목사를 파직시켰느냐고 하며 황건자객을 명하여 용신을 편편히 베어 소각하니 용신은 옥바둑으로 환생하여 청산의 학과 같이 떠 있었다.
5. 그때 제주의 강씨 형방과 한씨 이방이 진상하러 서울로 가다가 한강을 건너자 옥바둑이 떨어져 광채가 찬란한 것을 보고 행담에 집어 넣고 입경하니 팔도 진상은 모두 퇴척을 당했으나 제주도 진상은 상납되고 천만금의 많은 이익을 얻는다.
6. 형방과 이방은 영신의 조화임을 짐작하고 옥바둑을 꺼내 본래 있었던 장소에 두고 한강에서 배를 탔다가 일기가 폭변하여 풍랑이 일어 백일을 고생한다.
7. 형방과 이방은 어느 절 스님에게 당신들이 제주로 모셔갈 신위가 있으니 만약 모시지 않으면 큰 화를 당하리라는 말을 듣고 옥바둑을 찾아 배 안에 모시고 공물(供物)을 올리자 순풍이 불어 순식간에 제주에 득달한다.
8. 형방과 이방이 이 귀신을 제주로 들이면 위해를 받아 제주도민의 원성을 살 것이라고 생각하여 옥바둑을 해중에 던지자 갑자기 폭풍이 크게 일어 선체가 전복될 듯 하므로 사력을 다하여 산지(山地)로 들어가려고 노력하였으나 조천도 못 들어오고 금녕도 못 들어오고 열운이(성산면 온평리) 언덕에 얹히었다.
9. 그때 강 형방과 한 이방의 꿈에 월궁신녀 같은 미인이 나타나서

어디 빈 고을이 있느냐고 물어 토산 알당이 비었다고 하자 미인은 이씨 영감 통정대부를 지인으로 안내를 받아 토산으로 들어오게 되었다.

10. 그때 영산주 도호관 신위가 만인간을 거느리고 놀고 있다가 미인이 넘어가는 것을 보고 뒤를 따라가자 미인은 빨리 달려서 토산 거센샘물에 이르러 좌정하였다.
11. 그때 영주 토호관이 달려들어 미인의 팔목을 잡자 미인은 고약하다고 꾸짖고 잡혔던 손목을 장도로 깍고 용당머리 바다로 빠져 들어가니 영산주 도호관은 부끄러워 물러갔다.
12. 미인 신위는 용당머리 알당으로 좌정하였으나 어느 인간도 술 한 잔 올리고 기원하지 않았다.
13. 하루는 오좌수 따님이 조씨 하님을 데리고 빨래하러 나갔는데 미인 신위가 외국 배를 파선시키자 그 배에 탔던 선원이 육지로 올라와 빨래하던 오좌수 딸을 겁간하려 하므로 오좌수 딸은 항거하다가 죽고 조씨 하님은 시체를 보고 통곡하고 오좌수 내외는 딸을 장사지내고 눈물로 세월을 보낸다.
14. 이때 토산의 강씨 형방과 한씨 이방이 누이 바꿈으로 혼례를 하여 딸 하나씩을 두었는데 홀연 득병 발광하여 서울로 진상 갈 때부터 오좌수 딸의 죽음까지 사연을 말하고 궤 위에 강명주 물명주를 취하여 십사 일간 굿을 하라고 한다.
15. 명주 속에는 한 뱀이 있었는데 굿을 하자 병이 쾌유하였고 그 신위를 일월조상으로 위하고 동네 백성들이 토산 알당 당신으로 숭배하게 되었다.

〈안사인본〉과 〈박생옥본〉에는 나주 금성산 영신(靈神)의 신체가 구렁이로 되어 있고 구렁이를 퇴치하는 방법으로 불을 놓고 불에 탄 구렁이가 금바둑 옥바둑으로 환생하여 나주 길에 떨어져 있는 것으로 나타난다. 서울로 진상 가는 인물도 〈안사인본〉에는 강 형방, 한 이방이 아니라 강씨 선주, 한씨 선주로 되어 있다. 다만 〈박봉춘본〉에는 오좌수 딸을 겁간하여 살해한 인물이 외국 선원으로 되어 있으나 〈안사인본〉과 〈박생옥본〉에는 왜적으로 되어 있다. 본래 왜적으로 되어 있었는데 일본인인 조사자가 정리하면서 외국 선원으로 고쳤을 가능성이 있다. 각 편마다 세부적인 대목 사설은 차이가 있으나 서사적 골격은 대체로 일치한다.

나) 신화적 성격

〈토산당본풀이〉는 제주도 당본풀이의 전형적 성격을 보여주는 자료이다. 토산당 당신은 전남 나주 금성산의 제향을 받던 대망신(大蟒神)이 이 목사에게 죽음을 당한 후 서울로 진상(進上) 다니는 아전들을 따라 제주 토산당으로 와서 좌정한 신이라는 것이다. 그런데 이 목사가 대망신을 처치하기 이전에 나주 고을에 대망신의 영기가 드세어 목사들이 석 달 열흘을 견디지 못한다는 상황이 설정되어 있다. 이러한 이야기는 고을의 사또가 오래 묵어 변화를 부리는 지네나 구렁이의 독에 살해되어 고을이 황폐해졌을 때 담력이 센 어떤 인물이 고을 사또를 자원하여 가서 지네나 구렁이를 퇴치하여 화근을 없애고 고을을 잘 다스린다는 설화유형과 일치한다.

여기서 제주 지역 당본풀이에는 중앙정권에 대하여 반항하는 지역의식이 잠재하여 있음을 찾아 볼 수 있다. 나주 영산의 토주관으로 나오는 용신이나 뱀신은 지역 주민들의 숭앙을 받으며 일정한 공간을 관장하는 신으로서 인간계에 비유하면 고을의 관장과 같은 성격을 가진다. 그런데 중앙정부에서 파견한 나주 목사가 나주 영산신의 작해(作害)로 목사의 직분을 수행하지 못하였다는 것은 중앙관료가 지방 주민에게 지지를 받지 못하고 배척당함을 의미한다. 나주 영산의 신은 나주고을의 주민들의 제향을 받는 공동체의 신이다. 이 신에게 나주 목사는 말에서 내려 예의를 갖추어야 하는데 신임 목사는 영산신을 경배(敬拜)할 줄 몰랐다. 이는 인세를 다스리는 관장이 주민을 대표해서 공동체가 신앙하는 신에 대한 제전에서 사제의 일을 행할 줄 모른 것이나 같은 성격이다. 고을에서 목사가 주관하여 신에 대한 제향을 드리고 목사가 신에게 축원을 하거나 향을 사르고 술잔을 드린다면 목사는 공동체의 대표자이고 신을 숭앙하는 사제자라는 점에서 관과 민이 하나로 결속되어 있는 모습을 나타내는 것이다. 그런데 새로 부임한 나주 목사는 나주 영산의 신위에 대해서는 전혀 아는 바가 없었고 신으로 인정도 하지 않았다. 목사는 무당을 불러 굿을 하여 신의 형상이 드러나도록 하고 신체를 드러낸 용신이 야광주나 여의주를 물고 있는가를 묻고 없다고 하자 퇴치할 것을 결심한다. 목사가 인정하는 용신은 여의주가 있는 용이어야 한다는 것이다. 이는 인세의 목민관(牧民官)이 자기가 다스리는 고을의 지역신의 신성성을 부정하고 주민들의 신앙을 파기(破棄), 또는 개종(改宗)하는 시책을 편 것을 의미한다.

목사가 용신의 신체를 불에 태우고 창검으로 베어 없애버리는 것은 유학을 공부한 중앙관료에 의하여 지방의 무속신앙이 혁파된 것을 말한다. 조선조에서 과거를 통해 관료로 진출한 선비들은 무속을 혹세무민하는 신앙으로 부정하였다. 그들은 중국 전국시대 위(魏)나라의 서문표(西門豹)가 업(鄴)이라는 고을의 수령으로 부임하여 처녀를 수신의 제물로 바치며 굿을 하던 하백취부(河伯娶婦)의 악습을 교정한 행위를 훌륭한 선정(善政)의 사례로 「통감」이나 「소학」과 같은 교과서를 통해 학습했던 인물들이다. 이 목사가 뱀신을 퇴치한 것은 이러한 유학의 합리주의적 사상에 근거한 무속신앙의 타파로서 훌륭한 통치행위의 일환이라고 할 수 있다. 목사에게 죽임을 당하여 옥바둑으로 변형되어 제주도로 들어온 나주 영산의 신은 중앙관료와의 싸움에서 패배하여 제향받는 공간을 잃어버리고 피신하여 새로운 정주처(定住處)를 찾아 헤매는 떠돌이 신이었다고 본다. 그런데 이 신이 제주도에서 신으로 숭앙받기까지는 여러 차례의 신이한 이적(異蹟)을 행하고 주민을 위협하여 주민이 두려워 숭앙하도록 하는 행위를 한다는 것이다. 이러한 당신화의 성격은 대부분의 당신(堂神)들에게서 찾을 수 있는 일반적 특성이라는 점에서 주목된다.

옥바둑으로 변한 신은 제주에서 진상품을 가지고 서울로 가는 한씨 이방과 강씨 형방에게 접근하여 신의 위력을 보여준다. 옥바둑을 주워 짐속에 넣은 두 사람은 진상품을 무사히 상납하고 교역을 잘하여 많은 이익을 남긴다. 두 아전은 이러한 신의 도움을 알아차렸으나 옥바둑을 가지고 제주도로 들어가면 도민들에게 해를 끼쳐 원성을 들을까 염려하여 주웠던 곳에 다시 놓아둔다. 이는 무속의 신이 도움을 줄 때는 고맙지만 때로는 사람을 괴롭히고 위해(危害)를 가하는 존재라고 인식하였음을 말해준다. 신의 도움으로 많은 이익을 내고서도 일을 마치자 신을 버린다는 것은 신이라도 필요하면 위성하고 신덕을 다 보고 나면 버린다는 현실적이고 실리적인 인간의 관념이 반영된 것이다. 이러한 실리적 인간을 징치하는 방법은 신의 조화로 겁을 주는 것이다. 그리하여 신은 풍우를 일으켜 두 아전에게 백 일간 고통을 당하도록 한다. 결국 두 아전은 다시 신을 찾아 배 안에 모시게 되었고 신은 배 안에서 제향을 받으며 제주에 도달하기까지 순풍을 지어 배가 안전하게 항해하도록 한다. 그러나 안전하게 제주도에 도달한 두 아전은 다시 옥바둑을 바다에 던져버린다. 이는 제2차 신을 배신한 행위이면서 무속신의 구속에서 벗어나고자 하는 인간의 저항으로 볼 수 있다. 그러나 버려진 신은 가만히 있지 않았다. 그리하여 오좌수 딸이 죽고 한씨 이방과 강씨 형방의 딸이 병이 들어 미친 행위를 한다. 결국 미친 딸의 입을 통하여 신으로 위성해줄 것을 요구하고 토산당 당신으로 좌정한다는 것이다.

이처럼 이 신화는 무속의 신과 중앙의 관료와의 갈등을 보여줌과 동시에 제주도의 당신(堂神)이 어떻게 주민을 겁박(劫迫)하여 신으로 좌정하는지를 잘 보여주고 있다. 나주 영산의 신을 제주도로 모셔 온 강씨 형방과 한씨 이방은 중앙정부의 무속신앙 타파정책과 무속신의 위력 사이에서 부단히 갈등하는 존재로 나타난다. 그리고 편안하게 살기 위해서 어쩔 수 없이 당신을 모시고 제향하게 된다. 이러한 점은 제주도 당신화뿐만 아니라 육지의 당신화에서도 드러난다. 마을에서 모시는 당신은 대체로 비극적으로 생을 마친 원한이 사무친 인간의 사령(死靈)들이 많다. 이러한 신들은 대부분 생전에 사회로부터 인정받지 못하고 냉대를 받아 죽어서도 후손들의 제향을 받지 못하고 방황하는 존재들이다. 그래서 마을 주민들에게 병을 주거나 사고를 당하도록 하고 꿈에 현몽하여 위성해 줄 것을 요구하여 신이 되는 것으로 나타난다.169) 〈토산당본풀이〉는 이러한 당신의 성격을 가장 잘 보여준다. 다만 목사에 의하여 살해된 존재가 현세의 인간이 아니고 숭앙을 받던 뱀신이라는 점이 다를 뿐이다.

(7) 궤눼깃당 본풀이

가) 채록된 자료와 서사단락

〈궤눼깃당 본풀이〉는 제주도 구좌면 금녕리 궤눼깃당의 당신화로서 한국의 대표적 무속 영웅신화로 거론되는 서사무가유형이다. 이 자료는 조동일이 영웅의 일생의 서사유형을 정리할 때 〈바리공주〉와 함께 괴내깃도의 일생을 정리하면서 학계에 알려졌다.170) 그러나 당시에는 채록된 자료가 많지 않아 각 편의 비교나 세부적 내용을 꼼꼼하게 검토하기 어려웠다. 채록된 각 편을 정리하고 서사단락을 정리하기로 한다.

---

169) 이러한 당신의 성격에 대한 논의는 조선영, “여신당신화연구”(서울대학교 대학원 석사학위논문, 2007) 참조.
170) 조동일, “영웅의 일생, 그 문학사적 전개”, 동아문화 10집, 서울대 동아문화연구소, 1971.

명 칭	제보자	조사지역	채록자	발표지	간행연도
궤눼깃당	이달춘	제주시 건입동	현용준	제주도무속자료사전	1880
김녕당 ①	김명월	구좌면 김녕리	진성기	제주도무가본풀이사전	1991
괴노깃당 ②	임을로	제주시 건입동	진성기	제주도무가본풀이사전	1991
김녕당 ③	강대경	구좌면 김녕리	진성기	제주도무가본풀이사전	1991

이상의 각 편은 제보자의 주거지가 제주시 건입동과 구좌면 김녕리로 나누어짐을 알 수 있고 채록자도 현용준과 진성기로 나누어진다. 가장 내용이 풍부한 현용준이 채록한 〈이달춘본〉의 서사단락을 정리하기로 한다.

1. 소천국은 알손당(하송당리)에서 솟아났는데 강남 천자국에서 솟아난 백주가 천상배필이 조선국 제주도에 사는 것을 알고 제주도로 입도하여 송당리를 찾아가 소천국과 상면하여 부부가 된다.
2. 백주가 아들 오형제를 낳고 여섯째 아들이 복중에 있을 때 소천국에게 농사 짓기를 권하여 소를 몰아 볍씨 아홉 섬 지기와 피씨 아홉 섬 지기를 쟁기로 밭을 갈도록 한다.
3. 백주가 국 아홉 동이와 밥 아홉 동이를 점심으로 차려 밭 가는 데로 가져가니 소천국이 점심은 소 길마에 덮어 두고 내려가라고 하므로 백주는 집으로 돌아온다.
4. 이 때 태산절 중이 지나가다가 소천국에게 점심을 달라고 하여 허락을 받고 소천국의 소질마를 들고 국과 밥을 모두 먹고 달아난다.
5. 소천국이 밭을 갈다가 배가 고파 점심을 먹으려고 보니 한 술도 없자 시장을 못 참아 밭 갈던 소를 잡아 구워먹고 띠밭에 있던 남의 까만 암소까지 잡아먹는다.
6. 백주가 와서 소머리도 두 개 소가죽도 두 개인 것을 보고 소천국에게 남의 소를 잡아먹은 소도둑놈이라고 말하고 살림을 분산하여 백주는 바람 위쪽으로 올라가 당오름에 좌정하고 소천국은 바람 아래쪽 알손당에 좌정한다.

7. 소천국이 배운 것은 총질, 사냥질이어서 노루, 사슴, 산돼지 등을 잡아먹고 정동갈 집의 딸을 첩으로 삼아 산다.
8. 백주가 여섯째 아들을 낳아 세 살이 되었을 때, 소천국을 찾아가 아기를 부려놓으니 아들은 아버지 삼각수를 잡아당기고 가슴을 짓두드린다.
9. 소천국은 이놈이 배었을 때도 부부 살림을 분산하게 하더니 난 후에도 나쁜 행동을 한다고 화를 내어 무쇠설갑에 아들을 넣어 동해바다에 띄워버린다.
10. 무쇠설갑이 용왕국에 들어가서 산호수 상가지에 걸리어 풍운조화가 일어나며 여러 가지 변화를 부리자 용왕국 대왕은 딸 세 자매에게 알아보라고 한다. 큰 딸과 둘째 딸은 아무것도 없다 하고 끝에 딸이 무쇠설갑이 걸려 있음을 말한다.
11. 용왕의 끝에 딸이 무쇠설갑을 내리자 그 안에서 옥 같은 도령이 나와 조선국 제주에 사는데 강남 천자국의 국난을 평정하러 가다가 풍파에 쫓겨 여기에 이르렀다고 하자 조선국 장수로 알고 막내딸과 혼례를 이룬다.
12. 용왕의 사위가 된 여섯째 아들은 날마다 소 한 마리, 돼지 한 마리를 먹어 용왕국의 창고가 다 비어 가게 되자 막내딸 내외를 무쇠설갑에 넣어 도로 바다에 띄워 버린다.
13. 무쇠설갑이 강남 천자국 백모래밭에 이르러 풍운조화를 부리자 천자가 황봉사에게 점을 치게 하고 봉사가 하라는 대로 북방사배를 드리고 무쇠문을 열자 도령과 애기씨가 나온다.
14. 도령은 천자에게 남북적의 난을 막으러 왔다고 말하고 천자가 주는 갑옷과 투구와 창검을 받아 출전하여 머리 둘 돋은 적장, 머리 셋 돋은 적장, 머리 넷 돋은 적장을 차례로 죽이고 난을 평정한다.
15. 천자는 땅을 주고 천금상 만호후를 봉하려고 하였으나 사양하고

본국으로 가겠다고 하고 전선 한 척에 양식을 한 배 싣고 조선국으로 와서 제주로 들어온다.

16. 방포소리에 천하가 요동하는 것을 보고 소천국과 백주가 알아보니 무쇠설갑에 넣어 띄운 아들이 아버지 나라를 치려고 들어온다고 한다. 소천국과 백주는 믿지 않다가 방포일성에 나타난 여섯째 아들을 보고 소천국은 놀라 죽어 알손당에 좌정하고 백주는 죽어 당오름에 좌정한다.
17. 여섯째 아들은 각 마을의 포수들을 불러 사냥질을 하고 백만 대군은 본국으로 보내고 한라영산을 둘러보고 나서 김녕리에 가서 아래 궤눼기로 좌정한다.[171)]

이상에서 〈궤눼깃당 본풀이〉의 자료를 소개하였다. 각 편들 사이에 편차가 적지 않은데 내용이 다른 것이 아니고 생략된 서사단락이 많기 때문이다. 〈김명월본〉에는 밭을 갈다가 소를 잡아먹은 주체가 누구인지 분명히 드러나지 않고 무쇠설갑에 담겨 바다에 띄워진 존재도 누구인지 문면에서는 파악되지 않는다. 〈임을로본〉의 전반부는 〈이달춘본〉과 같은 내용을 담고 있는데 후반부에 대국에서 전란을 평정하고 제주로 돌아오는 대목이 소략하다. 특히 소천국과 백주가 놀라 죽어 신으로 좌정한다는 내용이 없다. 〈강대경본〉에는 소천국이 밭을 갈다가 소를 잡아먹는다는 내용과 강남 천자국에서 전란을 평정하는 내용이 없고 김녕 괴뇌깃또를 차지하는 과정도 다르게 나타난다.

〈궤눼깃당 본풀이〉는 소천국과 백주 사이에서 태어난 여섯째 아들이 용왕의 막내딸과 결혼하고 강남 천자국에 들어가서 무용(武勇)을 떨쳐 전란을 평정하고 다시 제주도에 와서 자기를 내어버린 부모를 놀라서 죽게

171) 현용준, 『濟州島巫俗資料事典』, 신구문화사, 1980, 634-647면 필자 요약.

하고 김녕 궤눼깃당의 당신이 된다는 내용이다. 그런데 주인공의 이름이 나타나 있지 않다. '괴내깃도'라는 이름은 주인공의 고유명칭이 아니다. '괴내깃도'는 '괴내깃당의 신'이라는 의미로 〈강대경본〉에 한 번 등장한다. 신의 명칭은 신으로 좌정한 뒤에 붙이는 것이어서 신이 되기 이전에 활동하는 인물의 이름으로 보기는 어렵다. 마을명이나 지명 뒤에 '도' 또는'또'가 붙으면 신의 명칭이 된다. 또 한 마을 안에 여러 당의 위치에 따라 '웃도', '가운딧도', '알도'로 나타나는데[172] 이는 '윗마을의 신', '가운데마을의 신', '아랫마을의 신'을 의미하는 것으로서 가락국의 구간(九干) 명칭에 나타나는 '도(刀)'와 같은 의미를 가지는 어휘라고 생각한다. 『삼국유사』 진한(辰韓)조에 '진한은 본래 연(燕)나라 사람이 피난해 온 것이므로 탁수(涿水)의 이름을 따서 그들이 사는 읍리를 사탁(沙涿) 점탁(漸涿) 이라 한다' 하고 주(註)에서는 '신라방언에 탁음(涿音)을 도(道)라고 하였으므로 지금도 혹 사량(沙梁)이라 쓰고 량(梁)을 도(道)라고 읽는다'라고 하였다[173]는 기록이 있다. 여기서 '도'는 지역의 경계나 문, 또는 지역공동체를 의미하는 고어라고 생각한다.[174] 이런 점을 고려하면 '괴내기도'는 괴내기신이라는 의미인데 신으로 좌정하기 이전의 소천국과 백주의 여섯째 아들의 이름은 나타나지 않음을 알 수 있다. 주인공의 고유명칭 없이 서사가 전개되는 것은 제주도 당신화의 특성이라고 할 수 있다. 〈토산당본풀이〉에도 신의 이름이 없이 '대용신', '대망신', '옥바둑', '금바둑', '미녀' 등으로 서술하고 있다. 그러나 영웅신화적 성격을 논하려면 주인공 영웅의 이름이 있어야 하기에 괴내깃도라는 이름을 사용하는 것을 허용하기로 하겠다.

---

172) 현용준, 앞 책, 634면. 각주 136 참조.

173) 이병도 역, 『三國遺事』, 대양서적, 1972, 94면.

174) 가락국 九干의 명칭중에 我刀干, 汝刀干, 彼刀干, 五刀干이 등장하는데 여기서 '刀'는 문을 의미하는 말로 '돌저귀', '울돌목' 등 우리말에 남아 있다.

나) <궤눼깃당 본풀이>의 영웅신화적 성격

한국에는 영웅신화나 영웅서사시의 유산이 풍부하지 않다. 영웅소설은 조선조 후기에 독서계를 풍미할 만큼 많이 창작되어서 크게 유행하였으나 신화나 서사시 유산은 영웅의 활약을 다룬 작품이 매우 빈약하다. 서사무가의 경우 대부분 여성을 주인공으로 가정에서 일어나는 결혼과 출산 등의 내용을 다루고 있고 국가나 사회의 차원에서 공동체를 위하여 크게 활약하는 영웅을 주인공으로 한 유형은 매우 드물다. 이런 점에서 〈궤눼깃당 본풀이〉는 무사적 영웅의 활약을 그린 영웅신화이면서 영웅서사시로서 주목할 만한 작품이다.

주인공의 혈통을 검토하면, 부친은 제주 송당에서 솟아난 소천국으로서 볍씨 아홉 섬지기, 피씨 아홉 섬지기의 넓은 땅을 경작하는 부호이고 한 번에 소 두 마리를 잡아먹고 소 대신 자신의 배로 밭을 가는 엄청난 힘을 가진 인물로 나타난다. 그러나 부부간에는 소천국보다도 백주가 우위(優位)에 서서 주도권을 행사하고 있다. 백주는 강남 천자국에서 솟아난 인물로서 천기를 보고 배필이 제주도에 있음을 알고 제주도로 와서 소천국과 결혼한 인물이다. 제주도 신화에는 〈삼성신화〉에서부터 해외에서 도래한 여성과 제주도에서 태어난 남성이 결혼하는 것으로 되어 있고 결혼하는 과정에서 도래 여성이 주체적이고 주도적인 역할을 하는 것으로 나타난다. 백주 역시 결혼을 주도하고 부부 사이의 문제까지도 자신의 의지대로 처리한다.

또한 백주는 출산 능력이 뛰어난 여성이다. 〈이달춘본〉에는 아들 오형제를 낳고 여섯째 아기를 잉태하였을 때 소천국과 별거한 것으로 되어 있으나 〈김명월본〉에는 아들애기 열 여덟, 딸애기 스물 여덟로 나타나기도 한다. 백주는 소천국이 남의 소를 잡아먹자 소도둑놈이라고 분산하여 살자고 하며 자신은 위의 지역인 당오름에 좌정하고 소천국은 아래 지역인 알손당에 좌정하도록 한다. 이처럼 주인공의 부모는 주인공의 잉태시에 분리되어 백주 혼자 주인공을 출산하여 양육하는 것으로 나타난다. 이는 영웅이 비정상적으로 출산되는 상황에 비견되는 부분이다.

다음 기아(棄兒) 대목을 검토해 보자. 괴내깃도는 세 살 때 부친을 처음으로 상면하는데 부친의 삼각수를 잡아당기고 가슴을 짓눌러 부친의 노를 산다. 화가 난 소천국은 여섯째 아들을 무쇠설갑에 담아 동해바다에 띄워버린다. 주인공이 버려지는 이유는 불효자라는 것이고 불효의 행위는 아버지에게 무례한 행동을 하고 괴롭혔다는 것이다. 그런데 이러한 세 살 먹은 아기의 행위는 불효라기보다 영웅적 힘의 발휘이고 이를 불효로 판정하여 어린 아들을 바다에 띄워버린 소천국은 아들의 재롱을 용납하지 못하는 편협한 인물임을 보여주는 결과가 되어버렸다. 이 대목은 일곱째 딸로 태어난 바리공주가 딸이라는 이유로 강물에 버려지는 것과 유사하다. 이처럼 주인공이 부친의 노를 사서 기아가 되는 과정은 영웅의 일대기에 있어야 할 부분이지만 이 신화에서는 필연적인 기아 이유가 설정되었다고 보기 어렵다.

다음으로 주인공의 결혼 대목을 검토해보자. 주인공은 무쇠설갑에 담겨서 동해 용왕국에 들어가 산호수 상가지에 걸리어 신이한 조화를 부리고 위력을 나타내어 용왕국의 막내 공주와 결혼한다. 용왕은 첫째 공주와 둘째 공주에게 무쇠설갑을 열 기회를 주었으나 열지 못하고 결국 막내 공주가 무쇠설갑을 열어 하늘이 정한 인연임을 암시한다. 그런데 세 살 먹은 아기가 어떻게 갑자기 결혼할 나이가 되었는지에 대해서는 아무런 언급이 없다. 또한 풍운조화를 일으키고 여러 가지 변화를 일으켜 용왕을 두렵게 만든 것으로 되어 있는데 그러한 능력이 어디서 나오는지 아무런 설명이 없다. 무사적 영웅이 용녀를 아내로 맞이하는 서사는 〈거타지설화〉와 〈작제건설화〉에 등장한다. 이들 설화에서는 주인공이 위기에 처한 용왕을 구출해주고 그 보답으로 용녀를 아내로 맞이하는 것으로 나타난다. 용녀에게 장가드는 민담에서도 용자나 용왕을 구해

주고 그 보상으로 용녀를 아내로 맞이하는 경우가 대부분이다. 〈궤눼깃당 본풀이〉에서처럼 힘으로 용왕에게 접근하고 용왕국을 겁박하여 결혼하는 예는 몽골의 영웅서사시 〈장가르〉에서 찾을 수 있다. 〈장가르〉에는 장가르의 부친 버흐멍멍식시렉과 모친 아납달감주이 공주의 혼례과정에서 식시렉이 힘으로 경쟁자를 물리치고 공주를 아내로 차지하는 경우를 볼 수 있다.175)

주인공은 대식가로 하루에 소 한 마리와 돼지 한 마리씩을 먹어치워 용왕국이 부마의 식품을 댈 수 없어 바다로 내치는 것으로 되어 있다. 주인공이 소나 돼지를 통째로 먹어치운다는 설정은 장수로서의 면모를 부각시키는 것으로서 이상할 것이 없다. 문제는 바닷속에 있는 용왕국에 소나 돼지가 어떻게 있겠느냐 하는 것이고 소나 돼지를 즐겨 먹는 인물이 왜 용왕국의 사위가 되었는가 하는 점이다. 이러한 문제를 해결할 만한 근거는 〈궤눼깃당 본풀이〉 어디에서도 찾기 어렵다. 이러한 혼란은 이런저런 영웅서사를 수용한 결과라고 생각된다.

결국 주인공은 먹을 것이 없어 동해 용왕국에서 버림을 받고 강남 천자국에 도달한다. 강남 천자국은 중국을 말하는데 마침 외적이 침입하여 전란 중에 있어 주인공이 출전하여 머리 둘 달린 장수에서부터 머리 셋 달린 장수와 머리 넷 달린 장수를 차례로 모두 죽이고 전란을 평정하는 대공을 세운다. 여기서 주인공은 천하무적의 장수로 나타나는데 이러한 전투능력은 어떤 스승에게서 배운 것이 아니라 생래적으로 가지고 있던 것으로 나타난다. 이처럼 주인공은 대식가에 용맹이 뛰어난 장수로서의 면모를 보인다. 이러한 인물은 한국의 서사문학에 등장하는 영웅의 모습을 두루 편집하여 형상화한 것으로 보인다. 영웅이 대식가인 경우는 소

175) 서대석, "동북아시아 영웅서사문학의 대비연구"(김시준 외, 『한반도와 중국 동북삼성의 역사와 문화』, 서울대학교 출판부, 1999) 참조.

대성이 있다. 그러나 소대성은 소나 돼지를 한 끼에 한 마리씩 통째로 먹어치우는 인물은 아니다. 산적설화에서 술과 안주를 대량으로 먹는 장수가 등장하기도 하지만 역시 소천국이나 그의 아들 같은 거식성(巨食性)은 찾기 어렵다. 이러한 모습은 수렵사회나 유목 사회에서의 영웅의 형상이다. 강남 천자국에서 난을 일으킨 장수들은 머리가 여럿 달려 있고 머리의 숫자는 장수의 용맹과 전투능력을 나타내는 것으로 나타난다. 동물의 경우 다두(多頭)의 동물이 신이한 괴력을 발휘하는 것으로 등장하는 예가 있다. 〈지하국대적제치설화〉에 등장하는 구두적(九頭賊)이 그 예이다. 또한 뱀 중에 쌍두사(雙頭蛇)가 등장하기도 한다. 쌍두사를 본 사람은 오래 살지 못한다는 속신이 있어 어느 소년이 쌍두사를 보고 다른 사람이 볼 수 없게 죽여 없앴는데 소년은 오래 살았다는 설화가 있다. 그러나 인간 장수로서 다두의 인물이 등장하는 경우는 한국의 설화 소설을 통틀어 찾기 어렵다. 이런 인물의 등장은 티베트의 영웅서사시 〈게사르〉나 몽골의 영웅서사시 〈장가르〉에서 찾을 수 있다.

주인공은 강남 천자국에서 봉토와 벼슬을 준다는 것을 거절하고 제주도로 돌아온다. 그의 위세가 얼마나 대단하였던지 그의 부모가 모두 놀라 죽는다. 소천국과 백주가 무쇠설갑에 넣어 바다에 띄워버린 여섯째 아들이 원수를 갚으러 온다는 말에 놀라 죽는다는 것은 자기들이 한 행위에 가책을 느꼈기 때문이다. 그런데 고향으로 돌아온 여섯째 아들은 부모의 안위나 생사에 대해서는 아무런 관심도 보이지 않는다. 이처럼 부모와 자식 사이에 혈육의 정이 거세되어 나타나는 점도 한국인의 정서와는 다른 특이한 설정이다.

이상에서 〈궤눼깃당 본풀이〉의 영웅신화적 성격을 검토하였다. 전반적으로 이 본풀이는 한국의 무속신의 모습에서 벗어난 무사적 영웅의 행적을 서술하고 있는데 서사전개에서 인과성(因果性)이 없고 서사적 합리성이 결여되어 있으며 한국의 서사시적 정서와도 일치하지 않는다. 자료의 채록은 1970년대 이후에 이루어졌는데 작품의 세계는 수렵이나 유목사회의 모습을 담고 있다. 이런 점에서 한민족(韓民族)의 대표적 영웅서사시로 내세우기는 주저되는 자료라고 본다.

5. 희곡무가

1) 희곡무가의 시원

희곡무가는 무극(巫劇), 또는 굿놀이의 채록본을 말한다. 따라서 어떤 내용을 행위와 대화로 연행하는 것을 채록한 무가이다. 오늘날 연행되는 희곡무가는 반주무의 도움을 받아 주무가 혼자 연행하는 것이 많으나 동해안의 〈도리강관원놀이〉[176]나 〈소놀이굿〉[177] 등은 몇 명이 배역을 나누어 맡고 분장도 하여 연극으로서의 형태를 갖추고 있다. 그러면 이러한 굿놀이는 어떻게 시작된 것일까?

굿에서 어떤 사건이나 내용을 행위와 대화로 표현하는 방식은 굿의 기원과 함께 시작되었다고 본다. 초기 굿놀이의 형태는 예술적 목적에서보다도 주술적 목적에서 행해지는 의례의 한 방식이었다. 즉 인간이 소원하는 내용을 신에게 알리거나 신의 모습을 인간에게 보여주는 방편으로서 나타난 것이었다고 본다. 인간의 의사는 언어로 표현되어 전달되기도 하지만 행위로도 표현된다. 언어는 사회적 약속에 의해 기호화된 음성으로 하는 것이기에 약속을 모르면 통하지 않지만 행위는 사회적 약속이

176) 서대석, 「무극 도리강관원놀이」(『文學思想』 83호, 文學思想社, 1979. 10), 440-441면 참조.
177) 李杜鉉, 「楊州 소놀이굿」(『국어국문학』 39·40, 국어국문학회, 1968), 169-200면 참조.

없는 대상과도 두루 통용되는 의사 표현과 전달의 수단이었기에 인간이 신과 의사를 소통하는데 더욱 확실한 수단이었으리라고 추측된다.

따라서 풍농을 기원하는 굿이라면 풍년이 들어 수확을 많이 거두는 모양을 행위로 표현하여 신에게 보였을 것이고, 비를 비는 굿에서는 비 오는 모양을 연출했으리라고 본다. 뿐만 아니라 신의 의사를 인간에게 전달하는 수단으로서도 역시 행위로 표현하는 것은 효과적이었다. 사제자인 무(巫)는 신이 되어 신의 모습을 연출한다. 이것은 전달하는 내용이 모두 행위로 제시되지 않더라도 이미 연극적인 것이다. 이처럼 희곡무가는 무속의식에서 모방주술(模倣呪術)의 형태로 실연(實演)된 행위에서 그 연원을 찾을 수 있다.

오늘날 전승되는 희곡무가 자료에서도 이와 같은 모방주술적 성격은 발견된다. 동해안 〈거리굿〉 중에 〈골매기할매〉 거리와 제주도 〈세경놀이〉에서는 출산장면을 연행하고 있다. 골매기신은 마을의 수호신이고 골매기할매는 한 지역 주민의 안녕과 풍요를 관장하는 신이다. 세경은 제주도에서 농경신을 말한다. 이처럼 풍요를 관장하는 신의 놀이에서 출산장면을 연출한다는 것은 곡물의 풍요와 인간의 출산을 관련시켜 다산(多産)을 기원하는 의식이 모방주술의 한 형태로 표현된 것이다. 〈거리굿〉에 등장하는 골매기할매는 아이를 하도 많이 낳아서 밑이 빠진 인물이다.[178] 이러한 인물이 설정된 것은 골계적 효과를 노린 연극적 책략으로도 볼 수 있으나 다산(多産)은 곧 풍요와 일치되는 것이기에 풍년을 기원하는 의식에서 풍요를 상징하는 모습으로 형상화된 것이다.

현재 굿판에서 연행되는 굿놀이는 대체로 희극적 성격을 띠우고 있다. 일상에서 행하여지는 일들을 흉내 내는 것이 많고 부부간이나 사제간(師弟間)의 대화를 골계적 입담으로 전개하기에 소극적(笑劇的) 성격을 가진

178) 최정여 · 서대석, 『동해안무가』, 316-318면 참조.

다. 특히 굿놀이에는 일상(日常)에서 감추어진 성(性)이 과감하게 노출되고 이와 관련된 재담이 많다. 그러나 초기의 굿놀이는 근엄한 의식의 일환으로 신의 강림이나 신의 계시를 연극과 같이 연행하였다고 생각한다.

『삼국유사』「가락국기(駕洛國記)」에 기록된 수로왕(首露王)의 탄강의 모습은 희곡무가로서 모습을 잘 보여주고 있다.

> 후한 세조 광무제의 건무 18년 임인 3월 계욕일(禊浴日)에, 북쪽 구지(龜旨)에서 이상한 소리와 기운이 뭇사람들을 불러 2, 3백 명이 그곳으로 모였다. 마치 사람의 소리와 같은데 형체는 숨기고 소리만 내어 말하기를,
>
> "여기에 누가 있는가?"
>
> 하니 구간(九干)들이 이르기를,
>
> "우리들이 여기 있습니다."
>
> 하였다. 또 말하기를,
>
> "내가 있는 곳이 어디냐?"
>
> 하니
>
> "구지입니다."
>
> 라고 대답하였다. 또 말하기를,
>
> "하늘이 나에게 명하시기를 이곳에 나라를 새로 세워 임금이 되라 하셨다. 이런 연유로 내려온 것이다. 너희들은 이 산 꼭대기를 파고 흙을 집으면서 '거북아 거북아 머리를 내놓아라. 내놓지 않으면 잡아서 구워 먹으리' 하고 노래하면서 춤을 추어라. 즉 이는 대왕을 맞이하여 매우 기뻐서 뛰는 것이니라."
>
> 하였다. 구간들은 그 말을 따라 함께 즐거워하고 노래 부르며 춤추다가 얼마 후에 우러러보니 자주빛 줄이 하늘에서 드리워져 땅에 닿았다. 줄 아래를 살펴보니 붉은 보자기에 싸인 금합(金合)이 있어 열어 보니 황금알 6개가 있었는데 마치 해처럼 둥글었다. 뭇사람들이 모두 놀라고 기뻐하며 더불어 백배(百拜)를 올렸다. 곧 다시 싸서 들고 아도간의 집으로 돌아와 탁자 위에 놓아두고 뭇사람들은 모두 흩어져 돌아 갔다.

위의 기록은 시조왕을 맞이하는 신맞이굿의 모습을 보여주는데 제주(祭主)는 구간(九干)이고 구간에게 신의 명령을 전하는 무속인과 그 명령을 따라서 구지봉에서 새로운 나라의 군장(君長)을 맞이하기 위해 땅을 파서 모으며 춤추고 노래하는 구간을 비롯한 수백 명의 사람들의 모습을 볼 수 있다. 이것은 바로 가락국 지역에서 전통적으로 행하여진 신맞이굿의 모습이라고 본다. 이와 같은 신맞이굿 행사가 정기적으로 수로왕 탄강일에 구지봉에서 행하여 졌다면 구간에게 군장을 맞이하는 방법을 가르쳐 주는 신의 배역, 그리고 제주인 구간의 배역 등을 무속인들이 나누어 맡아 해마다 같은 내용을 반복하여 연행하였을 가능성이 있다. 이런 점에서 「가락국기」의 기록은 제의이면서 동시에 연극으로서의 성격을 보여준다. 즉 이 자료는 굿의 모습을 보여주는 자료임과 동시에 희곡무가로서의 성격을 가진다.

그러나 오늘에 볼 수 있는 모든 굿놀이의 소재가 당초부터 있었던 주술행위라고는 할 수 없다. 시간이 흐르면서 인간의 생활방식도 변했고 굿놀이의 내용도 변모했을 것이다. 동해안 〈거리굿〉에서 보여주는 〈훈장거리〉, 〈관례거리〉, 〈과거거리〉나 천왕굿에서 연행되는 〈도리강관원놀이〉 등은 대체로 조선조 양반관료사회에서 양반을 풍자하려는 의도로 구체화된 굿놀이의 내용들로 본다. 동해안의 〈거리굿〉에서는 향토예비군거리도 실연한다.[179] 이것은 1960년대 후반에 향토예비군이 창설된 이후에 첨가된 내용이다. 이처럼 희곡무가(굿놀이)는 기원적으로는 무의의 시작과 함께 형성된 것이나 여러 시대를 거치면서 부단히 변모되고 재창조되어 오늘날까지 전승되고 있다.

---

179) 앞 책, 343-346면.

2) 희곡무가의 자료 검토

지금까지 채록된 희곡무가의 자료는, 중부지역의 〈소놀이굿〉, 〈장님놀이〉, 황해도의 〈소대감놀이〉, 〈도산말명방아찧굿〉, 〈대감놀이〉, 〈영산대감, 영산할아뱜, 연산할먐굿〉, 동해안 지역의 〈거리굿〉, 〈도리강관원놀이〉, 〈중잡이놀이〉, 〈범굿〉, 전남지역의 〈설양굿〉, 〈종천맥이〉, 그리고 제주도의 〈삼공맞이〉, 〈세경놀이〉, 〈영감놀이〉 등이다.[180] 서울의 〈대감놀이〉나 〈사자놀이〉 등이 굿놀이로서 연극적 성격을 띠고 있으나 어떤 내용이 행위로 제시되거나 사건이 대화와 행위로 전개되지 못하고 있기에 희곡무가로서 요건을 갖추었다고 보기는 어렵다. 희곡무가는 굿놀이와는 일치되지 않는다. 굿놀이는 무의에서 유흥부분을 말하며 춤과 노래로 진행된다. 굿놀이 중에는 희곡무가를 전승하는 것이 있으나 모든 굿놀이가 연극적으로 전개되지는 않기 때문이다.

(1) 양주 소놀이굿

경기도 양주에서 연행되는 〈소놀이굿〉은 이두현에 의하여 학계에 소개되었다.[181] 〈소놀이굿〉은 〈소놀음굿〉, 〈소굿〉, 〈마부타령굿〉 등으로도 불려지며 경사굿의 일부로 제석거리에 이어서 행해진다. 제석거리가 끝나면 무당은 제석거리 복색 그대로 마루에서 안마당을 향해 서고, 재비(樂士)들은 무악을 연주하기 위하여 역시 안마당을 향해 마루에 앉고, 이 놀이의 주인공들인 원마부와 곁마부는 마루 앞 봉당에 선다. 앞마당에는 몸통에 멍석을 뒤집어쓰고 고무래를 짚으로 싸서 소의 머리를 만들어 쓴 가장한 소가 송아지를 데리고 선다.

180) 玄容駿 · 金榮敦, 重要無形文化財指定資料, 「제주도 무당굿놀이」(文化財管理局, 1965).
181) 李杜鉉, 「楊州 소놀이굿」(『국어국문학』 39 · 40, 1968).

〈소놀이굿〉의 진행은 무당과 마부와의 대화, 마부의 타령・덕담 및 마부의 동작과 춤 그리고 소의 동작 등으로 엮어진다.[182] 그러나 〈소놀이굿〉의 주역은 원마부이고 그 밖의 무당・곁마부・소・송아지는 원마부가 재담과 타령을 할 수 있도록 상황을 마련해 주는 보조역할을 할 뿐이다. 원마부가 부르는 소리는 극히 세련된 평민가사체로 엮어지는데 주요 항목은 다음과 같다.

> 1. 누가 나를 찾나, 2. 마부 노정기, 3. 보물타령, 4. 마부 대령 인사, 5. 소의 머리 치레, 6. 절타령, 7. 소 뿔 치레, 8. 소 귀 치레, 9. 소 눈 치레, 10. 소 입 치레, 11. 소 이 치레, 12. 소 혀 치레, 13. 소 꼬리 치레, 14. 소 다리 치레, 15. 소 굽 치레, 16. 소 모색 치레, 17. 소 글 가르치기, 18. 마부 복식 치레, 19. 소의 굴레 치레, 20. 잡곡타령, 21. 소 흥정하는 대목, 22. 말뚝타령, 23. 소장수 마누라타령, 24. 성주풀이, 25. 축원・덕담, 26. 살풀이[183]

이상의 여러 가지 타령은 무당이 원마부에게 요청하여 원마부가 타령조로 구연한 것이다.

> **무당:** 그러면 그 소가 그렇게 원마부 곁마부가 잘 들어왔으니 그 소 마부색을 한 번 물어봅시다.
> **마부:** 소 마부색이라니요?
> **무당:** 소가 어떻게 생겼나 말이에요.
> **마부:** 소가 소같이 생겼지 어떻게 생겨요?
> **무당:** 아 그 머리를 타령으로 옮겨 주우.
> **마부:** 그럼 들어 보시겠소?
> (타령조로) 용대기 우에는 용두머리 남사당패 꼭두머리 남산으로 누여

182) 앞 글, 176면.
183) 앞 글, 176-177면.

머리 용산 삼개는 돌머리요 앙근 지평에 용머리 인력거꾼에는 상고머리요, 꼬불꼬불은 곱수머리……[184]

이처럼 무당과 원마부의 대화 그리고 원마부의 타령이 반복되어 진행된다. 〈소놀이굿〉의 전승 지역은 주로 기호(畿湖)와 해서(海西)지방으로 조사되었으나 지금은 양주군 일대에서만 전승되고 있다. 그 유래는 농경의 풍요를 비는 〈소맥놀이〉가 무속의례인 〈제석거리〉와 결합하여 연극적으로 발전한 것으로 추측되고 있다.[185]

(2) 도산말명방아찜굿

〈도산말명방아찜굿〉은 그 사설이 『김금화의 무가집』에 자세하게 수록되어 있는데 황해도의 대표적인 희곡무가로서 철무리굿, 대동굿, 만수대탁굿에서 연행된다.[186] 이 굿은 〈소대감놀이〉에 이어서 행하여지는 굿놀이인데 사람이 농사 지은 벼를 방아에 찧어 먹듯이 말명신들이 명과 복을 찧어서 인간에게 내려주는 굿이라고 한다.[187]

준비물은 말명 동고리에 삼색 헝겊과 굿상의 음식을 조금씩 거두어 담아놓고 다른 동고리에 방아 찧을 쌀 반 말 정도를 담아둔다. 만신은 홍치마와 남쾌자에 연두색 동달이 옷을 입고 검은 수건을 머리에 쓰고 방울을 들고 등장하여 장고잽이와 마주 서서 노래와 춤을 섞어 골계적 대화로 진행한다.

만신: 여봅소.

184) 앞 글, 186면.
185) 앞 글, 170-175면.
186) 김금화, 『김금화의 무가집』, 문음사, 1995.
187) 김금화, 앞 책, 107면.

김금화의 서해안 풍어제

장고: 옳시다.

만신: 아무케나 무슨 장골 천천히 치지 재까파리 새장고 몰듯하구 귀먹쟁이 솔뿌리 캐듯함나. 두 늙은이 딸네 집 가듯 천천히 쳐야지.

장고: 장고가 춤을 따라 치기 마련이지. 요변스럽고 사변스럽고 돌기스럽고 살기스럽고 변덕스럽고 간에 붙고 염통에 붙듯 춤을 추니께 장고를 그렇게 쳤지.

만신: 그런 말 하지 맙소. 장고를 어떻게 모는지 춤을 추다 못해 들비비고 말었음네. 호박꽃에 댕댕벌이가 댕댕 댕댕 그리듯 함네.

장고: 할미새 궁둥이 까부르듯 하고 진소리만 하면서 네에미 씹도 공알 네에미 씹도 공알하니 그게 무슨 소리야.

만신: 듣기를 잘못 들었네.[188]

이 부분은 만신이 장고잽이에게 장고 치는 법수를 가지고 시비를 거는

188) 김금화, 앞 책, 109면.

재담으로서 민간에서 사용되는 비속어, 무속인의 은어, 전통 재담의 수사법 등을 한눈에 볼 수 있는 부분이다. 만신과 장고잽이의 익살은 계속되는데 만신이 액명을 벗겨주고 신당들을 둘러보는 사설, 말명동고리에 든 물건을 시집가려고 예장 받은 것이라며 소개하는 사설, 지신집 큰애기가 방아 찧는 사설, 오르마이(올케)를 불러 주고받는 사설, 이장님인 봉산네 오라바이와 그의 아들 찧동이를 불러 방아 찧는 사설로 전개된다. 작중의 인물이 바뀌어도 만신과 장고잽이가 여러 인물의 배역을 담당하며 말로 모든 것을 묘사한다. 오르마이와 장고잽이의 대화 대목을 소개한다.

만신: 그럼 가서 오르마이를 보내겠음네. (하며 돌아서서 오르마이~ 부르는 시늉을 하면 오르마이 역으로 바꾸어 다시 기지개를 켜고 머리를 긁고 하품을 하면서 장고 앞으로 온다. 만신은 살랑집 며느리 역할을 한다.)

장고: 아니 방아 찌러 오라니까 어디서 무얼하고 오두께 저렇게 옷에 무엇을 털면서 올까. 게으름만 피우면서 오는 것 보니까 방아커녕 아무것도 못 찧겠구먼.

만신: 나 이 댁에 방아 찌러 오랬다면서.

장고: 아니 어디서 자고 시방 오는 모양이지.

만신: 나 지금 밤중인 줄 알고 자고 있는데 눈치 없는 시아바이가 삼태기를 가지고 깍지광으로 오겠지. 눈을 떠 보니 해가 머리 깎고 중낮이야.

장고: 아니 깍지광에서 잤구먼.

만신: 깍지광에서 잤시까?

장고: 누구하고 잤지.

만신: 누구는 누구야 이도령하고 잤지.

장고: 이불은 뭘 덮고.

만신: 이석 이불 조석 포대기.

장고: 베개는 무엇을 비고 잤시까?

만신: 이도령 팔 베고 잤지.

장고: 그 집은 찔자가 그렇구만. 시누이도 방아 찌러 와서 이도령, 김도령만 불러대더니 오르마이도 그렇구만.

만신: 우리 시누이도 왔댔나. 그 천하에 잡년 서방질만 개밥 먹듯 하는 년. 그것은 무엇하러 오라고 했음나.

장고: 저것 좀 봐. 시누 올케끼리 저저끔 흉 보고 있으니.

만신: 에이 그런 소리 하지 맙소. 우리 집안이 얼마나 출출한 양반인데.

장고: 무슨 양반인데 근본을 대 봐.

만신: 그럼 근본을 대 볼까. 우리 큰 오라바이는 긴 칼을 차고 가면 다들 비켜선다네.

장고: 그래야 갖바치이구먼.

만신: 우리 작은 오라바이는 방망이와 줄을 가지고 다니는데 사람들이 고개를 끄덕끄덕 한다네.

장고: 그러면 상놈이구먼. 울손에 소백정이구먼.

만신: 우리 막둥이 오라바이는 버들가지로 고리를 엮는데.

장고: 그러면 고리백정이구먼.

만신: 또 우리 큰 시누이는 가마채 뒷꽁무니 쫓아다니며 색시들 데리구 다니며 절두 시키고 꽂 한포기 안고 다님네.

장고: 하님이구만.

만신: 나는 방아삯 품팔러 다님네.

장고: 자랑한 것 하나도 들어볼 것 없네. 어서 방아나 찧어 봅시다.[189)]

이처럼 〈도산말명방아찜굿〉은 재담극이면서 소극(笑劇)의 모습을 보여준다. 이러한 재담은 관중의 웃음을 유발하려는 것인데 그 기법은 대체로 자기 비하(卑下)를 통해서 관중들로 하여금 우월감을 느끼도록 하는 것이다. 만신이 연행하는 '오르마이'란 며느리는 깍지광에서 이도령하고 간통을 하고 늦잠을 자다가 소죽을 쑤려고 여물을 담으러 온 시아버지에

---

189) 앞 책, 116-117면.

게 들켜 잠을 깨고는 시아버지를 눈치 없는 인물이라고 비난한다. 또한 시누이가 서방질만 하는 년이라고 욕을 하며 친정이 양반이라고 오라바이 자랑을 하는데 사실은 모두 상놈들이다. 이처럼 자기를 망가뜨리어 청중에게 웃음을 선사하는 수법을 사용하고 있다.

(3) 동해안 거리굿

동해안 별신굿에서는 맨 마지막 굿거리로 〈거리굿〉을 한다. 〈거리굿〉을 연행하는 이유는 여러 굿거리에서 청배한 신들을 따라온 수비들을 먹여 보내는 것이라고 하는데,[190] 수비들에게 제향한다고 하기보다는 일상생활에서 드러나는 여러 인간의 면모를 다양하게 연극적으로 보여주려는 성격이 강하다. 따라서 〈거리굿〉은 제의적 기능보다 예능적 측면에서 오락적 기능이 강한 굿놀이로 민중에게 골계적 흥미를 주기 위한 소극(笑劇)이라고 볼 수 있다.

〈거리굿〉은 반주무와 주무가 모두 남무이고 여무는 참가하지 않는다. 굿청에서 제상(祭床)을 모두 치우고 제물을 헐어서 한데 섞어 짬방을 만들어 놓고 탁주 한 말을 준비하여 진행하는데 신위도 배설하지 않는다. 〈거리굿〉의 진행방식은 주무와 반주무의 대화로 이루어진다. 그러나 반주무는 주무의 공연에 말참견을 하거나 주무가 묻는 말에 짧게 대답만 할 뿐이고 본격적인 극중 인물로서의 활동은 보여주지 않는다. 반주무 이외에 관중들도 굿에 참여한다. 관중은 자발적으로 말참견을 하기도 하고 주무가 관중에게 말을 시키기도 한다. 경우에 따라서는 관중들 중에서 주무가 상대역을 뽑아내어 즉석에서 연기교육을 시켜 극중 인물로 참여시키기도 한다.

---

190) 최정여 · 서대석, 『동해안무가』, 형설출판사, 1974, 283-284면 참조.

거리굿 중 〈골매기할매〉를 열연하는 송동숙(1972. 10. 17, 경북 울진군 평해면 직산1리)

〈거리굿〉에서 사용되는 도구는 현장에서 조달된다. 주무가 여자로 분장할 때는 관중들로부터 치마와 수건을 빌리고 어부로 등장할 때는 긴 장대를 삿대로 삼아 노 젓는 흉내를 낸다. 이는 관념적으로 극중 인물과 극중 상황을 나타내는 것으로서 일반 연극에서 배우가 등장인물로 실감나게 분장하는 것과는 성격이 다르다.

〈거리굿〉의 진행과정을 요약하면 다음과 같다.

1. **서장:** 반주무는 장구를 앞에 놓고 앉고 주무는 평복으로 반주무를 마주 대하고 서서 〈거리굿〉의 목적·의미를 설명한다.
2. **훈장거리:** 서당에서 훈장(訓長) 노릇 하는 장면을 연행(演行)한다. 주무 혼자서 훈장과 제자들의 배역을 모두 맡아 해낸다. 극의 진행은 주무가 몸짓을 곁들여 이야기를 하면 반주무가 개입하여 말참견을 하기도 하고, 주무가 노래를 하거나 춤을 출 때에는 반주무가 장단을 쳐 주기도 한다. 극중에 등장하는 훈장과 제자는 모두 비정상적인 엉터리 인물들이고 학동들은 공부한 것을 자랑한다고 〈천자뒤풀이〉, 〈한글뒤풀이〉, 〈장타령〉 등의 골계적 재담민요를 부르기도 한다.
3. **과거거리:** 엉터리 선생이 과거 보는 이야기를 역시 주무가 연행한다. 시골에서 훈장 노릇을 하던 선생이 어느 날 과거를 보인다는 방(榜)을 보고 서울로 올라와서 과거에 응시한다. 엉터리로 답안을

작성한 선생은 과거에 합격되었으나 주는 벼슬을 모두 거절하여 쫓겨나고, 낙방을 비관하여 자살해서 저승에 가서 과거를 본다. 그리하여 귀신을 관장하는 '호구강관'이라는 직책을 받고 이승으로 되돌아온다.

동해안 별신굿 중 거리굿에서 열연하는 송동숙(1972. 10. 17, 경북 울진군 평해면 직산1리)

4. 귀신문열기: 행위가 없는 경문의 낭송으로서 육갑의 순서에 따라 방위별로 귀신을 배치한다.
5. 관례거리: 관중석에서 사촌·사장·아버지 등의 인물을 선별하여 굿청으로 나오게 한 뒤, 사장과 아버지는 한구석에 앉아 있게 하고 사촌과 함께 골계적 대화를 하며 극을 진행한다. 새끼줄을 뭉쳐서 만든 상투를 사촌의 불두덩에 채우는데 이것은 남모르게 먼저 어른 되는 부분부터 관례를 해야 된다는 이유에서이다. 사촌역을 하는 청년은 상투를 불두덩에 차고 다니며 관중들로부터 결혼 부주를 걷는다. 이때 차고 다니는 상투가 건들거리면서 관중석은 웃음바다가 된다.
6. 골매기할매거리: 주무는 치마와 저고리를 관중들에게서 빌려 입고 수건을 쓰고 등장한다. 며느리의 흉보기와 칭찬하기가 주된 내용인데 농어촌 가정의 며느리의 일거일동을 실감 있게 흉내낸다.
7. 골매기할배거리: 주무는 갓을 쓰고 짚으로 만든 안경을 쓰고 지팡이를 짚고 등장한다. 자기는 골매기할배라고 하며 집을 나간 마누라

골매기할매를 찾는데 이 과정에서 성(性)과 관련된 육담과 재담이 구연된다.

8. **봉사거리**: 주무는 눈을 감고 지팡이를 짚고 장님 흉내를 내면서 등장한다. 방아 찧는 각득 아주머니네들과 봉사 사이에 외설스러운 노래를 주고 받는다. 주무 1인이 모든 역을 다 한다. 그리고 약수를 길어다가 눈을 씻자 눈이 떠진다. 안질을 없애고 눈을 밝게 해 달라는 의미로 행해지는 굿이라고 주무는 설명한다.
9. **해녀거리**: 주무가 짚으로 만든 물안경을 쓰고 등장하여 잠수질하는 흉내를 낸다. 대사가 별로 없이 행위만 있다.
10. **어부거리**: 주무는 평복에 수건으로 머리를 동이고 장대를 삿대 삼아 저으며 뱃노래를 부른다. 그러다가 폭우가 쏟아지고 풍랑이 세차게 일어나서 배가 전복되고 어부가 익사하는 장면을 연출한다.
11. **군대놀이**: 주무는 철모 대신 바가지를 머리에 쓰고 작대기를 총이라고 둘러 메고 등장하여 군대가 훈련받는 모습을 연행한다.
12. **출산거리**: 주무는 치마저고리를 입고 수건을 쓰고 짚단에 바가지를 씌워 양다리 사이에 끼우고 치마를 덮어 배부른 모양을 하고 등장하여 아기 낳는 장면을 묘사한다. 볏짚으로 만든 아기를 낳은 뒤, 아기를 어르는 장면, 그리고 병이 들어 아기가 죽자 애통해하는 모습 등을 보여준다.[191)]

〈거리굿〉의 연행은 연행자에 따라 차이를 보인다. 몇 가지 대목을 추가할 수도 있고 생략하기도 한다. 또한 주무로 등장하는 화랭이의 개성과 능력에 따라 세부적 재담사설이나 재담소리도 달라질 수 있다. 그러나 전체적 성격은 일상생활에서 소재를 취하면서 전통사회의 양반문화를

191) 앞 책, 34-36면 및 280-353면 참조.

풍자하는 것이고, 성(性)을 과감하게 노출하면서 비속적 언어로 웃음을 유발한다는 것이다. 〈훈장거리〉의 한 대목을 검토해보자.

> 이렇게 내가 가르쳐 놓고 그래도 가르치다 가르치다 갈칠 것이 없으면 술 먹고 지랄병하다가 뚜들겨 맞는 것 이런 것도 다 갈쳤지. 이래 떡 가리쳐 놨는데, 그래 그 제자놈들이 하나씩 하나씩 차례차례 글공부하러 안 들어오나. 책보를 옆에 찌고 한 놈이 떡 들어오디니,
>
> "사장님 잘 있습니꺼."
>
> 이란다.
>
> "야 이년들 아야 자리 있던 거 어제 내가 장에 메다가 보쟀다."
>
> 이랬다.
>
> "아이구 사장님. 그런 거시 아니오라 내가 글 강 받으러 왔십니더."
>
> "에 그게 무신 글인고?"
>
> "사장님 글은 천자 강을 받으러 왔습니다."
>
> "천자를 내놓고 읽어라!"
>
> 마 똑 책대를 뚜들이면 강을 바다야 되거든. 내가 책대를 뚜드리며 "하늘천"하니 이 자석은 "높을천"이라거든.
>
> "이년들 아야 하늘천인데 왜 높을천이고?"
>
> 카니,
>
> "아니 사장님 하늘이나 높은 거나 한가지 아닌교."
>
> "아이구 됐다."
>
> "따지" 카니 "째지"이라거든.
>
> "따진데 왜 째지 카나?"
>
> "아이 사장님 따는 거나 째는 거나 한가지 아닌교."
>
> "됐다."
>
> "감을현"하니 "묶을현"이라거든.
>
> "감을현인데 왜 묶을현이고?"
>
> 카니,

"감을 여가가 어디 있능교 퍼떡 묶어 버리면 안 숩는교."

"그래 됐다."

"누르황" 하니 "태울황"이라네.

"이년들 아야 누를황인데 왜 태울황이고?"

카니.

"언제 실실 눌구고 있능교 언뜩 태워버리면 더 안 빠른교."

"에이 도로 화냥년의 자석 마 가거라!"

이래 뿌렸다. 그래 보내고 나니 또 한 놈이 떡 들어오더니,

"아 사장님 그 놈 못 쓰겠습니더. 내가 글을 한 번 읽을께 사장님 한 번 들어보이소."

"그래 너 한 번 읽어라."

이 놈은 천자책을 피놓고 이르는데 아주 바싹 몰아놓고 한 번 읽으는 거였다.

(타령조로)

하늘천 따지 감을현 누르황 집우 집주 넓을홍 거칠황 날일 달월 찰영 기울측 별진 잘숙 볼열 베풀장 찰한 올래 더우서 갈왕 가을추 거들수 겨우동 감출장 윤달윤 남을여 이룰성 햇세 법중율 법중여 고래 좇이 백냥이라거든. 내가 가만히 들으니 내가 갈칠 때는 고로조 벧양이라 가르쳤는데, 이년들 자식은 아이들 농게 고래 좇이 백냥이라. 야 가만히 생각해 보니 그게 상당히 가치가 있구나 싶으거든.

"야— 이년들 아야 든든중 다행이다. 그러며는 고래 좇이 백냥이면 내 꺼는 얼마나 하나?"

내 물었제.

"사장님 꺼는 만냥하지요."

이래지.

"야— 이년들 아야 값 비싸다. 내 꺼 만냥하면 느 아베 꺼는 얼마 하나?"

하니,

"아이고 우리 아베 꺼는 십만냥이시더."

이라지.

"어허 이년들 아야 물건은 똑 같은 건데 내 꺼는 만냥인데 너거 아배 꺼는 왜 십만냥이고?"

물었다. 물으니,

"사장님 그거 모르는 말씀이시더. 사장님은 은덕이 한가지 뿐인데 날 지도시키주고 공부 가르쳐 주는 은덕 하나뿐인데 딱 만냥 놓고 우리 아베는 캄캄한 그믐밤에 어두분데 날 만드느라 약간 욕 봤습니꺼. 그래서 십삭을 고이 채웠다 해서 그래 낳아 주이 십만냥 놨습니더."

"야 이연들 아야 니 의견스럽다 마 됐다. 그래 십만냥 놀만하다."

내 이랬지. 그 놈 너무 으견마져 내쫓아 버렸다.[192)]

전통사회에서 서당 훈장은 지식의 전수자일 뿐만 아니라 향촌사회에서 인격과 교양의 표본이 되는 인물이었다. 그런데 여기에 등장하는 훈장은 말하는 뽄새부터 상스럽기 그지없다. 비속한 욕설을 입에 달고 있고 학동들에게 글을 가르치면서 나누는 대화도 곁말이 난무하는 농담조로 사제 사이에 스승으로서의 권위는 찾아보기 어렵다. 이는 전통사회 한문교육을 풍자하는 의미가 있다. 한문은 배우기만 어렵지 농사를 짓거나 물고기를 잡는 등 생업을 영위하는 데는 별 도움이 되지 못하기 때문이다. 이처럼 우스꽝스러운 모습을 연행하는 것은 굿판에 모이는 관중이 대부분 일차 산업에 종사하는 농어민이고 한학(漢學)에 대해 무지한 사람들이기에 이들의 의식수준에 맞게 극의 내용을 만들었기 때문이다.

(4) 동해안 도리강관원놀이

동해안 일대에서 세습무들에 의하여 연행되는 〈도리강관원놀이〉는 별신굿 중에서 〈천왕굿〉 거리에 이어서 연행되는데 일명 〈천왕범방 고딕

---

192) 최정여 · 서대석, 앞 책, 287-289면.

굿〉 또는 〈관원놀이〉라고도 하는 무극이다. 〈도리강관원놀이〉는 〈거리굿〉과는 달리 사또역·아전역·고딕〔官奴〕 역을 따로 설정해서 남무 3명이 나누어 맡으며 각 배역에 어울리는 분장도 별도로 준비하여 등장하고 있기에 연극으로서 발전된 형태를 보여준다. 사또는 평복에 전립(戰笠)을 쓰고 부채를 들고 굿청 앞에 서 있고 관노인 고딕은 사또와 마주 보는 자리에 서서 사또의 명령을 전달하고 아전들의 현신(現身)을 도와준다. 아전들은 강관·이방·황소·도사령·수노 등인데 남무(男巫) 1명이 배역을 바꾸어 가며 모두 맡는다. 전체 내용을 요약하면 다음과 같다.

1. 도리강관 현신: 강관은 신임 사또에게 현신하라는 전갈을 고딕으로부터 듣고 의관을 갖추고 사또 앞으로 나간다. 도포와 의관을 찾아 입는 과정에서 강관과 고딕의 골계스러운 놀이가 연행된다. 강관은 사또의 말을 곁말로 받고 딴청을 하다가 매를 맞고 물러난다.
2. 이방 현신: 사또는 다시 이방 현신하라는 명을 내리고 이방은 고딕의 전갈을 듣고 사또 앞으로 말을 타고 간다. 말 노릇을 하는 고딕과 이방의 승강이가 또한 우습게 연행된다. 이방 역시 사또의 말을 곁말로 받고 능청을 떨다가 퇴거당한다.
3. 황소 현신: 사또의 명령으로 다시 황소가 사또 앞으로 나간다. 황소는 배 속에다 옷을 뭉쳐 넣어 불룩하게 하고 북채 두 개를 앞 옷섶에 꽂고 가서 인사한 뒤 물러난다.
4. 도사령 현신: 사또의 명에 따라 도사령이 현신한다. 도사령은 까불어야 된다면서 당줄 달린 모자를 쓰고 꽹과리를 잽싸게 치면서 사또 앞으로 나간다. 도사령 역시 사또의 말을 곁말로 되받다가 퇴거당한다.
5. 수노 현신: 수노 현신하라는 사또의 명령을 듣고 수노가 사또 앞으로 나간다. 수노의 복장은 평복이다. 수노는 사또를 모시라는 분부를

듣고 물러난다.

6. **사또 모시기:** 사또에게 천(布) 한 끝을 들게 하고 한 끝은 수노가 잡고 율동적 걸음으로 굿청을 한 바퀴 돈 다음 사또를 앉히고 물러난다.
7. **기녀 수청:** 고딕 노릇을 하던 남무가 기녀 배역을 담당한다. 기녀는 치마저고리를 입고 화장하는 흉내를 낸다. 또한 수노는 사또가 있는 방을 청소하고 군불을 때는 시늉을 한다. 수노와 기녀는 남매간으로 설정되어 남매가 짜고 사또를 구슬려 자기들의 이익을 챙기려는 계획을 세우는 등 부패한 관료세계를 익살스러운 대화로 풍자한다.[193)]

대체로 이상의 내용은 관장과 이속배(吏屬輩)와 관노(官奴)의 세 계층의 인물이 등장하여 신임 사또가 이속배들을 현신시키는 모습을 골계적으로 보여주는 것이다. 이 무극의 흥미는 하층에 의한 상층의 풍자에 있다. 관노인 고딕은 이속인 강관·이방·도사령 등을 골탕먹이고 놀려댄다. 한편 관장인 사또는 이속에게 기롱을 당한다. 사또의 물음에 정상적 대답을 하는 이속은 하나도 없다. 모두 곁말과 억지 섞인 대답을 할 뿐이다.

강관·고딕: 허야 떵 딱— 떵 딱—

(강관과 고딕이 장단에 맞추어 춤추듯이 걸어서 사또 앞에 가 선다)

사또: 도리강관은 절도 안 하고 말도 안 하는고?

강관: 예, 작년 겨울에 얼어붙었던 입이 아직 안 녹아가 덜 떨어져서… 그래 아즉…

사또: 니가 이 골 도리강관이가?

강관: 예, 작년에는 헐관만 했더니 금년엔 어찌하야 좀 늘어져가 마 다부 되었는 모양이죠. 그래 도루강관 했심더.

사또: 도리강관 했다고?

193) 서대석, 앞 책, 『무극 도리강관원놀이』, 434-452면 참조.

강관: 예.

사또: 그런데 내 내려오다가 보니 어에 이 질 수척을 어떻게 했는지 아주 험한데, 질 수척 어떻게 했는가?

강관: 미, 미… 질 수척 잘 했죠.

사또: 미라니?

강관: 미었지, 내가 내가 분명히 미었지.

사또: 미라니?

강관: 내가 왜 민, 미라는 내력을 들어보소. 미 어째서 미냐 하며는 자기 집안에 그래도 근본있고 시근 있고 망근… 참 멀구 다래는 곡절이 있어야 되고 풍원 악장은 면회가 있어야 되고 좌우 별감은 상처가 있어야 되는데 그러니 천상 내가 미라는 내력이… 내가 도리 강관이가 미는 미이지마는 우리 집안도 내력이 아주… 아이 내가 야외를 들어가주구 쩍 벌어졌다. 왠고 하니 우리가 대대로 벼슬을 해 묵되 우리 저어– 고꼭지 꼭대 꼭대 고꼬고꼬 고꼭지 할아배미는 저– 속초 고지기로 구년 아홉 해를 해 묵었고 고 밑에 새 찡긴고 망할 년의 할아배미는 주문진 고지기로 칠년 일곱 해를 해 묵었지러. 또 고 밑에 내우에 조금 고 우에 할아배미는 여– 영덕 축산 고지기로 오년을 해묵었지러. 내 대에 와 가지고 내가 도리강관 했음 이만치 내가 미지 우옜단 말이고.

사또: 이놈들–

강관: 그런데 내 질 수척 잘했지.

사또: 질 수척을 어떻게 했노?

강관: 질 수척을 우에 했는고 하믄 요샌 부르도자가 있이니깐 갖다 썩 밀어뿌만 이 도로 포장은 안 해도 맨맨스럼하니 차가 지나가기 좋지마는 옛날은 부르도자가 있나 뭐 끄는 차가 있나 민대는 차가 있나 천상 수금포로 가래 아니면 질을 못 닦지럴. 이놈은 마 큰 가래 하나 가지고 마을 사람을 전부 동원시켜가가 가다 보믄 비가 와서 개방처럼 푹 파인데는 이 사람들로 마 거저 품을 줘 가주구 더 깊이 푹 파뿌렸고, 가다가 또 사람이 올라가기 될 상 싶으고 재가 조금 높으다

싶으만 그 위에다 산에 흙을 더 갖다 덮어가 그 재 높으다니 맨들었고 또 까시 없으면 사람 바치라고 까시 갖다 막았고 돌 없으면 잘 채이라고 돌을 갖다 막아. 그만하면 질 수척 잘했지 우엣단 말이고.

사또: 질 수척 잘했다. 이놈들― 이 고얀 놈을 엎어놓고 매우 쳐라[194)]

이 같은 무극의 내용은 조선조 지방관아에서 일어났던 일들을 풍자한 것이다. 그러나 〈도리강관원놀이〉가 무극으로 연희되어야 했던 근원적 성격은 무의가 부족국가에서 국가행사로 거행되던 때 국가의 중요한 사건을 처리했던 사실과 연결시켜 생각할 수 있다. 부여에서 영고(迎鼓)를 할 때 '단형옥(斷刑獄)' 했다는 기록[195)]이 있는 것을 보면, 고대국가의 제천의식에서는 중요한 국사(國事)가 제전에서 신의 계시를 얻어 처리되었음을 알 수 있다. 그러나 제사와 정치가 분리되고 무속이 지배사상으로서의 위치를 상실하자 이러한 공무(公務)처리는 평소에 이루어졌고 제전에서는 흉내만 내는 놀이가 행하여지게 되었다고 본다. 〈북청사자놀음〉에서 행해지는 〈관원놀음〉이나 경북 영양군에서 전승되던 〈원놀음〉 등이 모두 〈도리강관원놀이〉와 같은 역사적 배경에서 형성되었으리라 본다.

현재 연행되는 원놀이는 조선조의 관료체제를 반영하고 있는데 고을의 수령인 관장을 비롯하여 아전 등 관속배를 풍자함으로써 관장과 관속에게 시달리면서 삶을 영위하였던 농어민들의 억압된 감정을 풀어버리는 기능을 가졌으며, 요즈음에도 공연예능을 접할 기회가 적은 농어촌에서 노년층의 오락거리로서 한몫을 착실히 하고 있음을 본다.

194) 서대석, 『한국무가의 연구』, 문학사상사, 1980, 396-397면.

195) 『三國志』, 夫餘傳, 「名曰迎鼓 於是斷刑獄 海囚徒」(『中國文獻에 나타난 韓國上古史資料』, 韓國文化人類學會, 1969), 27면.

(5) 동해안 중잡이놀이

동해안 별신굿에서는 〈시준굿〉 끝부분에 〈중잡이〉라고 하는 굿놀이가 연행된다. 〈시준굿〉에서 주무인 무녀가 바라춤, 짚신 삼기, 이 잡기 등을 연행하고 나면 제주에게 주무가 입었던 장삼을 입히고 고깔을 씌운 뒤, 여러 가지 물건을 담은 자루를 메고 앉아 있게 한다. 그 다음 조무 노릇을 하던 남무 2명이 뛰어나와 중도둑이 났다고 떠들며 중도둑 잡는 놀이를 행한다.

〈중잡이놀이〉의 진행은 남무 2명이 주고 받는 골계적 대화로 진행된다. 서로 인사를 주고 받은 후 중을 잡으러 간다고 소동을 하고 중을 잡다가 병신이 되었다고 여러 가지 병신 흉내를 내기도 한다. 그러다가 중이 가지고 있던 자루를 빼앗아 그 속에 들어 있던 물건을 꺼내 확인하는

강릉단오제 〈중잡이 놀이〉의 한 장면: 송명희 무녀가 병신 흉내를 내고 있다.

것으로 놀이는 끝난다.[196)]

갑(김장길): 여기 중 도둑이 났는데 내 혼자 못 잡거든. 조그만 사촌 하나 큰 사촌 하나 잡는데…

을(김자중): 사촌아! 니 참 본지 오래간만이다. 구년 아홉 해 그래 난다.

갑: 난 칠년 일곱 해째 난다. 그래 오래간만에 보니－

을: 오래간만에 보니 니는 꼭 소 도둑놈 같다.

갑: 나는 니 보니 물개 토막 같노. 야 그런데 내 또 보니 입 보니 입은 똑 개 씹 같노.

을: 야 이놈아 나를 욕 보인다. 그런데 나는 니 보니 닭의 이씨바리 같노

갑: 그런데 야 사촌아! 우가 있다면?

을: 참 내가 우가 있는데 니 참 모르지. 마 징게 끝에만 봐라. 내가 요 아가리 큰데 아가리 큰 데 안 있나.

갑: 아가리 큰 데라 했나 나는 저 했다.

을: 어디 했나?

갑: 나는 고 옆이 대구 안 했나.

을: 야 대구했다.

(둘이 같이 어울려 춤을 춘다)

을: 니가 우했는데 어디 했노?

갑: 내가 어디 했는지 모르제. 저 저 뚝 떨어지는데 안 했나.

을: 뚝 떨어진데 했나. 내 한데 모르제 내 낙동강 안 했나.

(둘이 같이 어울려 춤을 춘다.)

갑: 그래 사촌아!

을: 배지를 가져 왔다면?

갑: 배지를 가져 왔는데 여게 내 봤잖나. 여기도 쪽에 뭐라고 쓰여 있나 하면－

을: 야 한번 보자.

---

196) 최정여 · 서대석, 『동해안무가』, 101-121면 참조.

갑: 그래 한번 봐라.

을: 가서는–

갑: 야 뭐락 하노?

을: 가서는 하면 모르제. 이 중한 배지는 학생 모자 씌고 다니는 사람 못 보고 갓 씬 어른이 보라고

갑: 갓 쓴 어른이 보라고 가서는 했구나. 한 번 더 보자.

을: 보자.

갑: 뭐 보자.

을: 야 중한 이 배지는 요새 학생들 책보 같이 저래 들고 다니는 게 아니고 중한 배지는 보자기에 싸 가지고.

갑: 그래서 보자 했구나[197]

위에서 남무 둘이 주고 받는 대화는 〈봉산탈춤〉에서 먹중들이 주고 받는 대사와 흡사함을 본다. 을이 '아가리 큰데' 했다고 하면 갑은 '대구'했다고 한다. 아가리는 입이고 한자로는 구(口)이기에 아가리 큰 것은 한자로 대구(大口)가 된다. 그런데 대구는 도시 이름 대구(大邱)와도 음이 같다. '뚝 떨어진데'와 '낙동강(洛東江)'이 연결된 것도 같은 원리이다. 이러한 재담은 대체로 어휘적 흥미를 주는 데 초점이 있는 것으로 전통사회 대중들을 상대로 공연되는 재담놀이의 성격을 잘 보여준다.

(6) 동해안 범굿

〈범굿〉은 별신굿의 정식(正式) 굿거리는 아니다. 범의 피해가 있는 마을에서만 특별히 행하는 것으로 연극으로의 예술성은 빈약하고 악수(惡獸)의 피해를 방지하려는 주술적 성격이 강하다. 대화를 하는 경우도 있

197) 최정여 · 서대석, 앞 책, 112-114면.

으나 극히 간단하며 대부분 행위만으로 전개된다. 〈범굿〉의 전개과정을 요약하면 다음과 같다.

한지(韓紙)로 범의 가죽과 탈을 만들어 남무 1명이 입고 굵은 새끼줄에 한지를 감아 먹으로 호랑이 무늬를 그려 넣은 새끼줄로 꼬리를 만들어 단다. 호랑이 가죽이나 탈은 한지에 물감으로 그림을 그리고 얼룩무늬를 그리어 만든 것이다.

범으로 가장한 남무 1명이 마을 위쪽 언덕으로부터 기어 내려오면서 재주도 넘고 흙도 뿌리고 달음질도 하고 풀 속에 숨기도 한다. 한편 포수역을 맡은 남무는 총 대신 작대기를 들고 숨어서 범의 뒤를 슬슬 따른다. 범이 굿청 가까이 와서 나무도 흔들고 비개질도 하며 한참 장난을 한다. 이때 포수는 범을 겨누고 총 쏘는 시늉을 하면 범은 길길이 뛰다가 죽어 나자빠진다.[198]

옛날에 이 같은 범굿을 하면 호환(虎患)을 막을 수 있었다고 한다. 범은 인간을 괴롭히는 악의 상징이고 포수는 인간의 삶을 보호하고 악을 물리치는 존재이다. 범굿에는 청신(請神)이나 공수가 없다. 포수가 바로 신의 역할을 담당하기 때문이다.

(7) 제주도 세경놀이

'세경'은 제주도에서 농경신을 말하며 〈세경놀이〉는 농경신에게 풍요를 기원하기 위해 연행되는 굿놀이이다. 〈세경놀이〉는 큰굿을 할 때 〈세경본풀이〉가 구연된 다음 행해진다. 놀이에 필요한 도구는 낫·호미 등 간단한 농기구, 그리고 갓난아이를 나타내는 병(甁) 및 반주에 필요한 무구(巫具)들이다. 배역은 입무(立巫) 1명, 소무 1명, 악기 반주를 맡은 악무(樂巫) 3명이 등장한다.

198) 앞 책, 36-39면 참조.

이 놀이는 입무가 먼저 등장하여 옥황상제 이하 여러 신이 등천(登天)하고 농신(農神)을 위한 〈세경놀이〉 차례가 되었음을 말한 뒤, 소무가 등장하여 "아야 배여 아야 배여" 하며 배가 아파하는 장면으로 시작된다. 놀이는 입무와 소무 사이에 대화로 전개되는데, 소무는 시집살이가 싫어서 도망치다가 들판에서 소변을 보다가 건달총각을 만나 임신을 해서 해산할 때가 되어 배를 앓는다는 사연을 풀어낸다. 소무는 아기(병)를 낳아 놓고 '팽돌이'라 이름을 짓고 글공부를 시킨다. 팽돌이가 공부를 못하자 밭을 얻어 농사를 시킨다. 신방들이 그 밭을 갈아 흙덩이를 부수고 씨를 뿌리고 밭을 밟고 김을 매는 모습을 연출한다. 다음 밭에서 조를 수확해서 운반하여 타작하고 그 곡식으로 모든 빚을 갚고 살림에 드는 모든 비용을 마련하고도 많이 남은 곡식을 광에 저장하는 모습을 연출한다.[199] 출산대목을 인용한다.

> **여장소무**: 아야 배여! 아야 배여! (아파하는 시늉을 한다)
>
> **소무들**: (사설) 삼싱할망 불르라 (여장소무의 허릴 안아 해산시키는 시늉하며) 훈 맥 쓰라.(한 번 힘을 써라) 두 맥 쓰라. 싀 맥 쓰라. 아기 머리 돌렸저. (여장소무의 허리에 감았던 병을 풀어 떨어뜨린다.) 야, 났저 났저. 야, 훈 줌 돋은 거여.(한 점 달린 거야; 사내 아이를 말 함)
>
> **여장소무**: (사설) 아긴 난보난(낳아보니) 눈도 코도 읏인(없는) 아기로고나. 요 아기 이름을 무시거엥(무엇이라고) 지우리?
>
> **소무들**: (사설) 팽두리엥 일름 지우라. 아기 몸 곰지자.(목욕시키자) 서울메여(산후 3일만에 삼신께 고사지내는 멧밥) 일렛메여(산후 7일째 삼신께 고사지내는 멧밥)
>
> **여장소무**: (젖 먹이는 시늉하고 채롱에 병을 넣어 흔들며 창)
> 자랑 자랑 웡이 자랑 우리 아긴 잘도 잔다.[200]

---

199) 玄容駿·金榮敦, 重要無形文化財指定資料, 「제주도무당굿놀이」, 12-14면.
200) 현용준, 『濟州島巫俗資料事典』, 신구문화사, 1980, 385면.

이와 같은 아기의 출산 대목이 굿놀이에서 연행되는 것은 풍요와 다산을 기원하기 위해서이다. 동해안 〈거리굿〉 중에서도 골매기할매의 며느리가 등장하여 출산하는 장면이 연행된다. 아기를 낳는 여인은 젊은 여인으로서 생산력이 왕성함을 보여주는 것이고 인간의 출산은 곧 농작물의 생장과 결실, 가축이나 어류 등의 번식과 연계되어 풍농과 풍어를 기원하는 의미를 가진다. 이처럼 〈세경놀이〉는 풍요를 기원하는 모방주술적 의식에서 시작된 것이고 후대에 오면서 익살과 재담이 많이 삽입되어 흥미 위주로 변모된 무극이라고 본다.

(8) 제주도 영감놀이

'영감'은 일명 '참봉' 또는 '야채'라고도 하는데 제주도에서 도깨비를 존칭하는 말이다. 영감신은 본풀이에 의하면 서울 머자 고을의 허정승 아들 7형제로서 삼각산·백두산·금강산·계룡산·태백산·지리산·한라산을 차지한 산신으로 되어 있다. 제주도의 영감신은 7형제 중 막내로서 한라산을 차지한 신이다. 이 신은 망만 붙은 깨진 헌 삿갓을 쓰고 깃만 붙은 베 도포를 입고 미투리를 신고 곰방대를 물고 다니는 우스운 모양을 하고 있으며 한 손에 연화(煙火)를 들고 다른 손에는 신화(神火)를 들고 순식간에 천리만리를 다닌다고 한다. 특히 영감신은 비오는 날이나 안개 낀 날을 좋아하며 해녀나 미녀를 잘 쫓아다니고 병을 주는데, 잘 위하면 일시에 거부가 되기도 하고 어업도 번창하게 해 준다고 한다. 이러한 신의 성격은 도깨비와 일치하며 영감신은 곧 도깨비신을 말한다고 볼 수 있다.[201]

〈영감놀이〉는 간단한 영감상을 배설하고 밤에 행하는데 무구 일체와

201) 앞 책, 14-15면.

영감 가면 2개 및 짚으로 만든 소형 배가 준비되어야 한다. 굿을 시작하면 먼저 소무 2명이 영감 가면을 쓰고 횃불을 들고 바깥에 멀리 나가 대기한다. 입무는 제장에서 영감신을 청배하는 의식을 행하고 바깥을 향하여 "영감! 영감!" 하고 부른다. 그러면 영감신으로 분장한 소무 2명이 횃불을 흔들며 제장으로 들어온다. 영감신과 입무는 대화를 나누며 놀이를 전개한다. 영감신은 한라산 구경 온 동생을 찾으러 왔다가 영감을 부르는 소리가 나길래 왔다고 말하고, 입무는 이 집 아무개가 영감에 빙의(憑依)되어 앓고 있어 당신을 청한 것이니 데려가 달라고 요청한다. 그러면 영감신은 환자를 보고 "동생아 어서 가자" 하며 술을 마시고 한참 즐겁게 논다. 그렇게 놀고 난 뒤 미리 준비한 짚으로 만든 배에 여러 가지 음식을 싣고 떠나는 장면을 보여주고 배를 띄워 보내는 것으로 끝을 맺는다.[202)]

이 무극은 가면놀이라는 특징을 갖는다. 무속에서는 인간의 질병은 신이 붙어서 나타난다고 믿고, 이 신을 보내면 병이 치료된다고 생각하고 있기에, 이 놀이는 병을 고치기 위한 의식으로서 연행된 것이라고 본다. 이 놀이의 역사적 기원은 밝혀지지 않았으나 『삼국유사』에 기록된 〈처용설화〉와 상통되는 성격이 있어 고대부터 전승된 무속의식이었으리라고 추측된다. 영감신이 산신으로 설정되어 있으면서도 배에 태워 보내는 것으로 마무리 짓는 것은 병을 주는 신을 퇴송하는 무속의식의 관행으로 보여 진다. 서울 지역에서 행하여지는 〈마마배송굿〉에서도 마마신을 배에 태워 보내는데 이는 인간공동체의 세계가 아닌 다른 세계로 역병을 주는 귀신을 떠나보냄을 의미한다.

---

202) 앞 책, 15-16면.

(9) 제주도 삼공맞이

〈삼공맞이〉는 일명 〈전상놀이〉라고도 하는데 '전상'이란 어떤 일에 집착하는 마음을 말한다. 〈삼공맞이〉는 삼공신을 맞아들이고 그 삼공신으로 하여금 집안의 모든 사(邪)를 쫓아내는 의식으로서 큰굿을 할 때 〈시왕맞이〉를 끝낸 후 행한다.

이 놀이는 삼공 마지 상을 차려놓고 소무 2명이 장님 거지 부부로 분장하여 바깥에 대기하여 있게 한 뒤 시작된다. 입무가 삼공신을 청하면 밖에 있던 장님 거지 부부가 막대기를 짚고 더듬거리며 입장한다. 장님 거지 부부가 입무에게 "여기서 석 달 열흘 백 일간 거지잔치를 크게 차려 대접한다기에 얻어먹으러 왔노라"고 말하면 입무는 "기다렸노라"고 하면서 음식을 대접하고 "살아온 과거 얘기나 하라"고 한다. 그러면 장님 거지 부부는 과거의 내력을 장구를 치면서 노래하는데 그 내용은 〈삼공본풀이〉와 같다.

> 그들은 거지로 얻어먹으러 다니다가 서로 만나 부부가 되었다. 결혼 후 그들은 '은장애기'·'녹장애기'·'가믄장애기'라는 세 딸을 낳아 키우며 거부가 되어 잘살게 되었다. 하루는 세 딸을 불러 누구의 덕으로 잘사는가를 물었다. 큰 딸과 둘째 딸은 하느님·지하님·부모님 덕으로 잘 산다고 하였고, 셋째 딸인 가믄장애기는 배꼽 밑의 선금 덕에 잘 산다고 하였다. 부모는 위로 두 딸을 효심이 지극하다고 칭찬해 주고 막내딸을 불효하다고 내쫓았다. 내쫓긴 가믄장애기는 길을 가다가 마를 캐 먹고 사는 마퉁이를 만나 결혼하고 마 구덩이에서 금덩이·은덩이가 쏟아져 나와 거부가 된다. 한편 딸을 내쫓은 부모는 섭섭한 마음에서 딸을 부르려고 내닫다가 대문지방에 눈이 부딪쳐 장님이 되고 일시에 가산을 탕진하여 거지가 된다. 이 소식을 들은 가믄장애기는 부모를 찾기 위해 거지잔치를 연다. 장님 거지와 상을 받고 앉아 여기가지 노래를 하면 입무는 "이 술 한 잔 드옵소서 제가 가믄장애기외다."

라고 말한다. 딸의 목소리를 들은 거지 부부는 "어디 보자." 하고 깜짝 놀라며 들었던 술잔을 떨어뜨리고 두 눈을 뜬다.

이렇게 하여 눈을 뜬 거지 부부는 다시 그 '전상'을 재연하고 구축한다. 우선 남편이 방마다 돌아다니며 돗자리를 둘러쓰고 누우면 입무가 막대기로 때려 내쫓는다. 그런 뒤 부부가 같이 집안의 모든 사(邪)를 풀어 내쫓는 행사를 하고 놀이는 끝난다.[203]

이 놀이는 중간에 장편의 서사무가가 구연되고 있으나 전체 진행은 극적인 전개를 하고 있다. 〈전상놀이〉의 기원은 확언할 수 없으나 이와 유사한 〈장님놀이〉가 서울・동해안 등지에서 전승되는 것을 보아 안신숭배(眼神崇拜)와 관련시켜 생각할 수 있으리라 본다. 또한 〈삼공본풀이〉의 설화 내용은 『삼국유사』의 〈서동설화〉나 〈심청전〉과 유사하기에 무속에서 눈을 관장하는 신에 대한 주술적 의식에서 놀이가 형성되고 설화나 소설의 소재로 옮겨 간 것이 아닌가 추측된다.

3) 희곡무가의 연행적 특징

희곡무가는 무극의 채록본이다. 따라서 무극의 공연형태는 곧 희곡무가의 연행과 직결된다. 무극은 대화와 행위로써 진행된다. 그러나 그 진행방식은 자료에 따라 다르다. 〈소놀이굿〉은 무녀와 원마부의 대화가 중심인 굿놀이이다. 송아지의 재롱이나 악사의 역할은 공연 분위기를 조성하는 기능은 하지만 극의 내용과는 무관하다. 무녀는 주로 원마부가 말할 대목을 요구할 뿐 대부분의 내용은 원마부의 구연으로 서술된다. 〈소놀이굿〉은 극중 사건이 별로 없다. 사건이 없기에 주역의 행위도 별로

203) 앞 책, 9-11면.

없다. 소의 여러 부분을 타령으로 묘사하는 것이 거의 내용의 전부이다. 이런 점에서 〈소놀이굿〉은 교술무가를 입체적으로 구연한 것이고 서사극과는 거리가 먼 자료라고 할 수 있다.

동해안 〈거리굿〉은 반주무와 주무의 대화 그리고 주무의 흉내행위로 진행된다. 반주무는 주무와 대화를 나누기는 하나 극중 인물은 아니다. 관중의 입장에서 주연 배우에게 말참견을 하는 것에 불과하다. 주무는 관중과도 대화를 나눈다. 따라서 반주무는 관중을 대표해서 관중의 이해를 돕기 위해 극의 진행에 개입하는 인물일 뿐이다. 극에 등장하는 인물은 비록 다수라도 주무 혼자서 일인다역(一人多役)으로 처리한다. 〈훈장거리〉에서 훈장과 여러 제자들의 배역을 한 사람이 모두 해낸다. 그러나 상대역이 있어야 좀 더 극적인 효과를 낼 수 있는 거리는 관중들 중에서 주무가 임의로 상대역을 선발해서 등장시킨다. 〈관례거리〉에서는 사장·할아버지·아버지·사촌 등의 인물을 관중들 속에서 주무가 지명하여 놀이판으로 끌어낸다. 그리고 즉석에서 하여야 할 말과 행위를 지시하여 극을 진행시킨다. 이런 점에서 〈거리굿〉은 1인의 독연(獨演)에 가까운 무극이다. 주무 1명의 독연이기에 그 진행에는 설명·행위·대화를 혼자서 담당한다. 따라서 주무는 해설자 및 등장인물들의 역을 모두 도맡아 하는 셈이다.[204)]

그러나 〈도리강관원놀이〉에서는 3명의 무속인이 등장하여 각기 배역을 나누어 맡는다. 이들은 모두 극중 인물이고 극 밖의 인물은 없다. 한 사람이 여러 역을 맡는다 해도 한 인물의 역을 끝마치고 다른 역으로 분장을 바꾸고 등장하기에 2명의 대화를 혼자 처리하는 〈거리굿〉과는 다르다. 따라서 〈도리강관원놀이〉가 가장 본격적 연극에 접근되어 있다고 볼 수 있다.

204) 서대석, 「거리굿의 연극적 고찰」, 『韓國巫歌의 硏究』, 255-275면 참조.

제주도의 무극은 서사무가의 일부를 극적으로 전개하고 있으나 배역을 분담하고 행위가 실연(實演)되고 있어 역시 연극적 형태를 갖추고 있다. 〈세경놀이〉에서는 출산장면과 경작과정을 보여주고, 〈영감놀이〉에서는 축귀장면을, 〈전상놀이〉에서는 눈 뜨는 장면을 극적으로 제시한다. 이러한 장면의 행위묘사는 극중 인물의 대화로 이루어지고 관중의 개입은 많지 않다.

이상에서 대체로 관중의 개입에 의해서 독연하는 형태와 극중 인물의 대화와 행위로 협연하는 형태의 두 가지 무극의 공연형태를 찾을 수 있었다고 본다. 독연형태의 희곡무가는 설명〔해설〕이 많이 개입된다. 그러나 협연형태의 희곡무가는 설명 없이 대화와 행위로 제시된다. 협연형태의 희곡무가 중에도 제주도의 〈삼공맞이〉는 장편의 서사무가 가창이 삽입되어 있기에 독연형태에서 장황한 설명을 하는 것과 유사한 성격을 보여준다.

희곡무가는 춤과 노래가 많이 삽입되고 있다. 〈소놀이굿〉에서는 대부분의 내용이 원마부의 타령으로 전개되고 무당과 곁마부는 타령을 구연할 계기만 만들어 줄 뿐이다. 따라서 〈소놀이굿〉은 대화와 타령의 반복으로 전개되고 이것은 규칙적이다. 〈거리굿〉에서도 많은 타령이 삽입된다. 그러나 타령을 위한 대화만 있는 것은 아니다. 대화와 행위, 타령과 춤이 혼합되어 있다. 즉 타령이나 춤은 극의 일부로서 사건진행을 담당한다. 제주도의 희곡무가에서도 노래는 극의 일부를 이루고 있다. 이처럼 희곡무가는 하나의 갈등을 예비하고 심화시켜 해결하는 서사극과는 달리 어느 한 마당을 제시하여 행위로 묘사하고 독립된 마당들이 이어져 있다는 특징을 갖는다.

다음 무극에서 시간과 공간이 어떻게 처리되고 있는가를 검토해 보자.

무극에서는 극중 장소와 공연장소가 일치하는 경우가 많다. 공연장소는 굿청으로서 무대상의 공간이고 극중 장소는 연극 내용에 따라 설정된

가상의 공간이다. 무극에서는 공연장소와 분리된 극중 장소를 따로 준비하지 않는다. 즉 무대장치가 없다. 굿청은 공연장소이면서 또한 극중 장소가 되기도 한다.

> 주무가 치마 저고리를 벗고 안경을 쓰고 갓을 쓰고 지팽이를 짚고 등장
>
> **반주자:** 골매기 할배인교?
>
> **할 배:** 이 놈의 집구석에는 그저 어른만 나가고 없이며는 그저 집안이 떠들썩하니 궁마절사 호르락 삐쭉 개를 잡아서 장구를 메우고 소를 잡아서 북을 메우고 궁마기갱 기갱갱 이놈의 집구석이 이래가 될락 하나 안 될락 하나. 여! 담배 한대 붙여라! 야! 담배 한 대 붙여 올려라! 이 사람들아 요새 거 좋은 담배 없나. 이놈의 집구석이 우째 이래. 가만 있그라 보자. 이 사람들 구장 총대 다 어디 갔나? 자네 이 사람 이 동네 총댄가 이리 와!
>
> (총대를 보고 호령한다. 이 때 조사자가 담배에 불을 붙여주자)
>
> 어디서 오신 선생님인지 참 고맙구마는… 뿐을 좀 봐라. 이래 어른 대접할 줄 알아야지. 참 고연 것들 요게 앉거라. (총대라는 사람이 와서 앉는다.)[205]

〈동해안 거리굿〉에서 골매기할배가 등장하는 장면이다. 골매기할배는 장구 치고 북 치는 굿판으로 등장하여 굿을 주관하는 마을 임원과 대화도 나누고 무가 조사를 하는 교수와도 대화를 한다. 이처럼 극의 내용에서 설정한 공간과 실제 공연하는 장소가 일치한다.

제주도 〈전상놀이〉에서도 영감 거지 부부가 찾아온 곳은 가믄장애기가 거지잔치를 벌이는 곳이다. 그런데 굿의 입무가 바로 가믄장애기의 역을 함으로써 〈삼공맞이〉를 하는 굿청이 바로 극중 장소가 되고 있다.

---

205) 최정여 · 서대석, 『동해안무가』, 329면.

이처럼 극중 배경과 현실배경이 일치되기에 관중과 같은 극 밖의 인물이 극중에 등장하기도 하고 굿을 하는 무속인이 무극의 등장인물이 되기도 한다. 〈거리굿〉에서 저승과거에 합격하여 강관이 된 훈장은 이것을 구연하는 무속인 자신으로 연결된다. 그래서 직산1리 이장이 강관을 찾아가서 거리굿을 해 달라고 부탁하는 말까지 나오는 것이다.

극중 장소가 공연장소와 구별되더라도 이것은 관중이 관념적으로 이해할 뿐이다. 〈거리굿〉에서 주무가 장대 하나를 들고 노 젓는 흉내를 내면 극중 장소는 바다 위에 떠 있는 배가 되고, 해녀 흉내를 내면 바닷물 속이 되며, 물 긷는 흉내를 내면 마을의 우물터가 된다. 또한 공간의 이동도 매우 자유롭게 표현된다. 몇 걸음을 걷거나 굿마당을 몇 바퀴 돌고 나서 얼마를 왔다고 하면 백 리도 이동되고 천 리도 이동된다. 〈거리굿〉에서 훈장은 과거를 보러 한양을 향하여 천 리를 간다. 그러나 실제행위는 굿마당을 두어 바퀴 뛰어서 돌은 후 한양에 당도하였음을 말함으로써 공간이동을 관념적으로 처리하고 있다.

시간의 흐름도 공간의 처리와 같이 같은 장면에서 말로 설명하여 처리한다. 아기를 낳고 아기를 어르고 다시 아기가 병들어 죽는 과정을 몇 분 사이에 해치우는데, 이것은 몇 달 또는 몇 해의 자연적 시간이 경과한 것을 축약하여 보여준 것이다.[206] 이처럼 공간이동이나 시간의 경과를 설명을 통하여 관중이 관념적으로 이해하도록 처리하고 있다. 이러한 무극의 연희방식은 설화의 구연과 연극에서 행위로 실연하는 것을 복합한 형태로서 한국 전통극인 마당놀이 극작술의 특징이다.

206) 서대석, 「거리굿의 연극적 고찰」 참조.

4) 희곡무가의 주제적 특징

희곡무가의 세계는 제의에서 신화적 내용을 실연하거나 신에게 다양한 인간의 삶의 모습을 보여주는 것이지만, 실제로는 인간인 관중의 흥미를 끌기 위하여 많은 요소를 삽입하고 있다. 희곡무가가 연행되는 제의는 대체로 마을에서 공동으로 주관하는 촌제(村祭)이고 여기에 모이는 관중은 마을 사람들이다. 즉 무의를 주관하는 집단에 의해서 그 집단의 민중들이 향유하는 민속놀이로서의 성격이 희곡무가에 부각되어 있다. 이런 점에서 무극을 향유하는 민중의식과 관련지어 희곡무가의 특질 몇 가지를 검토하기로 하겠다. 검토할 주 자료는 동해안 〈거리굿〉이며 그 밖의 자료는 참고로 한다.

(1) 골계적 성격

무극을 지배하는 분위기는 웃음이다. 〈거리굿〉에서는 제상을 치워 놓고 놀이를 시작한다. 따라서 다른 굿거리에서 감도는 신성성이나 엄숙한 분위기를 〈거리굿〉에서는 찾기 어렵다. 웃음을 자아내는 방법으로 가장 많이 쓰이는 것은 무속인 자신의 자기 비하(卑下)이다. 물론 주무는 사제자가 아니라 극중 인물이다. 즉 주인공인 자신의 무식과 무능, 실수와 패배를 보여주면서 관중들로 하여금 자기우월의 쾌감과 웃음을 유발하도록 한다. 〈거리굿〉에 등장하는 훈장은 지식과 덕망의 표상(表象)이라는 일반적 통념과는 달리 비속하고 골계적인 인물로 표현된다.

> 가르치다 가르치다 밑천이 떨어져 가르칠 것이 없으면 술 먹고 지랄병 하는 것도 가르치고……마 튀전도 가르치고 쪼이도 가르치고 화닥대기도 가르치고 뺑도 가르치고 골패도 가르치고 마 어는 거 못 가르친 게 없다.[207]

여기서 훈장이 학동들에게 가르치는 내용은 오히려 가르쳐서는 안 될 것들임을 알 수 있다. 술주정이나 노름은 학동이 해서는 안 되는 훈장이 엄금해야 할 사항이다. 그럼에도 불구하고 이것을 솔선해서 학동들에게 가르친다는 것은 훈장 자신의 자기 비하(卑下)이며 동시에 훈장이라는 통념을 부정하고 풍자하는 것이 된다.

이러한 엉터리 훈장 밑에는 또한 엉터리 제자들이 모여든다. 그리하여 이들 사제간의 학습과정은 골계적으로 진행된다. 제자 하나는 「천자문(千字文)」을 배우는데 하늘천(天)을 '높을천'으로, 따지(地)를 '쨀지'로, 감을현(玄)을 '묶을현'으로, 누루황(黃)을 '태울황'으로 고쳐 읽는다.[208] 그리고 선생의 수정을 반박한다. 하늘이나 높은 거나 매한가지이고 따는 것이나 째는 것이나 다를 게 없다는 것이다. 이 같은 골계적 내용은 민중 누구나가 이해할 수 있는 체험에 바탕을 두고 있기에 더욱 실감이 고조된다. 천지현황(天地玄黃)의 4글자는 과거의 서당식 교육이 성행하던 사회에서는 서당엘 다녔거나 안 다녔거나 모든 사람에게 이미 친숙해져 있는 글자들이기 때문이다.

〈거리굿〉에서 과거보는 장면 역시 골계적으로 처리된다. 주인공은 입춘(立春)을 썼던 종이 쪼가리를 주워서 시지(試紙)로 삼고 숯도막을 주워서 먹으로, 그리고 모지랑 빗자루를 붓으로 삼아서 푸를청(靑)자 운을 달아 다음과 같이 시를 짓는다.

> 나막신 뒤축이 거무리짝 하니 짚시기 앞총이 헝겊총이라 [209]

이러한 내용도 과거(科擧)라는 엄숙한 행사를 부정하고 풍자하는 의미

---

207) 최정여 · 서대석, 앞 책, 286-287면.
208) 앞 책, 287면.
209) 앞 책, 295면.

를 보여준다. 과거는 양반들의 전유물(專有物)이었고 평민에게는 그림의 떡과 같은 소용없는 제도였다. 이 같은 제도를 희화화함으로써 과거 응시 자격조차 없었던 민중들로 하여금 자위와 보상을 얻게 하는 뜻이 있다고 본다.

이러한 상층계급에 대한 공격은 동해안 〈도리강관원놀이〉에서 보다 적극적으로 나타난다. 도리강관은 신임 사또에게 현신하면서 사또가 부임시에 길 닦으라는 명령을 어떻게 수행했느냐고 묻자 다음과 같이 대답한다.

> 그런데 질 수척 잘 했지. 질 수척을 우예 했는고 하믄, 요샌 부르도자가 있어 갖다 썩 밀어뿌만 마 이 도로포장을 안 해도 맨맨스럼하이 차가 지나가기 좋지마는 옛날은 부르도자가 있나 뭐 끄는 차가 있나, 민데는 차가 있나, 천상 수금포로 가래 아니면 길을 못 닦지러. 이놈은 마 큰 가래 하나 가지고 마을 사람을 전부 동원시켜가 가다가 보믄 비가 와서 개방처럼 폭 파인데는 이 사람들로 아 거저 품을 줘 가주고 더 깊이 푹 파뿌렸고, 가다가 또 재가 조금 높으다 싶으마 그 위에다 산에 흙을 더 갖다 덮어가 그래 높으다니 맨들었고 또 까시 없으면 사람 바치라고 까시 갖다 막았고 돌 없으면 잘 채이라고 돌을 갖다 놨고, 그만하면 질 수척 잘 했지 우옛단 말이고.[210)]

강관의 이러한 대답은 사또의 명령과는 정반대가 되는 것이다. 길을 닦은 것이 아니고 길을 막아 놓는 일을 한 것이다. 이상과 같은 풍자적 성격은 거리굿의 〈관례거리〉나 〈도리강관원놀이〉 전체에 두루 나타나는 특징이다.

또한 웃음의 소재는 대체로 비정상적 남녀관계를 대상으로 만들어진다. 특히 일부일처제의 부부관계에서 이탈하는 모습을 보여주는 익살이

---

210) 서대석, 「도리강관원놀이」(『文學思想』 83호, 1979. 10), 440-441면.

▌김금화의 서해안 풍어제(2003. 6)

많이 나타난다.

만신: 이녁네는 영감이 몇이나 되나?

장고: 나야 하나지 뭐 몇이겠시까?

만신: 오마, 하나를 데리고 살다가 도토리 방정에 육해살이 껴서 팥을 갈아먹게 홀깍 잡아먹든지 딸깍 죽으면 어떻게 할려고

장고: 임자는 몇이나 데리고 살기에 그러시까?

만신: 담 안으로 하나, 담 밖으로 하나, 아흔 아홉인데 백으로 채우려고 이 집 굿에 왔담네.

장고: 그것들 다 무엇하는 영감이야.

만신: 하나도 버릴 것이 없담네.

장고: 그럼 어디 주어대 봐.

만신: 줘대 볼까. 쓸어발이는 쓸어 들이고, 몽둥발이는 몰아 들이고, 중신랑은 죽으면 극락 가라고 염불해달라고 두고, 토인신랑은 귀 잡고

입 맞출려고 두었고, 비단장사 신랑은 좋은 비단옷 해달라고 있고, 금부도사는 아흔 아홉 신랑중에서 못되게 노는 신랑 때려주라고 두었고, 뱃사람은 입맛 없을 때 토막반찬해서 밥 잘 먹으려고 있고, 조막손이는 가마채 메라고 두었고, 안팎 없는 등곱쟁이는 집안에 원수 없이는 못 산대서 원수로 두었고 안땅발이는 나락몽석 보라고 두었고.

장고: 옳지 어수선하게 줘대니 그럴듯하고 없는 것 없이 골고루 두었구먼.[211]

이것은 김금화가 구연한 황해도 〈도산말명방아찧굿〉의 일부인데 도산말명으로 등장하는 여신은 영감을 아흔 아홉을 두었다고 자랑한다. 한 여인이 다수의 남성을 영감으로 데리고 산다는 일처다부제(一妻多夫制)는 전통사회의 실상과는 전혀 다른 모습이다. 이와는 달리 경상도 동해안 지역의 〈거리굿〉에서는 일부다처(一夫多妻)의 익살이 나타난다.

주 무: 우리 집에 가면 마누라가 또… 내가 다섯이나 되제.

반주자: 다섯이나?

주 무: 다섯인데 왜 그런지 모르제. 자— 헤아리거던 바레이. 하난 깔고 자야제. 하난 덮고 자야제. 하난 비고 자야제. 하난 안고 자야제. 하나 남제. 하나 남는 건 저런 친구 오면 친구 좀 기마이 쓸라고.[212]

여기서 황해도 지역의 여무(女巫)의 익살에서는 일처다부로, 경상도 지역 남무(男巫)의 익살에서는 일부다처로 나타남을 본다. 이처럼 유사한 소재를 가지고도 구연자의 성별에 따라서 또는 지역 정서에 따라 달라짐을 알 수 있다. 그러면 이러한 차이가 단순한 구연자의 개성이나 성별에 따

211) 김금화, 앞 책, 111-112면.
212) 최정여 · 서대석, 앞 책, 292면.

른 차이인가 아니면 보다 깊은 원초적 사고와 관련되는 것인가를 생각할 필요가 있다.

즉 일부다처 의식과 일처다부의 의식이 어떠한 신화적 사고와 관련되는가 하는 점이다. 탈춤에서도 남녀 간의 삼각관계가 등장한다. 〈봉산탈춤〉에서는 노장과 취발이가 소무 하나를 놓고 다툼을 벌인다. 이는 두 남성과 한 여성의 관계를 보여주는 것으로서 소무가 늙고 힘없는 노장을 버리고 힘세고 젊은 취발이를 선택하여 결합하고 출산을 한다. 이는 생산력의 원천이 남성에게 있다는 신화적 사고를 반영한 것이다. 즉 남성이 생산력을 결정하기에 생산력이 고갈된 늙은 남성을 생산력이 왕성한 젊은 남성으로 대체하는 것이 생산력을 갱신하여 풍요와 다산을 이룩하는 길임을 보여주는 것이다. 한편 〈양주별산대〉의 〈미얄과장〉에서는 영감과 미얄, 돌머리집의 삼각관계를 보여주는데 영감이 늙은 미얄을 버리고 젊은 돌머리집을 선택하여 자식을 출산한다. 이는 〈봉산탈춤〉과 반대되는 사고로서 여성이 생산력을 좌우하는 원천적 존재라는 사고를 함의(含意)한 것이다. 이처럼 생산력의 원천이 남성에게 있느냐 여성에게 있느냐 하는 신화적 사고가 풍요와 다산을 기원하는 굿에서 일처다부나 일부다처로 극화(劇化)되었다고 본다. 즉 일처다부의 익살은 표면적으로는 여성이 사회에서 주도권을 가지고 있는 가모장제적(家母長制的) 사고를 나타내는 것으로 해석할 수 있으나 이면에는 생산을 결정하는 존재가 남성이라는 사고를 내포하고 있다. 반대로 일부다처의 익살은 가부장제(家父長制) 사회의 산물로 해석할 수 있으나 생산의 풍요와 다산은 여성이 결정한다는 사고를 함축하고 있다고 본다.

(2) 일상생활의 재현

〈거리굿〉에서는 며느리의 잠자는 모습, 밥하는 장면, 밭에 거름 주는 모습 및 아기 낳는 장면과 고기잡는 장면이 묘사된다.

> 야 세상에 잠을 자다 정지에 와서 합문 앞에 붙어 섰다가 쌀 내러 간데이. 이놈의 쌀대배기를 옆에 떡 찌고 가야 안 되나. 이년의 쌀대배긴 언제나 여기다 걸치고 가지 왜. (쌀 바가지를 사타구니 앞에 대고 어기적거리며 걷는다) 고만 큰 방문을 확 열어 닥치고 이 지랄하고 걸어 들어간데이. (어기적거리고 걷는다.)
>
> 번히 들봐다 보다가 쌀 단질 안들어다 보나. 이래 들봐다 보고 어느 단지에 쌀이 많이 있는고 싶어 이년들 그마 먹던거 가주구 헐거 있나. 뜨기 쉬운 거로 하지. 그리고 단지마다 퍼 보고 어느 쌀이 좋은가. 좋은 거는 갈라 먹고 나쁜 거는 남으며는 퍼 내 팔아 살구 사 먹지 뭐. 하얀 단지 이 쌀이 좋구나. (쌀 푸는 흉내)
>
> 퍼가지고 정지에 나오면 어떻게 카노 카면 물을 길어서 하지. 물 길러 갈 꺼도 없이 어제 저녁 꾸중물 받아 놓은 웃물이 노라니 내려 앉았제. 고걸 쫄 따룬다. 마 간 좀 덜 먹고 간간 찝질한 거 좋다. 그것을 씨부적 씨부적 씻는다. 쌀 씻으면 지성으로 씻지 이 미친년은 씨부란 년은 웬 생쌀을 그래도 질기던동 물에 실 불으면 머 잘 쳐먹는다. (쌀 먹는 흉내) 쌀을 너무 많이 너니까 입으로가 옳게 못 놀리거던. 손으로가 받쳐든다. 세상에 이래가 그래 그 요량하고 쌀을가 두어 홉씩 더 내 온다. 우에 꺼로 지 처 먹을 요량하고
>
> 이래 가지고는 쌀 마 일배가 있나. 일 것도 없이 솥에가 푹 쏟아 버린다. 이래 쏟아 안쳐 뿌린다. 쏟아 안쳐 뿌리드니 우리 집에 또 망내이 딸이 마흔아홉 살 먹은 게 처자가 시집 안 간 게 하나 있다. 이거를 깨워 불 여라 카제.
>
> "이 화냥년의 가시나 어뜩 일어나 불 여라. 내 밭에 똥물 주러 갈란다."
>
> 이것도 뿌시시 일어나 불 엿제.[213]

이것은 잘 못하는 며느리의 밥 하는 모습을 연행(演行)한 대목이다. 가

---

213) 앞 책, 321-322면.

정 주부가 쌀을 퍼다가 밥하는 일은 매일같이 반복하는 일상생활로서 재미있는 놀이의 소재가 되기 어렵다. 그러나 이러한 지극히 평범한 소재를 과장해서 묘사하여 관중을 웃게 한다. 관중이 이러한 일상의 자기 모습에 재미를 느끼는 것은 자기들의 생활체험을 반영하기에 실감을 느낄 뿐 아니라 연희자가 연기를 잘하는지 못하는지 비판하면서 관람할 수 있기 때문이다. 특히 밥하는 일이나 출산은 여자들이 도맡아 하는 전문적인 일인데 이것을 남자가 연기하기에 더욱 부녀들의 관심을 끌고 있다. 관중들 중에는 연기하는 무속인보다도 실제 생활에서 더 많은 체험을 한 사람들이 많다. 그렇기 때문에 체험에 바탕을 둔 지식과 안목으로 그 연기를 평가하면서 자신의 삶의 의미를 되돌아보는 재미로 공연을 관람하는 것이다.

(3) 성(性)의 노출(露出)

무극은 골계적 놀이이기에 비속적 표현은 골계적 효과를 나타내기 위하여 상용되는 수법이고 비속적 표현에는 성에 관한 언급이 뒤따르게 마련이다. 동해안 〈거리굿〉에는 다음과 같은 장면이 있다.

> ① 그러다가 세상에 지 서방이, 또 싱겁게루 이 자식 보래이. 마 밤새도록 그냥 자지 싫건 자다가 밥하러 나갈라카면 실 끌어당기는 게 장관이지 왜. 세상에 환장하지. (관중 중에서 청년 하나를 굿청으로 불러들여서 같이 눕는다) 자 이래 누벗지. 지랄하고 새벽녘에 또 나를 끌어 당긴다. (부부행위 흉내를 낸다)
>
> ―골매기할매거리[214)]

② 아이가 경풍으로 죽자 아이 아버지라는 마을 총대를 붙들고 "이왕 가

214) 최정여 · 서대석, 앞 책, 321면.

는 김에 하나 더 맹길어 놓고 가거라" 하고 다리를 안고 늘어진다.

—출산거리[215]

③ **할배**: 그런데 우리 할마니 여기 와 노다 갔지 어디쯤 노다 갔지

총대: 바루 고기서 놀았습니더.

할배: 여기가… 우리 할마니 거 개 잘 쫒지. 왜냐 그 아리 좋지 못해 그렇다. 그러니 내가 오며는 언제나 어느 장소에 앉아 놀았다 카는 거는 냄새만 맡아 보면 대략 알아볼 수 있거던.

(바닥에 코를 대고 컹컹하며 여기 저기 냄새를 맡는다)

야 참 독하다. 과연 야 여기구나. 아이고 큰일 났다. 야 이거 웬일이고? 야 이 동네 총대콰 놀았다 해. 이런 답답할 놈에 일이 있나. 야 내가 이 걸 어제 점호하던 사람도 어데가 처백혀 안 나오고 그래 우선에 제일 마무린게 총대다. 야! 남의 핼밀 데리고 놀면 곱게 그냥 지성으로 데리고 놀 일이지 이거 왜 빼 놨노? 남 막내이 아들 장개 보낼 때 상납 달비할라고 고이 곱게 요새 요소 암모니아 비료 줘가주구 걸과 농거루 와 이리 뺏노? 와 뺐노 지성으로 놀지 (총대에게 달려든다) 야 이거 안되겠구나. 내가 약대 값을 물린다 카먼 자손이 잘 안 핀단다. 내가 다먼 값에 장가 갈 때 들은 출물이나 물고 데리고 가던 동 내삐리던동. 빨리 약대값 내놔라! 안 줌 마 니 죽고 내 죽고 한다. 빨리 항복해라 (총대를 무릎으로 누르고 족친다) 데리고 놀았지럴. 놀았지럴. 오냐 줄항복 하는구나 빨리 내놔라! 싸게 내놔라!.

—골매기할배거리[216]

이상과 같은 성(性)에 대한 적나라한 표현은 〈거리굿〉에서 많이 만나는 장면이다. 이러한 성적인 행위 묘사는 도덕적으로 금지된 영역이기에 이것을 개방함으로써 평소에 억압되었던 감정을 발산시키는 효과를 주기도

---

215) 앞 책, 352면.
216) 앞 책, 329-330면.

한다. 그러나 그 원초적 기능은 성과 생산과의 관계에서 찾을 수 있다. 즉 성행위의 연기는 바로 풍요를 기원하는 주술적 의식에서 농경의 풍요를 위하여 시작되었다고 본다. 성행위는 잉태의 계기가 되고 잉태와 출산은 곧 생산을 의미한다. 무극에서 중요한 비중을 차지하는 것은 출산장면이다. 동해안 〈거리굿〉이나 제주도 〈세경놀이〉에서 모두 출산장면을 연출한다. 〈거리굿〉은 풍어제의 한 거리이고 〈세경놀이〉는 농경신에 대한 굿거리이나 모두 다산(多産)과 다수확(多收穫)을 기원하는 무의라는 점은 공통이다. 여기서 출산장면이 중요시되는 것은 인간의 출산과정과 곡물이 싹이 트고 꽃이 피고 열매를 맺는 것이 서로 비의(比擬)된다고 생각하였기 때문이다.

〈거리굿〉에 등장되는 골매기할매는 여신이면서 생산신이다. 그런데 이 신은 아이를 어떻게나 많이 낳았는지 밑이 빠진 할머니로 나타난다.[217] 생산의 상징인 골매기할매가 아이를 많이 낳은 인물이라는 것은 생산신에 대한 의식에서 출산행위를 모의적으로 연행하는 것과 같은 사고의 소산이다. 그러나 이러한 제의적 성격은 조선조에서 본능적 감정을 강력하게 억압했던 주자학적 윤리관에 대항하면서, 무속제의에서 더욱 민중의 환영을 받았던 것으로 이해된다. 민중들은 풍요를 기원한다는 제의적 명분하에 윤리적 속박으로부터의 도피를 〈거리굿〉과 같은 굿놀이에서 노출되는 성생활의 단면을 통해 성취할 수 있었다고 본다.

217) 앞 책, 317-318면.

제 3 부

무가의 전반적 검토

제3부 무가의 전반적 검토

1. 무가의 전승원리

구비문학은 전승에 의하여 그 생명이 지속되며 전승에는 반드시 변화가 수반된다. 기록문학의 경우는 작자의 창작과정과 독자의 독서과정이 분리되어 있으나, 구비문학의 경우 작품의 창작은 구연하는 시간에서 이루어지고 작품의 감상과 이해 또한 구연현장에서 시청(視聽)을 통해 이루어지기에 저작과 감상이 같은 현장에서 동시에 진행된다.[1] 따라서 구비문학의 구연본은 곧 작품인데 이것이 어떤 원리로 만들어지는가 하는 것은 구비문학 연구의 중요한 과제이다.

무가는 신에 대한 제전에서 구연되는 구비문학이다. 그러나 제전에는 인간인 청중이 많이 모이고 무가 구연에 민감한 반응을 나타내기에 무당이 무가를 구연할 때에 신만을 의식한다고는 볼 수 없다. 신과 인간이 모두 무가의 청중이라고 할 수 있으나 무가가 문학적으로 성장하는 데는 인간 청중을 의식한 구연자의 노력이 더욱 많은 비중을 차지했다고 볼

1) A.B. Lord, *The Singer of Tales*, New York: harvard University Press, 1973, p. 13 참조.

수 있다.

무가도 다른 구비문학과 같이 무(巫)들이 선배들의 보유자료[2]를 학습하고 구연현장의 분위기와 청중의 성격을 참작하여 구연 시에 구체적 작품을 만들어낸다. 그러나 설화·민요 등과는 달리 무가는 무가 고유의 공식어구(公式語句)[3]가 있으며 무(巫)들은 이것을 익히는 것이 무엇보다도 우선되는 무가 학습의 요령이었다. 이러한 무가의 공식구는 지역적 무풍(巫風)에 따라 다소 차이가 있으나 다른 구비문학과 다른 무가의 특징을 가지고 있다. 예를 들면 신의 언어와 인간의 언어를 분별하여 〈축원〉은 극존칭으로, 〈공수〉는 반말로 진술한다. 또한 신에게 아뢰는 〈축원문〉은 모두 '하소서체'나 '하옵소서체'로 되어 있는 반면 신의 언어인 〈공수〉는 '해라체'로 되어 있다. 그 밖에 무가의 공식적이면서 비유적인 독특한 표현들이 있다. 예를 들면 "동방삭의 명을 빌고 석숭의 복을 빌고 강태공의 나이를 빌고", "앞다리 상각 뒷다리 하각에 태산같이 받으시고", "부자되게 도와주고 장자되게 도와주고", "밤이면은 불이 밝고 낮이며는 물이 맑어 수화청명을 갖추맑혀", "대활례로 놀으소사 소활례로 놀으소사", "먹고 남고 쓰고 남게 도와주고" 등등의 구절은 모두 서울 지역 축원 무가에서 공식화된 표현들이다. 이러한 무가의 공식구는 대부분 대구(對句)로 병렬(竝列)되어 있다. 이러한 무가 어법의 특성을 무속인들은 잘 이해하고 익혀두어야 한다.

무속인이 무가를 습득하는 과정은 마치 어린아이가 언어를 습득하는 것과 유사하다. 무속인이 굿을 하려면 여러 가지 축원 사설이나 노래 가사, 그리고 무속신화인 서사무가의 문서를 암기하여야 한다. 그러나 인간이 암기할 수 있는 사설의 양은 한계가 있기에 공식구의 암기와 이를 활

2) '先行資料' prior text와 같은 개념으로서 口演本(text) 이전에 傳受한 자료를 말한다.

3) '公式語句'란 A.B. Lord가 말하는 "formula"와 같은 구비공식구를 말한다. A.B. Lord, op. cit. 30면 참조.

용하는 무가의 문법을 파악하는 것이 많은 문서를 구송하는 요령이다. 축원의 사설은 굿거리가 달라지더라도 신의 호칭과 제주의 명칭만 바꾸면 반복하여 사용할 수 있다. 대체로 기억한 단위사설의 용도를 잘 이해하고 적절히 활용할 줄 알아야 유능한 무속인이 된다.

무속인들이 학습하는 것은 무가의 공식어구만은 아니다. 그들은 무경·불경 등 각종 경문과 민요·잡가 등 많은 세속의 가요도 모두 학습해 두어야 한다. 이처럼 익힌 자료들을 구연상황에 따라 구연 시에 재조직하여 구연본을 만든다. 따라서 무가는 꼭 같은 자료가 거의 없다. 스승의 구연본과 제자의 구연본도 구체적 표현은 조금씩 다르고 같은 사람의 구연본이라도 구연상황이 달라지면 즉흥적 창작부분이 첨가되기에 세부적인 면에서 차이가 나게 마련이다. 이것은 무가가 암기와 재생에 의해서만 전승되지 않는다는 사실을 말해 주는 것이다.

무가는 구연형태에 따라 구연본이 다르게 조직된다. 앉아서 자기의 반주로 창송(唱誦)하는 경우와 반주무에게 장단을 맡기고 서서 창송할 경우, 또는 〈만세받이〉와 같이 선후창으로 구연할 경우와 〈노랫가락〉과 같이 교환창으로 구연할 경우 그 구연본은 각기 다르게 나타난다. 특히 서사무가의 전승은 교술무가와는 달리 일정한 이야기를 구연하고 있기에 특수한 전승원리를 찾을 수 있다.

서사무가는 이야기를 노래한다는 점에서 구비서사시라고 할 수 있다. 구비서사시는 서사구조를 가졌다는 점에서 설화와 같은 성격을 가지는 한편, 가창된다는 점에서 교술무가나 서정민요와도 공통점을 가진다. 경문(經文)이나 단편 민요는 암기하여 둔 단위사설의 재생으로 구연되고 전승된다. 따라서 이들은 구연할 때마다 큰 변화가 나타나지 않는다. 구연자가 자료를 망각하였을 경우 구연자료가 훼손되는 일은 있으나 완벽하게 암기하였을 때에는 같은 자료가 반복 구연된다고 본다. 그러나 설화의 전승은 서사구조를 이해한 뒤 그것을 토대로 구연자가 구연 시에 자기의 언어로 재조직함으로써 이루어진다. 설화의 언어는 일상생활에서 사용하는 언어이기 때문에 특수한 고유명사만 기억하고 등장인물의 성격을 파악하여 사건의 전개를 통해 구현할 의미를 알고 있으면 구연자가 이미 학습하여 보유하고 있는 어휘들로 문장을 꾸며서 구체적 자기 구연본을 만들 수 있다.

서사무가의 전승에는 위와 같은 두 가지 전승원리가 모두 적용된다. 즉 서사무가는 이야기 줄거리를 기억하고 서사적 전개에 필요한 장면 묘사에 쓰이는 단위사설을 활용하여 구체적 구연본을 조직한다는 것이다. 그런데 서사무가의 장면 묘사에 쓰여지는 단위사설은 이미 무속인들이 학습했던 교술무가나 경문 또는 민요 등이다. 따라서 서사무가 자료를 기억한다는 것은 이야기 줄거리와 단위사설의 종류와 단위사설이 쓰여지는 서사적 상황을 이해한다는 것을 의미한다.

이 같은 서사무가의 전승원리를 이해하기 위해 손진태 채록본 〈성조푸리〉에 수용된 단위사설을 검토해 보기로 하겠다. 〈성조푸리〉의 서술단락과 단위사설을 요약하면 다음과 같다.

ⓐ 서두축원(〈치국잡기〉)
ⓑ 성조 부모의 무자(無子) 한탄과 기자(祈子)시주
ⓒ 기자치성 사설
ⓓ 태몽사설
ⓔ 해몽사설
ⓕ 성조출생(위인 출생 사설)
ⓖ 성조 관상사설
ⓗ 성조 성장사설(무가 〈삼신축원〉)
ⓘ 성조 솔씨 파종사설(무가 〈성주풀이〉)
ⓙ 성조 혼례사설
ⓚ 성조 정배

ⓛ 성조의 유배지에서 생활

ⓜ 〈새타령〉

ⓝ 성조의 서신 전달

ⓞ 성조의 해배

ⓟ 〈배타령〉

ⓠ 〈소상팔경〉

ⓡ 성조의 자녀 출산

ⓢ 〈백발가〉

ⓣ 〈나무타령〉

ⓤ 교술무가 〈성주풀이〉 집 짓는 장면

ⓥ 〈명당풀이〉

ⓦ 〈입춘풀이〉[4]

이상에서 서사적 전개는 ⓑ, ⓕ, ⓖ, ⓗ, ⓘ, ⓙ, ⓚ, ⓛ, ⓝ, ⓞ, ⓡ, ⓤ 등이며, 장면 묘사를 위해 이미 만들어져 있는 단위사설의 차용은 ⓐ, ⓒ, ⓗ, ⓘ, ⓜ, ⓟ, ⓠ, ⓢ, ⓣ, ⓤ, ⓥ, ⓦ 등이다. 여기에 삽입된 단위사설은 서사진행에 기여하는 서사의 주기능단위라기보다는 장면을 꾸미는 장면치레사설로서 기능을 가진다. 즉 단위사설은 그 자체로 독자적 문학성을 가지고 있다.

동해안 지역에서 전승되는 서사무가는 〈당금애기〉, 〈심청〉, 〈바리데기〉 등인데 여기에는 〈상여소리〉와 〈사랑가〉가 공통으로 삽입된다. 김유선이 구연한 〈당금애기〉에는 당금애기 어머니가 당금애기가 돌함 속에서 아들 세 쌍둥이를 낳은 것을 보고 외손자 아기들을 안고 둥기둥기를 하며 다음과 같은 〈사랑가〉를 부른다.

---

4) 孫晋泰, 『朝鮮神歌遺篇』, 79-172면.

① 둥둥 두리둥둥 둥둥 두우둥 두둥 내 딸이야
얼씨구 둥둥 내 딸이로구나 절씨구나 내 딸이야
내 딸 죽은 줄 알았던 것이 어디 갔다가 살아왔나
하늘에 올라 견우 직녀가 네가 되어서 태어났나
하늘에서 뚝 떨어졌나 땅에서 불끈 솟아났나

② 둥 둥둥 내 딸이야 얼씨구 둥둥 내 딸이로구나 절시구나 내 딸이야
금구슬을 너를 줄가 노리노리 꾀꼬리 당참에 큰 칼을 꽂아서 너를 줄가
강능당능에 들구시에 갖은 양념에 마늘 생강에 후추가루다가 너를 줄가

③ 얼시구 둥둥둥 내 딸이야
둥글안에 옥녀씨는 청태나 둘러서 곱기나 하지
덤불 밑에 무질네는 가시나 총총이 돌아 곱기나 하지
오두막집에 서기씨는 불이나 밝아서 곱기나 하지
얼음 구멍에 수달피 같고 댕기 끝에는 준주로구나

④ 둥 둥 두 둥둥 내 딸이야 얼씨구 둥둥 내 딸이야
북해 흑룡이 여의줄(如意珠)만 물고 자룽간(彩雲間)으로 넘노난 듯
당산(丹山) 봉학이 죽씰을 물고 오동 숲으로 넘노난 듯
두웅 두 둥둥 내 딸이야 얼씨구 둥둥 내 딸이야

⑤ 손자놈 치레를 둘러보소
앞머리 꽂이 연화주 꽂고 뒷머리 섶에 둥실 두리둥을 쳤네
아랫니 벙깃 웃는 태도가 사람의 간장을 다 녹인다
둥기 둥둥 내 손지야
아들의 손자는 걸리고 딸의 손자는 업히고 사랑가루만 불러보자
둥둥 두둥 둥둥[5)]

5) 崔正如 · 徐大錫, 『東海岸巫歌』, 99-100면.

이와 유사한 〈사랑가〉 사설이 김복순이 구연한 〈심청굿〉에도 있다. 김복순의 〈사랑가〉 사설 중에서 김유선 사설과 유사한 대목만 골라보면 다음과 같다.

② 두둥 두둥 두둥 내 딸이야
또 무엇을 너를 줄꼬
둥글둥글 수박 웃부기 따서 각난 행짝에 씨래비 부어 홰홰둘러 너를 줄가
노리 노리따 참외 꾀꼬리 단참외 창칼 꼽아 너를 줄가

③ 돋아 오르는 반달으는 지미나 끼여 곱기나 하고
웅글안에 옥녀씨는 청태나 끼여 곱기나 하고
오두막집에 서기씨는 불난 뒤에나 곱기나 하고
오두막 집에 석이씬가 불탄 집에는 화기 씬야
두두두둥~~ (장단) ~~ 뚜뚜둥 ~~~ 내 딸이야
너 어디를 갔다 니가 왔나
새벽바람에 사초롱 같고 얼음궁게는 수달피 같네
머리 끝에는 준주로구나

④ 북항흑용(北海黑龍)이 여해주(如意珠)를 물고 차룡간(彩雲間)아를 넘노난 듯
단산 봉황이 죽실을 물고 오동숲을 넘노난 듯
얼씨구나 좋네 내 딸이로구나 절씨구나 좋네 내 딸이야

①과 ⑤에 해당하는 것은 없다. 김유선이 〈당금애기〉에서 부른 사랑가는 딸이 외손주를 낳은 것을 보고 손자를 어르며 둥기둥기를 하며 부른 것이고 김복순이 〈심청굿〉에서 부른 것은 심청이 태어나자 딸을 안고 부른 것으로 서사상황에 차이가 난다. 그런데 김복순이 〈바리데기〉를 구연하면서 부른 〈사랑가〉는 버렸던 바리데기가 부친인 오구대왕의 병을 고

치려고 약수를 구하러 간다고 하자 모친인 길대부인이 딸에 대한 사랑을 노래로 부른 것이다. 이런 점에서 효녀인 딸에 대한 〈사랑가〉라는 점에서 〈사랑가〉를 부른 서사상황이 〈심청굿〉과 일치한다. 김유선 〈사랑가〉와 관련되는 사설만 제시해 보이면 다음과 같다.

> ① 내 딸이야 내 딸이야 두우 두두 내 딸이야
> 하늘에서 뚝 떨어졌나 땅에 불끈 솟았드냐
> 어디를 갔다가 예왔느냐 두우 두두 내 딸이야
>
> ③ 솟아오르는 반달으는 기미나 까여서 곱기나 하고
> 둥글안에 옥녀씨들은 청태나 띠여 곱기나 하고
> 부뚜막에 금생미 안에 금자리 속에 금생미 같네
> 두우두우 내 딸이야
>
> ④ 북해흑룡이이 여의주를 물고 자룡간(彩雲間)을 넘노난 듯
> 남산 봉황이 죽실(竹實)을 물고 오동 속으로 넘노난 듯

이처럼 구연자가 다르고 서사무가의 종류가 다름에도 불구하고 동일한 삽입가요가 있다는 것은 이 삽입가요가 서사무가의 사설을 조직하는 데 '구비공식구'(口碑公式句)로서 이용되고 있음을 명백히 보여주는 것이다.[6)]

이러한 구비공식구의 사용은 〈상여소리〉에서도 확인할 수 있다. 서사무가에서 등장인물이 죽는다는 서사적 상황에서는 장례장면이 서술되고 상여를 메고 가는 상황을 실감나게 하려고 〈상여소리〉가 불려진다. 그런데 〈심청굿〉에서는 곽씨부인의 장례 시에 상여소리가 불려지고 〈바리데기〉에서는 오구대왕의 장례장면에서 〈상여소리〉가 불려진다. 김복순 구

---

6) 이에 대한 구체적 검증은 서대석, 「제석본풀이 연구」(『한국무가의 연구』), 134-137면 참조.

연본을 보면 공식구로 보이는 유사한 사설이 〈바리데기〉와 〈심청굿〉에 공통으로 삽입되어 있다.[7)]

서사무가는 축원무가와는 달리 노숙한 무녀에 의해서 구연된다. 무속인이 보유하고 있는 무가자료가 모두 응용되어야 하고 상황에 따라서 이미 학습했던 자료를 적절히 활용할 수 있는 감각이 있어야 좋은 구연본을 남길 수 있기 때문이다.

희곡무가도 역시 서사무가와 같은 전승원리를 찾을 수 있다. 그러나 희곡무가는 구연현장의 상황에 보다 많은 지배를 받는다. 동해안 〈거리굿〉의 경우 그 구연본에는 많은 세속의 타령들이 안배되어 있다. 〈치국잡기〉, 〈책방치장〉, 〈천자풀이〉, 〈한글뒤풀이〉, 〈숫자풀이〉, 〈중타령〉, 〈아리랑〉, 〈방아타령〉, 〈뱃노래〉, 〈사랑가〉 등이 모두 본래의 창곡으로 구연된다. 그리고 이러한 노래가 구연되도록 극적 사건은 유도된다. 그러나 희곡무가에는 가요 단위뿐만 아니라 재담·소화 등의 설화자료 또한 많이 삽입된다. 이러한 설화들은 희곡무가를 떠나서 독립적으로도 구연될 수 있는 독자적 성격을 갖는 것이다.

그러나 가요나 설화의 단위가 모두 희곡무가 속에 용해되기 위해서는 그들 단위를 수용할 극중 상황이 이루어져야 한다. 그리고 극중 상황은 현장 분위기에 따라서 달라질 수도 있기에 상황에 따른 기존 단위의 즉각 안배가 이루어지기도 한다. 청중이 던지는 말을 즉석에서 재치있게 받아넘겨야 하고 의외로 벌어지는 사건에 대처해 임기응변하는 부분이 많기에 희곡무가는 서사무가보다 구연의 자율적인 폭이 넓고 상황에 따

---

7) 김복순이 구연한 〈심청굿〉과 〈바리데기〉에서 공통된 〈상여소리〉 사설은 다음과 같은 것이 있다. "안담매끼도 일곱매끼야 겉담매끼도 일곱매끼야 이칠에 십사 열네매끼를 꽁꽁꽁 묶어갖고 서방상틀 대틀우에다 덩그렇게 얹어갖고 스물네명 상두꾼아 서른네명 생미꾼아(유대꾼아) 발맞추어서 어서가자 어기여차 어기여차 땡그랑 땡때 땡그랑땡때 떠나간다."
최정여·서대석, 앞 책, 193, 388면 참조.

른 변화가 심하다. 실제로 희곡무가는 구연자에 따른 변이가 다른 무가보다 큰데 이는 삽입되는 단위사설이 구연자마다 다르기 때문이다.

이를 다르게 말하면 연행자가 보유한 단위사설을 활용하려고 서사적 상황을 만든다고 할 수도 있다. 이렇게 보면 연행자의 보유자료에 따라서 희곡무가의 내용이 바뀔 수도 있다. 즉 연행자가 염불을 잘하면 염불을 하려고 스님을 등장시키고 시창(詩唱)이나 송서(誦書)에 자신이 있으면 선비를 등장시키고 기녀소리를 잘하면 기녀를 등장시킨다. 무극은 독연(獨演)하는 경우가 많은데 등장인물의 행위와 언어는 연행자가 보유한 단위사설에 따라 결정되는 것이 대부분이다.

이처럼 무가는 무속인이 어느 정도의 학습과 수련을 거쳐 암기된 자료를 확보하면 그것을 토대로 구연상황에 따라 융통성 있는 구연본을 조직할 수 있다. 그러나 신성성이나 주술성이 강한 부분은 비교적 개작이 자유롭지 못한 반면 세속적 흥미를 위해 구연되는 부분은 보다 자유로운 수용과 변화가 나타나는 특성이 있다.

2. 무가에 나타난 여러 관념

무가는 장구한 기간 전승되면서 민중의 사고를 반영하기도 했고 민중의식을 선도하기도 했다. 또한 외래 종교사상을 부단히 받아들이기도 했다. 그리하여 무가는 잡다한 여러 사상이 혼합되었고 얼핏 보기에는 무속 고유의 관념은 없는 것 같기도 하다. 그러나 무가 속에는 우리 민중의 현세중심적 사고를 근간으로 하여 무속 본연의 사상이 그대로 유지되어 있다. 도교나 불교의 영향은 겉치레에 불과하고 핵심적 관념은 변한 것이 없다고 본다. 무가에서 추출되는 신관(神觀)·이계관(異界觀)·윤리관(倫理觀)·애정관(愛情觀) 등을 검토하여 우리 민족의 의식구조의 일단을 파악해 보기로 한다.

1) 신관

무속의 신들은 실로 잡다하다. 또한 신들의 위계질서(位階秩序)가 없다. 신들은 인간과의 관계에서만 직능이나 위치가 의식될 뿐 신들 상호 간의 관계는 설정되어 있지 않다. 무가에 등장되는 신은 '대감', '조상', '손님', '군웅', '창부', '조왕', '성조', '호구', '말명', '산마누라' 등의 무속 고유의 신과 '세존', '석가', '관음보살', '지장보살' 등의 불교의 신 및 '옥황상제', '태상노군', '칠성' 등의 도교의 신, 그리고 '최영 장군', '임경업 장군', '사도세자' 등의 역사적 인물을 신격화한 신까지 실로 다양하다. 그러나 좀 더 자세히 관찰하면 무가에 등장된다고 해서 모든 신을 꼭 같은 비중으로 숭앙하는 것은 아니다. 무속에서 진정으로 숭앙되는 신은 그 신을 제향하는 굿거리가 있어야 한다. 신에 대한 제전이 없다는 것은 본격적 신으로 숭앙되지 않음을 의미한다. 그렇다면 불교적 신이나 도교적 신은 무가 구절에는 등장되고 있으나 진정한 무속의 신이라고 할 수 없다. 옥황상제나 관음보살에 대한 독립된 굿거리가 없기 때문이다. 한국인의 신과 무속의 신은 이런 점에서 구별된다. 한국에서 한국인이 숭앙하는 신이 모두 무속의 신은 아니다. 한국에는 여러 종교의 신들이 있고 이러한 신들은 모두 각 교파의 신자들의 제향을 받는다.

대체로 무속의 중추적인 신격은 골매기신, 성조신, 제석신, 조상신, 손님신, 오구신 등이다. 이러한 신들은 지역적 무풍에 관계없이 어디서나 독립된 굿거리에서 제향을 받는다. 골매기신은 일정 지역을 관장하는 신으로서 당신(堂神) 또는 서낭신이나 성황신(城隍神)으로도 불려진다. 손님신은 천연두와 같은 역병(疫病)을 주관하는 신으로 호구신이라고도 한다. 오구신은 죽은 사람의 혼령을 관리하는 신으로서 〈진오귀굿〉, 〈망묵이굿〉, 〈오구굿〉에서 제향을 받는다. 그 밖에 '성조', '제석', '조상'은 모두 인간의 수명이나 복록을 관장하는 신이다. 수명과 복록은 인간의 건강과 생활상의 풍요를 말한다. 생활이 풍족해진다는 것은 식(食)·의(衣)·주(住)의 생활상태가 좋아짐을 가리키며 축원무가의 대부분은 이것을 기원(祈願)하는 것이다. 생활을 풍족하게 하기 위해서는 생산을 많이 해야 되기에 수명과 복록의 신은 자연히 다산(多産)과 풍요(豊饒)의 신이 된다. 이처럼 무속에서의 신은 다산과 풍요의 신이 가장 중심되는 신격이고 무속제의는 이들 신에 대한 제향이 중심이 된다.

그런데 이들 풍요의 신은 인간의 소원을 들어 주고 제향을 받을 뿐이지 신들 스스로를 위해 서로 협력한다거나 투쟁하는 일은 없다. 성조신은 가옥을 관장하는 신이면서 동시에 한 가정의 복을 관장하며, 제석신은 수명과 복록의 신이고 생산의 신이며 풍요를 관장한다. 조상신은 친족을 돌보는 신이면서 동시에 친족의 복록과 안녕을 관장한다. 이처럼 신격은 분화되어 있으면서도 신의 직능과 관장 범위는 분명하지 않은 것도 무속 신관의 특징이다.

기우굿(한국민속촌, 1981)에서 사슬을 세우는 이지산 巫

수(壽)·복(福)의 신 이외에도

무속에는 공간을 관장하는 신들이 있다. 산에는 산신이 있고 물에는 수신이 있으며 하늘에는 천신이 있고 땅에는 지신이 있다. 그러나 이러한 신들이 신으로 인간에게 의식되는 것은 인간의 행·불행과 관련된 의례(儀禮)를 행할 때뿐이며 신의 도움을 필요로 하지 않을 때는 신을 돌보지 않는다. 즉 무의를 할 때만 무속의 신은 인간에게 강하게 의식된다. 〈성주받이〉를 하면 성주신을 새로 모셔다가 상기둥에 성주신위를 봉안(奉安)한다. 그러나 〈성주받이〉가 끝나고 나면 성주신은 잊혀지고 봉안한 신위(神位)도 방치된다. 마을 공동행사인 당굿의 경우도 마찬가지이다. 당목(堂木)이나 당집이 없는 마을에는 당굿을 할 때 일정한 지점을 당으로 정한다. 그리하여 금줄을 쳐 놓고 성역(聖域)으로 관리하면서 금기(禁忌)를 지킨다. 그러나 굿이 끝나면 그 곳은 다른 일반 공간과 같이 주민이 사용할 수 있다. 당나무나 당집이 있더라도 굿을 하는 기간에만 신성지역으로 여겨 조심하고 보통 때는 무관심하다. 이런 점은 무속의 신이 인간의 행복을 위해 인간에게 이용되고 있다는 징표이며 인간이 신에게 종속된 존재가 아님을 말해 주는 것이다.

무속의 신은 성현적(聖顯的) 존재가 아니고 위현적(威顯的) 존재이다. 욕망을 억제하고 극기(克己)를 가르치며 고통에 처한 사람을 구원해주는 다른 종교의 신들과는 달리 본능적 욕구를 중시한다.

> 욕심만코 탐심만코 번우하고 사번하신 마누라 수위에 무엇을 대령하얏는야
> 왼돗 잡어 홍굴네 씌우고 일월갓튼 밥소래에 구기씌여 밧쳣는야
> 삼색예단에 홍둑기 통비단에 양목예단에 쓴침담침에 만만히 대령하엿는야
>
> ―산마누라 공수[8)]

> 그러나 허씨긔주야 이것이 무엇이냐 왼숭이 입니냐 쌧저고리 부적이냐

8) 赤松智城·秋葉隆, 『朝鮮巫俗の硏究』 上, 大阪屋號書店, 1937, 79면.

이것만 도와주고 이것만 생겨주엇는야 먹는 것이 뉘것이며 쓰는 것이 뉘것이냐

모다 우리 대감님 수위에서 도와주신 것이 아니냐

—대감공수[9)]

왼소머리 깃을 잡어 받으시구 큰 소는 허리 찍어 받으시구 적은 소 꽁지 찍어 받으시구

대양푼에 갈비찜에 소양푼에 영계찜에 네에 가서 욕심 많어 받으시던 내 별상님 아니시리

—별상거리[10)]

이처럼 신의 면모는 세속 인간의 면모와 똑같아서 인정에 쉽게 기울어지고 탐심이 많고 먹는 것이나 입는 것을 탐하고 인색한 것에 대해 성을 낸다.

〈장자풀이〉에서 저승사자는 사마장자의 며느리로부터 음식 대접을 받고 다른 사람을 대신 잡아간다. 인간의 죽음을 관리하는 저승사자도 배고프고 목마른 것을 참지 못하고 향응을 좋아한다. 그리고 저승왕의 명령을 어기면서까지 인정을 베푼 장자를 비호(庇護)한다. 신의 사자도 신적인 존재임에 틀림없는데 사자는 임무수행보다도 접대에 대한 보답을 중시하고 있다.

손님신은 마마병을 주는 신이다. 그런데 이 손님신은 아이들에게 마마를 앓게 하면서 자기에게 공손하고 대접을 잘해 주면 곱게 앓고 잘 낫도록 하고, 자기에게 대접하는 것이 흡족하지 않으면 화를 내서 병자를 심하게 앓게 하거나 죽도록 한다. 신으로서 어떤 기준이 있는 것이 아니고 인간이 신을 어떻게 대우하느냐에 따라 신의 태도가 결정되는 것이다.

---

9) 앞 책, 103면.
10) 김태곤, 『한국무가집』 I, 원광대학민속학연구소, 1971, 33면.

이처럼 무속의 신은 본능적이고 충동적이며 인정에 약하고 향응을 좋아한다. 이것은 무속의 신을 신봉했던 민초(民草)들의 모습과 일치하며 소시민적 사고의 소산(所産)으로 볼 수 있다. 이런 점에서 무속의 신은 위력이 있을 뿐이지 도덕적인 감화력이나 지혜가 뛰어난 존재는 아니다. 그렇기 때문에 무속을 신봉하는 사람들은 복을 구하고 재액(災厄)을 방지하려고 신을 찾고 위성할 뿐 교훈을 받거나 지혜를 얻으려고 신을 섬기지 않는다.

2) 이계관

무가에 나타나는 이계(異界)는 명확하지 않다. 천상계(天上界)·서천(西天)·극락세계(極樂世界) 등의 초월계가 있고 그곳에 신들이 있는 것으로 나타난다. 〈원천강본풀이〉나 〈이공본풀이〉에는 서천국이 등장하고 그곳은 인간계와는 다른 초월계로서 상정되어 있다. 그러나 무속의 신들이 모두 서천국에 거주하는 것은 아니다. '성조'나 '대감', '조상' 등의 신은 현세 인간의 거주처에서 인간과 함께 거주한다. 이들 신은 제향이 있을 때 제주가 강림을 기원해야 나타난다. 서천국은 부처가 있는 곳이고 이것은 불교의 이계관에서 영향받은 것이라고 본다.

서사무가에는 천상계가 많이 나타난다. 중부지역 〈성주본풀이〉에서 황우양씨는 천상으로 집을 지으러 올라간다. 그러나 황우양씨는 다시 인간계로 내려와 성조신이 되었으며, 천상계가 아닌 인간계에 거주하는 것으로 나타난다. 양평본 〈제석본풀이〉에서 석가여래와 당금애기는 천상으로 승천한다. 그러나 승천한 그들이 신으로 숭앙받는 것이 아니고 인간계에 남아 있던 아들 3형제가 죽어서 삼불제석이 되어 제향을 받는다. 그런데 삼불제석은 인간계에서 풍년이 들게 하고 재액을 막아주는 권능을 가진 신으로 알려져 있으나 천상으로 갔다는 서술은 보이지 않는다.

▌강릉단오제 놋동이(노또오)굿 : 놋동이를 입에 문다(1991. 6. 16)

이처럼 천상계는 있으나 무속신들이 거주하는 신의 세계는 아니다. 무속에서 신계는 인간계와 그 경계가 불분명하다. 인간이 거주하는 곳에 신도 함께 있다고 보는 것이 옳다고 본다. 성주신, 조왕신, 터주신은 각 가정에 거주하고, 서낭신은 마을 서낭당에, 그리고 산신은 산에, 농경신은 전답에 각각 거주한다고 본다. 신이 있는 곳은 신위가 배설되고 제향을 드리는 곳이고 별다른 초월계는 상정하고 있지 않은 것으로 생각된다.

이러한 사실은 청배무가를 보아도 알 수 있다. 청배무가는 신을 초청하는 무가인데 신의 거주처가 밝혀지지 않고 신이 오는 노정도 서술되지 않는다. 다만 신의 내력을 이야기하는 서사무가나 신의 칭호만을 나열하는 교술무가가 있을 뿐이다. 노정기(路程記)를 구연하는 신으로는 '호구' 또는 '손님'이 있다. 이 신은 중국대륙에서 강을 건너고 바다를 건너 오는 것으로 되어 있다. 대체로 강남으로부터 조선국으로 노정(路程)이 펼쳐지는데[11] 이 신은 우리 고유의 무속신으로 보기 어렵다.

또한 죽은 영혼이 거주하는 세계도 분명히 설정되어 있지 않다. 〈차사본풀이〉를 보면 저승세계는 별도로 설정되고 그곳에서 차사가 나와서 혼

11) 赤松智城·秋葉隆, 앞 책, 「호구로경긔」, 556-563면 참조.

령들을 인도해 가는 것으로 되어 있다. 그러나 그곳이 인간계로부터 멀리 떨어진 곳으로는 이해되나 그 밖에 방향이나 거리에 대한 구체적 제시는 없다. 그런데 모든 혼령이 저승에 있는 것은 아니다. 혼령들 중에는 인간계에 있으면서 수시로 인간을 도와주기도 하며 괴롭히기도 하는 존재가 많다.

이런 점에서 무가 속에 나타나는 천상계·극락·저승 등의 이계는 도교나 불교에서 들어온 것이며 무속 고유의 이계는 아니라고 본다. 무속에는 특정한 이계가 없고 인간계만 있을 뿐이다. 인간세계를 중심으로 신도 귀신도 인간과 함께 거주하는 것으로 의식했던 것이 무속의 세계관이라고 할 수 있다.

3) 윤리관

무가에서는 특별한 윤리가 강조되지 않는다. 강조되는 것은 인간들 간에 지켜야 될 도리보다도 신에 대한 인간의 도리이다. '공수'에서 반복되는 내용은 신에 대한 대접이 소홀하다는 것이다. 즉 신만을 잘 위하면 인간의 생활은 행복하게 된다는 것이다. 윤리는 인간이 사회를 이루어 살면서 인간들끼리의 질서를 유지하기 위하여 만들어진 덕목이다. 무속에서는 인간들만의 관계를 중시하지 않는다. 무속의 신은 개인의 삶을 문제 삼고 특히 물질적 삶을 중요시한다. 집단의 질서나 규범보다도 먹고 입는 생물학적 삶이 더욱 근본적이다. 이런 점에서 무속 특유의 생활규범은 찾기 어렵다. 그러나 서사무가나 희곡무가의 내용을 검토하면 무속 고유의 윤리관은 찾을 수 없더라도 조선조의 성리학적 윤리관은 부정되고 있음을 알 수 있다.

〈제석본풀이〉에서 당금애기는 스님과 결합하여 잉태한다. 부모 모르게 스님의 씨를 잉태한 죄로 부모로부터 가혹한 형벌도 받고 감금되기도 하고 추방당하기도 한다. 그러나 긍정되는 인물은 당금애기의 부모가 아니고 스님과 당금애기이다. 당금애기가 낳은 아들은 제석신이 되고 스님의 행위는 높이 평가된다. 이것은 조선조에서 여성의 일부종사(一夫從事)를 열행(烈行)으로 높이 평가하고 개가(改嫁)를 불허하던 성리학의 윤리와는 다른 것이다.

〈서귀포본향당본풀이〉에서 일문관 바람운은 고산국에게 장가를 간다. 그러나 고산국의 아우 지산국이 더 아름다운 미녀임을 알고 지산국과 결합하여 고산국을 버리고 도주한다.[12] 이러한 신의 행위는 한번 맺어진 부부는 칠거지악(七去之惡)과 같은 악행이 없는 한 헤어져서는 안 된다는 부부윤리와는 다른 것이다.

〈세경본풀이〉에서 자청비는 노복인 정수남에게 핍박을 받는다. 정수남은 자청비를 여러 가지로 괴롭히다가 결국 겁탈까지 하려 든다. 자청비는 지혜로 위기를 모면하고 정수남을 죽인다. 그러나 이 사실을 전해 들은 자청비 부모는 자청비를 꾸짖으며 내쫓는다. 이유는 삶을 꾸려가는데 자청비보다도 정수남이 더 필요하다는 것이다.[13] 여기서 노복과 주인 사이의 윤리도 부정되고 혈육의 정도 무시됨을 보여준다. 오직 중시되는 것은 현실적 이익임을 알 수 있다.

그러나 효행만은 긍정된다. 〈바리공주〉에서 바리공주의 효행은 높이 칭송되고 〈심청굿〉에서도 심청의 효행이 찬양된다. 함흥의 〈안택굿〉에서는 감청이 부모가 감청이 할아버지 병을 고치려고 감청을 삶아 약으로 쓴다는 이야기가 구연된다.[14] 효성에 감동한 옥황의 도움으로 감청이 대신 산삼을 얻게 되어 감청이 할아버지의 병은 나았고 나라에서 효자문·

12) 앞 책, 341-357면 참조.
13) 앞 책, 437-460면 및 玄容駿, 『제주도신화』, 149-192면 참조.
14) 임석재 · 장주근, 『關北地方巫歌』, 28-52면.

효부문을 세워 감청이 부모가 표창을 받게 된다는 이야기이다. 이처럼 효행을 찬양하고 중시하는 것은 무가뿐만 아니고 설화나 소설 등에서도 확인되는 한국인의 특유의 윤리의식이다.

희곡무가에서는 성리학적 윤리가 강렬하게 풍자된다. 동해안 〈거리굿〉에서는 사례(四禮)의 으뜸이라는 관례(冠禮)가 풍자된다. 주무가 관중들 속에서 어린 아이를 하나 골라서 할아버지로 삼고, 노인 한 분을 지적하여 아버지를 삼으면서 어린 아이와 노인의 관계를 부자관계로 만든다. 아버지와 스승이라고 지정한 인물에게 입에 물었다가 도로 뱉은 술을 권하고 젓가락을 엉덩이에 문질러서 먹으라고 주고 상투라고 만든 물건을 관례자의 불두덩에 채워서 흔들고 다니도록 하여 엄숙하기 이를 데 없는 관례는 웃음거리가 되고 만다.[15] 이러한 희곡무가의 내용은 유교문화에서 형성된 성년식(成年式)을 부정하는 것이고 생활에 아무 도움도 없는 허례허식(虛禮虛飾)을 비판하는 의미를 가지며 평민의 자유로운 삶을 구속하는 성리학 윤리에 도전하는 성격으로 볼 수 있다. 〈도리강관원놀이〉에서도 관리(官吏)의 상하층 사이의 윤리는 부정된다. 관노(官奴)인 고딕은 이속(吏屬)인 이방 등을 놀리고 이속은 관장인 사또를 풍자한다.

이처럼 무가에서 보여주는 윤리관은 인간의 삶에 근거를 두고 현실적 삶에 도움이 되는 것을 긍정하고 저해가 되는 요소를 모두 부정하는 현세적이고 실리적인 관념임을 알 수 있다.

15) 최정여 · 서대석, 앞 책, 305-313면 참조.

3. 무가의 문학사적 의의

무가는 구비문학이고 구비문학은 전승만 있을 뿐 고정된 실체가 없다는 점에서 문학사적인 검토는 불가능한 것으로 생각할 수 있다. 그러나 오늘날 채록된 자료라도 그 속에는 옛날 요소와 오늘날의 것이 혼재(混在)되어 있기에 분석 방법에 따라 문학사적 연구가 가능하다고 본다.

무가는 문학의 시발점에서 형성된 무속 제전에서의 산물이다. 우리의 고유신앙은 무속이었고 우리 민족이 초창기에 행했던 종교적 행사는 무속 제전이었다. 영고(迎鼓)·동맹(東盟)·무천(舞天) 등의 고대 제천의식은 오늘날 〈별신굿〉, 〈대동굿〉과 유사한 성격을 가지는 부족굿이었다. 고대의 제천행사는 해가 바뀔 때 새로운 해의 신을 맞이하여 집단의 안녕과 풍요와 다산을 기원하는 굿이었다. 이러한 새해 새신맞이굿은 마을 단위로 정월에 행하여지는 당굿이나 서낭굿 등으로 이어져 오늘날까지 전해지고 있다. 마을굿은 지역에 따라서 굿을 하는 시기가 다르고 굿의 목적도 풍농(豐農)이나 풍어(豊漁), 또는 마을의 안과태평(安過太平) 등으로 다소 차이가 있으나 마을 공동체의 안녕과 번영을 위한 제전이라는 점에서 고대 제천의식이 계승된 것이다.

이처럼 인간의 행복이나 불행을 신이 주재(主宰)한다는 생각에서 인간의 삶을 보호하고 윤택하게 하기 위해서 신에 대한 제전이 베풀어졌고 이를 통하여 무가는 형성되었다. 인간의 소원을 신에게 빌었던 축원무가, 신의 근본과 내력을 이야기하는 서사무가, 그리고 신의 모습을 행위로 보여주거나, 인간의 모습을 신에게 알리기 위해 연출되었던 희곡무가는 모두 무속제의에서 형성되었다. 예술이나 문학의 기원을 제의에 두고 있는 제의학파의 학설을 거론할 필요도 없이 우리의 문학이 무속제전에서 비롯되었음은 자명한 사실이다.

오늘날 무가의 장르적 성격에서도 알 수 있는 바와 같이 무가 자료 중에는 서정 장르가 가장 빈약하고 무가 고유의 특징도 보존하고 있지 않다. 이러한 성격은 문학이 발생할 당시 서정 장르보다 교술이나 서사 장르가 앞섰음을 시사해 주는 점이기도 하다. 대체로 우리 문학사에서 향가 이전에는 서정 장르의 작품을 찾기 어렵다. 그 이유는 우리 문학사의 제1기가 신가(神歌)시대였고 이 시대는 바로 무가시대였음을 의미한다. 인간의 순수한 정감보다도 먹고 사는 생활과 직결된 여러 가지 요구와 기원이 초기 무가의 내용이었으리라고 추측된다.

강력한 기원(祈願)은 자연히 주술적 성격을 동반하는 것이기에 무가는 주가(呪歌)이기도 하였다. 신의 본을 푸는 서사무가도 청배시가로서의 주술적 기능이 있으며 모의적 행위로 연행하는 무극도 주술의 방편으로서 시작된 것이라고 본다. 원시 미개사회에서의 주술은 오늘날의 과학이었고 주술행위는 곧 과학행위였다. 오늘날은 과학의 발달로 자연현상의 신비가 풀리고 인류생활이 편리해졌으나 원시공동체에서는 주술로서 모든 생활상 어려움을 해결하려 했고 이것을 의심하지 않았다. 이러한 주술문학은 문화가 발전되면서 점차 퇴색하여 갔으나 상당 기간을 지속해 왔으며 오늘까지도 그 잔영(殘影)이 남아 있다. 『가락국기』에 수록된 〈구지가〉(龜旨歌)나 해룡(海龍)에게 납치된 수로부인(水路夫人)을 구출하려고 불렀다는 〈해가(海歌)〉, 그리고 〈도솔가(兜率歌)〉, 〈처용가(處容歌)〉, 〈혜성가(彗星歌)〉 등 향가의 많은 작품에서 이러한 주술시가로서의 모습을 찾을 수 있다. 이러한 시가들이 무가 그대로의 모습이라고 말하기는 어렵겠으나 무속과 밀접한 관계를 가진 주술신앙의 산물임은 확실하다고 본다.

무속신화는 무속 서사문학으로서 서사문학의 시발이 되었다. 국조신화(國祖神話)는 국가가 형성되면서 부족사회에서 무속제전의 일환으로 행하여진 조상제의에서 형성된 조상영웅신화가 개국의 시조(始祖)신화로 윤색되어 문헌에 정착한 예이고, 무속신앙이 지배사상으로 군림하던 고대 국가에서 시조묘(始祖廟)의 제의를 통해 전승된 것이다. 서사무가는 오늘날 전승되는 무속신화로서, 전국적으로 전승되는 〈제석본풀이〉나 〈바리공주〉는 무속신화로서의 면모를 잘 간직하고 있는 자료이다. 〈제석본풀이〉는 생산신 신화로서 결혼·임신·출산·양육 등을 다루고 있으며 신의 탄생과 성장, 그리고 신으로 정립되는 과정을 보여준다. 이러한 내용은 〈단군신화〉, 〈주몽신화〉와 일치되고 있다.[16] 〈바리공주〉 역시 신의 일대기를 서술하고 있는데 그 일대기적 전개는 주몽과 같은 신화적 영웅의 일생과 일치하며, 홍길동, 유충열 등 고전소설의 주인공 영웅과도 상통하는 성격을 보여준다.[17] 특히 주제 면에서 바리공주나 당금애기의 일생은 여성의 수난(受難)을 다룬 것으로서 이는 〈주몽신화〉에서의 유화의 수난, 〈숙향전〉에서의 숙향의 수난, 〈춘향전〉에서의 춘향의 수난, 그 밖에 신소설의 여러 작품에서 여성 주인공의 수난상으로 전개되었다.

바리공주나 당금애기의 일생을 요약하면서 신화 및 소설과 상통되는 성격을 비교해 보기로 하겠다.

1. **고귀한 혈통:** 바리공주는 국왕의 딸이고 당금애기 또한 명문의 딸이다. 이것은 무속신화의 주인공의 고귀한 혈통을 강조한 것으로 국조신화나 고전소설의 주인공의 혈통과 상통하는 성격을 갖는다. 단군이나 주몽은 천제(天帝)의 후예로 되어 있고 홍길동은 판서의 아들로, 소대성, 유충열 등은 모두 전·현직 고관의 아들로 되어 있다.
2. **시련:** 바리공주는 아들 없는 집안에 일곱째 딸로 태어났기 때문에 출생 직후에 버림을 받는다. 당금애기는 부모 모르게 중과 결합하여 잉태하였기 때문에 추방되거나 감금된다. 이러한 시련은 각기 국조신화 등장인물의 수난과 상통된 성격을 갖는다. 바리공주의 시련은

16) 서대석, 「제석본풀이 硏究」 참조.
17) 서대석, 「바리공주 硏究」(『啓明論叢』 8, 계명대학, 1972), 37-80면 참조.

주몽의 경우와 유사하고 당금아기는 유화의 시련과 비슷하다.
소설의 주인공들 또한 바리공주나 당금애기의 시련과 비교되는 고난을 겪는다. 홍길동은 천첩의 소생이라는 이유로 가정에서 박해를 받고 가출한다. 길동의 수난은 생래적(生來的) 운명에 기인한 것으로서 바리공주의 수난과 상통된다. 숙향은 이선과의 결합과정에서 이선의 부모 모르게 혼례를 했다는 이유로 수감되어 고초를 받는다. 이것은 부모 모르게 배우자와 결합한 여성이 부모에게 박해를 받는다는 점에서 당금애기 수난과 상통하는 성격을 보여준다.

3. **시련의 극복과 공업(功業)의 성취:** 바리공주는 약수를 구해다가 부친을 회생시키고 죽은 사람의 혼령을 주관하는 신이 되고 당금애기는 토굴 속에서 아들 3형제를 낳아 키운 공로로 생산신이 된다. 주몽은 부여에서 박해를 받다가 그곳을 탈출하여 국왕이 되었고 유화는 주몽을 낳아 길러서 고구려의 조상신으로 숭앙을 받게 되었다.[18] 바리공주의 구약행위는 주몽의 행위와 비교할 수 있고 당금애기의 시련극복 양상은 유화의 경우와 방불하다.

고전소설에서 홍길동의 투쟁과 영광의 획득은 주몽이나 바리공주와 일치하며, 숙향이 고난을 타개해 나가는 과정은 당금애기와 상통된다. 남성영웅의 시련극복은 투쟁을 통한 승리의 쟁취로서 이루어진다. 반면에 여성 주인공은 인내와 극기(克己)로써 시련을 극복하고 영광을 맞이한다. 바리공주는 여성이나 그의 행위는 남성적이다. 바리공주는 아들을 기다리는 집안에 태어나서 아들이 해야 할 일을 대신했기에 당금애기의 행위와는 차이를 보이며 남성영웅의 일생과 상통하는 활동을 한다. 이처럼 서

18) 韓國文化人類學會, 『中國文獻에 나타난 韓國上古史資料』, 28면, 「北史云 高句麗 常以十月祭天 多淫祠有神祠二所 一日夫餘神 刻木作婦人像 二日高登神 夫餘神之子 竝置官司 遣人守護 蓋河伯女朱蒙云」.

사무가는 우리나라 서사문학의 주류를 이루는 신화・소설 사이에 위치하는 서사 장르로서 문학사에서 중요한 기능을 담당했다고 본다.

특히 청중 앞에서 구연되는 서사무가는 구비서사시로서의 성격도 갖는다. 이야기를 창송(唱誦)하는 서사가창문학이기 때문이다. 이야기를 노래한다는 것은 이것을 듣는 청중의 흥미를 무시하고는 이루어질 수 없다. 그리하여 많은 흥미 있고 신비한 내용의 이야기가 서사무가로 각색되어 구연되었다고 본다. 오늘날 구연되는 서사무가 자료의 일부는 설화나 소설에서 그 소재를 취하여 만들어졌다. 특히 함흥의 서사무가는 신화로서의 신성성보다 대중이 요구하는 골계성이 강하게 반영되어 있고 동해안의 서사무가는 재담과 세속가요가 많이 삽입・안배되어 판소리에 접근된 서사구조를 가지고 있다.

무극도 무의에서 주술적 목적을 달성하기 위한 모의적 행위에서 비롯된 것으로 그 기원은 굿의 시작과 같이 오래된 것임에 틀림없다. 오늘날 전승되는 무극의 자료는 관중의 흥미를 의식하고 세속화된 부분이 많으나 대체로 농어촌 공동체의 풍요와 안녕을 기원하는 주술적 성격은 그대로 유지되고 있다. 무의에서 행해졌던 연극적 요소들은 무극으로 발전하여 전승되면서 가면극이 형성되는 터전을 제공했다.

무극과 가면극은 여러 가지 유사한 특징을 갖는다. 연기자가 반주자나 관중들과 대화를 나눈다는 점이나, 극중 장소와 공연장소가 일치한다는 점이라든가, 시간과 공간을 자유롭게 상정한다는 점, 그리고 춤과 노래가 들어간다는 점 등 그 연행상 성격이 상통한다. 또한 현실생활이 재연되고 극중 인물과 실제인물이 일치되며 극중 사건과 실제사건이 엄격히 분리되지 않는다는 점에서 극의 소재적 성격에서도 유사점을 보인다.[19)]

가면극은 부락굿에 기원을 둔 것이고 부락굿은 민속의식이었다. 후대

19) 서대석, 「거리굿의 연극적 고찰」 참조.

에 농악굿과 무당굿이 분리되는 모습을 보였으나 고대에는 모두 집단적인 무속의식이었음에 틀림없다. 따라서 무극과 가면극의 상통된 성격은 본래 같은 연원을 가졌기 때문이라고 본다. 그러나 무극은 무속의식의 일부로서 종교적 제약을 받았기에 연극예술로서의 발전에는 한계가 있었고 가면극은 의식이라는 한계를 벗어나 자유롭게 발전하여 독립된 연극이 되었던 것이다.

이처럼 무가는 우리 문학의 온상으로서 작용했고 우리 문학이 발전하는 밑거름이 되었으며, 또한 독자적으로 전승되면서 자체 성장을 해 왔다. 오늘날 전승되는 무가는 무속가사로서, 무속서사시로서 또는 무극의 대본으로서 귀중한 한국구비문학의 유산으로 높이 평가되어야 마땅하다고 생각한다.

찾아보기

서대석(徐大錫)

1942년 경기도 양평 출생

서울대학교 문리과대학 국어국문학과를 졸업하고 동 대학원에서 문학박사학위 취득

계명대학교, 이화여자대학교, 서울대학교 인문대학 교수를 역임하고 현재 서울대학교 명예교수로 있음

주요 저서로는 『구비문학개설(공저)』, 『한국무가의 연구』, 『동해안무가(공저)』, 『안성무가(공저)』, 『군담소설의 구조와 배경』, 『한국신화의 연구』, 『한국문학강의(공저)』, 『구비문학에 수용된 재담연구』, 『한·중 소화의 비교』 등이 있음

무가문학의 세계 값 40,000원

2011년 8월 22일 1판 1쇄

저 자	서 대 석
발 행 인	임 동 규
발 행 처	**집 문 당**
주 소	413-756 경기도 파주시 교하읍 문발리 514-7(본사) 110-360 서울시 종로구 와룡동 95번지(서울사무소)
등 록	1971. 3. 23. 제406-2003-000039호
영 업 부	(02)743-3192~3 팩스(02)742-4657
전자우편	sale@jipmoon.co.kr
편 집 부	(02)743-3096 팩스(02)743-3097
전자우편	edit@jipmoon.co.kr
홈페이지	www.jipmoon.co.kr

ISBN 978-89-303-1520-3

이 도서의 국립중앙도서관 출판시도서목록(CIP)은 e-CIP홈페이지(http://www.nl.go.kr/ecip)와 국가자료공동목록시스템(http://www.nl.go.kr/kolisnet)에서 이용하실 수 있습니다. (CIP제어번호: CIP2011003027)

하여 말하기를(簡公喟焉太息曰)", 《禮記・禮運》: "옛날 공자가 노나라 蜡祭의 賓이 되었었다. 일을 마치고 밖으로 나와 성문의 觀 위에서 쉬고 있다가 '아아!' 하고 탄식하였다.(昔者, 仲尼與於蜡賓,事畢,出遊於觀之上, 喟然而嘆.)"의 '喟爾', '喟然'과 같이 한숨을 쉬며 서글프게 탄식하는 모양이다. '萛女(如)也' 뒤에 '斯嘆' 두 글자가 원래 있었으나, 죽간으로 抄錄하는 과정에서 빠뜨렸을 것으로 추정된다. 진정한 음악은 귀로 듣고 눈으로 보고 머리와 마음으로 생각함으로써 완성되고, 마침내 독자로 하여금 절로 탄성을 짓게 하는 것이라고 본 것이다. '反'과 '復', '出'과 '入'이 병렬 결합사로 이루어진 구조임을 감안한다면, '居'와 '節' 역시 반의어일 가능성이 있다. '舊'와 '愼', '順'은 모두 앞에서 제시한 주어에 대한 서술어이다. '居'는 '擧'로, '舊'는 '久'로도 읽을 수 있다. 문장 "反善逡(復)司(始)也訢(愼)"의 의미는 本性으로의 회귀를 의미한다. '絧(司)'는 '治'로 읽는다.[214]

劉昕嵐: '萛'에 대하여 馬王堆漢墓帛書整理小組는《馬王堆帛書六十四卦釋文》(《文物》1984年3期)에서 古文《易》: "拔茅連茹以其萛", 《馬王堆帛書周易・乾卦》: "初六, 拔茅茹以其萛, 貞吉, 亨.", 《易・泰》: "初九, 拔茅茹以其匯, 徵吉." 등의 문장을 근거로, 이 글자를 '匯'로 해독하였다. 그렇다면 '萛如'는 '匯如'로 읽을 수 있다. 《易・泰卦初九》 孔疏: "匯는 類이다. 같은 종류끼리 따른다는 뜻이다(以類相從)."라고 설명하였다. 만일 '匯'를 "類"로 해석할 경우, "匯如"는 그 뜻을 추측하기 어려워지므로, 여기에서 '匯'는 《詩・大雅・召旻》: "저 해가 가뭄에 풀이 무성하지 못함(如彼歲旱, 草不潰茂)"과 같으며, 鄭玄箋: "潰茂之潰當作匯. 匯, 茂貌."라고 한 예와 같이, '匯如'는 茂盛한 모양을 가리킨다. 《玉篇・尸部》: "居, 어디에 위치하다. 즉 '處于'・'位于'의 뜻이다. 《莊子・田子方》: "희노애락이 마음속으로부터 들어오지 않는다.(

214) ≪上博簡(一)≫ 244-245쪽.

(16) 제16간

斯僉僉(儉, 斂). 羕(詠)思而數(動)心, 菖(匯, 喟)女(如, 然)也[歎], 丌(其)居節也舊, 丌(其)反善逷(復)司(始)也訢(愼)■, 丌(其)出內(入)也訓(順), 絧(治)丌(其)悳(德)也. 奠衛之

《郭店楚簡》:

斯僉(儉). 羕思而動(動)心, 賷女(如)也, 其居卽(次)也舊, 其反善訂(始)也【26】訢(愼), 其出內(入)也訓(順), 司其悳(德)也. 奠(鄭)躗(衛)之

【주석】

簡文의 '僉'에 대하여, 裘錫圭는 '儉'으로 읽었으며, 李零은 제15간의 앞 문장 "齊如也'斯作'에서의 '作'과 대비하여 반의어에 해당하는 '斂'이 쓰였을 것이라고 추정하였다.[212]

李天虹: 《樂記 · 師乙》 "공손하고 청렴하면서도 예의를 좋아하는 사람은 소아를 부르는 게 좋다.(恭儉而好禮者, 宜歌小雅.)"의 예와 같은 '儉'으로 읽어야 할 것이다. 《說文》은 '人'部에 속하고, "儉은 約이다."라고 설명하고 있다.[213] 문맥의 의미가 훌륭한 음악은 마음을 감동시키고, 기쁨이 넘쳐나게 하며, 행동을 엄숙하고 겸손하게 만든다는 것이므로, '僉(儉)'으로 보고자 한다.

濮茅左: '羕', 古字 '羕'은 《尙書 · 舜典》 "詩言志, 歌永言."의 '永'과 같다. 孔安國傳 "詩란 뜻을 노래로 이끌어 내는 것(謂詩言志以導之歌), 詠은 그 뜻을 말로 길게 풀어내는 것(詠其義以長其言)"의 '詠', 또는 '長'과 같은 뜻이다. '菖女', 《呂氏春秋 · 愼勢》: "간공이 크게 탄식

212) 裘錫圭 ≪郭店楚墓竹簡≫ 183쪽, 李零 ≪校讀記≫ 109쪽.

213) 李天虹 ≪<性自命出>集釋≫(≪郭店竹簡<性自命出>硏究≫) 158쪽.